# 内容简介

本教材是根据普通高等学校法学本科学生的教育特点编写的，其主要特点有：

1. 深入浅出。本教材的作者在编写过程中，尽可能地将目前知识产权学科的基本内容、基本知识和基本理论作全面、系统的介绍，但同时考虑到本教材适用对象所具有的特殊性，使之通俗易懂，形象生动。

2. 理论与实践相结合。本教材的作者在编写过程中，充分注意到知识产权既是一门理论性较强的课程，同时也是一门实践性、应用性较强的课程，只有将理论与实践相结合，以实例或案例导入理论、注解理论，才能使之由静态变为动态，让读者读之有物，用之有据。

3. 立足本国实际，同时兼顾国际规则。知识产权法学不仅是关于本国法律制度的学科，而且与知识产权国际保护、国际条约和国际规则密切相关。我们在编写过程中，充分注意到了知识产权法学的此特点，并使之得到了较好的兼顾。

4. 现实与历史的有机结合。知识产权法是一个受科学技术的发展影响最烈、与时代的进步关联最紧密的法律体系。然而，现实是历史的延伸，历史是现实的母本，在介绍现实的知识产权法学基本知识的同时，须恰如其分地介绍其发展历程，让读者透彻理解每一项具体现实制度的真实含义，有利于学好知识产权法学这门课程。

# 第三版修订说明

本教材自 2008 年首次出版发行以来，我国已经于 2008 年 12 月 27 日、2010 年 2 月 26 日和 2013 年 8 月 30 日分别对《专利法》《著作权法》和《商标法》进行了修正。这三项修正案极大地丰富了我国知识产权法的内容，提升了知识产权保护水平，使知识产权法律规范基本达到了同时期知识产权相关国际条约的要求，与国际上发达国家的知识产权保护水平靠拢。与此同时，我国知识产权学者在知识产权理论研究方面取得了很大进步，其研究范围囊括了知识产权基础理论、著作权基础理论、专利权基础理论、商标权基础理论等诸多方面，推动了知识产权法学的发展。在知识产权司法方面，2014 年先后成立了北京知识产权法院、上海知识产权法院和广州知识产权法院三个专门法院，进行知识产权审判体制机制改革的探索，为知识产权司法保护创造更加有利的条件。在知识产权行政管理方面，自 2010 年以来，从中央到地方进行了大胆探索和实践，将著作权管理机关、专利管理机关和商标管理机关整合成立了知识产权综合管理机关，提高了知识产权行政管理效率。在知识产权社会服务方面，我国已经取得了长足的进步。更令人高兴的是，自 2010 年以来，我国的知识产权人才培养开创了新局面，全国已经有五十多所高校成立了知识产权学院，招收知识产权专业本科学生。

在这种良好局面下，本教材编写组紧扣时代主题，最大限度地吸收知识产权理论成果、实践经验和典型案例，根据我国修改后的《著作权法》《专利法》和《商标法》以及与之相对应的行政法规，对本教材进行了全面修订，以满足知识产权法学教育的需要。

**本教材编写组**
2016 年 10 月

# 前　　言

如果你有兴趣在互联网搜索引擎中输入“知识产权”进行搜索，1秒钟内就能搜索出数千万条信息。这种结果表明，在当今时代，“知识产权”已成为人们普遍关注的热点。然而，与此相对的“冰点现象”也非常令人担忧。对待知识产权的“冰点现象”具体表现为：很少有人敢理直气壮地宣称自己从来没有使用过盗版光盘或盗版软件。这样的冷热强度的对比，使得知识产权法学教育变得特别有意义：从热点角度看，现代社会需要大量的知识产权人才，需要普通公民都知晓知识产权，需要市场经营者都尊重知识产权并且能够运用知识产权赢得市场竞争优势，需要政府创新体制机制构建良好的知识产权环境；从冰点角度看，国家应当采取一切可能措施培育知识产权文化，提升普通公民的知识产权意识，养成公民像尊重房屋、土地和设备所有权一样地尊重知识产权的良好习惯，建设知识产权强国。

因此，作为高等学校法学核心课程之一的“知识产权法学”具有越来越重要的地位。基于这样的前提，本教材编撰者紧密跟踪国内外知识产权的最新立法，充分关注国内外学者近年来的知识产权研究成果，广泛借鉴我国知识产权教学改革所取得的经验，形成了本教材的个性特征。第一，突出知识产权法的基础理论，同时兼顾与知识产权实务的关联；第二，突出知识产权法的本国特色，同时兼顾与知识产权国际保护的关联；第三，突出知识产权法的传统知识，同时兼顾与知识产权前沿学说的关联；第四，突出知识产权法的本位研究，同时兼顾与其他相关学科的深度链接；第五，突出知识产权法的内在逻辑，同时兼顾其适应性的界面创新。

本教材编撰者在教材编撰过程中，尽可能地将精深的知识产权理论通俗化，将博大的知识产权体系精细化，将繁纷的知识产权实务简约化，使之深入浅出，易读易记，学以致用。

本教材由中南财经政法大学知识产权研究中心教授、博士生导师曹新明担任主编。曹新明教授撰写第一编，胡开忠教授撰写第二编，黄玉烨教授撰写第三编，杨建斌教授撰写第四编，梅术文副教授撰写第五编。由曹新明教授统稿。

由于编撰者学术视角有限，再加之时间仓促，错漏缺失在所难免。我们诚挚地接受广大师生、学者、专家、实务工作者和读者的批评。

**编　者**

2015年秋

# 目　　录

## 第3编　商标制度

# 第4编 专利制度

# 第 5 编　其他知识产权

第1编

# 知识产权总论

# 第1章 知识产权基础知识

**导　语**

现有一种说法，知识产权这种游戏是发达国家的游戏，是富人的游戏，穷国和穷人则没有能力参与这项游戏。更为严重的是，在国际范围内，知识产权游戏规则主要是由发达国家或富人制定的，按照它们制定的规则玩这种游戏，获得利益或者好处的只能是这些规则的制定者。穷国或穷人即使被迫参加这种游戏，也不会得到多少好处。例如，《知识产权协定》就是以美国为首的发达国家将自己的意志强加于其他国家的标志。

针对上述观点，国际知识产权研究会主席、美国斯坦福大学教授John Barton先生发表了自己的观点。他认为，知识产权本身是中性的，对发达国家有用，对发展中国家也有用。不同的只不过是发达国家有更多的钱投入研发，对外国的技术和知识产权的依存度较低，而发展中国家则没有更多的钱用于研发，对外国的技术和知识产权依存度较高。另一方面，由于发达国家实施知识产权制度的历史比较长，有一套灵活运用知识产权进行市场竞争的经验，能够从知识产权保护中得到更多的利益。John Barton教授的看法至少说明：任何国家，如果不重视知识产权制度建设，不能正确地搞好知识产权保护，要想在当今世界取得较好的竞争地位是不可能的。同时还说明，只要你能够重视知识产权，灵活运用知识产权，那么，知识产权对发达国家有用，对发展中国家也有用。

通过本章的学习应当思考以下问题：

1. 知识产权是什么？
2. 知识产权有哪些基本特征？
3. 如何给知识产权定性？
4. 知识产权包括哪些具体的权利？
5. 知识产权法及其调整对象。

## 第1节　知识产权概述

### 一、知识产权解读

知识产权，是指自然人、法人或者其他组织对其智慧创作物①依法享有的专有权利。例如，发明创造者对其发明创造依法享有专利权。在此，发明创造包括发明、实用新型或外观设计是一种智慧创作物，专利权是一种专有权利。智慧创作物是人们在公共物品上添加智力劳动

① “智慧创作物”一词，是根据英文词组the creations of mind或intellectual creatures翻译而来的。参见世界知识产权关于“知识产权”的定义。

后使之从公共产品中分离出来的私人产品。智力创作者对此私人产品依法享有的权利就是知识产权，是一种私权。

知识产权是一个外来词，其英文词组为 Intellectual Property 或者 Intellectual Property Rights。19 世纪末，国际上成立“知识产权联合国际局”[①]，使“知识产权”概念被国际社会所接受。1967 年 7 月，在瑞典首都斯德哥尔摩签订的《建立世界知识产权组织公约》，以及根据这项公约成立的“世界知识产权组织”[②] 是“知识产权”概念得到国际社会承认的正式标志。

我国最早使用“知识产权”概念的法律是 1986 年 4 月 12 日第六届全国人民代表大会第四次会议通过、1987 年 1 月 1 日生效的《民法通则》。该法第五章第三节即为“知识产权”，与“财产所有权以及与财产所有权有关的权利”“债权”和“人身权”并列为民事权利。此前，我国法律和法学著作、文章、论文等所使用的概念为“智力成果权”。我国台湾地区使用的概念为“智慧财产权”。

《建立世界知识产权组织公约》和《与贸易有关的知识产权协定》[③] 采用例举的方式列出了知识产权的种类。

《建立世界知识产权组织公约》第 2 条第 8 项规定：“知识产权”包括有关以下项目的权利：

1. 文学、艺术和科学作品；
2. 表演艺术家的表演以及唱片和广播节目；
3. 人类一切活动领域内的发明；
4. 科学发现；
5. 工业品外观设计；
6. 商标、服务标记以及商号和标记；
7. 制止不正当竞争；
8. 在工业、科学文学艺术领域内基于智力活动而产生的一切其他权利。

《知识产权协定》第一部分第 1 条规定，本协定所保护的知识产权是指该协定第二部分第 1～7 条所列举的对象，它们是：版权与相关权、商标权、地理标志权、工业品外观设计、专利权、集成电路布图设计以及商业秘密七个方面的权利。

## 二、知识产权的客体

知识产权的客体，也称知识产权的保护对象，就是如上所述的智慧创作物，是指自然人、法人或者其他组织利用其智慧、时间、资金和劳动等创作出来的智力劳动成果，例如，作品、发明创造、商标、商业秘密、集成电路布图设计、植物新品种等。

智慧创作物具有以下特征：

1. 无形性或者非物质性。智慧创作物的无形性，是指智慧创作物是看不见、摸不着，不占有任何物理空间，但能够被人们的感觉所感知的客观存在物。正如法国著名的哲学家萨特所

---

① 1883 年缔结的《保护工业产权巴黎公约》成立了“巴黎联盟”，1886 年缔结的《保护文学艺术作品伯尔尼公约》成立了“伯尔尼联盟”。这两个联盟的总部都设在瑞士，分别管理这两项公约。1896 年，瑞士政府建议将这两个联盟合并，从而成立了“知识产权联合国际局”。

② World Intellectual Property Organization，缩写为“WIPO”。

③ 《与贸易有关的知识产权协定》（Agreement on Trade-related Aspects of Intellectual Property Rights）简称为《知识产权协定》或者“TRIPs”。

说，你们可以烧掉我的手稿，却烧不掉我的作品。换言之，作品一经创作完成，就成为永久的存在。如果作品被附着于某一种有形载体（例如手稿）上，那么，这个载体即使被烧掉，也不会导致作品的消灭。当然，倘若作品的原始载体被销毁，该作品可能永远不再被人所知晓，即影响作品的利用。例如，中国历史上曾经创作出《连山易》《归藏易》和《周易》三部作品，但是，因为历史原因导致《连山易》和《归藏易》之载体佚失或者消灭，现在仅存《周易》（《易经》），因此，今天不可能再见到《连山易》和《归藏易》了。①

因为智慧创作物具有无形性或者非物质性，所以，任何一项具体的智慧创作物能够被数字化而存贮于磁盘、光盘或者电脑硬盘上，从而被人们广泛传播。智慧创作物所具有的无形性或者非物质性，决定了智慧创作物一旦被公之于众，其创作者或者权利人就即刻失去对它的实际管领和支配，而只能通过法律制度来保护它。知识产权制度就是保护智慧创作物的最有效的制度。

2. 智慧性。智慧创作物的智慧性，是指智慧创作物是人类智力劳动的结晶。智慧创作物的智慧性特征决定了知识产权所保护的对象是人们利用其智慧创作出来的成果，而不是自然生长的，因此，任何国家或地区在构建其知识产权制度时要将其重心放在鼓励人们进行智力创作活动，而不允许对他人已有智慧创作物进行抄袭、剽窃、盗版、仿制或者复制等。未经知识产权所有人许可，擅自对他人的智慧创作物进行抄袭、剽窃、盗版、仿制或复制，就是对他人知识产权的侵犯，法律另有规定的除外。

3. 传承性。智慧创作物的传承性，是指现在的智慧创作物都是利用前人的智慧创作物或者在前人创作的公共智慧产品之上添加智力劳动所获得的，同时还将要成为以后之创作者的创作资源。智慧创作物的传承性特征决定了知识产权保护的时间性。具而言之，在知识产权制度中，垄断性越强的权利，受保护的时间就越短；垄断性越弱的权利，受保护的时间就越长；对人类传承性影响或障碍越弱的权利，所获得的保护时间就越长，有的甚至没有保护期限的限制，例如，精神权利的保护就不受时间限制，因为精神权利的保护不影响智慧创作物的传承。

4. 共享性。智慧创作物的共享性，是指任何国家或地区的国民所创作的智慧创作物都能为全人类所共享，而不仅仅局限于智慧创作物之创作者所在国家或地区的公众所享有。例如，美国微软公司开发的电脑视窗系统软件、Office 办公系统软件等不仅受到美国人的青睐，而且受到了各国公众的喜爱，其原因是它们给人们的生活、工作、学习等带来了好处。正因为如此，智慧创作物应当受到其他国家或者地区法律的保护，否则，就会产生许多不公平现象，自主创新能力比较强的国家或地区之国民所创作的智慧创作物就会成为其他国家或地区的“免费午餐”。知识产权国际保护制度通过制定成员国保护知识产权的最低标准和共同应当遵守的规则，使之达到基本的公平和平衡。

除了上述四个基本特征之外，智慧创作物还具有其他特征，例如，可传播性等。理解智慧创作物的这些基本特征，有利于更好地理解知识产权制度以及知识产权的基本特征。

## 三、知识产权的内容

事实上，知识产权并不是一项具体权利，而是一个权利体系的总括性术语。知识产权由若干种类的权利组成，包括著作权（版权）、专利权、商标权、地理标志权、外观设计权、集成电路布图设计权和商标秘密等。每一种类的权利又包含若干具体的权能，例如，著作权包括著

① 参见秦泉主编：《周易大全》，1 页，北京，外文出版社，2012。

作财产权和著作人身权，专利权包括独占实施权、标记权等。尽管如此，上位权利的知识产权的内容可以概括为积极权利和消极权利。

知识产权的积极权利，是指知识产权所有人依法享有的自己实施或者许可他人实施其智慧创作物的权利。换言之，知识产权所有人不仅可以自己主动实施其权利，而且有权许可他人实施其权利。

知识产权的消极权利，是指知识产权所有人依法享有的禁止他人未经许可擅自实施其受法律保护的智慧创作物的权利。换言之，任何人未经知识产权所有人许可，不得以经营目的或者以损害知识产权所有人合法利益方式实施其受保护的智慧创作物。否则，实施行为人就可能构成对知识产权的侵犯，法律另有规定的除外。对此，知识产权所有人依法享有请求侵权行为人停止侵权行为的权利，即禁止权。

知识产权的积极权利，能够确保知识产权所有人根据自己的意愿充分利用其智慧创作物，使之发挥其应有的功能，收回其投入，为经济发展做贡献，造福于人类。知识产权的消极权利，能够确保知识产权免受他人的不法侵害。

## 四、知识产权的特征

如上所述，知识产权是人们对其智慧创作物依法享有的专有权利，是一种无形财产权，与有形财产所有权具有许多相同的特征。但是，由于知识产权客体是无形的智慧创作物，所以，与有形财产权相比，知识产权具有以下特征：

### （一）知识产权空间效力的有限性

知识产权空间效力的有限性，也称地域性。其基本含义是：依据一个国家或者地区的知识产权法取得的知识产权，其效力仅及于该国或地区，不具有域外效力。如果智慧创作者希望在其他国家或地区就其智慧创作物获得知识产权保护，就应当依据有关知识产权国际条约或者双边协定、多边协定或者互惠原则，到相应国家或地区依据其知识产权法的规定取得知识产权，否则，其智慧创作物就不可能受其他国家或地区法律的保护。

现在，尽管国际上已经缔结了若干知识产权国际条约，但是，这些条约只不过是架设在各个国家或地区之间的桥梁或开通的管道，使参加国际条约的国家或地区的国民能够通过这样的桥梁或管道，向其他国家或地区寻求知识产权保护，但并不是将知识产权之效力空间进行了延伸。例如，根据欧盟知识产权条例或指令取得的知识产权，只能在欧盟及其成员国范围内有效力，在域外仍然是无效的。

众所周知，动产所有权不受地域限制，不动产因不能脱离其所在地，不发生效力的地域限制问题。当然，某些特殊种类的知识产权之效力可以作适当的地域延伸，例如，《巴黎公约》第 6 条之二第 1 项规定，将驰名商标的效力延至巴黎同盟各国。尽管如此，知识产权的地域性并不能因此而受到质疑。

### （二）知识产权保护期的有限性

知识产权保护期的有限性，也称时间性。其基本含义是：依法取得的知识产权只能在法律规定的有效期内受保护。任何一项知识产权，一旦超过法律规定的有效期，就会进入公有领域，成为全人类的共同精神财富。任何人在不侵犯原知识产权所有人精神利益的前提下，都可以自由使用相应的智慧创作物。

但是，对知识产权时间性的理解应当注意：（1）知识产权保护期的长短，因法域的不同而不同。就某一种类的知识产权而言，有的国家或地区给予的保护期长一些，有的国家或地区则短一些；有的国家或地区可能给予无期限限制的保护，有的国家或地区则作了限制。例如，著作权中的署名权，大陆法系国家或地区给予的保护基本上不受时间限制，而英美法系国家或地区都规定了时间限制。(2) 知识产权保护期的有限性，因时代的不同而不同。以商标权为例，原苏联和1963年我国的《商标管理条例》都规定注册商标的保护期没有限制；而现在，《俄罗斯联邦商标法》和我国现行《商标法》都给予了限制。(3) 知识产权保护期的确定性，因知识产权种类的不同而不同。例如，专利权、著作财产权的保护期是完全确定的，各个国家或地区的规定都差不多；但商标权的保护期从形式上看是有限的，而实质上却是无限的，即商标权的每一个保护期都是一定的、有限的，但可以续展，且续展的次数不限。事实上，只要商标注册人愿意，可以通过续展使其商标权受到永久保护。此外，商业秘密的保护期是不确定的，只要商业秘密拥有者能够保住其商业信息不被披露，其商业秘密就能受保护。商业秘密一旦被披露，其保护就即刻终止。(4) 某些种类知识产权的保护期没有限制，例如，地理标志权、署名权等。

正因为知识产权的保护期有着如此复杂的情形，所以，有学者否定知识产权的时间性。实际上，知识产权中的许多权利都有明确的时间限制，少部分权利的时间限制不明确，但并不能因此而否定知识产权的时间性。尤其是将知识产权与有形物所有权相比，其时间性就更明显了，因为有形物所有权的存续原则上只与其客体是否存在相关，即只要物本身还存在，由该物产生的所有权就存在。

（三）知识产权的独占性

知识产权的独占性，也称排他性、专有性或垄断性。其基本含义是：除法律另有规定外，未经知识产权所有人许可，任何人不得擅自实施其知识产权。与有形物所有权的排他性相比，知识产权的独占性有三个特点：

1. 有形物所有权的排他性是针对特定对象的，而知识产权的排他性是针对一般对象的。以“海尔®”电视机为例：“海尔®”是注册商标，依法产生的是商标专用权，而“海尔®”电视机是有形物，依法产生的是所有权。若张三购买了一台“海尔®”电视机，李四购买了一台与张三相同的“海尔®”电视机，那么，张三对其电视机的所有权，并不影响李四对自己电视机的所有权。这就是有形物所有权所及之对象的特定性。而“海尔®”注册商标专用权不只是对自己设计的该商标享有专用权，而且对任何人设计的与“海尔®”相同的商标，都具有约束力，即有权禁止他人将自己设计的“海尔®”商标使用在电视机或者与电视机类似的商品上。这就是知识产权独占性所具有的独特品质。

2. 有形物所有权的排他性是物之自然属性的法律化，而知识产权的独占性则是法律规定的自然化。就某一有体物而言，其自然属性决定了它要么是我的，要么是你的，不可能同时是我的也是你的（财产共有情形下仍然只有一项所有权），法律只不过是对这种现象的确认；但是，对知识产权客体而言，因为它可以同时为若干不同主体独立创作出来，事实上可以同时为若干主体管领和支配，但法律规定不允许每一个创造者都能同时享有权利，于是硬性规定只能由其中的一个主体享有权利，将其他主体排除在外，确保一个主体的独占地位。

3. 有形物所有权的排他性具有绝对性，而知识产权的排他性只具有相对性。在一般情况下，法律不允许他人未经所有权人授权而利用其物，否则，利用人即构成对所有权的侵犯；而法律允许他人未经知识产权所有人许可，依照法律规定的方式对受知识产权保护的智慧创作物加以利用，即知识产权的限制。这也是某些知识产权学者主张知识产权没有独占性的理由所在。尽管这种理解有一定的道理，但其理由并不充分。

（四）知识产权产生的法定性

知识产权产生的法定性，也称国家授予性。其基本含义是：任何一项智慧创作物能否产生相应的权利，都必须依相关法律的规定。没有法律规定或者法律明确规定不能取得知识产权的智慧创作物，不能产生相应的权利。例如，我国《著作权法》第 5 条规定的三种对象、《专利法》第 25 条规定的五种对象等不能受本法保护。

另外，知识产权的法定性还表现为：法律规定必须经有关国家主管机关审批授权后，才能产生相应权利的，智慧创作物创作者或者有关自然人、法人或者其他组织必须依据法律规定提出申请，办理相应手续后，才可取得相应的权利。商标权、专利权、外观设计权、地理标志权、集成电路布图设计权等，都是如此。

除了上述四项特征外，知识产权还有其他一些特征，但是，因为争议较大，在此不再讨论。

## 五、知识产权的性质

### （一）知识产权是一种民事权利

民事权利之本质是国家为了保护民事主体的特定利益而提供法律之力给予的保护，是法律之力和特定利益的结合，是种类化了的利益。[①] 民事权利是由民法所确认的权利，它不同于任何公法上的权利。例如，宪法上的选举权和被选举权、劳动权和休息权等。说知识产权是一种民事权利：第一，理由在于知识产权是由民法所确认的一种权利。[②] 第二，知识产权是由人们对智慧创作物所享受的利益，包括财产利益和人身利益。第三，知识产权体现为权利主体在一定范围内的行为自由。例如，作者对其作品享有是否公之于众的自由、发明创造者享有是否就其发明创造申请专利的自由、商标拥有者享有是否申请注册的自由等。第四，知识产权在性质上是一种法律之力，它不仅使知识产权所有人获得了在法律范围内的行动自由，而且使知识产权所有人凭借法律赋予的这种力量可以请求相对人为一定的行为或者不为一定的行为，有权直接支配智慧创作物，并排斥他人的干涉，当其权利受到他人的不法侵害时有权获得法律的保护。

强调知识产权是一种民事权利，还说明知识产权是平等主体之间的一种权利与义务关系。

### （二）知识产权是私权

《知识产权协定》在序言中明确规定，知识产权是私权。私权是与公权相对应的一个概念。将知识产权定性为私权，是现代社会法律革命和制度变迁的结果。知识产权制度的形成与发展，经历了一个由封建特许权向资本主义财产权制度的嬗变。封建特许权包括印刷特权与制造特权，是封建君主以敕令或者政府令状的形式，给出版商授予印制特权或者给工匠艺人授予制造、销售特权。以特许权形式授予的印刷特权或者制造、销售特权是一种钦定的行政庇护，而非法定权利。随着封建制度的衰落和资本主义制度的兴起，君授特权逐渐失去其合法性和合理性，代之而起的是一种新型的权利制度，即知识财产所有权。自 1624 年英国的《垄断法规》、1709 年英国的《安娜法令》至 1791 年美国的《专利法》和《版权法》、1790 年法国的《表演权法》等开始，这种知识财产所有权制度逐渐被法律化、制度化，至 19 世纪后半叶，得到了国际社会的广泛承认。至此，知识产权的私权属性还不是很明晰。[③]

进入 20 世纪后，建立知识产权制度的国家虽然越来越多，但是明确肯定知识产权私权性的并不多，有许多国家将知识产权作为公权，例如，原苏联和东欧一些国家；英国和美国的许多做法也具有明显的公权痕迹。例如，英国以国家税收的方式给版权人支付版税，美国明确规

---

① 参见王利明：《民法总论研究》，202 页，北京，中国人民大学出版社，2003。

② 参见《民法通则》第五章第三节的规定。

③ 参见吴汉东：《知识产权法》，7～8 页，北京，北京大学出版社，2004。

定只有在美国首先出版的作品并向美国国会图书馆交纳两本最好的样书后才能在美国获得版权等做法。直到 20 世纪 90 年代，泰国仍然将知识产权作为公权对待，主要通过公安部门和警察保护知识产权，因为它认为知识产权是一种公权利，对知识产权的侵犯就是对国家的犯罪。在改革开放以前，我国也是将知识产权当作一种公权利。正因为如此，国际社会很难形成对知识产权统一的保护标准，尤其是在执法和司法方面，更是各行其是。

《知识产权协定》将知识产权明确定性为一种私权，为解决与贸易有关的知识产权问题奠定了共同的基础，为建立统一的知识产权保护标准铺平了道路。

（三）知识产权是垄断权

从知识产权制度诞生的历史可以确定，知识产权就是一种垄断权。

知识产权制度经过五十多年的演进发展到今天，知识产权已经成为市场经营者市场竞争的重要武器或者有力工具。事实上，将知识产权称为市场竞争的重要武器或者有力工具，其关键要素就是因为知识产权是一种垄断权。

建立知识产权制度的法哲学基础包括利益平衡论和社会契约论。利益平衡论认为，国家建立知识产权制度之目的就是，一方面，通过制定知识产权法律授予智力创作者对其智慧创作物在一定期限的垄断权，让智力创作者通过行使其垄断权获得一定的利益，收回其投资；另一方面，通过对知识产权给予适当的限制，让社会公众和使用者从智慧创作物中获得创新利益，以此形成知识产权所有人与社会公众和使用者之间的利益平衡。如果智力创作者不能依法获得垄断权，并由此获得必要的利益回报，就不可能激发人们的创作热情，智慧创作物的供给就必然会减少甚至枯竭，不利于国家发展和社会进步。反过来，如果对知识产权不加以适当限制，知识产权所有人就会滥用其知识产权，妨碍社会公众获得必要的创新利益，同样不利于国家发展和社会进步。知识产权是一种合法垄断权，同时也是受到法律限制的垄断权。

社会契约论认为，国家建立知识产权制度的目的，就是通过制定知识产权法律授予智力创作者一定期限的垄断权，以此作为对价，换取智力创作者将其智慧创作物向社会公开，有利于社会公众获得创新利益，同时也有利于减少他人的重复投资、劳动和时间，促进社会进步。

上述两种理论都肯定了知识产权是一种垄断权。

（四）知识产权是无形财产权

无形财产权与有形财产权相对应。无形财产权，是指由无形财产依法产生的权利。简而言之，无形财产权的客体是无形财产，包括知识产品、债券、股票等。

无形财产渊源于古罗马法。公元二世纪罗马法学家盖尤斯（Gaius）在其所著《法学阶梯》里将物划分为“有体物”（也称有形物）和“无体物”（也称无形物）。有体物（Corporales）是可以触摸的物品，如土地、衣服、金银；无体物（Incorporales）则是不能触摸的物品，体现为某种权利，如继承权、债权和用益权等。根据该划分，罗马法将所有权之外的权利拟制为“无体物”，纳入物和客体的范畴。近代《法国民法典》继承罗马法的分类法，将物划分为动产和不动产。此后，意大利、奥地利和荷兰等国的民法典也有类似规定。1900 年《德国民法典》则未采纳无形物的相关规定，而将物限于“有形物”，因此，权利作为无形物与物是严格分开的。日本、泰国等国民法典从其立法例。

随着知识产权、有价证券等无形权利的出现和流转，人们往往也在这些意义上使用无形财产权，“无形物”或“无形财产”的意义和运用也与传统无形物有较大差别。在理论上，学术界对于无形物、无形财产、无形财产权和无形产权等概念的使用极不稳定，在多种场合和多种意义上使用，在论述时无形财产并无固定的内涵和外延。

具体而言，“无形财产”在实际运用中常代表三种不同的含义：（1）无形财产指不具备一定形状，但占有一定空间或能为人们所支配的物。这主要是基于物理学上的物质存在形式而言，如随着科学技术的进步和发展，电、热、声、光等能源以及空间等，在当代已具备了独立的经济价值，并能为人们进行排他性的支配，因而也成为所有权的客体。(2) 无形财产特指知识产品，这主要是基于知识产品的非物质性而作出的界定。另外，通常基于知识产品的无形性，在习惯上学术界将知识产品本身也视为“无形物”或“无形财产”。如德国在不承认传统的“无形物”前提下，将知识产品从客体角度视为“狭义的无形物”。(3) 无形财产沿袭罗马法的定义和模式，将有形物所有权之外的任何权利称为“无形财产”，知识产权仅是其中一种“无形财产”。

自罗马法至近代《法国民法典》无形财产一直居于“无形物”的地位。《德国民法典》虽把物限于有形物，但是《德国民事诉讼法》第264条仍规定，该条所说的物，包括有形物、无形物甚至包括权利，因此，德国诉讼法上的物仍是广义的物。《日本民法典》第86条也规定无记名债权为动产。《瑞士民法典》第655条规定：“土地包括不动产登记簿上已登记的独立且持续的权利。”因此，无形财产在大陆法系各国成为“物”已成为一种不可避免的现象。值得注意的是，各国不但把有形物划分为动产和不动产，而且把无形财产也划分为动产和不动产。关于无形财产的交易，法律一般也比照动产的交易规则，并不另行规定。显然，无形财产既缺乏自己的独立法律地位，也缺乏自身的理论体系和法律规则。①

## 六、知识产权的分类

### （一）概括分类

这是对知识产权最基本的分类，最早由《建立世界知识产权组织公约》采用。其基本特点是：将人类利用其智力劳动创造出来的一切智慧创作物所产生的权利进行概括分类，让人们对知识产权整体有一个清晰、明确的了解。《知识产权协定》所采用的也是这种分类方法，略有不同而已。②

### （二）传统分类

这种分类以智慧创作物所属范畴为标准，将知识产权划分为文学产权和工业产权。这种分类的标志性依据是1883年的《巴黎公约》和1886年的《伯尔尼公约》。

《巴黎公约》所保护的对象是工业产权，包括：专利权、实用新型权、外观设计权、商标权、服务标记权、厂商名称权、货源标记或原产地名称权，以及制止不正当竞争等。③ 该公约规定，对工业产权应作最广义的理解，不仅应适用于工业和商业本身，而且应同样适用于农业和采掘业，适用于一切制成品或天然产品，例如，酒类、谷物、烟叶、水果、牲畜、矿产品、矿泉水、啤酒、花卉和谷物的粉。④

《伯尔尼公约》所保护的对象是文学艺术作品，包括文学、艺术或者科学领域内的一切作品，不论其表现形式和表达方式如何。⑤ 另外，关于邻接权，1961年10月26日缔结的《保护表演者、唱片制作者和广播组织罗马公约》⑥ 作了详细规定，因此，《伯尔尼公约》的斯德哥

① 引自《无形财产》，资料来源：http：//baike. haosou. com/doc/7710868-7984963. html。

② 参见本书第一章第一节“二、知识产权的客体”中的内容。

③ 参见《巴黎公约》(1967年斯德哥尔摩文本）第1条第（1）款、第（2）款的规定。

④ 参见《巴黎公约》(1967年斯德哥尔摩文本）第1条第（3）款的规定。

⑤ 参见《伯尔尼公约》第2条第1款的规定。

⑥ 《保护表演者、唱片制作者和广播组织罗马公约》简称为《罗马公约》。

尔摩文本并未涉及此类权利。

这种分类之所以被称为传统分类，其原因主要是：这种分类并不是最合理的，而且未能将最新的智慧创作物所产生的权利（如集成电路布图设计等）包括进去。因此，此种分类有修正的余地。

（三）改进分类

此种分类主要是针对传统分类而言的。这种分类以智慧创作物所蕴含之智力投入量为标准，将知识产权划分为三类：创造性知识产权、标记性知识产权和经验性知识产权。

1. 创造性知识产权

创造性知识产权，是指产生知识产权之智慧创作物蕴含有充分的智力投入量，并且法律授予其相应权利并给予保护的着重点正在于此。此类权利包括专利权、实用新型权、工业品外观设计权、著作权、邻接权或相关权、集成电路布图设计权、植物新品种权、软件权和技术秘密权等。

2. 标记性知识产权

标记性知识产权，是指产生知识产权之智慧创作物所蕴含的智力投入量不足够充分，而且法律授予其相应权利给予保护的着重点在于其所具有的标示功能。此类权利包括商标权、服务标记权、地理标志权、商号权或企业名称权、域名权等。

3. 经验性知识产权

经验性知识产权，是指产生知识产权之智慧创作物所蕴含的智力投入量并不十分充分，而且法律授予其相应权利并给予保护的着重点在于它直接影响经营者的市场竞争力，包括商业秘密和制止不正当竞争。

除了上述三种基本分类外，还可以按不同的标准对知识产权进行分类，但其意义不大，因此，没有进一步讨论的必要。

## 第 2 节　知识产权法及其调整对象

### 一、知识产权法

知识产权法，是指国家制定或者认可的，调整由智慧创作物产生的各种社会关系之法律规范的总和。

知识产权法可分为形式的法和实质的法。形式的法，是指以法典形式出现的知识产权法；实质的法，则是指一切调整知识产权法律关系的法律规范之总和。到目前为止，只有法国、菲律宾等少数国家编纂有《知识产权法典》，我国的知识产权法是由《著作权法》《专利法》、《商标法》和《反不正当竞争法》等单行法组成的法律体系。

### 二、知识产权法的调整对象

知识产权法的调整对象包括：

1. 因智慧创作物的归属所产生的社会关系。智慧创作物是自然人利用其智慧、时间、资金和劳动独立创作出来的智力成果。但是，由智慧创作物依法产生的相应权利的归属则是一个法律问题，应当由知识产权法调整。我国《著作权法》第 11 条第 1 款规定，著作权属于作者，本法另有规定的除外。例如，法人或者其他组织视为作者的作品之著作权属于该法人或者其他组织，特殊职务作品的著作权（除署名权之外）属于作者所属的单位，委托作品的著作权可以约定由委托人享有等。

2. 因知识产权的取得所产生的社会关系。智慧创作物是自然人运用其智慧创作出来的具有个性特征的精神产品。由于知识产权具有法定性，所以，一项智慧创作物能否产生相应的知识产权，应当由法律明确规定；对发明创造或者商标而言，能否产生相应的专利权或者商标权，须由国家有关行政机关审查批准。由此发生的社会关系就是知识产权法的调整对象。

3. 因知识产权的归属所产生的社会关系。知识产权的归属有三种情形：（1）法律的直接规定。如《著作权法》第 11 条第 1 款规定："著作权属于作者，本法另有规定的除外。"第 12 条规定："改编、翻译、注释、整理已有作品而产生的作品，其著作权由改编、翻译、注释、整理人享有……"（2）合同的约定，即法律允许有关当事人在合同中约定某项知识产权的归属。如《著作权法》第 17 条规定："受委托创作的作品，著作权的归属由委托人和受托人通过合同约定……"（3）知识产权的移转。知识产权中的财产权利可以移转，即可以通过转让、赠与、继承、遗赠等方式将知识产权中的财产权利移转给继受人，由继受人取得知识产权。由此发生的社会关系，由知识产权法调整。

4. 因知识产权的保护所产生的社会关系。知识产权保护是建立知识产权法律制度的重要组成部分，也是实现知识产权价值的重要手段。知识产权保护包括行政保护、民事保护和刑事保护等，由此发生的各种社会关系主要由知识产权法调整。

除了上述四个方面的社会关系外，还有因知识产权的利用所产生的社会关系，知识产权贸易所产生的社会关系等，都应当由知识产权法调整。

## 三、知识产权法的性质

与民法、刑法、婚姻法、继承法、物权法相比，知识产权法还非常年轻，对知识产权法之性质研究的时间不长。所以，到目前为止，关于知识产权法的性质尚无结论性的定位，但可以将它概括为：

1. 知识产权法是私法，同时包含有某些公法的内容。私法是与公法相对的分类，界定私法与公法的学说主要有三种：（1）利益说。按照该学说，判断某种法律关系或者某条法律规范是私法还是公法，应以其是涉及公共利益还是私人利益为标准。涉及公共利益的法律关系或法律规范，就是公法；涉及私人利益的法律关系或者法律规范就是私法。依此标准，因为知识产权法所调整的利益主要是私人利益，所以为私法；但其中也部分地涉及公共利益，如我国《专利法》（2008 年修订）第 49 条和第 50 条的规定。① 因此，知识产权法包含公法的内容。（2）隶属说。该学说认为，公法的根本特征在于调整隶属关系，私法的根本特征在于调整平等关系。知识产权法主要调整平等主体之间的财产关系和人身关系，但也涉及不平等主体的隶属关系，如我国《专利法》（2008 年修订）关于国家计划许可的规定即是。②（3）主体说。该学说认为，如某公权机关正是以公权载体的身份参与法律关系，则存在公法关系。在知识产权法律关系中，也少量存在公权载体以其身份参与的现象，如专利复审委员会和商标评审委员会所

① 《专利法》（2008 年修订）第 49 条规定："在国家出现紧急状态或者非常情况时，或者为了公共利益的目的，国务院专利行政部门可以给予实施发明专利或者实用新型专利的强制许可。"第 50 条规定："为了公共健康目的，对取得专利权的药品，国务院专利行政部门可以给予制造并将其出口到符合中华人民共和国参加的有关国际条约规定的国家或者地区的强制许可。"

② 《专利法》（2008 年修订）第 14 条规定："国有企业事业单位的发明专利，对国家利益或者公共利益具有重大意义的，国务院有关主管部门和省、自治区、直辖市人民政府报经国务院批准，可以决定在批准的范围内推广应用，允许指定的单位实施，由实施单位按照国家规定向专利权人支付使用费。"

参加的法律关系，就是公权载体的身份。

2. 知识产权法是国内法，同时包含涉外法的内容。涉外民事法律关系就是指主体、客体和引起民事法律关系发生的法律事实三个方面中至少有一个以上的因素与国外或境外有联系的民事法律关系。调整有涉外因素法律关系的法为涉外法；调整不具有涉外因素法律关系的法为国内法。在知识产权法所调整的法律关系中，以不具有涉外因素的法律关系为主，兼具有涉外因素的法律关系，如关于受理外国人专利申请、商标注册申请的规定，中国人提出PCT申请的规定等。

3. 知识产权法是实体法，同时包含程序法的内容。规定自然人、法人或者其他组织实体权利与义务的法，为实体法；规定自然人、法人或者其他组织诉讼权利与义务的法为程序法。知识产权法主要是规定自然人、法人或者其他组织实体权利与义务的法，但也部分地规定了知识产权所有人诉讼权利与义务，如《专利法》第57条第2款的规定。①

## 第3节　知识产权制度的演进过程

智力活动是人类异于其他动物的典型特征，所以，人类创造出了难以计数的智慧创作物。但是，对智慧创作物给予法律保护，则是随着商品经济的产生和发展而形成的。

### 一、知识产权制度的发展过程

据有关史料考证，知识产权制度的发展大致可以分为五个阶段：

（一）萌芽阶段（大约在13世纪至14世纪）

到目前为止，还没有发现在13世纪至14世纪以前对智慧创作物提供法律保护的史料记载，因此，我们暂且将13世纪至14世纪初步作为知识产权法律制度的萌芽阶段。这一阶段的主要特征是：有少数国家开始以君授特权的形式给予某些工匠艺人对其工艺或者技术一定期限的特权。在13世纪至14世纪，某些西方国家的自然经济开始崩溃，商品经济逐步发展起来，出现了一些作坊。为了刺激商品经济的发展，国王有时赐予商人或者制造新产品的工匠在一定时期内免税经营的权利或独家制造、贩卖某种产品的权利。这种具有独占性的特权，便是专利制度的萌芽。1236年，英王亨利三世给波尔多市一个市民授予的制作各种色布15年的垄断权，被认为是最原始的一件专利，也是最原始的一项知识产权。这种特权尽管与现在的知识产权有明显差异，但基本可以算作一种特殊形态的权利，为知识产权制度诞生奠定了基础。

（二）初创时期（大约在15世纪至17世纪）

这一时期的主要特征是：某些国家已将个别的君授特权改变为具有制度性的程序授权，使具有一定水平的智慧创作物能够获得专门保护。1474年3月19日，威尼斯共和国颁布的《专利法》具有一定的代表意义。威尼斯共和国专利制度的创立，意味着知识产权制度已初露端倪。此后，英国也制定了一些类似的法规，对某些种类的智慧创作物授予特权，如1623年颁布的英国《垄断法规》。《垄断法规》的颁布，不仅在专利史上树起了一个里程碑，而且标志着世界现代专利制度的开端。

① 《专利法》第57条第2款规定："专利侵权纠纷涉及新产品制造方法的发明专利的，制造同样产品的单位或者个人应当提供其产品制造方法不同专利方法的证明。"

（三）发展时期（大约在 18 世纪至 19 世纪）

这一时期的主要特征是：以英国、美国、法国等为代表的西方国家相继制定了自己的版权法（或者作者权法）、专利法和商标法，建立起知识产权制度。1709 年，英国颁布了世界上第一部版权法，即《安娜法令》；美国于 1790 年颁布了《版权法》和《专利法》；法国于 1791 年和 1793 年两度制定《复制法令》。尤其是 1793 年的法，从理论上将作者的精神权利放到了首位，可称得上真正意义的"作者权法"。1865 年，德国巴伐利亚颁布了《保护文学艺术作者权法》，其中首次使用了"作者权"的概念。此外，许多国家的专利法和商标法也相继问世。如 1803 年法国在《关于工厂、制造厂和作坊的法律》中，将假冒商标按照私自伪造文件处理；1857 年又制定《关于以使用原则和不审查原则为内容的制造标记和商标的法律》在全国执行，是商标法发展到成熟的标志。此间，建立知识产权制度的国家已经有很多了。这种积极制定知识产权法律规范，保护著作权、专利权和商标权的势头一直持续到 20 世纪中叶。

（四）国际化时期（大约在 19 世纪末至 20 世纪 90 年代）

这一时期的主要特征是：国际上相继缔结了许多知识产权国际条约，将各自为阵的国家保护连接成一个整体。1883 年 3 月 20 日，比利时、巴西、法国等 11 个国家在法国首都巴黎缔结了国际上第一项知识产权国际条约，即《保护工业产权巴黎公约》（简称《巴黎公约》）。此后不久，1886 年 9 月 9 日，英国、法国、意大利等 10 个国家在瑞士首都伯尔尼缔结了《保护文学艺术作品伯尔尼公约》（简称《伯尔尼公约》），1891 年 11 月 4 日，在马德里缔结了《商标国际注册马德里协定》（简称《马德里协定》）。在 20 世纪缔结的知识产权国际条约更多，而且对《巴黎公约》《伯尔尼公约》等作了多次修订。1967 年建立的世界知识产权组织（WIPO）使知识产权国际保护上了一个新台阶。

（五）网络化时期（大约在 20 世纪 90 年代至现在）

这一时期的主要特征是：随着计算机网络技术的发展，传统的知识产权制度受到严峻挑战，于是，许多国家和地区便对其知识产权法律规范进行修改和完善，使之能够适应于网络环境。最具代表性的就是 WIPO 在 1996 年缔结的《版权条约》和《表演与唱片条约》。为了实施这两项条约，美国于 1998 年制定了《千年数字版权法》。这标志着知识产权制度进入了网络化时期。

## 二、我国知识产权制度的演进过程

中华民族具有五千年的文明史，勤劳智慧的中国人对世界文明做出了重大贡献。但是，在对人类智慧创作物给予法律保护方面却远远落后于发达国家。基于此，有人认为，中国历史上就不尊重他人的知识产权。事实上，中国人历史上尊重作者的署名和作者身份。先秦诸子著书，不及言利，意在宣传自己的思想和主张，正如《史记・孟子荀卿列传》中所说，在春秋战国百家争鸣的时代，诸子"各著书，言治乱之事，以干事主"，以表明其作者身份或学术派别。古代士人已注意到作品上的署名问题。他们或是在作品上署上自己的姓名或学派始祖的姓名，如《论语》就是孔子的受业弟子和再传弟子所记叙的孔子言行录；或是直接以作者姓名或学派始祖的姓名作为作品的名称，如《老子》《韩非子》《孟子》等著述。这种署名方式亦为后世士人所沿袭，它不仅具有区别不同流派著作的功能，而且昭示了作者与作品之间的主客体关系。在古代士人那里，抄袭他人陈言被视为偷盗他人财产，因而受到舆论的谴责。南朝文学批评家钟嵘编撰的《诗品》中收录了诗人宝月的诗作《行路难》，曾记载："《行路难》是东阳柴廓所造。宝月尝憩其家，会廓亡，因窃而有之。廓子赍手本出都，欲讼此事，乃厚赂止之。"可以看出这种窃取他人精神产品的行为，受到了古代士人的鄙夷。古代士人这种朦胧的意识，仅拘泥于精神领域，而未涉及经济内容。[①]

在中国历史上，人们不仅尊重作品创作者的署名和作者身份，而且尊重发明创造者的身份。代表性实例就是中国历史上的四大发明（指南针、造纸术、活字印刷术和火药）的发明者身份都非常精准地记载于史书上。[②] 北宋年间，山东“济南刘家功夫针铺”的“白兔儿”铜版刻版四寸见方商标，是中国最早的商标，而且是组合商标，最具备代表性，距今已有 1000 年左右。北宋随着私营工商业的发展，竞争日趋激烈，不少店铺为了推销自家产品，除了装潢店面之外，还印制了带有店铺标记的广告。这块铜版上方标明店铺字号“济南刘家功夫针铺”，正中由店铺标记—白兔捣药图，并注明“认门前白兔儿为记”[③]。

据可考史料证明，我国的知识产权立法始于清朝末年，以 1898 年 7 月 12 日光绪皇帝钦准的《振兴工艺给奖章程》为标志。此后，我国于 1904 年颁布历史上第一部商标法，即《商标注册试办章程》；1910 年我国颁布历史上第一部著作权法，即《大清著作权律》。至此，我国知识产权法律架构基本搭建完毕。

在北洋政府和国民政府时期，我国的知识产权法有一定程度的发展，具体情形是：（1）在专利保护方面，1911 年 11 月 24 日，北洋政府公布《奖励工艺品暂行章程》，使专利保护制度得以延续发展；国民政府时期又对该章程作过几次修订，直到 1944 年 5 月，我国的第一部《专利法》才正式诞生。（2）在商标保护方面，北洋政府以《商标注册试办章程》为基础，参照英国驻华使馆代拟条款，对该章程进行修订，公布新的《商标法》及其实施细则。1930 年、1935 年和 1938 年，国民政府又颁布了《商标法》及其实施细则。（3）在著作权保护方面，1915 年，北洋政府以《大清著作权律》为基础，制定了著作权法。1928 年，国民政府颁布新《著作权法》，于 1949 年进行过修订。

中华人民共和国成立之初，新的共和国非常重视知识产权保护，主要做法是废旧立新。1950 年 9 月，全国出版工作会议通过了《关于改进和发展出版工作的决议》，强调出版单位要尊重著作权和出版权，不得有翻版、抄袭、篡改等行为；1953 年，国家出版总署公布《关于纠正任意翻印图书现象的规定》，规定：“一切机关、个人不得擅自翻印出版社出版的书籍、图片，以尊重版权。”1958 年，文化部颁布《关于文学和社会科学书籍稿酬的暂行规定》（草案），1961 年，文化部对该规定进行修改。在专利保护方面，中央人民政府政务院于 1950 年 8 月批准公布《保护发明权和专利权暂行条例》，同年 10 月，政务院财经委员会公布该条例的施行细则。按此规定，发明人原则上可以对其发明自愿申请发明权或专利权，但是，对有关国防

---

① 参见李诗凡：《著作权在中国的历史演变》，资料来源：http：//wenku. baidu. com/view/d5bc3cfe7c1cfad6195fa758. html。

② 指南针的始祖大约出现在战国时期。它是用天然磁石制成的。样子像一把汤勺，圆底，可以放在平滑的“地盘”上并保持平衡，且可以自由旋转。当它静止的时候，勺柄就会指向南方。古人称它为“司南”，当时的著作《韩非子》中就有：“先王立司南以端朝夕。”“端朝夕”就是正四方、定方位的意思。《鬼谷子》中记载了司南的应用，郑国人采玉时就带了司南以确保不迷失方向。资料来源：http：//wenda. haosou. com/q/1361569535062898? src=130。造纸术的发明者，人们一直认为是东汉宦官蔡伦发明的。主要依据是《后汉书·蔡伦传》的记载。书上说：“自古书契多编以竹简，其用缣帛（即按书写需要裁好的丝织品）者谓之为纸。缣贵而简重，并不便于人。伦乃造意（发明、创造）用树肤、麻头及敝布、渔网以为纸。元兴元年，奏上之。帝善其能，自是莫不从用焉，故天下咸称‘蔡侯纸’。”因此，在后来的一些中、外著作中，都据以尊东汉时代的蔡伦是纸的发明者，把他向汉和帝刘肇献纸的公元 105 年，作为纸的诞生年份。资料来源：http：//baike. haosou. com/doc/497186-526407. html。活字印刷术的发明者是宋代的毕昇，火药的发明者是隋唐时代的葛洪或者孙思邈。资料来源：http：//cathay. ce. cn/history/200706/12/t20070612_11713829. shtml。

③ 《中国最早的商标》，资料来源：http：//www. dzwww. com/dldc/jnbtsb_1/。

的发明，有关与群众生产、生活密切相关的发明以及职务发明等，国家只颁发发明证书而不颁发专利证书。1963年，国务院明令废止《保护发明权和专利权暂行条例》，同时颁布《发明奖励条例》。在商标保护方面，1950年，政务院公布《商标注册暂行条例》；1963年被废止时，国务院同时颁布《商标管理条例》以取代之。

20世纪60年代初至70年代末，我国知识产权保护处于停滞状态，但并非绝对不予保护。1982年第五届全国人民代表大会常务委员会通过的《中华人民共和国商标法》，是我国现代知识产权法律制度恢复重建的标志。紧随其后，1984年3月12日，《中华人民共和国专利法》诞生；1990年9月7日，《中华人民共和国著作权法》颁布；1993年9月，《中华人民共和国反不正当竞争法》出台。随着这几部知识产权单行法的颁布实施，标志着我国现代知识产权法律制度已建构完成。截至2001年10月27日，《专利法》和《商标法》完成了第二次修订，《著作权法》进行了第一次修订，使我国的知识产权保护水平基本达到国际标准，满足了《知识产权协定》的要求。2008年12月27日和2013年8月30日分别对《专利法》和《商标法》进行了第三次修订，2010年对《著作权法》进行了第二次修订。

此外，我国还积极参与知识产权国际保护活动，批准或参加了许多知识产权国际条约。到目前为止，我国参加的知识产权条约有：《建立世界知识产权组织公约》《巴黎公约》《伯尔尼公约》《商标国际注册马德里协定》《世界版权公约》、《专利合作条约》《保护表演者、唱片制作者和广播组织罗马公约》和《与贸易有关的知识产权协定》等。

## 本章小结

知识产权是英文 Intellectual Property Rights 翻译过来的，是指自然人、法人或者其他组织对智慧创作物依法享有的专有权利。

知识产权包括著作权与相关权、商标权和工业品外观设计权、地理标志权、专利权、集成电路布图设计权、未公开信息权和制止不正当竞争等。

知识产权法，是指国家制定或者认可的，调整由智慧创作物产生的各种社会关系之法律规范的总和。知识产权法可分为形式的法和实质的法。形式的法，是指以法典形式出现的知识产权法；实质的法，则是指一切调整知识产权法律关系之法律规范的总和。我国的知识产权法包括《著作权法》《专利法》《商标法》和《反不正当竞争法》等单行法。

知识产权法是私法，同时包括公法的内容；是实体法，同时包括程序法的内容；是国内法，同时包括涉外法的内容。

## 【案例与思考】

思考题

1. 简述知识产权的基本特征。
2. 简述知识产权客体的无形性。
3. 简述知识产权法的调整对象。
4. 简述知识产权的时间性。

# 第2章 知识产权国际保护

**案例：中国电池厂商知识产权意识淡薄仍是“软肋”**

2003年5月，美国劲量控股公司与旗下的电池生产工厂Eveready，向美国国际贸易委员会（ITC）提起诉讼，诉讼对象是包括中国7家公司在内的24家美国境外电池公司，缘由是其无汞碱锰电池专利受到侵害，要求ITC就此展开调查，并禁止这些企业生产的无汞碱锰电池进入美国市场。这7家中国企业是：福建南平南孚电池有限公司、广东正龙有限公司、四川长虹电器有限公司、广州虎头电池集团公司、宁波豹王电池有限公司、浙江三特电池有限公司、中银（宁波）电池有限公司。

2004年6月，ITC初审判决中方败诉。中方坚持上诉，由新成员组成的ITC审判委员会最终裁定中方没有侵权，并否定了原告专利权的有效性。对于被诉侵犯专利权，南孚公司对外法律事务负责人表示，一点思想准备都没有。作为国内销量名列前茅、已经拥有品牌知名度的电池厂家，南孚品牌常受到假冒产品的侵害，为此，数年前他们就在国内及北美、欧洲申请了商标保护。但他们从没想过申请专利——他们从不认为无汞碱锰电池生产是一种独创技术。

7家中国电池企业虽在专利侵权案中反败为胜，但也暴露出“知识产权观念淡薄”仍是中国企业进一步向国际市场发展的软肋。实际上，比亚迪与三洋、索尼，华为与思科，深圳东进与英特尔，深圳炬力与美国sigmate等，几乎所有涉外知识产权纠纷都有这样一个共同之处：一方面，中国企业过去不仅很少在国外申请自己的专利，就是国内专利也很少申请，一旦遇到诉讼，基本上没有讨价还价的余地；另一方面，很多中国企业还没有意识到，知识产权是扩大市场份额、增加收入的重要手段。中国企业没有专利费收入，竞争主要靠价格。面对被指控专利侵权的威胁时，出路只有两条：要么支付高昂的许可费，要么打官司。两者都会使企业处于被动挨打或生死攸关的局面。

该案例给我们提出了以下问题：

1. 知识产权国际保护的依据是什么？
2. 知识产权为什么需要国际保护？
3. 智慧创作物如何在其他国家或地区获得相应的知识产权？
4. 知识产权国际公约使知识产权丧失其地域性吗？
5. 企业要想走出去就需要有知识产权吗？

## 第1节 概 述

知识产权国际保护制度起源于19世纪末，以1883年3月20日在法国巴黎缔结的《巴黎公约》和1886年9月9日在瑞士伯尔尼缔结的《伯尔尼公约》为标志。进入20世纪后，1967年7月14日在瑞典首都斯德哥尔摩建立的世界知识产权组织（WIPO），使知识产权国际保护进入一个新的阶段。1994 年 4 月 15 日缔结的《知识产权协定》标志着知识产权国际保护从平面提升至立体，为世界各国在知识产权保护方面建立了基本一致的尺度和标准。

众所周知，知识产权制度中存在明显的矛盾：智慧创作物的可传播性、共享性与知识产权效力的地域性。无论哪一个国家的国民创作的智慧创作物，都是全人类的共同财富，而且可以借助各种传媒为各个国家所获悉。然而，依据某个国家或者地区的知识产权法取得的知识产权却只能在该法域内有效，不具有域外效力。

知识产权制度的这个矛盾，过去未能解决，现在不能解决，而且在可预见的将来也不会解决，还将继续存在下去。其根本原因在于这种矛盾虽然给各个国家或者地区带来了许多麻烦，但是由此所获得的利益却是显而易见的。既然知识产权制度中的这种矛盾不可能在国家或者地区层面解决，那么，在国际层面建立一种协调机制，使各个国家或者地区间的知识产权保护得到某种程度的协调或沟通，便成为人们关注的焦点。现在的知识产权国际条约则充当了这种角色。

1. 知识产权国际条约在各个国家或者地区间架起一座桥梁，开通了一条管道，为相互之间的交流与合作提供了便利。例如，《建立世界知识产权组织公约》对知识产权范围的划定，在世界范围内统一了知识产权的种类和对象。凡 WIPO 成员国，都必须为《建立世界知识产权组织公约》所规定的知识产权提供相应的法律保护，使成员国之间的保护范围得到了基本统一，为相互的进入创造了条件。

2. 知识产权国际条约是各个国家或地区建立统一保护的最低标准。例如，在版权保护方面，《伯尔尼公约》要求各成员国必须为版权提供不少于作者有生之年加上死亡后 50 年的保护期，必须对作者的精神权利给予保护等。

3. 知识产权国际条约为各个国家或地区的国民进入其他成员国所获得的保护水平提供了保障。例如，《巴黎公约》《伯尔尼公约》等规定的国民待遇原则，保证了各成员国为其他成员国国民提供的保护不得低于该国为本国国民给予的保护，或者不得低于公约规定的最低保护水平。

4. 知识产权国际条约为各个国家或地区的国民在其他成员国获得平等的保护提供了保障。例如，《知识产权协定》规定的最惠国待遇原则，要求所有缔约方为任何缔约方国民提供的保护都得无条件地给予其他缔约方的国民。

总之，知识产权保护国际条约在一定的程度上缓和了这种矛盾。

## 第 2 节 《巴黎公约》

### 一、历史和现状

自 1474 年威尼斯共和国制定了世界上第一部专利法，到 19 世纪中叶，西方许多国家相继建立工业产权制度，例如美国、英国、法国、德国等。然而，国际间的交往却因为没有共同规范，导致相互间的技术无法交流，影响了彼此的经济发展。1873 年，奥匈帝国政府拟在维也纳举办国际发明展览会，并邀请其他一些国家参加。对被邀请国的发明人来说，因为他们将在该展览会上展出的发明得不到法律保护，故不愿意参加。鉴于此，奥地利政府临时制定了一项法律，对参加本次展览会的外国发明人所展出的最新成果提供特殊的临时保护，并且决定于 1873 年展览会开幕的同时在维也纳召开专利改革会议。在这个会议上，与会国提出了专利制度的一些基本原则，并要求各国就专利保护问题尽快达成国际谅解。

以此为基础，比利时、巴西、法国、危地马拉、意大利、荷兰、葡萄牙、萨尔瓦多、塞尔维亚、西班牙和瑞士 11 个国家于 1883 年 3 月 20 日在法国巴黎签订《巴黎公约》。此后，英国、突尼斯和厄瓜多尔三国加入该公约。1884 年 7 月 7 日该公约生效，最初缔约国为 14 个。到目前为止，该公约已作过 6 次修订，已有一百六十多个国家加入该公约。我国于 1985 年 3 月 19 日加入该公约，适用 1967 年的斯德哥尔摩文本。

1995 年 1 月 1 日生效的《与贸易有关的知识产权协定》（以下简称《知识产权协定》）规定，各成员应当遵守《巴黎公约》（1967 年文本）第 1 条至第 12 条和第 19 条的规定；各成员应将其成员的国民理解为符合《巴黎公约》（1967 年文本）规定有资格享受保护标准的自然人和法人，所以，《巴黎公约》（1967 年文本）的实体规定可适用于 WTO 的所有成员。

## 二、《巴黎公约》的特点

《巴黎公约》是知识产权领域的第一项世界性多边公约，具有以下特点：

1. 该公约的缔约国，以保护工业产权为目的，组成一个联盟，即巴黎联盟。因此，《巴黎公约》既为各缔约国规定了相应的权利和义务，同时也建立了一个国际法上的法律实体，即一个国际组织，以实现公约的目标。该联盟组织由大会、执行委员会和国际局组成，联盟的每一成员国还应设立专门的工业产权机构和中央服务机构。

2. 根据《巴黎公约》规定，一个国家加入该公约的最新文本后，对于该公约的所有成员国都产生约束力，即使那些仅加入以前文本而未加入最新文本的国家，情形也一样。同样，退出该公约最新文本的国家，也视为退出以前的所有旧文本。具体言之，任何国家只能将该联盟作为一个整体加入或退出。

3. 该公约为其成员国规定了工业产权保护的最低标准。任何国家加入该公约后，至少必须为该公约其他成员国国民的工业产权提供该公约规定的最低标准的保护。这样的保护水平是否适用于本国国民，倒不是该公约的要求。但是，如果该公约成员国给予本国国民工业产权保护水平高于该公约规定的最低保护标准，则必须将这样的保护同样地给予该公约其他成员国国民。换言之，该公约其他成员国国民在工业产权保护方面可以毫无障碍地进入本国市场，而且在本国市场可以获得不低于本国国民可能获得的保护。

## 三、主要内容

《巴黎公约》适用于较广泛的工业产权，包括发明、实用新型、外观设计、商标、服务标记、厂商名称、货源标记或原产地名称以及制止不正当竞争。《巴黎公约》的实质性规定可以分为三类：国民待遇、优先权和共同规则。

1. 国民待遇原则。该项原则是指巴黎联盟内任何成员国的国民，在保护工业产权方面，可在联盟其他成员国内享有各该国法律现在或者今后给予该国国民的各种利益。非成员国的国民如果在成员国领土内有住所或真实、有效的工商业营业所，也享有与成员国国民同等的待遇。

2. 优先权原则。该项原则是指本公约成员国国民向某一缔约国首次提出申请后，可以在一定期限（发明和实用新型为 12 个月，外观设计及商标为 6 个月）内，就相同主题向所有其他缔约国提出权利申请的，以第一次申请的日期作为在后提出申请的日期。

3. 共同遵守的规定。在专利方面规定了以下内容：专利独立、发明人在专利证书中享有身份标示权、不授予专利权的条件、在一定条件下授予强制许可以及船只、飞机或车辆上使用专利发明而暂时进入另一国家不认为是侵犯专利权等；在商标方面主要规定了商标独立和例外、不得因商品性质而影响商标注册、为驰名商标提供保护以及禁止作为商标使用的标记等。

各成员国在保护工业产权方面可以自由立法，包括：决定于一定技术领域的发明不能取得专利权；决定授予专利权前是否要对新颖性或其他专利性条件进行审查；确定专利权期限；决定商标权是否可以通过使用或注册取得；决定是否应审查商标和外观设计注册申请以判定该申请是否与现有申请相抵触；确定外观设计的保护期限以及确定一切程序和管理的细节等。

## 第 3 节　《伯尔尼公约》

1886 年 9 月，英国、法国、德国等 10 个国家在瑞士首都伯尔尼缔结了《伯尔尼公约》。经过一个多世纪的发展和不断的修订，《伯尔尼公约》已成为国际版权保护中最为重要的一部法律文件。我国于 1992 年 10 月正式加入该公约，并在修改的《著作权法》中，大量借鉴了《伯尔尼公约》的相关规定，使我国的著作权保护基本达到了国际标准。因此，我们应当充分了解该公约的内容，提高著作权保护意识。

缔结《伯尔尼公约》的目的在于保护文学艺术作品创作者的合法利益。一切文学、科学与艺术作品，不论其采取什么表现形式或表达方式，都属于公约保护的作品。为此，公约还以例举的方式列出了一系列属于“作品”的客体，以便成员国根据本国的具体情况加以适用。公约的主要内容是各成员国必须给予的经济权利，包括翻译权、复制权、公演权、广播权、朗诵权、改编权、录制权、制片权等。这些权利是公约要求各成员国赋予作者权利的最低要求，各成员国可根据本国情况对其加以扩展和细化。对于一般作品，公约的保护期不得少于“作者有生之年加死后五十年”。

《伯尔尼公约》规定了国民待遇原则、自动保护原则和版权独立性原则等。国民待遇原则早在 1883 年《巴黎公约》中就已被确立。《伯尔尼公约》规定的“国民待遇”，是指根据该公约规定在某缔约国享有国民待遇的人：(1) 享有本公约各成员国依本国法已经为其本国国民提供的版权保护；(2) 享有本公约专门提供的保护。从《伯尔尼公约》第 3 条、第 4 条、第 5 条可以看出，享有国民待遇的人是：1) 本公约成员国的国民，其作品不论是否已出版，在一切成员国中享有公约要求的保护；2) 非本公约成员国国民，其作品首先在任何一个成员国出版，或者在本公约某成员国同时首先出版[①]的，也应在一切成员国中享有本公约最低要求所提供的保护；3) 非本公约成员国国民在某成员国中有惯常居所的，也适用此原则。

版权自动产生原则在《伯尔尼公约》中的表述是这样的：享有及行使这类权利不需要履行任何手续。按照这一原则，公约成员国国民及在成员国有长期居所的其他人，在作品创作完成时即自动享有版权；非成员国国民且在成员国无长期居所者，其作品在成员国首先出版或者同时首先出版时即享有版权。但是，公约仍允许成员国保留“固定要求”，即虽不能以履行手续为获得版权的前提，但仍旧可以“将作品固定在有形物上”作为获得版权的前提，因为这项要求仅仅等于把某些类型的作品（如口头作品）排除在版权保护外，并没有要求任何的手续。然而，版权自动产生原则并非对版权地域性特点的根本突破。为了避免这种误解，《伯尔尼公约》规定了“版权独立性原则”：享有国民待遇的作者在公约任何成员国所得到的版权保护，不依

① 同时首先出版，是指非《伯尔尼公约》成员国国民的作品首先在非《伯尔尼公约》成员国内首先出版后的 30 日内，又在《伯尔尼公约》某一成员国内出版的情形。

赖其作品在来源国受到的保护；在符合公约中最低要求的前提下，该作者的权利受到保护的水平、司法救济方式等，均完全适用提供保护的那个成员国的法律。例如，在英国，为个人娱乐目的而复印一份享有版权的作品，将构成侵权，在巴西，同样的方式却被视为“合理使用”。那么，一部巴西作品如果在英国被复印了一份，英国必须依自己的版权法认定这种复印属于侵权，而不能依巴西版权法否认其为侵权。这就是版权独立性的表现形式之一。

《伯尔尼公约》规定的权利限制、权利范围等，也已经大部分为我国《著作权法》所吸收。在版权产业日益显现出其深厚经济潜力的今天，《伯尔尼公约》作为国际版权保护的标准，应当得到越来越多的中国企业家的重视。

此外，《伯尔尼公约》还给作者授予了精神权利。[①]

## 第 4 节 《知识产权协定》

### 一、引言

《知识产权协定》是关贸总协定乌拉圭回合谈判的最后文件之一，于 1995 年 1 月 1 日生效。我国于 2001 年 12 月 11 日正式加入世界贸易组织，该协定开始在我国生效。

《知识产权协定》最重要的意义在于，它首次将知识产权保护与国际贸易紧密联系起来了，使两个似乎毫不相干的领域相联姻，从而使知识产权所具有的地位得以大幅度提升。一方面，自《知识产权协定》实施以来，世界上已经建立知识产权制度的绝大多数国家，不论是否加入 WTO，都已经或者正在对其知识产权法律规范进行修订或者重制。另一方面，在美国首开先河地制定了国家知识产权战略后，紧随其后的有欧盟、日本、韩国、印度、俄罗斯等国家或地区相继制定了自己的知识产权战略。我国于 2008 年 6 月颁布了《国家知识产权战略纲要》，成立了国家知识产权战略实施工作领导小组，设立了相应的办公室，进行相关工作。

《知识产权协定》所具有的另一个重要意义在于，它促进了世界各国国民知识产权意识的提高，尤其是国家领导人、政府官员和企业管理者，他们的知识产权意识有了明显提高。

《知识产权协定》所具有的第三个重要意义就是，它在序言中要求 WTO 各成员明确承认“知识产权是私权”。在此之前，世界各国对知识产权的定性存在一定的差异，由此而制定的知识产权法律规范、建立的知识产权制度因此也存在差别。尤其是在授权程序、保护方式、救济措施等方面，各自的做法有较大的差异。《知识产权协定》要求 WTO 各成员承认知识产权是私权，那么，知识产权就是平等主体之间的权利与义务关系，知识产权归属于作者、发明人以及其他智慧创作物的创作者，国家应当尽可能少地以公权加以干涉。

在《知识产权协定》签订之前，国际上已经缔结了二十多项知识产权保护条约，包括《巴黎公约》《伯尔尼公约》《罗马公约》、PCT、《马德里协定》等。但是，这些条约都仅涉及知识产权某一方面的内容，只有《知识产权协定》才将知识产权作为整体而创建了一个保护体系，相当于国际知识产权法典。这有利于人们对知识产权体系化、国际化的认识，有利于对知识产权制度的完善，提高知识产权的战略地位。《知识产权协定》明确规定知识产权是私权，是为了强调对于知识产权保护不能因权利主体是本国人或者外国人而导致其待遇有所不同，不能因知识产权客体是在国内完成还是在国外完成而导致其待遇有所不同。不管这种歧视中是基于国

① 参见《伯尔尼公约》第 6 条之二的规定。

籍或居所，还是基于技术领域或技术生产地，也不管这种歧视是基于产品或本国生产地，还是从国外进口的，都是不允许的。具而言之，知识产权不是像税收或配额那样，可以根据国家政策对不同权利主体或不同权利客体进行上下调节的经济管理手段。

## 二、《知识产权协定》的所涉范围

《知识产权协定》在其序言部分清楚说明其目的就是，促进对知识产权有效且充分的保护，以减少对国际贸易的扭曲和妨碍，同时也注意使知识产权保护本身不致成为合法贸易的障碍。

为了达到这个目的，各成员认为需要制定与以下各方面有关的新的规则和制度：（1）明确可以适用的1994年《关贸总协定》的基本原则和有关知识产权国际公约的基本原则；（2）规定与贸易有关的知识产权应提供利用的种类、范围和使用的适当标准和原则；（3）在顾及各国法律制度之间差异的情况下，规定行使与贸易有关的知识产权的有效和适当的方法；（4）规定以多边方式防止和解决政府间纠纷的有效和快速的程序；（5）为发展中国家规定过渡性安排，以便它们能够接受谈判的结果。

考虑到这项协定涉及上述五个方面，它所说的与贸易有关的知识产权包括：版权与相关权、商标、地理标志、工业品外观设计、发明专利、集成电路布图设计和未公开信息的保护。

该协定规定，知识产权的保护和行使应当有助于促进技术的革新，有助于技术的转移和传播，有助于技术知识的生产者和使用者的互利而且是以有利于社会和经济福利的方式，以及有利于权利和义务的平衡。

## 三、《知识产权协定》确立的基本原则

《知识产权协定》确立了以下基本原则：（1）国民待遇原则；（2）最惠待遇原则；（3）公共利益原则；（4）优先权原则；（5）透明度原则；（6）司法终审原则。这些原则，有的是原有的知识产权国际公约已经规定的，如国民待遇原则最早是1883年的《巴黎公约》创立的原则。[①] 其后，1886年缔结的《伯尔尼公约》[②]、1961年的《保护表演者、唱片制作者和广播组织罗马公约》[③] 中都有相应的规定。再如权利独立原则，在上述三项国际公约中也早有规定。[④]

---

① 《巴黎公约》第2条第（1）款规定："本联盟任何国家的国民，在保护工业产权方面，在本联盟所有其他国家内应享有各该国法律现在授予或今后可能授予各该国国民的各种利益；一切都不应损害本公约特别规定的权利。因此，他们应当和各该国国民享有同样的保护，对侵犯他们的权利享有同样的法律上的救济手段，但是以他们遵守各该国国民规定的条件和手续为限。"

② 《伯尔尼公约》第5条第1款规定："就享受本公约保护的作品而论，作者在作品起源国以外的本联盟成员国中享受各该国法律现在给予或者今后可能给予其国民的权利，以及本公约特别授予的权利。"

③ 《罗马公约》第2条规定："（一）在本公约中，国民待遇是指被要求给予保护的缔约国的国内法律给予——（A）其节目在该国境内表演、广播或首次录制的身为该国国民的表演者的待遇；（B）其录音制品在该国境内首次录制或首次发行的身为该国国民的录音制品制作者的待遇；（C）其广播节目从设在该国领土上的发射台发射的总部设在该国境内的广播组织的待遇；（二）国民待遇应服从本公约具体给予的保护和具体规定的限制。"

④ 《巴黎公约》第4条之二规定："（1）本联盟国家的国民向本联盟各国申请的专利，与在其他国家，不论是否本联盟成员国，就同一发明所取得的专利是相互独立的。（2）上述规定，应从不受限制的意义来理解，特别是在优先权期间内申请的各项专利，就其无效和丧失权利的理由以及其正常的期间而言，是互相独立的。（3）本规定适用于在其开始生效时已经存在的一切专利。（4）在有新国家加入的情况下，本规定应同样适用于加入时各方面已经存在的专利。"《伯尔尼公约》第2条第2款规定："本联盟各成员国通过国内立法规定文学艺术作品或其中之一类如果未以某种物质形式固定下来的不受保护。"

实际上，《知识产权协定》新规定的原则有：最惠待遇原则、透明度原则、公共利益原则和司法终审原则。

### 四、《知识产权协定》的基本内容

《知识产权协定》共有七个部分，它们是：第一部分，总条款和基本原则；第二部分，关于知识产权有效性、范围及利用的标准；第三部分，知识产权执法；第四部分，知识产权的获得与维持以及有关当事人间的程序；第五部分，争端的防止与解决；第六部分，过渡协定；第七部分，机构安排；最后条款。

《知识产权协定》的第一部分共有 8 条，分别规定了 WTO 成员所承担之义务的性质和范围、《知识产权协定》与其他知识产权公约的关系、国民待遇、最惠待遇、获得和维持保护的多边协定、权利的穷竭、《知识产权协定》的目标和原则等。

在该部分，《知识产权协定》明确了最低保护标准，规定了知识产权的执法程序以及创立了知识产权争端解决机制。

## 本章小结

知识产权国际保护，是指一种以国际条约为主要渊源、国际组织为管理机构，以协调国家与国家之间、国家与地区之间以及地区与地区之间知识产权制度为手段，以促进彼此之间在知识产权保护领域进行合作为目的的法律制度。

到目前为止，国际社会已经缔结的知识产权国际条约有三十多项，其中主要有：1883 年缔结的《巴黎公约》、1886 年缔结的《伯尔尼公约》、1891 年缔结的《马德里协定》、1978 年缔结的《专利合作条约》、1961 年缔结的《罗马公约》和 1994 年缔结的《知识产权协定》等。

1883 年 3 月 20 日，在巴黎签订的《巴黎公约》，主要在国民待遇原则、优先权原则及共同规则三个方面形成共识。

《伯尔尼公约》于 1886 年 9 月 9 日在伯尔尼签署，简称《伯尔尼公约》，确立了国民待遇原则、自动保护原则、版权独立原则，并对作品的起源国、受保护的作品、不受保护的作品、受保护的人、受保护的精神权利和经济权利、权利的限制、保护期限做出了规定。截至 2003 年 4 月 15 日，共有五十个缔约方。

《知识产权协定》是世界贸易组织管辖的一项多边贸易协定。《知识产权协定》有七个部分，共 73 条。主要条款有：一般规定和基本原则，关于知识产权的效力、范围及使用标准，知识产权的执法，知识产权的获得、维护及相关程序，事端的防止和解决，过渡安排，机构安排，最后条款等。协定的主要内容是：提出和重申了保护知识产权的基本原则，确立了《知识产权协定》与其他知识产权国际公约的基本关系。协议保护的范围包括：版权及相关权、商标、地理标志、工业品外观设计、专利、集成电路布图设计、未公开的信息包括商业秘密七种知识产权。协议规定了最低保护要求，并涉及对限制竞争行为的控制问题，规定和强化了知识产权执法程序，有条件地将不同类型的成员加以区别对待。该协定的宗旨是促进对知识产权在国际贸易范围内更充分、有效的保护，以使权利人能够从其创造发明中获益，受到激励，继续在创造发明方面的努力；减少知识产权保护对国际贸易的扭曲与阻碍，确保知识产权协定的实施及程序不对合法贸易构成壁垒。

## 【案例与思考】

思考题

1. 根据《保护工业产权巴黎公约》的规定，下列哪一标志可以在成员国之间取得优先权保护？

A. 商品商标　　B. 服务标记

C. 厂商名称　　D. 产地标记

2. 某外商向律师咨询："在中国已经参加的知识产权国际公约中，哪项国际公约的保护范围最广、保护水平最高、保护力度最大、制约力最强?"该律师的下列回答哪一个是正确的?

A. 建立世界知识产权组织公约　　B. 巴黎公约

C. 与贸易有关的知识产权协定　　D. 伯尔尼公约

第2编

# 著作权制度

# 第3章 著作权概述

## 导 语

15世纪，中国的印刷术传入欧洲，经德国人古腾堡①改进后在欧洲大陆得到广泛适用。西方最早授予专有版权的记载是在1467年，威尼斯授予吉奥范尼·载·施皮拉为期5年的许可证。印刷术的引入正值欧洲文艺复兴的高潮，当时出版业将古典出版作为重点，为杜绝擅自复制产生了在整个欧洲存在了长达三百多年的出版特权和审查制度，成为当时国家对出版物进行监视的手段。15世纪的英国图书市场在印刷术的推动和英王查理三世颁布的鼓励印刷和进口图书的法令的刺激下异常繁荣。出版商为了控制和垄断英国的图书市场，采取了一系列阻止自由复制、翻印的手段。他们说服英国皇家取消图书进口的自由，给予英国印刷出版者更多的特许。由于出版许可符合封建政府的利益，到16世纪，由政府给予垄断性出版许可的做法已经成为一种商业惯例。玛丽一世批准成立了"出版商公司"，规定一切图书在出版前须经该公司登记，不属于该公司的成员则无权进行出版印刷活动。后来，出版商公司的这种特权改由议会通过颁发许可证行使。许可的方式直到1694年才最终被废止。②

出版许可被废止后，盗版活动猖獗，出版商强烈要求能通过一部成文法保护它们的权利，资产阶级革命后要求保护作者权的呼声也日益高涨，客观上产生了以成文法保护著作权的需要。1709年，英国议会通过了《安娜法令》。其序言指出：颁布该法的主要目的是防止不经作者同意就擅自印刷、翻印或者出版作者的作品，以鼓励有学问、有知识的人编辑或写作有益的作品。正文第1条指出，作者是第一个应当享有作品中无形产权的人。③

此实例告诉我们，著作权制度是印刷术之子，它所保护的是作品创作者的利益。通过本章的学习，学生应当重点掌握以下三个方面的基本知识：

1. 著作权是什么？
2. 著作权有哪些基本特征？
3. 著作权对经济发展有何作用？

## 第1节 著作权解读

现在，"版权产业"这个概念的曝光率很高，其重要原因在于版权产业对国家经济发展具

① 约翰内斯·古腾堡（Johannes Gensfleisch zur Laden zum Gutenberg，又译作"谷登堡""古登堡""古滕贝格"），约1400年出生于德国美因茨，1468年2月3日逝世于美因茨，是西方活字印刷术的发明人，他的发明导致了一次媒界革命，迅速地推动了西方科学和社会的发展。尽管在中国，活字印刷术在数百年前就已经被发明了，但在欧洲他是这个技术的发明者。资料来源：http：//www. edonkey2000. cn/bbs/153291 - 1 - 1。

② 参见费安玲：《著作权法教程》，2～3页，北京，知识产权出版社，2003。

③ 参见郑成思：《版权法》，11页，北京，中国人民大学出版社，1997。

有非常重要的作用。例如，近几年来，美国的版权产业在产品附加值、解决就业率和占 GDP 的比例等方面作出了突出的贡献。

在我国，根据我国著作权法的规定可知，版权与著作权具有相同的内涵和外延。换言之，版权即著作权，著作权亦称版权，是指自然人、法人或者其他组织对文学、艺术或科学作品依法享有的财产权利和人身权利的总称。

版权制度起源于英国，其本意是禁止他人未经授权而复制或使用作品，其内容主要是经济权利。大陆法系国家所采用的概念是“作者权”，起源于法国。其理论将作品视为作者人格的一部分，并且与作者人身不可分离，因此，作者权只能为作者享有，而且作者只能是自然人，不能是法人或者其他组织。大陆法系国家建立的“作者权”制度是名副其实的保护作者利益的制度，不仅作者的财产权利在上述国家可得到保护，而且作者的精神权利也受到充分的保护。

据史料记载，“著作权”是日本学者对“Copyright”一词的翻译用语，并于 20 世纪初传入我国。我国在 1910 年颁布的《大清著作权律》中采用了这个概念。1949 年后，在我国颁布的法律文件中，“版权”与“著作权”两个概念同时都有使用。例如，文化部于 1985 年颁布的《图书、期刊版权保护试行条例》使用了“版权”概念，而 1985 年颁布的《继承法》则采用了“著作权”概念。为避免歧义，1986 年颁布的《民法通则》将版权和著作权作同义词使用，1990 年颁布的《著作权法》第 51 条规定：“本法所称的著作权与版权系同义语。”2001 年修正的《著作权法》第 56 条更是明确了“本法所称的著作权即版权”。因此，在我国，著作权与版权的含义基本相同。

“版权”“作者权”与“著作权”的词语演进及其发展，反映了著作权法在保护重点、保护对象、保护内容和保护形式上的不同选择。在著作权现代化、国际化潮流的推动下，“版权”体系的英美法系国家与“作者权”体系的大陆法系国家在基本原则与基本制度方面已出现某种程度的融合。从这种意义上讲，我们不必过多地褒贬“版权”或“著作权”用语的优劣，我国《民法通则》及《著作权法》将两者并列对待，实为明智之举。

## 第 2 节　著作权的特征

著作权属于知识产权范畴，具有知识产权的基本特征，但是，与知识产权体系内其他种类权利相比，又具有其个性特征。具体表现为：

### 一、单点效力

著作权的单点效力，是指著作权之效力，只能及于某一件具体的作品，只能禁止他人未经许可擅自使用其版权作品①，也有权许可他人以某种方式利用其作品，但不能阻止他人对自己独立创作的作品行使著作权，也不能禁止他人对其独立创作的作品正常行使著作权。

在专利制度中就不会发生这样的情况，因为专利权所具有的法律效力是立体的，一旦某项技术被授予专利权，那么，除法律另有规定外，未经专利权人许可，任何人以经营目的擅自实施其专利，即制造、使用、许诺销售、销售或者进口其专利产品，使用其专利方法，或者使用、许诺销售、销售或者进口依据其专利方法直接获得的产品，就构成对专利权的侵犯，而不

① 本教材使用的“版权作品”，是指享有著作权并受我国《著作权法》保护的作品。

必考虑行为人所实施的技术是自己独立开发的，还是从别人那里引进的。

在商标制度中也不会发生类似于著作权的这种情况，因为商标专用权所具有的效力是平面的，一旦某商标被核准注册，被核定使用在某些种类的商品或者服务上，那么，除法律另有规定外，未经商标注册人许可，任何人不得擅自将其与注册商标相同或者相近似的商标使用在与核定使用的商品或服务同种类的商品或服务上，否则，就可能构成对注册商标专用权的侵犯，而不必考虑该行为人所使用的商标是自己设计的还是被别人许可的。

## 二、著作权具有双重性

著作权的双重性特征也称为“一体两权”，即著作权包括财产权和人身权两个方面的内容。著作权中的财产权利与人身权利是相互独立的（如下图所示）。

| 著作权（版权） | 著作财产权 | 复制权 |
|---|---|---|
| | | 表演权 |
| | | 信息网络传播权等 |
| | 著作人身权 | 发表权 |
| | | 署名权 |
| | | 修改权 |
| | | 保护作品完整权 |

## 三、著作权自动取得

著作权自动取得，是指文学、艺术和科学作品自创作完成之日起，即刻自动产生著作权，不必履行任何手续。例如，读者手上的这本《知识产权法学》教材属于我国《著作权法》规定的“文字作品”，因此，依据著作权自动取得原则，自该教材撰写完成之日起就自动产生著作权，不必办理任何手续。

著作权自动取得原则，由《伯尔尼公约》首创，到现在为止，该项原则已为全世界一百六十多个国家所接受。

与著作权自动取得原则相对应的是著作权非自动取得原则，例如，《世界版权公约》（Universal Copyright Convention，UCC）① 规定，只有在已出版作品的每一复制件上做上版权标记，才能享有版权。UCC 所规定的版权标记由三部分组成：（1）标注版权符号“©”；（2）注明版权所有者的姓名；（3）注明首次出版的年份。例如，WPS Office 2005 软件上所做的著作权标记是：“著作权所有©，1988—2005，珠海金山软件有限公司 北京金山软件有限公司。”否则，其已出版的作品在 UCC 成员国就不能获得著作权。这是非自动取得原则的一种表现形式。

在知识产权领域内，除著作权和商业秘密外，其他种类的权利，都需要依照有关国家或地区法律的规定，办理相应的手续并经有关国家或地区的知识产权主管机关审批授权，才能取得相应的权利。例如，专利权的取得，首先需要专利申请权人就其发明创造向国务院专利行政部门提出专利申请，然后由国务院专利行政部门依法律规定的审批程序进行审查，对符合专利法规定条件的发明创造作出是否专利权的决定，并予以公告；商标权亦需要按照商标法规定的程序办理相关注册手续才能取得。自著作权制度建立以来，人们对著作权的性质从不同角度作了解释，直接或间接地影响了当时的著作权立法和司法实践。

① 《世界版权公约》已成为约定俗成的名称，因此也使用版权一词。

# 第 3 节　著作权制度的沿革

## 一、著作权制度的起源

著作权制度最早起源于我国宋朝的令状制度。据记载，在北宋年间（公元 1068 年），为保护《九经》蓝本，朝廷曾下令禁止一般人擅自刻印。南宋中期，四川眉州人王称所写的一部历史著述《东都事略》，在初刻本目录页上附有一方牌记，上书“眉山程舍人宅刊行，已申上司不许覆版”字样，这是目前所发现的世界上最早的关于版权的声明。在随后的几个世纪里，宋朝官府开始针对个别案件采取一系列的法律措施，对坊间市肆如有以营利为目的而擅自翻版的，往往给予“追板劈毁、断罪施刑”的处罚。我国虽自宋朝即对著作权实施保护，但直到 1910 年才颁布了《大清著作权律》，且该法并未实际施行。

随着造纸术和印刷术的西传，欧洲印刷业得以迅速发展，从而也产生了保护印刷商翻印专有权的法律需要。如同中国的“禁擅镌”一样，欧洲早期著作权制度的实质也仅仅是保护印刷出版的专有权。15 世纪末，威尼斯共和国给印刷商冯・施贝叶所授予的 5 年印刷出版专有权，被认为是西方第一个保护翻印之权的特许令。在此之后，意大利、法国、英国等也曾颁布过禁止他人随便翻印其书籍的特许令。这一时期，出版商的印刷特许权在当权者的保护下盛极一时，而作者的权利却处于被漠视的地位。

## 二、西方著作权制度的演进

16 世纪，欧洲启蒙思想家在其著作中对于印刷商无偿占有他人作品的现象提出了强烈的抗议。德国宗教改革领袖马丁・路德在 1525 年出版了一本《对印刷商的警告》的小册子，揭露了一些印刷商盗用其手稿的行为，并指责这些印刷商与拦路抢劫的强盗毫无二致。在英国，保护作者权利的呼声也日益高涨。1690 年，英国哲学家洛克在《论国民政府的两个条约》一文中指出，作者创作花费的时间和劳动与其他劳动成果创作人的花费没有什么不同，因此，作品也应当像其他劳动成果那样获得法律的保护。与此同时，一些英国出版商也深感皇家特许权的授予存在弊端，希望国家能通过一部长期有效的成文法保障其利益。在此背景下，1709 年，英国议会通过了世界上首部著作权法——《为鼓励知识创作而授予作者及购买者就其已印刷成册的图书在一定时期内之权利的法》，简称为《安娜法令》。该法最突出的特点在于使著作权由最初的“印刷翻印权”演变成具有现代意义的“版权”。该法规定的“购买者”，并非一般的图书购买者，而是指从作者手中购买了一定产权的人，亦即印刷商与书商。该法规定了著作权保护期，即作者对已出版的书籍自法律公布之日起 21 年内享有重印该书的专有权利。随后不久，英国又于 1734 年通过了《雕刻版权法》，1814 年通过了《雕塑版权法》，1893 年通过了《戏剧版权法》，1862 年通过了《美术作品版权法》。此后，英国版权法又经过多次修订，现行《版权法》于 1988 年颁布实施。英国奉行商业版权学说，其早期的版权法主张版权仅仅是一种财产权利。这一特点自 1956 年《版权法》始得以改变。

法国早在 1777 年由国王路易十六颁布了 6 项关于印刷出版方面的法令，确认作者有权出版和销售自己的作品。法国大革命之后，资产阶级则更进一步把作者权提高到“人权”的高度。1789 年的《人权宣言》规定：“自由交流思想和意见是最珍贵的人格之一，因此所有公民除了在法律规定的情况下对滥用自由应负责外，作者可以自由地发表言论、写作和出版。”

1791 年的《作者权法》，不仅承认作者享有出版权，而且享有表演权。现行《作者权法》于 1957 年颁布，1992 年修订。其《作者权法》最主要的特点是以“人格价值观”为其理论基础，在保护作者财产权的同时，强调对作者精神权利的全面保护。

美国在独立战争之前，尚处于殖民地时代，各州一直沿用英国版权法。1783 年，康涅狄格州在专栏作家罗思·韦伯斯特的推动下，制定了美洲第一部《版权法》。到 1786 年，13 个州都有了自己的版权法。鉴于版权对美国的重要性，美国于 1789 年制定《宪法》时特别规定："美国国会有权……对作者或发明人，就其个人著作或发明的专有权利，赋予一定期限的保障，以促进科学和实用艺术的发展。"国会根据《宪法》授权，于 1790 年正式颁布《联邦版权法》。美国现行的版权法是 1994 年的修订本。

日本于 1899 年制定了该国历史上第一部《著作权法》，其目的是为加入《伯尔尼公约》做准备。从 1899 年到现在，日本对其著作权法作过多次修订，吸收了大陆法系国家著作权法中的“二元论”理论，强调对著作权和作者人格权的双重保护。在一般情况下，著作权包括著作财产权和著作人身权，而日本《著作权法》中的著作权仅指著作财产权，作者人格权与之并列。日本现行著作权法是 1994 年重新修订的。

苏联解体后，俄罗斯联邦于 1993 年颁布《著作权和邻接权法》。该法的突出特点是将邻接权与著作权并列，提高了对邻接权人的保护水平。在权利内容上，该法吸收和借鉴了英美法系和大陆法系国家著作权立法的精华，给著作权人授予了较多权利，加大了保护力度。此外，为适应新技术革命的需要，该法针对“网络传输”、作品在计算机中的“暂存”等技术所引起的法律问题也作出了有利于作者的规定。

此外，发展中国家在国际著作权事务中占有不可忽视的重要地位。据世界知识产权组织公布的资料，现已批准或参加《伯尔尼公约》或《世界版权公约》的成员国中，大多数是发展中国家。

## 三、现代著作权制度的发展变化

随着科学技术的进步，著作权法有了很大的发展和变化，具体表现在以下四个方面：

1. 著作权国际保护体系逐渐形成。从 1886 年《伯尔尼公约》缔结以来，国际上先后缔结了一系列国际著作权公约，如 1952 年的《世界版权公约》、1961 年的《保护表演者、唱片制作者和广播组织罗马公约》、1971 年的《保护唱片制作者防止其唱片被擅自复制的公约》及 1974 年的《人造卫星播送载有节目信号公约》等。上述公约的缔结与施行，表现了著作权国际保护体系不断走向完善，也反映了不同国家、不同地区因著作权利益而进行的斗争和妥协。

2. 著作权和相关权的内容不断丰富。近代著作权法所涉及的著作财产权包括复制权、表演权和传播权三类权利。随着新技术的发展，现代著作权法陆续规定了“出租权”“信息网络传播权”“追续权”等新的权利，邻接权人的利益也逐步在著作权法中得到了确认。

3. 著作权保护范围不断扩大。现行著作权法的保护对象不仅包括传统著作权法所保护的“印刷作品”，而且涵盖了新技术发展所诞生的各种“电子作品”，民间文学表现形式也纳入著作权的保护范围。

4. 两大法系著作权立法的差异逐渐缩小。随着国际经济新秩序的形成，两大法系国家的著作权法均将其立法宗旨设定为以保护作者权利为中心，兼顾作品使用者和传播者的利益。在此基础上，它们根据国际版权公约的要求，纷纷修订自己的著作权法，与国际公约特别是《伯尔尼公约》所规定的最低限度保护标准保持一致。例如，英美法系国家的版权法改变了“版权”中单一的财产权构成，明文规定保护作者的署名权和保护作品完整权。与此同时，大陆法系国家的著作权法也吸收和借鉴了英美法系国家相关立法的先进经验。

## 第 4 节　著作权制度在我国

### 一、起源概况

1840 年鸦片战争以后，伴随帝国主义的经济掠夺和文化侵略，西方国家也将著作权制度带入了中国。1903 年，中国和美国在上海签订的《中美续议通商行船条约》第 11 条规定："无论何国，若以所给本国人民版权之利益，一律施诸美国人民者，美国政府亦允将美国版权律例之利益给与该国之人民。中国政府今欲中国人民在美国境内得获版权之利益，是以允许凡专备为中国人民所用之书籍、地图、印件、刻件者，或译成华文之书籍，系经美国人民所著作或为美国人民之物业者，由中国政府援照所允保护商标之办法及章程极力保护 10 年，以注册之日为始，俾其在中国境内，有印售此等书籍、地图刻书或译本之专利。"这是我国历史上第一部涉及著作权的条约，也是近代著作权法律制度引入我国的开端。

为了履行 1903 年中美条约的义务，1910 年清政府颁布了中国第一部著作权法——《大清著作权律》，由"通例、权利期限、呈报义务、权利限制、附则"五章组成，共计 55 条。

《大清著作权律》参考了世界上两大法系中主要国家的著作权法，但是在立法指导思想上受德国、日本的影响最深。该法的特点为：（1）著作权客体仅包括文艺、图画、帖本、照片、雕刻、模型；（2）受保护的主体一般是作者本人，但对合作作品、委托作品、口头作品、翻译作品的著作权归属与继承作了特殊规定；（3）关于作者的权利，该法并未从正面进行规定，而是通过禁止某些行为间接作出规定；（4）采取注册主义的保护方法，规定作品完成后必须呈报注册手续始得保护；（5）规定了著作权的保护期限为作者终生加上死亡后 30 年，法人作品、照片为 30 年；（6）对侵犯著作权及其处罚作了详细规定。

1911 年辛亥革命爆发后，中华民国成立，但《大清著作权律》未被明令废除，一直沿用到 1915 年，才被北洋政府颁布的《著作权法》所替代。

在此之后，国民党政府又于 1928 年颁布了一部《著作权法》。该法于 1944 年、1949 年两度作过修订。现行台湾地区"著作权法"也是在该法基础上数度修订的结果。

### 二、新中国的著作权制度

中华人民共和国成立后，便开始建立新的著作权制度。但由于各种条件的限制，在建国后相当长的一段时间内，我国没有颁布一部全面、完整保护著作权的单行法，有关保护著作权的规定多散见于一些单行的法规之中。

1950 年 9 月，在全国召开的第一次出版工作会议上，通过了《关于改进和发展出版工作的决议》。该决议对于保护著作权作了一些原则规定。随后，国务院及有关部委相继颁布了一些有关稿酬、出版合同等方面的文件，作为当时处理著作权纠纷的依据，但没有制定专门的《著作权法》。

1979 年，有关部门开始著作权立法的准备工作。1985 年，文化部颁布《图书、期刊版权保护试行条例》，作为 80 年代著作权保护的过渡性措施。1986 年 4 月 12 日，由第六届全国人民代表大会第四次会议通过的《中华人民共和国民法通则》第一次在法律中明确规定了"公民、法人享有著作权（版权），依法有署名、发表、出版、获得报酬等权利"（第 94 条）；"公民、法人的著作权（版权）……受到剽窃、篡改、假冒等侵害的，有权要求停止侵害，消除影响，赔偿损失”（第 118 条）。

1990 年 9 月 7 日，《中华人民共和国著作权法》经第七届全国人民代表大会常务委员会第十五次会议审议通过，并于 1991 年 6 月 1 日起正式实施，同年 5 月 30 日国务院颁布《中华人民共和国著作权法实施条例》。《著作权法》共有 6 章 56 条，从各个方面规定了作者、其他著作权人及作品传播者的合法权益，是《宪法》及《民法通则》有关原则的具体化。

2001 年和 2010 年分别对《著作权法》进行了修订，使我国的著作权制度向国际标准靠近了一步。

## 本章小结

著作权，亦称版权，是指自然人、法人或者其他组织对文学、艺术或科学作品依法享有的财产权利和人身权利的总称。世界上第一部版权法于 1709 年诞生于英国，名为《为鼓励知识创作而授予作者及购买者就其已印刷成册的图书在一定时期内之权利的法》，简称为《安娜法令》。我国的第一部著作权法是 1910 年的《大清著作权律》。《中华人民共和国著作权法》（简称《著作权法》）1990 年 9 月 7 日经第七届全国人民代表大会常务委员会第十五次会议审议通过，于 1991 年 6 月 1 日起正式实施，并于 2001 年和 2010 年进行过两次修订。

## 【案例与思考】

1. 简述著作权与版权的关系。
2. 著作权是什么？
3. 著作权有哪些基本特征？
4. 日本所称的“著作权”与我国的著作权有什么区别？
5. 如何理解著作权的单点效力？
6. 如何理解“一体两权”？

# 第4章 著作权客体

**引读案例**

2005年2月21日，某市政府召开会议研究编制一份宣传画册，以宣传本市改革开放以来所取得的辉煌成就，决定由该市某局负责此项工作。2005年3月1日，该局根据市政府指示，成立了一个宣传画册编辑部，专门负责此项工作。2005年3月10日，该编辑部从网站上下载了一幅没有作者署名的照片，用作宣传画册的封面。2005年6月1日，该宣传画册经市政府批准正式印刷发行。

2005年7月20日，张飞先生获得了一本该宣传画册，发现其拍摄的照片被用于该宣传画册的封面。于是便与该局联系。负责编制该宣传画册的李水先生接待了张飞先生。张飞谈了自己的意见，希望能够在印刷的宣传画册封底注明自己的作者身份，而且要求市政府支付适当的使用费。对此，李水认为该照片仅仅是本市区一个风景点的两栋建筑物，不具有艺术性，不是摄影作品，不享有著作权，故没有接受张飞的要求。

这一则案例给我们提出以下问题：

1. 作品是著作权的客体，但如何理解作品呢？
2. 著作权意义上的作品需要具有艺术性吗？
3. 著作权意义上的作品需要具有独创性吗？
4. 对风景点的建筑物拍摄的照片是著作权法上的作品吗？
5. 著作权意义上的作品应当具备哪些条件？

## 第1节 作品概述

### 一、作品定义

我国《著作权法》所称的作品，是指文学、文艺和科学领域内，具有独创性并能以某种有形形式复制的智力成果。[①]

具而言之，作品是一种以语言、文字、符号、数字、色彩、音符、线条等要素，按照一定的规律、规则、顺序和结构编排组合而成的、表达作者某种思想内容的形式。例如，诗歌、散文、小说等是以文字、符号等要素按照语法规则和结构创作的一种表现形式；电影作品和以类似摄制电影的方法创作的作品是以语言、文字、图形、光线、色彩等要素按照一定的规则、顺序和结构创作的一种表现形式。

---

① 参见《著作权法实施条例》第2条。

因此，作品由思想内容（Ideas）和表现形式（Expressions）两个要素融合而成。纯粹的思想内容不受版权保护，例如，美国《版权法》第 102 条第（b）项规定："在任何情况下，对作者的独创作品的版权保护，绝不扩大到任何思想、程序、方法、体系、操作方法、概念、原理或发现，不论在这种作品中这些是以什么形式描述、说明、图示或体现的。"反过来，单纯的表现形式也不能获得版权保护，例如，琼瑶的打油诗："走进一间房，四面都是墙；抬头见老鼠，低头见蟑螂。"毫无疑问是版权法上的作品，能依法产生版权。但是，与琼瑶这首打油诗完全相同的文字所组成的"进走间一房，四都墙是面；老见头鼠抬，螂头蟑见低"这种表现形式，则不是版权法上的作品，因为它没有表现任何思想内容。

2006 年年初发生的网络搞笑短片《一个馒头引发的血案》与电影《无极》的纠纷[①]，也向我们提出了一个严肃的问题：思想内容与表现形式两者能否分开的问题。《一个馒头引发的血案》借用了电影《无极》的表现形式，但赋予其全新的思想内容。那么，《一个馒头引发的血案》的创作者侵犯了电影《无极》的版权吗？[②] 事实上，《一个馒头引发的血案》只是借用了电影《无极》中的部分外壳，填充了新的内容。

反过来，如果只是借用作品所表现的思想进行新的创作，则不会构成对原作品著作权的侵犯。

## 二、作品的条件

著作权意义上的作品应当同时满足形式条件和实质条件，只有这样，才能产生著作权并受法律保护。

此处所说的"形式条件"，是指《著作权法》第 3 条规定的作品的种类，即著作权意义上的作品，首先必须是我国《著作权法》第 3 条规定之作品种类中的一个。

如果某一个具体的对象不属于我国《著作权法》第 3 条规定之作品种类中的任何一个，就不是我国著作权意义上的作品。例如，2001 年 10 月 27 日修改之前的《著作权法》未规定"杂技艺术作品"，那么，当时的"杂技艺术作品"就不是我国著作权意义上的作品。现在，体育表演仍然不是我国著作权意义上的作品。

此处所说的"实质条件"，是指某一个具体对象须具备《著作权法》所规定的作品之本质要件。根据我国《著作权法实施条例》第 2 条的规定，作品的实质条件就是独创性。独创性，是指作品是作者运用其智慧、资金、时间和劳动独立创作的，不是或基本不是对现有作品的抄袭、剽窃、复制或者篡改。对此，世界知识产权组织也曾作过解释：独创性是指作品属于作者自己的创作，完全不是或基本不是从另一作品抄袭来的。鉴于此，只要作品是由作者独立创作而产生的，体现了作者的思想感情，即使与他人的现有作品相同或相似，也不影响其应当享有

① 《一个馒头引发的血案》的视频短片，署名"胡戈制作"。短片称是某电视台法制节目的 2005 年终特别报道，片长约 20 分钟。它截取了大量《无极》中的画面，进行了重新剪辑和配音。短片以新闻纪录片的报道方式讲述了一起杀人案的侦破过程。在片中，倾城、昆仑等《无极》中的人物被冠以"服装模特""城管队员"等身份。《射雕英雄传》主题曲、《月亮惹的祸》及《灰姑娘》等歌曲作为背景音乐不断出现。另外，短片还穿插了"逃命牌运动鞋""满神牌啫哩水"等广告，镜头也取自《无极》。资料来源：http：//www.lawroad.net/bbs/redirect.php? fid=47&tid=4385&goto=nextnewset。

② 参见《〈一个馒头引发的血案〉引发的反思》，资料来源：http：//it.people.com.cn/GB/42891/42894/4124874.html。

的著作权。①

关于独创性的判断，各国所持态度不一。大陆法系国家对独创性的要求往往高于英美法系国家。一般而言，只要作品是作者独立创作的，即具有独创性。至于其价值、用途和社会评价则无关紧要。此举在于鼓励作者创作，促进科学文化事业的发展。反之，抄袭、剽窃他人作品的行为，不仅不能受到法律的保护，反而应承担相应的法律责任。

我国《著作权法》在规定独创性的同时，还要求作品能以有形形式复制，即作品能通过印刷、绘画、录制等手段予以再现。由于符合著作权保护条件的作品，通常都可以复制，因而“可复制性”仅是作品的一个属性而不是作品的形式要件。

## 三、作品的类别

综观整个著作权制度的历史，我们不难发现，作品表现形式与科学技术的发展具有密切关系。在活字印刷术发明之前，不可能有作品的大量复制和多种方式的传播。只有当科学技术发展到一定水平以后，文学、艺术和科学作品才随之日益发展起来。正是新的传播技术的出现，促进了新的作品表现形式的诞生。

1709 年《安娜法令》颁布时，作品的表现形式仅限于印刷、雕刻和手写等方式，因此，该法所保护的作品仅指文字作品及以书面形式出现的美术作品和音乐作品等。

19 世纪末的工业革命，推动了整个世界工业的发展，也带来信息传播技术的革命。摄影、电子技术的发展促成了电影、电视的产生，使得摄影作品、电影作品、电视作品、录音录像作品成为著作权保护的新对象。进入 20 世纪 50 年代后，以微电子技术、生物工程、新型材料等新技术为代表的新技术革命引起了工业部门的改革，现在，正在从工业社会进入到以创造与分配信息为基础的信息社会。在新技术的推动下，世界各国纷纷通过立法形式给计算机软件和数据库提供保护，有关计算机创作的作品保护问题目前也正在研究之中。

我国现行《著作权法》正视了著作权客体范围不断扩大的这一趋势，该法第 3 条将文学、艺术和科学领域内的作品分为 8 类，并作出了兜底性规定。

**关键词：文字作品**

文字作品，是指小说、诗词、散文、论文等以文字形式表现的作品。其范围极为广泛，包括：以文字表现的小说、诗歌、散文、译著、工具书等作品；以数字表现的某一时期的经济发展指标等统计报表；以符号表示的盲文读物以及综合运用数字、文字和符号表现的作品。但不是任何以文字形式表达的作品都是文字作品，如书法，其构成要素也是文字，但由于不是以文字的组合表达特定的思想内容，因而不属于文字作品而属于美术作品范围之列。

---

① 关于独创性的判断，在“冯雏音等诉江苏三毛集团公司擅将其被继承人创作的三毛漫画形象稍加修改后作注册商标使用侵犯著作权”案中，原告以被告的注册商标“三毛”及其图案与已故漫画作者张乐平先生的“三毛”形象相近似，从而侵犯原告漫画著作权为由，向法院起诉。在案件审理过程中，被告多次强调商标设计人设计“三毛”商标时的创意并非来自张乐平笔下的“三毛”形象，而是根据自己企业的特色创作的。对此意见，一审、二审人民法院均不予采纳，而仍判其构成侵权的关键，在于大脑袋、圆鼻子、头上长着三根毛的小男孩“三毛”作为一种艺术形象是张乐平独创的，并已被公众所接受和认可。参见“冯雏音等诉江苏三毛集团公司擅将其被继承人创作的三毛漫画形象稍加修改后作注册商标使用侵犯著作权”案的一审、二审判决书。这一判决确实值得商榷。著作权不是专利权，也不是商标权，著作权人不可能与专利权人或者商标权人一样，禁止他人使用其独立创作的但与在先作品相同或相近似的作品。如果按照这样的判决推论，著作权制度就得重新设计。一审、二审法院即使要作出这样的判决，也需要对被告提供的独创证据作否定，而法院并未否定，而只是片面强调张乐平先生独创了“三毛”形象。这个判决理由显然不充分，不足以得出被告侵权的结论。

但是，如果书法作品中的文字组合是书法家独立创作的符合作品构成要素的独立的文字作品，例如，王羲之的《兰亭序》，这样的书法作品同时也是文字作品。如果他人未经书法家授权，擅自利用其文字作品，其行为人可能构成对该文字作品著作权的侵犯。

**关键词：口述作品**

口述作品亦称口头作品，是指即兴的演说、授课、法庭辩论、即席所赋之诗词等以口头语言创作，未以任何物质载体固定的作品。这类作品与文字作品的不同之处在于，作者的思想感情不是通过文字表达，而是通过口头语言形式叙述。对口述作品的法律保护问题，世界各国主要有两种不同的做法：一是英美法系的做法，它们将“固定”作为作品创作完成的条件，即作品须固定在一定的物质载体上，否则不能成为著作权意义上的作品。另一种是大陆法系的体例，即作品只需以某种形式表现出来，即可依法产生著作权，而不以固定作为作品创作完成的条件。我国《著作权法》也采此体例。《伯尔尼公约》也给予不以物质形式固定的口述作品和音乐、戏剧、舞蹈作品等保护。

**关键词：艺术作品**

艺术作品包括音乐、戏剧、曲艺、舞蹈、杂技艺术作品。音乐作品是指歌曲、交响乐等能够演唱或者演奏的带词或者不带词的作品，如交响乐、歌曲、乐典等。戏剧作品，是指话剧、歌剧、地方戏等供舞台演出的作品。作为著作权客体的戏剧作品是指属于文字作品的戏剧剧本，而不是戏剧演员的舞台表演，也不是剧本加表演两者的结合。

曲艺作品，是指相声、快板书、大鼓、评书等说唱为主要形式表演的作品。

舞蹈作品，是指通过人体连续的动作、姿势、表情等表现思想情感的作品。舞蹈是通过提炼、组织和艺术加工以人体动作为主要表现手段，表达思想感情、反映社会生活的作品。舞蹈作品可以舞谱形式、录像形式固定，也可以是未固定下来的动作。

杂技艺术作品，是指以蹬技、手技、顶技、踩技、口技、车技、武术、爬杆等方式表现出来的一种艺术作品。它是以健美有力的形体动作和灵巧迅速的手法表演各种难度的技术，无论是在编排还是在表演过程中，这些表演者的动作都有一定独创性，因而杂技作品应受保护。

**关键词：美术作品**

美术作品，是指绘画、书法、雕塑等以线条、色彩或者其他方式构成的有审美意义的平面或者立体的造型艺术作品。美术作品通常可分为纯美术作品和实用美术作品。纯美术作品是指为表现个性与美感而创作的美术作品，如书法、绘画、雕塑等；而实用美术作品是指在艺术美感基础上，以满足生活实用或生产需要为目的的美术作品，如陶瓷、雕花的家具、染织图案等。

**关键词：建筑作品**

建筑作品，是指以建筑物或者构筑物形式表现的有审美意义的作品。建筑物作为作品受著作权法保护始于 1908 年的《伯尔尼公约》柏林文本。由于建筑物作为美术作品的主要原因在于建筑物的外观给人一种美的感受，而与建筑物建造所采用的材料、技术等因素无关，因而，不是所有的建筑物都是作品，那些纯粹是为实用目的建造的房屋自然不能成为建筑作品。

**关键词：摄影作品**

摄影作品，是指借助器械在感光材料或者其他介质上记录客观物体形象的艺术作品，如照片等。著作权法并非保护所有摄影物，纯复制性的摄影作品，如翻拍文件、书刊等，因不具备独创性而不受著作权法保护。

**关键词：电影作品**

电影作品和以类似摄制电影的方法创作的作品，是指摄制在一定介质上，由一系列有伴音或者无伴音的画面组成，并且借助适当装置放映或者以其他方式传播的作品，包括：影视作品、录像作品、载有音像节目的半导体芯片、激光视盘等作品。

**关键词：图形作品**

图形作品包括工程设计图、产品设计图、地图、示意图等图形作品和模型作品。工程设计图、产品设计图是指为施工和生产绘制的图样。具体而言，工程设计图，是指利用各种线条绘制的，用以说明将要制作的工程实物基本结构和造型的平面图案。产品设计图是指以各种线条绘制的，用以说明生产的产品的造型及结构的平面图案，如服装设计图、家具设计图等。而地图、示意图等图形作品，是指地图、线路图、解剖图等反映地理现象，说明事物原理或结构的图形。地图是指运用制图原理表示地面自然现象和社会现象的图形，如地理图、地形图、政区图等。线路图是用线条反映一定自然和社会现象的图形，如电路图、航线图、铁路图等。解剖图主要是指全面或局部反映人和动物身体内部结构的图形，如人体解剖图等。模型作品，是指为展示、试验或者观测等用途，根据物体的形状和结构，按照一定比例制成的立体作品。

**关键词：计算机软件**

计算机软件，是指为使电子计算机发挥功能并可运算出结果而由指令构成的集合体，即计算机程序及有关文档。

除了上述几种作品之外，《著作权法》第 3 条第 9 项还规定了法律、行政法规规定的其他作品。该款旨在对于未规定在上述类别的作品予以补充，如民间文学形式等。

## 四、不适用著作权法的对象

前面已经介绍过，著作权意义上的作品须同时具备形式条件和实质条件。但是，一个具体的表达形式，虽然可能已经具备了著作权法规定的构成作品的形式条件和实质条件，但是因其具有某些方面的特殊性而是不适用著作权法的对象，即不能依法产生著作权。我国《著作权法》第 5 条对此作了明确规定，它们包括：

1. 法律、法规、国家机关的决议、决定、命令和其他具有立法、行政、司法性质的文件及官方正式译文。上述对象可能完全符合构成作品的形式条件和实质条件，但是，因为它们体现的是国家和政府的意志，其目的是尽可能地方便社会公众将它们用于学习、研究和适用，尽可能地方便司法机关、执法机关和行政机关将它们用于宣传、普及和实施，因此，它们属于社会公共产品的范畴，任何团体、组织和个人不能对它们享有专有权。

2. 时事新闻。时事新闻，是指通过报纸、期刊、广播电台、电视台等媒体报道的单纯事实消息。著作权法将时事新闻排除在可版权客体之范围，其原因在于时事新闻只是单纯的事实消息，是一种客观事实，是一种公共产品，不能被任何团体、组织或个人独占。例如，某媒体报道，某地在某年某月某日下了自入冬以来最大的一场雪，积雪厚达多少毫米，造成了交通行进缓慢，有多条高速公路封闭。这就是一则时事新闻，不属于可版权的对象。

3. 历法、通用数表、通用表格和公式。它们是一种实用工具，与人们的日常生活、工作、学习密切相关，也是一种公共产品，因此是不可版权的对象。

# 第 2 节　民间文学艺术表达

## 一、概念和特征

联合国教科文组织和世界知识产权组织于 1982 年审议并通过了《保护民间创作表达形式免被滥用的国内立法示范条款》(以下简称《示范条款》)。该《示范条款》将受保护客体表述为“民间文学艺术表达”，而不是笼统地称“民间文学艺术”，也没有使用“作品”一词。“民间文学艺术表达”，是指来自某一文化社区的全部创作，这些创作以传统为依据，由某一群体或一些个体所表达并被认为是符合社区期望的作为其文化和社会特性的表达形式，通过模仿或其他方式口头相传，包括语言、文学、音乐、舞蹈、游戏、神话、礼仪、习惯、手工艺、建筑术及其他艺术。

具而言之，民间文学艺术表达，是指作者不明确但可推定为来源于某国或某一社区内，以传统为依据的文化、艺术、特征、风格、形式及方法的有形的或无形的表达，这些表达被认为是符合该社区群体期望的，通过不断模仿、口传心授或其他方式世代相传，并为整个群体所保持和发展。

民间文学艺术表达具有以下四个特点：

1. 集体性。民间文学艺术表达是由一个特定群体经过不间断的模仿而实现的，它基本上是集体创作、集体流传的特殊的文学艺术形式。

2. 长期性。民间文学艺术表达是由集体经过长期的、不间断模仿而完成的，其本身经历了较长的创作期。

3. 变异性。由于民间文学艺术表达是由群体不断模仿而实现的，因而其本身处于不断变化的状态之中。

4. 传承性。虽然民间文学艺术有不断变化的特征，但同时又有一系列相对稳定的因素，世世代代传承下来。

从民间文学艺术表达的集体性上看，它与一般作品的“作者”概念显著不同；从传承性上看，它又缺乏著作权法所规定的“独创性”；从长期性上看，它又有进入公有领域之嫌。所以，国际上一般将民间文学艺术表达称为“民间文学表现形式”，以区别于普通作品。

## 二、保护民间文学表达的国际制度

民间文学艺术表达受著作权保护的法律制度，是在 20 世纪 60 年代以后逐步形成并发展起来的，其起始原因在于发展中国家保护自己的传统民族文化，从而提出扩展著作权客体的要求。此前，在发展中国家与发达国家的文化交往中，发展中国家使用发达国家的文化科技成果都是有偿的，而发达国家却可以大量无偿地使用发展中国家丰富的民间文学艺术资源。为防止篡改、歪曲、擅自使用民间文学艺术表达的现象发生，实现发展中国家与发达国家在著作权贸易方面的平衡，一些国家和地区先后将民间文学表现形式列为著作权保护范围。为了适应这一发展趋势，《伯尔尼公约》1971 年修订本将民间文学艺术表达作为“不知作者的作品”的一种特例处理，其目的在于反映发展中国家的法律要求，同时又使大多数成员国特别是发达国家能够接受。该《公约》第 15 条第 4 款规定，各成员国在书面通知《伯尔尼公约》总干事的前提下，可以给不知作者的、未出版的，而又确信属于本公约成员国之作者的那一部分作品提供法律保护。

1976 年联合国教科文组织和世界知识产权组织为发展中国家制定了《突尼斯样板版权法》，其中专门规定了关于“本国民间创作的作品”的保护条款。1982 年，又正式通过了《保护民间文学表现形式，防止不正当利用及其他行为的国内法示范条例》。迄今为止，采用著作权法保护民间文学艺术表达的主要是发展中国家，如突尼斯、玻利维亚、智利、摩洛哥、阿尔及利亚等国家。需要注意的是，1989 年生效的英国《版权法》按《伯尔尼公约》规定的标准与范围，在第 169 条中对民间文学艺术表达给予了保护。

### 三、我国对民间文学艺术表达的保护

我国是一个文明古国，民间文学艺术表达产量丰富、数量众多，因此，对民间文学艺术表达予以保护，有助于挖掘我国的民族文化遗产，弘扬民族文化，发展民间经济，增强民族团结，并有助于实现我国与发达国家之间著作权贸易的平衡。鉴于民间文学艺术表达的特殊性，我国《著作权法》明确规定其保护办法由国务院另行规定。

## 第 3 节　计算机软件

计算机软件，是指计算机程序及有关文档。计算机程序，是指为了得到某种结果而可以由计算机等具有信息处理能力的装置执行的代码化指令序列，或者可以被自动转换成代码化指令序列的符号化指令序列或者符号化语句序列。计算机程序包括源程序和目标程序。同一程序的源文本和目标文本应当视为同一作品。源程序是指用高级语言或汇编语言编写的程序，目标程序是指源程序经编译或解释加工以后，可以由计算机直接执行的程序。

所谓文档，是指用来描述程序的内容、组成、设计、功能规格、开发情况、测试结果及使用方法的文字资料和图表等，如程序设计说明书、流程图、用户手册等。

在计算机软件中，不论是计算机程序或是文档；在计算机程序中，也不论是源程序还是目标程序，都是可版权的保护对象。计算机软件须具备以下条件，才能获得法律保护：

1. 原创性。受保护的软件须由开发者独立开发，即软件应该是开发者独立设计、独立编制的编码组合。凡是抄袭、复制他人的软件均不能受法律保护，在构成侵权时，行为人还须承担相应的法律责任。这里所言的软件开发者，是指实际组织开发、直接进行开发，并对开发完成的软件承担责任的法人或者其他组织；或者依靠自己具有的条件独立完成软件开发，并对软件承担责任的自然人。

2. 固定性。受保护的软件须固定在某种有形物体上。这里所说的“有形物体”，是指一定的存储介质，如纸带、卡片、磁盘、磁带、图表、手册等。存在于软件开发者头脑中的软件设计思想并不受法律保护，只有当这种程序设计通过客观手段表达出来并为人所知悉时才能受法律保护。

### 本章小结

作品，是指文学、文艺和科学领域内，具有独创性并能以某种有形形式复制的智力创造成果。作品与载体存在显著差别。载体是附载作品的物质实体，是财产所有权的保护对象。作品

属智慧创作物的范畴，具有无形性、永久性的特点。著作权保护不得延伸到作品的思想、程序、操作方法、原理或数学概念等因素。

独创性是作品受保护的实质条件。所谓独创性，是指作品是独立构思创作的智力表达，不是或基本不是抄袭、剽窃或篡改他人的作品。

作品包括文字作品，口述作品，音乐、戏剧、曲艺、舞蹈、杂技艺术作品，美术、建筑作品，摄影作品，电影作品及以类似摄制电影的方法创作的作品，工程设计图、产品设计图、地图、示意图等图形作品和模型作品，计算机软件，法律、行政法规规定的其他作品。

## 【资料链接】

1. 郑成思．知识产权论．北京：法律出版社，1998

2. 吴汉东等．西方诸国著作权制度研究．北京：中国政法大学出版社，1998

3. http：//www. ncac. gov. cn

4. http：//www. iprcn. com

# 第5章 著作权主体

**导　语**

著作权主体是依法享有著作权人，也称著作权人。著作权主体可以是自然人，法人或者其他组织，在特殊情况下，还可以是国家。按照不同的标准，可以将著作权主体划分为不同类别。以不同标准将著作权主体划分为不同类别，有利于正确理解其基本特征。著作权主体的确认，是著作权领域一个非常重要的法律问题，同时也是解决著作权纠纷的重要依据。

请思考：

1. 著作权主体的概念；
2. 著作权主体的确认；
3. 特殊作品著作权归属。

## 第1节　概　述

著作权主体，也称著作权人，是指对文学、艺术或科学作品依法享有著作权的自然人、法人或者其他组织。在某些情况下，国家也可能成为著作权主体。例如，我国《继承法》第32条规定，公民死亡后无人继承又无人受遗赠，或法人、其他组织变更、终止后无其他单位承受其权利与义务的，则著作财产权归国家所有。

根据不同的标准，著作权主体可分为如下三类：

### 一、原始主体与继受主体

原始主体，是指在作品创作完成后，根据法律规定或者合同约定直接对文学、艺术或科学作品享有著作权的人。在一般情况下，原始主体为作者。至于其他人能否成为原始主体，各国规定不一。有的国家规定，职务作品中的雇主、委托作品中的出资人可成为原始主体，例如，我国《著作权法》第11条第3款、第16条第2款以及第17条就作了这样规定；英美法系国家，如英国、爱尔兰、加拿大等国的版权法也有类似规定。但也有一些国家，如法国，规定只有创作作品的人才能成为原始主体，作者与他人签订的雇佣合同、服务合同的存在并不影响作者对其作品所享有的著作权。

继受主体，是指通过受让、继承、受赠或法律规定的其他方式取得著作权的人。继受主体享有的著作权是从原始著作权主体那里取得的。

### 二、完整主体与不完整主体

完整主体，是指对某一作品依法享有其全部著作财产权和著作人身权的主体。在一般情况下，著作权完整主体是作者；在特殊情况下，著作权完整主体也可以是根据法律规定或合同约定而享有完整著作权的自然人、法人或者其他组织。例如，根据我国《著作权法》第17条的规定，受委托创作的作品，著作权的归属由委托人和受托人通过合同约定。因此，委托创作合同约定委托作品的著作权全部归委托人享有的，那么该委托人就享有了由委托作品产生的全部著作财产权和著作人身权，成为著作权完整主体。

不完整主体，是指不能对某一作品依法享有全部著作财产权和著作人身权的主体。在一般情况下，著作权不完整主体是著作权的继受主体，其原因在于著作人身权不可转让。但是，在特殊情况下，著作权不完整主体也可能是原始主体，甚至可以是作者。例如，根据我国《著作权法》第17条的规定，受委托创作的作品，著作权的归属由委托人和受托人通过合同约定。如果委托人与受托人在委托创作合同中约定委托人只能享有由委托作品产生的著作权中的一项或几项而不是全部的，该委托人和受托人都是原始主体，也都是不完整主体。又如，我国《著作权法》第16条第2款所规定的情形，作者只享有署名权，其所属单位享有除署名权之外的其他全部权利，因此，该作者及其所属单位都是原始主体，也是不完整主体。

划分著作权完整主体与不完整主体的法律意义在于：让著作权人准确了解自己依法享有的著作权，正确行使其著作权，且最大限度地发挥著作权的作用，避免发生不必要的著作权纠纷。

### 三、内国主体与外国主体

内国主体与外国主体之划分标准是著作权人所具有的国籍。内国主体包括中国自然人、法人或者其他组织，外国主体包括外国人和无国籍人。

中国自然人、法人或者其他组织的作品，一经创作完成，即刻取得著作权。然而，由于著作权是依据内国著作权法产生的权利，并非所有的外国人或无国籍人都能在内国取得著作权，因而，外国人或无国籍人能否在某个国家或地区取得著作权，应分别以下情况考察：

1. 外国人所属国或者无国籍人的惯常居住地国与寻求著作权保护的国家或地区都是某著作权国际公约的成员国或成员。例如，两个国家或者地区都是《伯尔尼公约》成员国，或者《世界版权公约》成员国，或者WTO成员等。这样的外国人或无国籍人的作品，能够在寻求著作权保护的国家或地区获得著作权保护。若为《伯尔尼公约》成员国或WTO成员，则可依自动取得原则享有著作权；若仅仅只是《世界版权公约》成员国，且不是WTO成员，则只能依非自动原则取得著作权。

由于我国既是《伯尔尼公约》成员国，也是《世界版权公约》成员国，同时也是WTO成员，因而，外国人所属国或者无国籍人的惯常居住地国只要是《伯尔尼公约》成员国或者是WTO成员，就可以依自动取得原则，自其作品创作完成之时起在我国自动取得著作权，不必办理任何手续。如果仅仅是《世界版权公约》成员国，那么，他就只能依据《世界版权公约》规定的非自动取得原则在我国取得著作权。

2. 外国人所属国或者无国籍人的惯常居住地国与寻求著作权保护的国家或地区没有共同参加的著作权国际条约的，就只能依据其国籍所属国或者惯常居住地国与寻求著作权保护的国家或地区签订的双边或多边协定；如果也没有双边或多边协定，还可以依据互惠原则，获得著作权保护。

3. 外国人所属国或者无国籍人的惯常居住地国与寻求著作权保护的国家或地区，既不符合上述第一种情形，也不符合上述第二种情形，该种外国人或无国籍人就须将其作品在寻求著作权保护的国家或地区首先出版或同时首先出版，或者将其作品在与寻求著作权保护的国家或地区有共同参加著作权国际公约的国家或地区首先出版或同时首先出版，否则，就不能在该国家或地区获得著作权保护。

**关键词：首先出版**

首先出版，是指作者将其已创作完成尚未出版的作品自己或授权他人公之于众的行为。此外，首先出版包括同时首先出版，即在作品首先出版后30日内又在另一个国家或地区出版的行为。除了将作品直接首先出版之外，将尚未出版的作品的演绎作品首先出版的，也产生原作品首先出版的法律效果。

划分著作权内国主体和外国主体的法律意义在于：让人们正确理解著作权是依据各个国家或地区自己的著作权法产生的权利。著作权国际公约只是在国家与国家、地区与地区以及国家与地区之间搭起了一座相互沟通的桥梁，开辟了一条相互交往的管道，并没有将著作权的效力扩张至域外。

## 第2节　原始主体

### 一、作者的概念

作者，就是创作作品的自然人。① 在特殊情况下，没有直接创作作品的人，可以依据著作权法规定或者合同约定成为作者。②

在通常情况下，就某一具体作品而言，确认其作者的关键就是确认创作作品的人是谁。在特殊情况下，确认谁是作品的作者还需要依据著作权法的规定或者创作合同、劳务合同或者委托合同的约定。

创作，就是直接产生文学、艺术或科学作品的智力活动。为他人创作进行组织工作，提供咨询意见、物质条件，或者进行其他辅助工作，均不视为创作。在著作权法中，创作是作品产生的唯一源泉，也是作品受著作权法保护的依据。凡抄袭、剽窃他人作品的行为不是创作行为。创作形式有书面形式、口头形式及其他形式。

对一件具体作品，可以从形式的和实质的两个方面进行作者的判断。

**关键词：形式判断**

我国《著作权法》第11条第3款规定，如无相反证明，在作品上署名的自然人、法人或者其他组织为作者。

根据此规定可知，如无相反规定，在作品原件或复制件上以作者方式署名的自然人、法人或者其他组织，就是作者。例如，“《红楼梦》曹雪芹 著”，由此可以判定《红楼梦》的作者是曹雪芹。

以此种方式确认的作者，就是形式的确认。至于以此方式确认的作者是否真的是该作品的作者，在没有相反证明的前提下，这个结论就是肯定性的。

此处所说的“相反证明”有四种情形：

1. 否定署名者为作者的情形。在此种情况下，在作品原件或复制件上以作者方式署名的人并不是作者。例如，某作品的作者是张三，但李四将张三的署名去掉后署上自己的名。此时，在该作品上以作者方式署名的人是李四，但真正的作者却是没有在作品上署名的张三。

2. 否定自己为作者的情形。在此种情况下，作品的创作者未经第三人授权，擅自将该第

① 参见《著作权法》第11条第2款。

② 参见《著作权法》第11条第3款、第17条。

三人当作作者在其作品原件或复制件上以作者方式署名。例如，在“吴冠中诉上海朵云轩、香港永成古玩有限公司出售假冒其署名的美术作品纠纷”案[①]中，吴冠中被假冒署名为某油画的作者。本案最后判决吴冠中不是该美术作品的作者。该判决结果表明，作品原件或者复制件上虽然有某人以作者方式署名，但该署名人并不是作者。

3. 肯定自己是作者的情形。在此种情况下，作品原件或复制件上虽然没有某人的署名，但是此人主张是该作品的作者，即肯定其为该作品作者的情形。例如，“《我的前半生》爱新觉罗·溥仪 著”从形式上看，该作品的作者就是爱新觉罗·溥仪。但是，李文达先生则认为自己对该作品付出了创作性劳动，是该书的合作作者之一，其著作权应属溥仪与之共有。[②]

4. 肯定他人为作者的情形。在此种情况下，作品原件或复制件上虽然没有某人的署名，但是，第三人有证据证明该人是该作品的作者。

**关键词：实质判断**

在通常情况下，人们虽然可以从形式上判断作品的作者，但是，一旦出现上述四种特殊的相反证明，形式判断就只能作为一种参考指标。至于某作品的作者究竟是谁则需要从实质上进行判断。

从实质上确认作品的作者，必须考虑以下三个因素：一是主张作者身份的人是否对作品的创作完成作出了实质性贡献；二是是否有委托创作合同，且明确约定了委托作品著作权的归属；三是是否具有著作权归属的法定事由。

我国《著作权法实施条例》（2013 年）第 3 条规定：“著作权法所称创作，是指直接产生文学、艺术和科学作品的智力活动。为他人创作进行组织工作，提供咨询意见、物质条件，或者进行其他辅助工作，均不视为创作。”此处所指的“直接产生文学、艺术和科学作品的智力活动”，应根据不同的作品种类判断。例如，对由一个人独立创作的作品而言，要判断他所为的行为是否为创作行为，就比较容易。但是，对合作作品、组合作品或者集体合作而言，事情就不是那么简单的。以合作作品为例，直接产生文学、艺术和科学作品的智力活动包括：对作品的构思行为、对作品表达形式的直接赋予行为、对作品所作的实质性修改行为以及其他对作品的创作完成所作的不可或缺的行为等。但是，某人对合作作品的创作虽然没有作出实质性贡献，但是有合同约定此人就是合作作者。根据合同约定，此人应当也是合作作者。[③]

如果某人与作品的关系具有不可替代的位置，那么，这个人对该作品所为的行为，就是直接产生文学、艺术和科学作品的智力活动。在没有委托约定或者其他法定事由的情况下，这个人就是作者。

## 二、视为作者的法人或者其他组织

《著作权法》（2010 年）第 11 条第 3 款规定，由法人或者其他组织主持，代表法人或者其他组织意志创作，并由法人或者其他组织承担责任的作品，法人或者其他组织视为作者。

例如，某市文化部门组织了一个由 5 人组成的民歌民曲编辑整理小组赴某地进行民歌民曲的收集整理工作。该小组由洪某某任组长，其余 4 人为组员。为了该小组能够顺利开展工作，该文化部门专门为该小组拨了 10 万元的专款，并且其工资等各项待遇照发。经过一年多的工

① 资料来源：http：//www. qdedu. gov. cn/jiaoyuguanli/jdal/case/case1120. htm。

② 参见“《我的前半生》著作权纠纷案”，资料来源：http：//www. ndcnc. gov. cn/datalib/2002/Prejudication/DL/DL-70966。

③ 参见曹新明：《合作作品法律规定的完善》，载《中国法学》，2012（3）。

作，该小组收集整理了一百二十多首当地的民歌民曲，整理成《××民歌民曲集》。这部《××民歌民曲集》的编辑者就是该文化部门，将其视为作者，具体负责收集整理工作的5位工作人员只能具有收集整理者身份，而不是作者。

## 第3节　继受主体

### 一、因继承等取得著作权

作为著作权人的自然人去世后，继承人或者第三人可根据其遗嘱、遗赠扶养协议或者法定继承的规定取得著作权，成为著作权主体。一般而言，著作权中的财产权利可以继承，人身权利不能继承。我国《继承法》第3条规定，遗产包括“公民的著作权、专利权中的财产权利”。一般而言，继承人对著作权的继承，主要是继承著作权中的财产权。在著作权有效期届满前，继承人可以享有被继承人生前享有的著作财产权。因此，我国《著作权法》第19条第1款规定：“著作权属于公民的，公民死亡后，其本法第十条第一款第（五）项至第（十七）项规定的权利在本法规定的保护期内，依照继承法的规定转移。”据此，因继承而取得著作财产权的人，能成为著作权法律关系的主体。

遗赠，是指公民通过遗嘱，将个人财产（包括著作财产权）赠与国家、集体或者法定继承人之外的法律行为。当国家、集体或法定继承人以外的其他公民接受著作权人遗赠取得著作权中的使用权和获酬权时，即成为著作权的主体。

公民或集体所有制组织根据遗赠扶养协议而成为死者著作财产权的受赠人时，也取得著作权人资格。

根据《著作权法》第19条第2款的规定，著作权属于法人或者其他组织的，法人或者其他组织变更、终止后，其作品的使用权和获得报酬权在本法规定的保护期内，由承受其权利与义务的法人或者其他组织享有。作品的署名权、修改权及保护作品完整权由承受其权利与义务的法人或者其他组织保护，这是权利与义务相一致的要求。

另外，根据我国《继承法》第32条的规定，如果公民死亡后无人继承又无人受遗赠，或法人、其他组织变更、终止后无其他单位承受其权利与义务的，则著作财产权归国家所有。如果死亡的公民生前是集体所有制组织成员，则归集体所有制组织享有。

### 二、因合同取得著作权

因合同取得著作权包括两种情况：著作权人可以将其著作财产权的全部或部分转让给他人，著作财产权的受让人也是著作权主体。著作权转让的标的是著作财产权的所有权，转让的结果使受让人在法律上成为著作财产权的所有人，受让人可以自己的名义行使权利，在侵权行为发生时单独提起诉讼。它与著作权使用许可不同，后者移转的标的是著作财产权中的使用权，被许可人在法律上不能成为著作权人。

## 第4节　特殊作品的著作权主体

我国《著作权法》第11条第1款规定：“著作权属于作者，本法另有规定的除外。”此项规定确立了“著作权归属于作者”的基本原则。但是，著作权法就著作权归属另有规定的，则依具体情况而定。以下根据该项基本原则，具体讨论几种类型作品的著作权归属。

## 一、职务作品的权利主体

公民为完成法人或者其他组织的工作任务所创作的作品，是职务作品。

职务作品的著作权归属，可以分为两种情形：

1. 一般职务作品的著作权由作者（即创作职务作品的公民）享有，但法人或者其他组织有权在其业务范围内优先使用。在作品完成两年内，未经单位同意，作者不得许可第三人以与单位使用的相同方式使用该作品。单位在业务范围内使用该职务作品是否向作者付酬，由双方签订合同解决。如果在作品完成后的两年内，单位在其业务范围内不使用，那么作者可以要求单位同意由第三人以与单位使用的相同方式使用，单位无正当理由不得拒绝。其使用许可作品所获报酬，由作者与单位按约定的比例分配。在作品完成两年后，单位可以在其业务范围内继续使用。作品完成的两年期限，自作者向单位交付作品之日起计算。

2. 由法律规定的某些特殊的职务作品，作者只享有署名权，著作权的其他权利由法人或者其他组织享有，法人或者其他组织可以给予作者奖励。这些特殊的职务作品主要有：(1) 主要是利用法人或者其他组织的物质技术条件创作，并由法人或者其他组织承担责任的工程设计图、产品设计图、计算机软件、地图等职务作品；(2) 法律、行政法规规定或者合同约定著作权由法人或者其他组织享有的职务作品。

## 二、委托作品的权利主体

委托作品，是指自然人、法人或者其他组织接受他人委托而创作的作品。

常见的委托作品就是自然人委托照相馆为自己拍摄的摄影作品。在此，自然人是被拍摄者，是委托人；照相馆是拍摄者，是受托人。根据我国《著作权法》第 17 条的规定可知，委托作品的著作权归属由委托人和受托人通过合同约定。合同未对此委托作品的著作权归属作明确约定或者没有委托合同的，委托作品的著作权由受托人享有。

## 三、合作作品的权利主体

合作作品，是指两个以上的人共同创作的作品。

合作作品是现实生活中常见的一种作品形式，但也时常引起法律纠纷。因此，如何判断一件作品是否为合作作品，就是一个非常重要的法律问题。判断一件作品是否为合作作品可以从以下三个方面考虑：

1. 两个或者两个以上的人须有共创作品的合意。这一点是区别合作作品与组合作品或集合作品的关键。例如，某作曲者对李白的《静夜思》谱曲而成的歌曲，就是组合作品而不是合作作品，其原因在于该作曲者与李白没有共创该歌曲作品的合意。此处所说的“共创作品的合意”，是指两个或者两个以上的自然人、法人或者其他组织通过协商达成了共同创作一部作品的协议。该协议可以是书面的，也可以是口头的。

2. 两个或者两个以上的人须对作品的完成有实质性的贡献。这一点是确定具体的合意者是否为合作作者的关键。此处所说的“实质性的贡献”，可以是直接创作作品的行为，也可以是对作品所提出的创意，还可以是对作品所作的实质性修改等。如果没有参加创作，仅为创作提供咨询意见、物质条件、素材或其他辅助劳动的人不能称为合作作者。在实践中，合作作品的合意创作者对合作作品的创作完成，只要按照合作创作协议正确履行了自己的义务，就是参加了创作，就能成为合作作者。[①]

3. 两个或者两个以上的人的实质性贡献结合成一个整体。至于这个整体是否可以分割，则不是关键性的要素。有的国家认为合作作品不可分割，因而不能单独使用，如美国、德国的著作权法；有的国家则认为合作作品包括可以分割的合作作品和不可分割的合作作品，如法国、原苏联的著作权法，我国《著作权法》也是如此规定的。

合作作品的著作权由合作作者共同享有。对于可以分割的合作作品，作者对各自创作的部分可以单独享有著作权，但行使著作权时不得侵犯合作作品整体的著作权。不可分割使用的合作作品，是指各部分构成一个有机的整体，各部分都不可缺少，不能单独使用的作品。不可分割合作作品之著作权由各合作作者共同享有，通过协商一致行使；不能协商一致，又无正当理由的，任何一方不得阻止他方行使除转让以外的其他权利，但是所得收益应当合理分配给所有合作作者。

## 四、演绎作品的权利主体

演绎作品，是指改编、翻译、注释、整理已有作品而产生的作品。演绎作品的独创性在于对原作品进行了改编、翻译、注释、整理，而且在原作品的基础上有所创新，对原作品作了形式上的变动或者内容上的稍微修改。因此，演绎作品与原作品是两件相互关联又相互独立的作品。演绎作品的作者可以凭借他在演绎原作品的过程中所付出的大量的创造性劳动而对演绎作品享有独立的著作权。各国著作权法在承认演绎作品的作者享有著作权的同时，又规定对演绎作品的保护不得损害原作品著作权人的权利。第三人在使用演绎作品时，应征求原作品著作权人与演绎作品著作权人的同意。

根据我国著作权法的规定，演绎作品的著作权由演绎作品的作者享有，但演绎作品的作者在行使著作权时不能侵犯原作品的著作权。演绎作品的作者仅对演绎部分享有著作权，对被演绎作品不享有著作权，并且无权阻止他人对同一作品进行演绎。如果第三人使用演绎作品，必须征得原作品著作权人和演绎作品著作权人的双重授权。

## 五、汇编作品的权利主体

汇编作品，是指汇编若干作品、作品的片段或者不构成作品的数据或者其他材料，对其内容的选择或者编排体现独创性的作品。

汇编作品大体可以分为三种类型：(1) 对于已发表的或已完成的作品进行选择、编排而形成的作品，如选集、期刊、百科全书等；(2) 对不构成作品的材料的内容进行选择或编排而形成的独创性作品；(3) 由作品或者作品片段、不构成作品的数据或者材料等汇编而成的作品。

根据我国著作权法的规定，汇编作品的著作权由汇编人享有，但是汇编人在行使著作权时，不得侵犯原作品的著作权。

## 六、电影作品的权利主体

电影作品，是指摄制在一定物体上，由一系列有伴音或无伴音的画面组成，并且借助适当装置放映、播放的作品。以类似摄制电影的方法创作的作品包括：影视作品、录像作品、载有

---

① 参见曹新明：《合作作品法律规定的完善》，载《中国法学》，2012 (3)。

音像节目的半导体芯片、激光视盘等作品。电影作品以及以类似摄制电影的方法创作的作品（以下统称为“视听作品”），从某种意义上讲，具有演绎作品与合作作品的特点。但是，视听作品有其自身的特殊性，创作视听作品的人包括制片人、编剧、导演、作词、作曲以及表演者等。视听作品的创作完成需要上述创作者共同劳动，彼此不可或缺。

对于视听作品之著作权归属各国规定不一。在美国、加拿大、澳大利亚等国家，视听作品著作权归属于制片人。在英国，则允许视听作品的作者与制片人通过合同确定其经济权利归属。在法国，视听作品的原始著作权只能属于参加视听作品创作的每个自然人（导演、编剧、对白作者、歌曲作者等）。在德国，虽然理论上承认视听作品的著作权属于参加创作的创作者，但这些权利被视为自始已交给制片人行使。

我国《著作权法》第 15 条规定，视听作品的著作权由制片者享有，但编剧、导演、摄影、作词、作曲等作者享有署名权，并有权按照与制片者签订的合同获得报酬。视听作品中剧本、音乐等可以单独使用的作品的作者有权单独行使其著作权。在视听作品的制作过程中，需要巨大的投入，而且这样的投入具有很大的风险，因此，法律规定视听作品整体著作权归属于制片人。同时，为了尊重各方面创作者的精神权利，法律规定编剧、导演、摄影、作词、作曲等享有署名权。

## 本章小结

著作权主体，也称著作权人，是指依法对文学、艺术和科学作品享有著作权的自然人、法人或者其他组织。著作权主体可以分为原始主体与继受主体、完整主体与不完整主体、内国主体与外国主体等。

一般职务作品的著作权归作者享有，但法人或者其他组织有权在其业务范围内优先使用。由法律规定的某些特殊的职务作品，作者只享有署名权，著作权的其他权利由法人或者其他组织享有，法人或者其他组织可以给予作者奖励。

受委托创作的作品，著作权的归属由委托人和受托人通过合同约定。合同未明确约定或者没有订立合同的，著作权属于受托人。两人以上合作创作的作品，著作权由合作作者共同享有。演绎作品的著作权由演绎作品的作者享有，但演绎作品的作者在行使著作权时不能侵犯原作作者的著作权。汇编作品的著作权由汇编人享有。视听作品的著作权由制片者享有。美术作品原件的展览权由原件所有人享有。

## 【资料链接】

1. 郑成思．知识产权论．北京：法律出版社，1998

2. 吴汉东．知识产权法学．4 版．北京：北京大学出版社，2014

3. http：//www. ncac. gov. cn/

4. http：//www. iprcn. com

# 第6章 著作权内容

## 导语

著作权内容是著作权制度的核心部分。在著作权制度演绎的历史过程中，著作权内容进行过三次重大扩张：第一次发生在19世纪末至20世纪60年代，以模拟技术的诞生和应用为标志；第二次发生在20世纪60年代至90年代，以电子计算机技术的发明和应用为标志；第三次发生在20世纪末至现在，以网络技术的出现和应用为标志。由此推动著作权从最初的印刷版权，发展到模拟版权，再到电子版权，直到今天的网络版权。本章主要论述著作人身权的概念、性质及内容，著作财产权的概念、性质及内容。

请思考：

1. 著作人身权及其权项；
2. 著作财产权及其权项；
3. 著作权的取得；
4. 著作权的保护期限。

## 第1节 著作人身权

著作人身权（Moral Rights），在大陆法系国家通常称为作者人格权，在英美法系国家则称为精神权利，我国著作权法称之为著作人身权。尽管称谓有别，其含义却基本一致，均指作者基于作品创作所享有的各种与作者不可分离而无直接财产内容的权利。

一般而言，著作人身权具有永久性、不可分割性和不可剥夺性的特点。所谓永久性，是指著作人身权的保护一般不受时间限制。例如，我国《著作权法》第20条规定："作者的署名权、修改权、保护作品完整权的保护期不受限制。"作者死亡后，其著作权中的署名权、修改权和保护作品完整权由作者的继承人或者受遗赠人保护。著作权无人继承又无人受遗赠的，其署名权、修改权和保护作品完整权由著作权行政管理部门保护。法国《著作权法》第6条规定则更加明确："人身权利是永久的。"所谓不可分割性，是指著作人身权与作者本身不可分离，专属于作者。换言之，著作人身权不可转让。作者生前，该项权利只能由作者享有；作者死后，作者的继承人有义务保护此权利不受第三人的侵犯。在无继承人的情况下，由国家著作权行政管理机关保护作者的人身权不受侵犯。所谓不可剥夺性，是指任何单位或者个人不得以任何理由剥夺作者的上述人身权，除非依法律规定给予适当的限制。

我国《著作权法》第10条规定发表权、署名权、修改权和保护作品完整权四个方面的著作人身权。

**关键词：发表权**

发表权，是指决定作品是否公之于众的权利。

发表权是著作人身权的一项重要内容。发表权既是宪法所规定的公民言论、出版自由在著作权制度上的体现，也是公民所享有的一项基本人权。

著作权法所规定的“将作品公之于众”，通常是指将作品向不特定多数人公开；作者应采取口述、表演、出版等方式使公众感知到作品的内容，不论作品是否已固定下来。在司法实践中，通常认为尽管作者未将作品公之于众，但有下列情形之一的，推定作者同意发表其作品：一是作者许可他人使用其未发表的作品；二是作者将其未发表的美术作品原件所有权转让给他人。

发表权区别于其他著作人身权的特点在于，发表权只能行使一次，作品一旦以合法方式公之于众，即构成已发表作品，产生相应的法律后果。

由于作品体现了作者的思想、情感或者观点，因而，发表权的主体通常为作者，他有权决定是否发表作品。所以，诸如书信之类的特殊作品，其发表权应为写信人而不是收信人。作者生前未发表的作品，如果作者未明确表示不发表，作者死亡后 50 年内，其发表权可由继承人或者受遗赠人行使；没有继承人又无受遗赠人的，则由作品原件的所有人行使。法国、意大利等国的著作权法也有类似规定。

应当注意的是，在某些情况下，发表权与隐私权存在联系。如果未经作者许可，擅自发表尚未发表的作品，则不仅会侵犯作者的著作人身权，而且可能侵犯作者的隐私权。此外，某些以人体画像和肖像为内容的作品与隐私权和肖像权相联系，因此，在发表这种作品时应征求被画人的同意，以体现对人格权的尊重。

发表权所具有的另一项权能就是决定作品不公之于众的权利。作者生前，作品的发表权只能由作者自己行使。未经作者同意，任何人不得擅自将他人尚未发表的作品公之于众。作者生前明确表示不发表的作品，在作者死后，任何人不得将该作品公之于众。超过发表权保护期的作品，不论作者生前是否明确表示不发表，任何人都可以将该作品公之于众。但涉及作者或者他人隐私的，则需要慎重，以免造成对他人隐私权的侵犯。

**关键词：署名权**

署名权，是表明作者身份，在作品上署名的权利。

署名权可保障作者的身份受到尊重。我国《著作权法》第 11 条第 4 款规定：“如无相反证明，在作品上署名的公民、法人或者其他组织为作者。”换言之，作者以署名方式表明自己的作者身份。《著作权法实施条例》第 19 条对此具体规定：“使用他人作品的，应当指明作者姓名、作品名称；但是，当事人另有约定或者由于作品使用方式的特性无法指明的除外。”

署名权的内容包括：作者有权决定是否在作品上署名，署真名还是署假名，以及署名的顺序等。任何人未经作者同意，不得擅自改变作品的署名方式，作者也有权禁止未参加创作的人在自己的作品上署名。作品以署名方式发表，其他人以改编、翻译、广播、表演等方式使用该作品时，均应说明作者的身份。署名权因与作者人身相联系，因此署名权不得转让、继承，也不得放弃；同时，署名权的保护期不受限制，作者死后署名权依然受到保护。

署名权保护的永久性，有利于防止他人在作者死后隐匿、改变作者的姓名。

**关键词：修改权**

修改权，即修改或者授权他人修改作品的权利。

从积极方面讲，作者有权修改自己的作品，或者授权他人修改其作品；从消极方面讲，作者有权禁止他人对作品进行歪曲或篡改。由于作品是作者思想的集中体现，作者要对作品发表所产生的后果承担责任。因而，在作品发表后，作者认为该作品已不能反映其发生变化的学术观点或者文艺思想的，有权对作品进行修改，如删节、充实或改写。

著作权法意义上的修改，是指对作品内容进行增删，对错漏部分进行必要的更正和补充。修改权是作者所享有的专有权利，只有作者才有权修改其作品，他人未经许可不得擅自修改作品。其他人如果要对作品内容予以修改，应征得作者同意或者获得作者的追认。但是，报刊、杂志社对作品作文字性修改、删节，无须征得作者同意；对内容的修改，则应当经作者许可。在某些情况下，作者的修改权会受到限制。例如，为了使计算机程序在特定的计算机上发挥更好的功效，法律允许他人对计算机程序作必要的修改。

**关键词：保护作品完整权**

保护作品完整权，即保护作品内容完整，使作品不受歪曲、篡改的权利。作品是作者思想情感的反映，作者有权保护其作品不被他人丑化；未经作者同意，他人不得擅自删除、变更作品的内容，或者对作品的内容、表现形式或艺术效果的变动，以防止作者的名誉、声望受到损害，维护作品的纯洁性。

《伯尔尼公约》第 6 条之二第 1 款规定，不受作者财产权的影响，甚至在上述财产权转让之后，作者仍保有主张对其作品的作者身份的权利，并享有反对对上述作品进行任何歪曲或割裂或有损于作者声誉的其他损害的权利。该条规定的“反对对作品进行任何歪曲或割裂或有损于作者声誉的其他损害的权利”就是保护作品完整权。

保护作品完整权的内容在于保护作品不受歪曲、篡改。所谓歪曲，是指曲解作品原意，损害作者观点的行为；所谓篡改，指擅自增补、删节、变更作品的行为。这些行为将会损害作者的名誉或声望。为此，我国《著作权法》第 10 条第 1 款第 4 项禁止他人对作品作上述破坏。保护作品完整权是修改权的延伸，但在内容上比修改权更进了一步。它不仅禁止对原作品进行修改，而且禁止他人在以表演、翻译等其他方式使用作品时对作品作歪曲性的改动。不过，为了便于作品的利用，出版人、编辑人对作品的语法错误予以更正，对文字进行润色和其他技术性处理，不视为侵犯修改权和保护作品完整权。著作权人许可他人将其作品改编摄制成视听作品的，视为已同意对其作品进行必要的改动，但是这种改动不得歪曲、篡改原作品。保护作品完整权的保护期不受限制。作者死后，由作者的继承人或受遗赠人保护；无人继承又无人受遗赠的，由著作权行政管理部门保护。

## 第 2 节　著作财产权

著作财产权，又称经济权利，是指著作权人自己使用或者授权他人使用作品而获取报酬的权利。著作财产权主要包括复制权、发行权、展览权、广播权等。著作财产权可以转让、继承或放弃，不同于著作人身权。

著作财产权在著作权制度中占有举足轻重的地位。无论是英美法系国家还是大陆法系国家，其著作权法都比较详尽地规定了著作财产权的内容。著作权制度的发展历史证明，著作财产权与科学技术进步存在着密切联系。20 世纪以前，人们使用作品的方式主要就是印刷、出版、表演、展示与翻译等。因此，在此阶段，著作财产权利局限于复制权、表演权、翻译权等内容。20 世纪以后，随着录音、录像、卫星转播、广播、电视等新技术的发明与运用，人们使用作品的方式增加了，著作财产权的内容随之增加，广播权、有线电视转播权、录音录像权等新权利逐渐被许多国家的著作权法所承认。20 世纪 50 年代，计算机技术、数字化技术推动了著作权制度的新发展，出租权、进口权、公共借阅权、数字化权等很快被纳入著作权法，成为著作财产权的新内容。20 世纪末至现在，网络技术飞速发展，进一步促进著作权制度向前发展，与之相适应，信息网络传播权、版权保护技术和管理电子信息权利等使著作财产权得以丰富。

科学技术的发展是无止境的，著作财产权的内容将会不断增加，著作权保护将变得越来越重要。

**关键词：复制权**

复制权，是指以印刷、复印、拓印、录音、录像、翻版等方式将作品制成一份或者多份的权利。从积极方面讲，著作权人有权复制其享有著作权的作品；从消极方面讲，著作权人可以禁止他人复制其作品。任何人未经许可擅自复制他人作品的行为，可能构成对著作权的侵犯。

复制就是原作的再现。我国《著作权法》第 10 条第 1 款第 5 项规定，复制可以解释为，以印刷、复印、拓印、录音、录像、翻录、翻拍等方式将作品制成一份或者多份的行为。复制的关键在于作品的再现，同时伴随着载体的“增多”。

传统意义上的复制通常可以分为两种情形：一种是以手抄、拓印、雕刻等方式完成的手工复制；另一种是以印刷、录制、照相、复印等方式完成的机械复制。随着新技术的发展，一些发达国家提出了扩大复制。[①]因为，当信息在计算机中“暂存”时，信息仍然显示在屏幕上，作品的内容出现了“再现”，因而该行为与传统意义上的“复制”具有共性，所以，一些国家主张将其纳入“复制”之列。1993 年俄罗斯《著作权法》即持此观点。不过，传统意义上的“复制”伴随的是作品再现与载体增加，而信息在计算机中暂存并不会产生载体增加，关机后该信息不会再现。并且，如果将该行为解释为“复制”，虽然有利于加大对计算机程序著作权人的保护力度，但对于普通使用者而言未免过于严苛。解决该问题的关键在于寻找某种公平、合理的方式平衡著作权人的利益及使用者的利益。

**关键词：表演权**

表演权，亦称公演权、上演权，是指著作权人公开表演其作品或者许可他人表演其作品的权利。

戏剧、音乐作品的表演早于印刷出版活动，但表演权的产生则晚于出版权、复制权。从 19 世纪中叶的法国开始，随后在 20 世纪初的德国、英国、美国等出现了“表演权协会”，代表作者（特别是音乐作品的作者）行使该权利。在某些国家，还专门设立了“表演权法庭”，处理因行使或侵犯表演权所引起的纠纷。后来，《伯尔尼公约》第 11 条明确规定了作者享有表演权，包括演出权、演奏权和公开上映权。

表演权包括：作者自己表演或授权他人表演其作品以及禁止他人未经许可而表演其作品的权利。他人未经许可擅自表演其作品即构成侵权。根据各国法律规定，构成侵犯表演权的行为须具备以下条件：（1）须以营利为目的；（2）须在公共场所表演，如在剧场、影院、舞厅、饭店等地方表演；（3）所表演的作品受著作权法保护，且他人的表演未经著作权人授权。

我国著作权法将“表演权”明确解释为公开表演作品以及用各种手段公开播送作品的表演的权利，此处的表演形式包括口头表演，借助放映机、录像机、录音机等机械设备公开播送作品的表演等。

**关键词：广播权**

广播权，是指以无线方式公开广播或者传播作品，以有线传播或者转播的方式向公众传播广播的作品，以及通过扩音器或者其他传送符号、声音或者图像的类似工具向公众传播广播的作品的权利。

---

① 参见［澳大利亚］马克·戴维生：《计算机网络通讯与美国版权法的新动向》，王源扩译，载《外国法译评》，1996（5）。

关于广播权，《伯尔尼公约》授予作者三项权利：(1) 无线广播权，即通过空间传播电磁波所进行广播的权利；(2) 有线广播权，即通过电缆等设备以有线方式公开广播作品的权利；(3) 使用扬声器等技术设备广播作品的权利。

**关键词：展览权**

展览，是指公开陈列展出美术作品、摄影作品的原件或复制件。展览权，也称为“公开展出权”，是指公开陈列展出美术作品、摄影作品的原件或复制件的权利。

关于展览权的对象，多数国家的著作权法规定限于美术作品、摄影作品、工艺品以及作为艺术作品或文物展出的手稿、乐谱、书法等作品。我国著作权法中展览权的对象仅限于美术作品与摄影作品。

展览权的内容，主要指著作权人许可或禁止他人公开陈列、展览或在公共场所放置其享有著作权的作品。展览的目的是让不特定的多数人欣赏，如果仅是供家庭或本单位内部少数人欣赏，就不构成展览。根据我国《著作权法》第18条的规定，展览美术作品原件，必须经原件所有人同意。该条规定表明，美术作品原件所有人自己可以展览该原件。但是，该条之规定并没有否定该美术作品的著作权人对该美术作品的展览权。换言之，美术作品原件所有权转移后，该美术作品的展览权仍然属于著作权人，原件所有人在获得该美术作品原件的所有权同时，还获得展览该原件的权利。具而言之，任何人未经美术作品著作权人许可，不得擅自展览该美术作品的复制件；除美术作品原件所有人之外，其他人未经该美术作品著作权人许可，不得擅自展出该美术作品原件。

在行使展览权时，往往还涉及肖像权问题。一方面，摄影人、画家对自己的作品享有著作权；另一方面，被摄影人、被画人对于自己的相貌拥有肖像权。这两种权利常发生冲突。为解决这一难题，多米尼加《著作权法》第51条规定，画像、塑像及摄像的被画、被塑、被摄之人，有权禁止展出其肖像或以其他商业性方式展出其肖像；肖像作者或其他人若未经许可展出或展示，将依法承担民事赔偿责任。我们认为，肖像作品的作者或其他人在行使展览权时，应取得被画人、被摄人的许可，以体现对其人格权的尊重。

**关键词：发行权**

发行权是著作权人所享有的一项重要权利。只复制而不发行，作者的权益就难以实现，复制也就失去了意义。因此，多数国家的著作权法都规定了发行权。

我国《著作权法》将发行权解释为：“以出售或者赠与方式向公众提供作品的原件或者复制件的权利。”

随着科技的进步，发行的含义亦有所变化。目前，某些发达国家如美国已建议将信息传输——将作品从计算机某一终端通过网络以数字信号形式发往另一终端的行为也视为发行，由著作权人专有。这种限制实际上更改了发行的概念。传统意义上的发行是向公众提供作品复制件的行为，发生了作品载体的转移，而在信息传输中，仅有信息的传递，并无载体的实际转移，该信息仍在输出计算机的内存或相联的存储设备之中，“因此很难把传输归入发行的概念之中”①。所以，该种解释对作品使用者而言不免过于苛刻。但从另一角度看，如不对这种传输行为给予一定的限制，作者就无力控制其作品被传输者和接收者大量无偿使用的情形。因此，问题的关键在于寻找适当的方式给予公平的限制。1993年新修订的德国《著作权法》对

① ［澳大利亚］马克·戴维生：《计算机网络通过与美国版权法的新动向》，王源扩译，载《外国法译评》，1996(5)。

此作了灵活的处理，该法第 690 条规定，只有当使用者为了复制而传输作品才需取得著作权人的授权，这样就将传输限制在一定范围之内，从某种程度上平衡了著作权人和使用者的利益，法国著作权法也作了类似修订。

与发行权密切相关的一项原则是“发行权穷竭”原则，也称为“首次销售”原则。德国《著作权法》第 17 条第 2 款对此作了解释：“如果作品原件或复制件经在本法适用范围内传播的权利人的同意，以让与的方式进入流通领域，则允许对该作品的再次传播。”也就是说，如果作品原件或复制件以出租、出售等方式发行后，他人可以自由传播作品而不受著作权人的限制，即发行权只能行使一次。奥地利《著作权法》第 16 条第 3 款及美国《著作权法》第 109 条第 2 款也作了类似规定。

**关键词：改编权**

改编权，是指在原作品的基础上，通过改变作品的表现形式，创作出具有独创性的新作品的权利。原作与改编作品的区别仅在于表现形式的差异，但两者的内容基本一致，同时原作品的某些独创性特点同样会反映在改编作品中。

**关键词：翻译权**

翻译权，是指将作品从一种语言文字转换成另一种语言文字的权利。授予作者翻译权，有利于保护其对作品传播地区的控制权。翻译权一般只涉及口述作品、文学作品、电影作品等作品，美术作品、乐曲等一般不涉及翻译权。

**关键词：汇编权**

汇编权，是指自己或者授权他人将作品或者作品的片段进行选择或者编排，汇集成新作品的权利。

**关键词：摄制权**

摄制权，就是指以摄制电影或者以类似摄制电影的方法将作品固定在一定的载体上的权利。将表演或景物机械地录制下来，不视为摄制电影、电视、录像作品，因为该行为没有产生有独创性的作品。

摄制电影、电视、录像是对作品加以利用的一种重要方式，也是著作权人实现其作品的社会价值的一种重要手段。一部并不流行的作品可能会因摄制成电影、电视或录像作品而得到广泛的传播。因此，著作权人必须控制好自己的这一权利。该权利的内容，即著作权人有权自行摄制或许可他人将其作品摄制成电影、电视或录像作品，若他人未经许可而将其作品摄制成了视听作品，则侵犯了著作权人的权利。对于视听作品，作者只享有署名权，其他权利则由制片人享有。

**关键词：出租权**

出租权，是指著作权人有偿许可他人临时使用视听作品、计算机软件的权利。

需要指出的是，我国于 1990 年颁布的《著作权法》没有明确规定出租权，只是在《著作权法实施条例》第 5 条将“出租”解释为发行的一种方式。如果作者通过出租作品复制件发行作品，相当一部分消费者就会不再购买图书而采取租借方式。目前在许多国家，作品的出租已有取代销售之势，作品出租业之繁荣使出租人收入颇丰，也节省了消费者的支出。由此导致了作品发行业的萧条，使依靠版税谋生的作者深受其害。若承认出租权在作品“首次销售”后穷竭，则著作权人就无法控制作品的再次出租，其经济利益必然受到损害。

为了避免这一消极影响，保护作者的创造性劳动，各国著作权法陆续规定了出租权。例如，俄罗斯《著作权法》于1993年修订时规定："作者享有以出租的方式发行作品复制件的权利而不受这些复制件的所有权制约。"日本《著作权法》第26条之二也以借贷权的形式承认了作者的出租权，但仅适用于唱片、计算机程序、乐谱和除书籍、杂志、电影作品以外的其他作品。德国《著作权法》也有类似的规定。

由于各国在出租权的对象上存在分歧，《知识产权协定》第11条作了如下规定："至少对计算机程序及电影作品，成员应授权其作者或作者之合法继承人许可或禁止将其享有版权的作品原件或复制件向公众出租。对于电影作品，成员可不承担授予出租权之义务，除非有关的出租已导致对作品的广泛复制，其复制程度又严重损害了成员授予作者或作者之合法继承人的复制专有权。对于计算机程序，如果有关程序本身并非出租的主要标的，则不适用本条义务。"可见，对计算机程序的作者或其合法继承人授予出租权是该协议成员国应尽的义务，但对于电影作品出租的控制，应符合一定的条件。

我国于2001年修改的《著作权法》，参照《知识产权协定》，将出租权确定为一项独立的财产权利，但行使的范围目前限定为视听作品及计算机软件。

**关键词：信息网络传播权**

信息网络传播权，是指以有线或者无线方式向公众提供作品使公众可在其个人选定的时间和地点获得作品的权利。该项权利是此次《著作权法》修订所增列的一项重要的著作财产权。

根据规定，信息网络传播权不仅为著作权人所享有，表演者、音像制作者等邻接权人也得以享有。该项权利的规定虽为原则性条款，但弥补了法律空白，使网络著作权的保护有法可依。《信息网络传播权保护条例》已于2006年7月1日生效。

**关键词：放映权**

放映权是《著作权法》最新一次修改时增加的一类权利，其含义是指通过放映机、幻灯机等技术设备公开再现美术、摄影、电影和以类似摄制电影的方法创作的作品等的权利。它与《伯尔尼公约》第11条规定的作者对作品的公开上映权的含义类似。

**关键词：其他权利**

随着社会的发展，可能会出现一些新的作品利用方式，因此，修正后的《著作权法》规定了这一弹性条款，如果今后出现的新的作品利用方式与著作权人的权利相关，则这些权利也应当由著作权人享有。

## 第3节　著作权保护期

著作权保护期，是指著作权受法律保护的时间界限。在法律规定的保护期内，著作权受法律保护；保护期限届满，该作品便进入公共领域，成为公共财产，任何人在不侵犯作者著作人身权的前提下，可以自由使用该作品。因此，对著作权保护期的规定，既要有利于保护著作权人的利益，又要有利于作品的传播，有利于发展文学艺术事业。

我国《著作权法》第20条和第21条规定，发表权和财产权的保护期限，分别为：（1）作者是自然人的，其保护期限为作者有生之年加上死亡后50年，截止于作者死亡后第50年的12月31日。（2）作者是法人或者其他组织的，其保护期限为自作品首次发表后50年，截止于作品首次发表后第50年的12月31日。自创作完成之日起50年内未发表的，自创作完成之日起第50年的12月31日后，不再受著作权法保护。（3）摄影作品、视听作品的保护期限为50年，截止于作品首次发表后第 50 年的 12 月 31 日。自创作完成之日起 50 年内未发表的，自创作完成之日起第 50 年的 12 月 31 日后，不再受著作权法保护。（4）作者身份不明的作品，其保护期限为自作品首次发表后 50 年，截止于作品首次发表后第 50 年的 12 月 31 日。在此期限内，作者身份确定的，依据具体情况适用上述规定。自创作完成之日起 50 年内未发表的，自创作完成之日起第 50 年的 12 月 31 日后，不再受著作权法保护。

署名权、修改权和保护作品完整权则不受时间限制。

已经超过著作权保护期限的作品，人们在充分尊重作者的署名权、修改权和保护作品完整权的前提下，可以自由使用，既不必经任何个人或者组织许可，也不必向任何个人或者组织支付使用费。

此处所称的“已超过著作权保护期限的作品”，需符合三个基本条件：（1）作者身份是具体的、明确的、确定的；（2）作品属于我国《著作权法》第 3 条规定的范围；（3）其保护期限已确定地超过了我国《著作权法》第 21 条规定的时间。对于民族民间传统文化或者民间文学艺术表达，因为不符合这三个条件，所以不属于已超过著作权保护期限的作品。对民族民间传统文化或者民间文学艺术表达的保护，应当适用特别法，而不是著作权法。例如，我国《著作权法》第 6 条规定：“民间文学艺术作品的著作权保护办法由国务院另行规定。”那么，由国务院根据此授权制定的《民间文学艺术作品保护条例》则属于特别法之范畴。

## 本章小结

著作人身权，是指作者基于作品创作所享有的各种与作者人身相联系而不具有直接财产内容的权利。著作人身权具有永久性、不可分割性和不可剥夺性的特点。

著作人身权包括发表权、署名权、修改权和保护作品完整权。发表权是指决定将作品公之于众的权利。署名权是表明作者身份，在作品上署名的权利。修改权，即修改或者授权他人修改作品的权利。保护作品完整权，即保护作品内容完整，使作品不受歪曲、篡改的权利。

著作财产权，是指著作权人自己使用或者授权他人以一定方式使用作品而获取物质利益的权利。著作财产权包括复制权、发行权、出租权、展览权、表演权、放映权、广播权、信息网络传播权、摄制权、改编权、翻译权、汇编权等权利。

发表权和著作财产权的保护受时间限制。在法律规定的保护期限内，受著作权法保护；超过法律规定保护期限的，任何人在不侵犯作者著作人身权的前提下，可以自由使用该作品。署名权、修改权和保护作品完整权的保护不受时间限制。

## 【阅读资料】

1. 杨崇森．著作权法论丛．台北：华欣文化事业中心，1983
2. 吴汉东主编．知识产权法学．4 版．北京：北京大学出版社，2014
3. http：//www.ncac.gov.cn
4. http：//www.iprcn.com

# 第7章 相关权

## 导语

著作权的内涵，是指由作品依法产生的专有权利，其外延有三种不同的体例：第一，仅指著作财产权，例如日本；第二，同时包含著作财产权和著作人身权，例如法国；第三，不仅包含著作财产权、著作人身权，而且包括相关权，例如我国。相关权制度起源于20世纪30年代，正式被国际社会接受的时间是60年代，以《罗马公约》为标志。正式提出相关权概念的是1994年缔结的《知识产权协定》，其第二部分"关于知识产权的效力、范围与使用标准"的第一节标题就是"版权与相关权"。我国《著作权法》使用的是"与著作权有关的权利"，有学者将此类权利称为传播者权。因此，学习本章时应注意彼此之间的区别与联系。

请思考：

1. 相关权；
2. 出版者权；
3. 表演者权；
4. 录音录像制作者权；
5. 广播组织权。

## 第1节 相关权概述

### 一、相关权及其演进

相关权，曾经被称为邻接权，我国著作权法称之为与著作权有关的权利，学者称之为传播者权。相关权，是指自然人、法人或者其他组织对其在传播作品过程中的创造性成果依法享有的专有权利。根据我国著作权法的规定，相关权包括图书出版者权、表演者权、录音录像制作者权和广播组织权。

通过表演等方式传播作品的活动，古已有之，但保护表演者权的制度，直到19世纪末20世纪初才发端于西方国家。现代传播技术的发展是相关权制度产生的催化剂。早期，人们欣赏表演必须亲临剧场。随着录音、录像及无线电技术的发展，唱片、电影得以制作、大量复制和发行，人们足不出户即可通过传播媒体欣赏节目，但表演者的收入却因此锐减。与此同时，录音录像制品经常被他人任意翻录，广播组织制作的节目常常被他人无偿播放。因此，要求保护传播者利益的呼声日益高涨，相关权制度脱颖而出。

1910年，德国在其《文学与音乐作品产权法》中，率先把音乐作品及音乐戏剧作品的表演者当做原作的"改编创作者"予以保护。次年，英国在其版权法中列入了保护音乐唱片的条款，1925年又颁布了保护戏剧音乐表演者的法律。1936年之后，奥地利、意大利的著作权法加入了对录音制品作者予以保护的条款。为了保护广播组织的权利，1946 年成立了国际无线电组织（后改名为“国际无线电与电视组织”）。自 20 世纪 60 年代起，对相关权的保护已成为世界各国立法的共同趋势。

但是，各国对相关权采用的保护方式并不完全相同。有的国家将著作权与相关权区别对待，例如，俄罗斯 1993 年的《著作权与邻接权法》、法国 1992 年的《知识产权法典》；有的国家则将相关权置于著作权中，以著作权法保护相关权，例如我国；还有的国家并未将相关权作为一种单独的权利保护，而是将表演、唱片和广播节目作为一种特殊作品，给予著作权保护，例如，美国 1976 年《版权法》、英国 1988 年《版权法》。

国际上关于相关权保护的第一部公约是 1961 年在意大利罗马缔结的《罗马公约》。在该公约对各国相关权保护产生了深刻的影响：第一，该公约的缔结标志着相关权保护已得到了国际社会的普遍承认。在此以前很多国家的立法者及法律专家都认为，作品传播者的行为仅仅是一种机械制作行为，只具有技术性而无创作性，所产生的后果与著作权保护没有联系。该公约的颁布表明，缔约国应对传播作品的人给予著作权或相关权或其他权利的保护。第二，为世界各国以专门法形式保护相关权提供了示范模式。在该公约制定以前，尽管有少数国家已开始规定相关权制度，但所采取的形式各不相同，直到现在仍存在差别。《罗马公约》要求各成员国至少应对表演者、唱片制作者和广播组织的权利予以保护，并规定了应给予的最低保护标准。此外，国际上已缔结的相关权公约还有《保护唱片制作者防止其唱片被擅自复制公约》《关于播送由人造卫星传播有节目信号的公约》等。这些国际公约的缔结，为相关权保护开辟了广阔的天地。

## 二、相关权与著作权的关系

相关权与著作权共同构成文学产权，因此，两者之关系十分密切。它们的共同点在于：

1. 两者同根于作品。如前所述，著作权是由作品产生的权利，没有作品就没有著作权，因此，作品是著作权的基础；相关权是通过传播作品而产生的权利，原则上也是没有作品就没有相关权，但特殊情况除外。

2. 两者同源于法律。著作权是由作品依据一个国家或地区的法律自动产生的权利，没有法律的规定就没有著作权，例如，著作权法规定“时事新闻”不适用著作权法，所以，时事新闻就不能产生著作权；相关权也是根据一个国家或地区的法律自动产生的权利，没有法律的规定也就没有相关权，例如，著作权法没有规定网络经营者享有独立的权利，所以，网络经营者就不能对其制作的网络栏目享有相关权。

相关权与著作权尽管具有以上的共同点，但两者的区别仍然是主要的：

1. 两者的主体不同。著作权主体主要是自然人，法人或者其他组织只要在特殊情况下才能成为著作权主体；而相关权主体主要是法人或者其他组织，例如，出版社、唱片制作者和广播组织，都是依法登记成立的法人，自然人只有在特殊情况下才能成为主体，例如表演者。

2. 两者的客体不同。著作权的客体是作品，而相关权的客体是在传播作品过程中产生的创造性成果，例如，表演、录音录像制品和广播、电视节目。

3. 两者的保护期不同。著作权的保护期，一般为作者终生加上死亡后 50 年，而相关权的保护期为自传播成果完成之日起 50 年。

尽管相关权人享有法律所规定的权利，但根据《著作权法实施条例》第 27 条的规定，相关权人在行使权利时，不得损害被使用作品和原作品著作权人的权利。

# 第 2 节　出版者权

## 一、出版者

出版者，是指经有关部门批准，享有特定出版权的法人和法人分支机构，主要包括图书出版社、报刊社和音像出版社等出版单位。

我国 2010 年《著作权法》为作品创作者和传播者提供法律保护，包括对图书出版者权利的保护。

## 二、图书出版者权的产生

从历史上看，图书出版者权早于著作权被认识并受到保护。16 世纪至 17 世纪，欧洲一些国家的出版商和印刷商从本国统治者那里取得了出版某些图书的专有权。1709 年，英国议会通过《安娜法令》后，才将保护的重心由图书出版者转移到了作者，使得作者版权和图书出版者权同时获得保护。

我国 2010 年《著作权法》将出版者权与表演者权、录音录像制作者权和广播组织权统称为“与著作权有关的权利”，同时给予它们法律保护。我国著作权法的这种安排超过了 1961 年缔结的《罗马公约》。该公约只是为表演者、唱片制作者和广播电视组织因传播作品所产生的利益给予保护，并没有保护图书出版者权。

## 三、专有出版权

我国《著作权法》（2010 年）第 31 条规定：“图书出版者对著作权人交付出版的作品，按照合同约定享有的专有出版权受法律保护，他人不得出版该作品。”根据该规定，图书出版者可以与著作权人通过约定取得对作品的专有出版权。图书出版者的专有出版权意味着其取得了以印刷方式复制作品，并将该作品的复制品向公众发行的权利。而且此项权利为该图书出版者所独占，其他图书出版者在一定时期和地域内不得出版该作品的同一文字版的原版、修订版和缩编本，否则就构成对专有出版权的侵犯。

我国《著作权法》（2010 年）第 32 条第 3 款规定：“图书出版者重印、再版作品的，应当通知著作权人，并支付报酬。图书脱销后，图书出版者拒绝重印、再版的，著作权人有权终止合同。”另外，《著作权法实施条例》第 29 条规定：“著作权人寄给图书出版者的两份订单在 6 个月内未能得到履行，视为著作权法第三十二条所称图书脱销。”由此可见，在图书出版合同的有效期内，如果发生了法律规定的导致出版权终止的事由，或者发生了严重违反出版合同、损害著作权人权益的事由，则专有出版权终止，以平衡图书出版者与著作权人之间的利益。

## 四、版式设计专有使用权

我国《著作权法》（2010 年）第 36 条规定：“出版者有权许可或者禁止他人使用其出版的图书、期刊的版式设计。前款规定的权利的保护期为十年，截止于使用该版式设计的图书、期刊首次出版后第十年的 12 月 31 日。”所谓版式，是指出版者出版图书、刊登文章所使用的开本、字体、字型、篇章结构安排等。由于不同的版式设计能使同一或同类作品的出版者相互区别，不至于被读者混淆，因此，出版者对其版式设计的专有使用权在图书出版实践中具有重要的意义。

是否给予装帧设计专有使用权，学术界存在较大争议。所谓装帧设计，是指图书出版者对其出版的图书封面、封底、护封所作的装潢设计和报刊出版者对其出版的报纸、杂志的刊头、版面、封面、封底等所作的装潢设计。有学者认为装帧设计属于美术作品，不应当是出版者的权利。也有学者认为装帧设计是美术作品用于出版物，设计人应当将美术作品的著作权转让给出版者。我国现行《著作权法》只是保护出版者的版式设计专有使用权，而未保护装帧设计专有使用权。

### 五、作品修改权及其他权利

我国《著作权法》(2010年) 第34条规定：“图书出版者经作者许可，可以对作品修改、删节。报社、期刊社可以对作品作文字性修改、删节。对内容的修改，应当经作者许可。”《著作权法》第32条第2款规定：“作品刊登后，除著作权人声明不得转载、摘编的外，其他报刊可以转载或者作为文摘、资料刊登，但应当按照规定向著作权人支付报酬。”显然，该项规定将出版者划分为图书出版者和报刊出版者，两者依法享有的权利和承担的义务存在明显区别。

## 第3节 表演者权

### 一、概述

多数国家的著作权法将表演者界定为表演文学艺术作品的一切演员、歌唱家、演奏者、舞蹈家等，如瑞典1986年《著作权法》、日本《著作权法》及德国《著作权法》的规定。有些国家则扩大了“表演者”的范围，如法国1985年《著作权法》规定，除表演文学、艺术作品以外，一切杂技演员、马戏演员、木偶戏的表演者等均可视为相关权范围内的“表演者”。1961年缔结的《罗马公约》对表演者的范围作了折中性规定。该公约第3条将“表演者”解释为：“演员、歌唱家、音乐家、舞蹈家和表演、歌唱、演说、朗诵、演奏或以其他方式表演文学艺术作品的其他人员”，但在第9条又允许缔约国“根据国内法律和规章将本公约提供的保护扩大到不是表演文学或艺术作品的艺人”。《知识产权协定》对表演者范围的规定与《罗马公约》一致。

表演者，是指“演员、演出单位或者其他表演文学、艺术作品的人”。可见，表演者是指表演作品的人，而不包括运动员等人。但是，我国《著作权法》第36条所规定的表演者包括演员和演出单位。尽管演出单位不能登台演出，但它在培训演员、组织演出方面投入大量的人力、物力，如果只赋予演员而不赋予演出单位权利，显然有失公平。一台表演的权利不可能由单个演员行使，而必须通过演出单位行使。我国《著作权法》作出这样的规定是适宜的。因此，在我国，自然人、法人或者其他组织都可成为表演者权的主体。至于演员与单位之间的关系，可通过合同或章程解决。

根据我国《著作权法》第28条和第36条的规定，表演者在使用他人作品时，应当依法履行相应的手续，具体包括以下情形：

1. 表演者使用他人作品演出的，应当取得著作权人许可，并支付报酬。演出组织者组织演出的，应当由该组织者取得著作权人许可，并支付报酬。

2. 表演者使用改编、翻译、注释、整理已有作品而产生的作品进行演出的，应当取得改编、翻译、注释、整理作品的著作权人和原作品的著作权人许可，并支付报酬。

3. 表演者依照著作权法使用他人作品的，不得侵犯作者的署名权、修改权、保护作品完整权和获得报酬的权利。

1990年《著作权法》规定，表演者使用他人已发表的作品进行营业性演出，可以不经著作权人许可，但是应当按照规定支付报酬；如果著作权人声明不许使用的，不得使用；表演者为制作录音录像和广播、电视节目进行表演而使用他人作品的，如属未发表作品，应当取得著作权人的许可，并支付报酬；如属已发表作品，可以不经著作权人许可，但应当按照规定支付报酬。上述条款在修改《著作权法》时予以删除。表演者权利的扩充以及义务的缩减是此次修改《著作权法》的重要成果。为表演者规定了录音制品的复制权、发行权、信息网络传播权，从而使表演者对其权利可以进行更为有效的控制；同时在义务方面，除内容缩减外，还将部分义务交给中介机构和经纪人等演出组织者，使演出者不必再亲自去获得作品的表演许可权，这可以说是一个很大的进步。

## 二、表演者权

表演者权，是指表演者依法对其表演所享有的权利。各国著作权法对于表演者权内容的规定不尽相同。例如，日本《著作权法》规定表演者享有录音权、录像权、播放权、二次使用唱片权及借贷权等权利。法国《著作权法》规定表演者享有要求尊重其姓名、资格和表演的权利和固定、复制权及向公众传播其表演的权利。1961年通过的《罗马公约》第7条第1款规定，表演者对其表演享有如下权利：(1) 防止未经其同意广播和向公众传播其表演的权利，但若该表演本身就是广播演出或出版录音录像者例外；(2) 防止未经其同意录制其未曾录制过的表演的权利；(3) 防止未经其同意复制其表演的录音或录像的权利。《知识产权协定》对表演者权利的规定同于《罗马公约》，该协定第14条第1款授予表演者如下权利：(1) 制止未经其同意而对其尚未录制的表演进行录制的权利；(2) 制止未经其同意而复制已录制的内容的权利；(3) 制止未经其同意而通过无线手段播放及向公众传送其表演实况的权利。关于表演者权的期限，《知识产权协定》规定的保护水平远远高于《罗马公约》，但这两项公约都未对表演者的精神权利作出保护。

我国《著作权法》从人身权利及财产权利两方面对表演者的权利作了规定。根据该法第37条的规定，表演者对其表演享有下列权利：

1. 表明表演者身份的权利。无论是在现场表演，还是在制作录音录像制品时或播放广播、电视节目时，表演者都有权要求公开其身份。现场表演的，应由报幕员或节目主持人向观众表明每个节目的主要表演者的身份，也可在节目单、海报上印出主要表演者的名单。在电影、电视、广播、音像制品中的表演，应当在节目播映时同时播出主要演员的名单和演出单位名单。一场演出，如果是由某家演出单位组织并由该单位的人员演出的，如戏剧团表演的戏剧等，则不仅主要演员的身份要表明，演出单位作为法律意义上的表演者同样有权表明身份。如果几家演出单位共同举办演出，则每个单位都有权表明身份。

2. 保护表演形象不受歪曲的权利。歪曲表演者的表演形象，会直接损害表演者的名誉、声望，还会给表演者的演出生涯造成难以弥补的危害，影响其经济收入。表演形象是表演者通过其表演所创造出来的一个新形象，对表演形象仅能进行真实的、恰当的利用，不能歪曲、虚假或丑化的利用。表演者有权禁止他人丑化其表演形象，禁止他人未经许可而把其表演形象挪作他用。

3. 许可他人从现场直播和公开传送其现场表演，并获得报酬的权利。这是表演者对其表演传播到现场之外的控制权。所谓现场直播，是指表演者在进行现场表演时，通过广播电台、电视台将其表演实况同时播出。由于现场直播表演会影响到演出的上座率，减少表演者的收入，因而著作权法通过授予表演者许可他人现场直播的权利保护其经济利益。未经表演者许可而现场直播其表演的，应承担侵权责任。公开传送其现场表演，是指利用一定的技术，通过一定的方式传送表演者的现场表演。

4. 许可他人录音录像，并获得报酬的权利。这是表演者对制作音像制品的控制权。未经表演者许可，任何人不得制作其表演的音像制品。以营利为目的将表演录音录像的人，均应请求表演者的许可，并与表演者商定支付报酬事宜，这是毋庸置疑的；而对于非营利性的录音录像，如新闻记者为报道新闻、艺术院校为教学研究的需要而将表演者的表演录音录像，是否应征求表演者的同意，并向其支付报酬，原《著作权法》制定时认为不必征求表演者的同意，也不必向其支付报酬。而最新修改认为，录音录像涉及表演者的人身利益，还是应征得表演者的同意为宜，因此，《著作权法》将“为营利目的”去掉，并要求无论是否以营利为目的，仍应征得表演者同意，向其支付报酬。另外，关于许可权究竟由表演者个人行使，还是由演出组织行使，可参照许可他人现场直播的有关规定。

5. 许可他人复制、发行录有其表演的录音、录像制品并获得报酬的权利。由于录音录像制品的复制发行，表演者的表演机会大大减少，特别是将录音录像制品进行商业性使用的现象对表演者的利益构成极大威胁，因而，二次使用费请求权制度的建立实属必要。按照这项制度，用合法制作的录音录像制品进行商业性广播或传送的广播电台、电视台，以提供录音录像节目为主要业务的有线广播电视机构，以及饭店、酒吧、餐馆、茶馆、卡拉 OK 厅等经常使用录音录像制品的行业，均应当向表演者支付表演者权的二次使用费。

6. 许可他人通过信息网络，向公众传播其表演，并获得报酬的权利。互联网是一种新的作品传播媒介，该条款是《著作权法》修改新增的内容，也是法律为了适应新科技发展而及时提出的对著作权及相关权利的保护措施。随着新技术的发展，互联网已走进千家万户，网络传播速度快，成本较低，内容可载量大，因此已被普遍运用。但随之而来的就是网络侵权的大量发生，正因为网络已成为信息传播的主要途径之一，网络侵权现象日趋严重。新修改的《著作权法》增加了表演者权利内容，加强了对表演者权的保护。

上述第 3 项至第 6 项权利的保护期为 50 年，截止于该表演发生后第 50 年的 12 月 31 日。

外国人、无国籍人在中国境内的表演，受著作权法保护。外国人、无国籍人根据中国参加的国际条约对其表演享有的权利，受著作权法保护。

## 第 4 节　音像制作者权

### 一、概述

音像制作者，是指将声音、形象或两者的结合首次固定于物质载体上的人。录音制品制作者是指将声音首次固定在物质载体上的人；录像制品制作者是指将声音和形象首次固定在物质载体上的人。大多数国家都承认自然人与法人均可成为音像制作者，并对录音制作者与录像制作者作了区分。日本、德国的著作权法只规定了录音制作者的权利，而未规定录像制作者的权利；法国及我国的著作权法则对这两者的权利都作了规定。

音像制作者使用他人作品制作音像制品时，应履行如下义务：

1. 录音录像制作者使用他人作品制作录音录像制品，应当取得著作权人的许可，并支付报酬。录音录像制作者制作录音录像制品，无论他人作品是否发表，都应取得著作权人的许可。就录音录像作品而言，由于其比较真实、完整地固定表演的实况，因而它一旦制成，就会影响演出的场次及演员的收入，所以，法律规定无论作品是否公开发表，录制者都应征求著作权人的许可。

2. 录音录像制作者使用改编、翻译、注释、整理已有作品而产生的作品（演绎作品），应取得演绎作品著作权人和原作品著作权人的许可并支付报酬。由于原作品及演绎作品上均存在著作权，所以，录音录像制作者在使用演绎作品时应向原作者及演绎作品著作权人支付报酬。

3. 录音制作者使用他人已经合法录制为录音制品的音乐作品制作录音制品，可以不经著作权人许可，但应当按照规定支付报酬，著作权人声明不许使用的不得使用。

4. 被许可人复制、发行、通过信息网络传播录音录像制品，应当取得著作权人、表演者许可，并支付报酬。

5. 音像制作者在制作发行作品时，除应尊重作者的权利外，还应尊重表演者的权利，即应当同表演者订立合同，并支付报酬。

## 二、音像制作者权

关于音像制作者权的内容，日本《著作权法》规定，音像制作者享有复制权、二次使用唱片权、借贷权等权利。德国《著作权法》规定，音像载体制作者享有复制和传播权、参与分享的权利。《罗马公约》第10条规定，录音制品制作者有权许可或禁止他人对其录音制品的直接或间接录制。

我国《著作权法》（1990年）第39条第1款规定，录音录像制作者享有许可他人复制发行其录音录像制品并获得报酬的权利，我国《著作权法》（2010年）第42条规定：录音录像制作者对其制作的录音录像制品，享有许可他人复制、发行、出租、通过信息网络向公众传播并获得报酬的权利；……复制是指对录音录像制品的母带进行的复制业务。发行是指将复制品向公众公开出售或放映。出租是指利用复制品向公众出租并取得租金。通过互联网向公众传播是指通过互联网上的网站向不特定的公众传播。我国《著作权法》（2001年）增加出租权和信息网络传播权两项权利具有非常重要的意义。按《著作权法》（1990年）规定，录音录像制作者享有复制、发行两项权利，如果录音录像制作者不是有权经营录音录像制品出版业务的出版社，则录音录像制作者虽可以自己大量复制，却不能向社会公开发行，因此，他只能许可出版社行使复制发行权，并同时要求相应的报酬。而出租权与通过信息网络向公众传播权的确立，无疑增大了录音录像制作者权利行使的范围和方式。

另外，我国《著作权法》（1990年）第43条规定：“广播电台、电视台非营业性播放已经出版的录音制品，可以不经著作权人、表演者、录音制作者许可，不向其支付报酬。”这条规定无疑剥夺了音像制作者许可他人播放并获得报酬的权利。鉴于目前广播电台、电视台的营业性播放和非营业性播放已经无法截然分开，任何提供收视率的公益或非公益性播放都会增加其广告业务收入，因此2010年《著作权法》（第44条）将此条修改为：“广播电台、电视台播放已经出版的录音制品，可以不经著作权人许可，但应当支付报酬。当事人另有约定的除外。具体办法由国务院规定。”可见《著作权法》修正案充分考虑到了广播电台、电视台的公众性质，所以，广播电台、电视台播放已经出版的录音制品，可以不经过著作权人许可，但无论是营业性或非营业性的播放都应当向著作权人支付报酬。同时法律还允许当事人就是否支付报酬另行约定，并考虑到具体情况具体对待的需要，在立法时留有余地，规定具体办法由国务院另行制定。

关于音像制作者权的保护期限，各国规定不一。日本《著作权法》规定唱片的保护期限从首次固定起经过 20 年届满。德国《著作权法》规定音像载体的保护期限从首次出版起经过 25 年消灭；如未出版，则从音像载体制作时起经过 25 年消灭。《罗马公约》规定录音制品的保护期限从其被录制的当年年底起计算，不少于 20 年。我国《著作权法》规定的录音录像制作者的权利的保护期为 50 年，截止于首次制作完成后第 50 年的 12 月 31 日。

外国人、无国籍人在中国境内制作、发行的录音录像制品，受著作权法保护。外国人、无国籍人根据中国参加的国际条约对其制作、发行的录音录像制品享有的权利，受著作权法保护。

## 第 5 节　广播组织权

### 一、概述

广播组织，是指通过无线电波传播由声音或图像或由两者构成的实况或录音制品的人。我国著作权法特指广播电台、电视台。我国《著作权法》所指的“广播电台、电视台”仅指依法核准登记，专门从事广播电视节目的制作并面向其覆盖范围内不特定的公众播发图文、声像信息的单位。企事业单位内部和乡镇地方组织为了宣传需要而设立的广播站、电视台不包括在内。

根据我国《著作权法》（2010 年）第 43 条和第 44 条的规定，广播组织在使用他人作品时应依法办理相应的手续：

1. 广播电台、电视台播放他人未发表的作品，应当取得著作权人许可，并支付报酬。这是因为，著作权人对于自己未发表的作品享有发表权、播放权、获得报酬权等权利。著作权人有权以口头或书面的形式决定是否允许广播组织播放其作品以及是否支付报酬，未经许可，广播组织不得擅自使用著作权人未发表的作品。

2. 广播电台、电视台播放他人已发表的作品，可以不经著作权人许可，除本法规定可以不支付报酬的以外，应当支付报酬。

3. 广播电台、电视台播放已经出版的录音制品，可以不经著作权人许可，但应当支付报酬。当事人另有约定的除外。

4. 电视台播放他人的视听作品、录像制品，应当取得制片者或者录像制作者许可，并支付报酬；播放他人的录像制品，还应当取得著作权人许可，并支付报酬。

### 二、广播组织权

广播组织权，是指广播组织依法对其制作的广播电视节目所享有的专有权利。日本《著作权法》规定，广播组织享有复制权、再广播权和有线广播权及电视广播的传播权。德国《著作权法》规定，广播企业享有重播权、复制权、有偿使用广播节目的权利。广播组织权，也是《罗马公约》所规定的第三种类型的相关权利，包括：（1）有权授权或禁止转播他们的广播节目。（2）有权授权或禁止录制他们的广播节目。（3）有权授权或禁止复制未经其同意而制作的他们的广播节目的录音或录像；有权授权或禁止复制根据第 15 条合理使用的规定而制作的广播节目的录音和录像。(4) 有权授权或禁止向公众传播电视节目，如果此类传播是在收门票的公共场所进行的，行使这种权利的条件由被要求保护的缔约国的国内法律确定。《知识产权协定》第14条第3款规定了与《罗马公约》类似的权利："广播组织应有权禁止未经同意而进行的下列行为：录制、对录制品的复制、通过无线广播手段重新播放以及通过电视播放将这样的内容传达给公众。"

根据我国《著作权法》(2010年) 第45条的规定，广播电台、电视台享有如下权利：

1. 许可他人播放权利。广播电台、电视台在制作节目的过程中要经过大量的程序，耗费大量的创造性劳动。为确保其合法权益，应授予广播组织对其制作的节目享有排他的控制权。其他广播组织要播放这些节目，必须经过制作节目的广播电台、电视台的许可。

2. 许可他人将其制作的广播、电视节目录制在音像载体上以及复制音像载体的权利。

关于广播组织权的保护期限，日本规定为20年，法国规定为25年。《罗马公约》规定对广播节目的保护期限至少应当为20年，《知识产权协定》的规定与其一致。我国《著作权法》(2010年) 规定，广播电台、电视台的权利的保护期为50年，截止于该节目首次播放后的第50年的12月31日。

外国的广播电台、电视台根据中国参加的国际条约对其播放的广播、电视节目享有的权利，受著作权法保护。

## 本章小结

相关权，是指与著作权有关的权利，即作品传播者所享有的专有权利。相关权与著作权的相同点在于它们都与作品相联系，都是法律规定的权利，都具有严格的地域性。其区别在于主体不同、客体不同、权利内容不同、保护期限不同。

表演者权，是指表演者依法对其表演所拥有的权利。表演者对其表演享有下列权利：表明表演者身份权；保护表演形象不受歪曲权；许可他人从现场直播和公开传送其现场表演并获得报酬权；许可他人录音录像并获得报酬权；许可他人复制、发行录有其表演的录音录像制品，并获得报酬权；许可他人通过信息网络向公众传播其表演，并获得报酬权。其中人身性权利可以永久受保护，但财产权的保护期为50年。

录音录像制作者对其制作的录音录像制品，享有许可他人复制、发行、出租、通过信息网络向公众传播并获得报酬的权利。上述权利的保护期为50年。

广播组织权包括：许可他人转播其制作的节目的权利；许可他人将其制作的广播、电视节目录制在音像载体上以及复制音像载体的权利。上述权利的保护期为50年。

## 【资料链接】

1. 吴汉东主编．知识产权法学．4版．北京：北京大学出版社，2014

2. 刘春田主编．著作权法评析．北京：中国人民大学出版社，2013

3. http：//www. ncac. gov. cn

4. http：//www. iprcn. com

# 第8章 著作权限制

**导　语**

著作权限制，通常是指对著作权人依法享有的著作财产权的限制，其功能在于通过对著作权的适当限制，平衡创作者、传播者和使用者的利益，确保公众在日常生活、工作中能接触和使用作品，以促进整个社会科学文化事业的进步。著作权法之所以对著作权进行限制，其主要原因在于：(1) 著作权人在创作作品过程中，不可避免地吸收前人的劳动成果，作品完成后，应当在一定程度上服务社会和普通公众。(2) 任何权利都不是绝对的，权利人在享受权利时，同时应当承担相应的义务。反映在著作权法中，就是公众应当尊重著作权，同时应当分享由作品给社会带来的利益。(3) 对著作权进行限制，可防止因权利滥用而妨碍、束缚文学艺术的繁荣。著作权限制在广义上分为时间限制、地域限制和权能限制，狭义上则专指权能限制。本章主要论述著作权权能限制的类型，即合理使用的概念及类型，法定许可的概念及类型，强制许可的概念与特征。

请思考：

1. 著作权限制的基本理论；
2. 合理使用制度；
3. 法定许可制度。

## 第1节　合理使用

合理使用，是指在特定的条件下，法律允许他人适当使用受著作权保护的作品，而不必征得权利人的许可，也不必向其支付报酬的合法行为。

合理使用制度经历了由判例法到成文法的演变过程。它肇始于英国判例法。从1740年到1839年，英国法官在其审判活动中创制了一系列规则，即允许后来作者未经前任作者同意而使用其作品，草创了有关合理使用的范围、功用及法理基础。此后，合理使用制度成就于美国判例法。1841年，美国法官Joseph Story在审理Folsom v. Marsh一案中，集以往相关判例法规则之大成，系统阐述了合理使用制度的基本思想，以至于后来成为美国立法的基础，并对各国著作权立法产生了深远的影响。后来，美国《版权法》第107条规定了判断某一行为是否构成合理使用的四项标准：(1) 使用的目的和性质，包括这种使用是具有商业性质或者是为了非营利的教育目的；(2) 版权作品的性质；(3) 同整个版权作品相比所使用的部分的数量和内容的实质性；(4) 这种使用对版权作品的潜在市场或价值所产生的影响。这一标准对其他国家的合理使用立法产生了相当大的影响。

合理使用在我国著作权法中也有明文规定。我国《著作权法》(2010年) 第22条规定，下列情况下使用作品，可以不经著作权人许可，不向其支付报酬，但应当指明作者姓名、作品名称，并且不得侵犯著作权人依照本法享有的其他权利。

1. 为个人学习、研究或者欣赏使用他人已经发表的作品。此处所指的“个人”，有的学者认为是指使用者自己，而不能扩展至第三人、家庭或者单位。作出严格的界定对于保护著作权固然有利，但是在家庭联系如此紧密的中国，如果将家庭范围内的学习、研究和欣赏排除在合理使用范围之外，在实践中难以施行，就连举证也存在很大的难度。基于此，此处所指的“个人”可以扩充解释为“家庭”，超出家庭范围的使用被排除在合理使用范围之外。为个人学习、研究和欣赏而使用他人已经发表的作品是否受到数量上的限制，我国著作权法对此未作规定，有些国家却规定得更为具体。就复制来讲，捷克、巴西、埃及、墨西哥等国的著作权法均规定以1份为合理，不允许复制多份。也有的国家如冰岛著作权法认为个人复制3份也是合理的。为个人学习、研究和欣赏而使用他人作品的方式主要是复制，但又不限于复制，朗诵、改编、翻译、表演他人的作品都属于使用作品的形式。

2. 为介绍、评论某一作品或者说明某一问题，在作品中适当引用他人已经发表的作品。该种合理使用须具备以下条件：(1) 引用的作品必须是他人已经发表的作品；(2) 引用的目的仅限于介绍、评论某一作品或者说明某一问题；(3) 不得损害被引用作品著作权人的利益；(4) 所引用的部分不能构成引用人作品的主要部分或实质部分。某种使用他人版权作品的行为，如果不符合上述四个条件，则不属于合理使用。

3. 为报道时事新闻，在报纸、期刊、广播电台、电视台等媒体中不可避免地再现或者引用已经发表的作品。此种情况的引用范围必须符合报道时事新闻的目的，不允许为制作广播电视节目而大量使用他人的作品，更不允许将他人作品无休止地在新闻节目中播放等规避法律的行为。新闻媒体为报道时事新闻，引用他人已经发表的作品，应基于不可避免的情况下。我国著作权法之所以这样规定，是为了遵循《伯尔尼公约》关于“合理使用”范围的规定。1990年《著作权法》没有“不可避免”之规定，超过了《伯尔尼公约》规定的“合理使用”范围。

关于“不可避免”之界定，需根据具体情况而定。例如，某电视台为了制作某美术作品展览会的时事新闻，需要拍摄展览会现场，时间长度3秒钟。此时，被展览的某些美术作品可能被拍摄到该电视新闻镜头中。这种将展览会现场中的展出作品收入电视画面瞬间的情形，就可以作为“不可避免”之使用来判断，属于合理使用。

4. 报纸、期刊、广播电台、电视台等媒体刊登或者播放其他报纸、期刊、广播电台、电视台等媒体已经发表的关于政治、经济、宗教问题的时事性文章，但是作者声明不许刊登、播放的除外。1990年《著作权法》有关此项的规定为“社论、评论等文章”，2001年《著作权法》修正案依照《伯尔尼公约》第10条的规定，将此种使用修改为“政治、经济、宗教问题的时事性文章”。

5. 报纸、期刊、广播电台、电视台等媒体刊登或者播放在公众集会上发表的讲话，但作者声明不许刊登、播放的除外。此种情况的公众集会，是指群众性的政治集会、庆祝活动或纪念性的集会。作者在公众集会上发表的讲话具有公开宣传的性质，刊登或播放这些讲话正是为了迅速传播，借此扩大宣传范围和影响。但是，如果作者认为其讲话有可能不完善或有缺陷，需要修改才能传播，则应尊重作者的意思表示。

6. 为学校课堂教学或者科学研究，翻译或者少量复制已发表的作品，供教学或者科研人员使用，但不得出版发行。这种合理使用的目的在于为了学校课堂或者科学研究，而并非以营利为目的。因此，带有营利性质的培训班不在此范围之内。此类合理使用的主体为教学、科研人员，他们对于使用的资料不得出版发行，使用方法为翻译或少量复制。关于少量复制，我国著作权法没有明确的数额规定，一般理解为应以课堂教学或科研的需要为准。

7. 国家机关为执行公务在合理范围内使用已经发表的作品。此处所指的国家机关，包括国家立法机关、司法机关、行政机关等。适用该项合理使用应当注意以下三点：(1) 被使用的对象须为已发表作品，未发表作品一般不能成为被使用对象；(2) 国家机关所执行公务的对象须为某一具体的已发表作品，而不是不特定的作品；(3) 使用须在合理范围内。

如果某种使用他人版权作品的行为不符合上述条件，就不属于合理使用。例如，某政府部门设立的事业单位，未经某摄影作品著作权人许可，擅自将该摄影作品稍加修改后加以使用。该事业单位被指侵犯该摄影作品著作权时，提出了合理使用抗辩，最后法院没有采纳。其主要原因就是：该事业单位使用该摄影作品的行为不符合上述三个条件。[①]

8. 图书馆、档案馆、纪念馆、博物馆、美术馆等为陈列或者保存版本的需要，复制本馆收藏的作品。图书馆、档案馆、纪念馆、博物馆、美术馆等是为广大公众提供免费服务的文化事业单位，不仅为广大公众参加社会文化活动、学习知识、欣赏艺术提供方便，也为作者创作提供参考资料，因此，各国著作权法均将此纳入合理使用的范围。这里所指的复制：(1) 为了保存版本或为陈列的需要；(2) 以本馆收藏的作品为限，二者缺一不可。同时，这种复制的对象既包括他人已发表的作品，又包括他人未发表的作品。但作者已明确表示不发表和不准复制的，则应尊重作者的意思表示，不得进行复制。

9. 免费表演已经发表的作品，该表演未向公众收取费用，也未向表演者支付报酬。免费表演必须同时具备两个条件：(1) 表演者不得有任何报酬；(2) 观众及所在单位不支付任何报酬。尽管免费表演无须征得被使用作品的著作权人同意，也不用向其支付报酬，但必须在表演的过程中注明表演作品的名称、作者的姓名或名称，并保护作品的完整性，以此表示对作者著作人身权的尊重。

10. 对设置或者陈列在室外公共场所的艺术作品进行临摹、绘画、摄影、录像。该项规定与世界上其他国家著作权法的规定大体一致，也是为《伯尔尼公约》所肯定的。被合理使用的艺术作品只能是设置或陈列在室外公共场所的，室内公共场所、室外私人场所中的艺术作品不在此列。此外，对艺术作品的合理使用方式仅限于著作权法所允许的临摹、绘画、摄影、录像等非接触性的复制，以接触的方式如拓印进行复制的，须经著作权人许可。至于以此种合理使用方式而产生的新作品进行公开发表或用于其他商业用途的，应当排除在合理使用范围之外，以保护著作权人的利益。换言之，对室外作品临摹、绘画、拍摄之后的任何营利性使用，都须经著作权人的许可，并向其支付报酬。

11. 将中国公民、法人或者其他组织已经发表的以汉语言文字创作的作品翻译成少数民族语言文字作品在国内出版发行。我国是一个多民族的国家，汉族人口占绝大多数。汉族与少数民族之间在经济、文化上发展不平衡，面对此种现实，法律上允许将已发表的汉族文字作品翻译成少数民族文字作品在国内出版发行作为合理使用，这有利于在少数民族地区推广先进的文化和科学技术知识，促进少数民族地区经济发展和繁荣。根据我国著作权法的规定，这种合理使用措施有如下特征：(1) 使用的对象只能是中国作者已经发表的汉族文字作品；(2) 只能是汉族文字作品而不能涉及电影、电视等文字以外的作品；(3) 翻译成少数民族语言文字的作品只能在国内出版发行。

12. 将已经发表的作品改成盲文出版。将任何一种文字改成盲文，都是一种翻译行为。出于关怀与扶持残疾人的公益性目的，著作权法允许将已发表的作品变换为盲文读物出版，盲文读物的翻译人由此还享有新的独立的著作权。

---

① 参见魏小毛：《公益性使用他人作品也不可“任性”》，载《中国知识产权报》，2015-09-16，第10版。

必须说明的是，上述 12 种限制措施，同样适用于对出版者、表演者、录音录像者、广播电台、电视台的权利限制。尽管存在以上限制，但是，根据著作权法有关规定，使用可以不经著作权人许可的已经发表的作品的，不得影响该作品的正常使用，也不得不合理地损害著作权人的合法利益。

## 第 2 节　法定许可

法定使用许可，是指根据法律规定，以特定方式使用他人已经发表的作品，可以不经著作权人许可，但应向著作权人支付使用费，并尊重著作权人其他权利的制度。世界知识产权组织编写的《版权和邻接权法律术语词汇》将其称为法定许可证（Statutory Licence），以别于一般许可证（Licence），即使用许可。

法定许可作为对著作权的一种限制措施，在大多数国家的著作权法中都有明文规定，但其适用范围有所不同。一般来说，大陆法系国家法定许可的适用范围要宽于英美法系国家法定许可的适用范围。例如，德国著作权法所规定的法定许可的适用范围，涉及对汇编作品、广播评论、报纸文章的复制和传播。在英美法系国家，法定许可仅适用于将录音制品再行录音和将已发表的美术作品应用于工业生产部门，很少涉及报刊刊载、表演、制作广播、电视节目等领域。

我国《著作权法》（2010 年）第 23 条、第 32 条、第 39 条、第 43 条对法定许可作了明文规定。与其他国家著作权法关于法定许可的规定相比较，我国著作权法规定了一个前提条件，即作者声明保留权利者除外，这与国际上通行的法定许可有较大的区别。有学者视此为“准法定许可”[①]，有一定道理。我国著作权法规定的法定使用许可主要表现在以下方面：

1. 作品刊登后，除著作权人声明不得转载、摘编的以外，其他报刊可以转载，或者作为文摘、资料刊登，但应当按照规定向著作权人支付报酬。需要注意的是，有权发表不得转载、摘编的声明的主体只能是著作权人，而不是刊登其作品的报纸和杂志，因为报纸和杂志没有专有出版权；如果著作权人未加声明，而报纸、杂志提出声明的，应视为无效。此外，著作权人的声明应当在报纸、杂志刊登其作品时附带刊出，以便于其他报纸、杂志了解著作权人的权利要求。

2. 录音制作者使用他人已经合法录制为录音制品的音乐作品制作录音制品，可以不必征得权利人许可，但应当按照规定向其支付报酬；著作权人声明不许使用的不得使用。

3. 广播电台、电视台播放已经出版的录音制品，可以不经著作权人许可，但应当支付报酬。当事人另有约定的除外。具体办法由国务院规定。

4. 为实施九年制义务教育和国家教育规划而编写、出版教科书，除作者事先声明不许使用的外，可以不经著作权人许可，在教科书中汇编已经发表的作品片段或者短小的文字作品、音乐作品或者单幅的美术作品、摄影作品，但应按照规定支付报酬，指明作者姓名、作品名称，并不得侵犯著作权人依照本法所享有的其他权利。

法定使用许可与普通使用许可的主要区别来自于作品使用的权源。使用许可是一种意定授权，即是由著作权人或其代理人授权他人使用作品；而法定使用许可是一种法定“授权”，即是法律推定著作权人可能同意并应该同意将作品交由他人使用，因而由法律直接规定许可。此

① 沈仁干等：《中华人民共和国著作权法讲析》，北京，中国国际广播出版社，1991。

外，使用许可的作品多为未发表作品，而法定使用许可一般限于已发表作品。这说明，作品是否发表、何时发表、怎么发表，须由著作权人“意定”，而对已发表作品的再次使用则可在一定范围内“法定”。该项规定体现出著作权法对发表权的尊重与保护。

## 第3节 强制许可

强制使用许可，是指在特定条件下，由著作权主管机关根据某人申请，将对已发表作品进行特殊使用的权利授予申请人使用的制度。在国际著作权公约中，被称为强制许可证（Compulsory licence），属于非自愿许可的范畴。

在强制使用许可制度采用之初，仅适用于对音乐作品录制唱片的情形，即唱片制作者经主管部门批准，以支付使用费为对价，得以录制他人音乐作品而该著作权人不得拒绝，以后才渐次延及其他领域。[①]在立法例上，1909年美国《版权法》率先以成文法的形式规定这一制度，1976年修订著作权法时对此作了系统性规定。随着世界各国经济往来的日益频繁，著作权强制许可制度也逐渐从英美国家扩展至大陆法系国家，如德国、日本、法国、意大利等国，从原来仅限于音乐作品扩展到其他作品，同时还被两个主要的著作权国际公约即《伯尔尼公约》和《世界版权公约》所认可。不过这两项公约的强制许可条款，仅仅承认发展中国家著作权主管机关享有向申请人颁发翻译或复制外国作品的强制许可证的权力。由于程序过于复杂，条件过于严格，因而，向这两项公约的主管机构——世界知识产权组织和联合国教科文组织递交通知书，宣布要求享有此种优惠的国家并不多见。自1971年两大公约规定对发展中国家给予强制许可翻译或复制外国作品的优惠条款以来，仅有墨西哥、几内亚、突尼斯等少数几个国家要求过享有此种优惠制度。

强制使用许可的功能在于借助强制许可证的方式限制著作权人的专有权利，确保公众接触作品、使用作品的可能性，以促进整个社会政治、经济、科学与文化的进步。在西方国家的著作权法中，合理使用对作品的使用人规定了严格的限制条件，使用人能够利用作品的数量极为有限，且著作权人无法从这种传播中收取任何利益。而强制使用许可虽与合理使用同为非自愿许可，但有自己特殊的功用，它在维系著作权人的获酬权的条件下，保证了使用人对作品利用的数量与方式的需要。同时，在一些国家，作者的专有使用权与公众利用作品的需求之间的矛盾往往是通过法定许可制来缓解的。但对于未实行法定许可制的国家（如美国、日本等），解决这一问题则是借助于强制使用许可方式。换言之，强制使用许可具有法定使用许可的替代功能，它均衡了著作权人与使用人两者的利益，实现了保护作者权利与促进科学文化事业发展的立法目的。

强制使用许可与合理使用同属对著作权的限制，其区别在于合理使用无须征得著作权人同意，也不用向其支付报酬，而强制使用许可必须先由使用人以合理条件和理由请求著作权人许可，如著作权人无理拒绝或不作答复，还须向国家有关主管部门申请，由该机关授权使用许可作品，并且须支付报酬。

强制使用许可与法定使用许可的区别在于，法定许可适用于愿意使用法律所规定的作品的特定人，无须经过著作权人同意，但要向其支付报酬。著作权人声明不准使用的则不得使用。强制许可的程序较为烦琐，在向著作权人申请许可未成功时还要向主管部门申请授权，通过强

① 参见张静：《著作权法评析》，230页，台北，水牛出版社，1983。

制许可证的形式获得作品使用权，并且同样要向著作权人支付报酬。

我国著作权法没有规定强制许可制度，但是由于我国已经加入《伯尔尼公约》和《世界版权公约》，故公约中有关强制许可的规定也可适用。

## 本章小结

著作权限制，通常是指对著作权人专有权利行使的限制，其功能在于通过对著作权的适当限制，平衡创作者、传播者和使用者的利益，确保公众能接触和使用作品，以促进整个社会科学文化事业的进步。

合理使用，是指在特定的条件下，法律允许他人自由使用享有著作权的作品，而不必征得权利人的许可，不向其支付报酬的合法行为。我国著作权法规定了12种合理使用情形，在这些情形下使用作品，可以不经著作权人许可，不向其支付报酬，但应当指明作者姓名、作品名称，并且不得侵犯著作权人依照本法享有的其他权利。

法定使用许可，是指根据法律的直接规定，以特定的方式使用已发表的作品，可以不经著作权人的许可，但应向著作权人支付使用费，并尊重著作权人的其他权利的制度。

强制使用许可，是指在特定的条件下，由著作权主管机关根据情况，将对已发表作品进行特殊使用的权利授予申请获得此项权利的使用人的制度。

## 【资料链接】

1. 吴汉东主编．知识产权法学．4版．北京：北京大学出版社，2014
2. 刘春田主编．知识产权法学．北京：中国人民大学出版社，2013
3. http：//www. ncac. gov. cn
4. http：//www. iprcn. com

# 第9章 著作权利用

## 导 语

著作权利用，通常是指著作权转让、使用许可、质押等行使作品著作权的行为。著作权利用制度，一方面为著作权人实现其财产权利获得报酬提供了渠道；另一方面便利了公众利用作品，有利于实现以著作权制度鼓励创作、促进作品传播之目的。其范围通常包括著作权转让制度、使用许可制度以及质押制度。著作权利用，实际上是指著作财产权的利用。本章主要论述著作权转让的概念与特征、著作权使用许可的概念与特征，并对著作权转让合同与著作权使用许可合同的内容进行论述。

请思考：

1. 著作权转让及其特征；
2. 著作权使用许可及其特征；
3. 著作权合同。

## 第1节 著作权转让

### 一、著作权转让的概念

著作权转让，是指著作权人将其著作财产权部分或全部转移给他人所有的法律行为。在著作权转让关系中，著作权人被称为转让方（或者转让人），受让著作权人被称为受让方（或者受让人），被转让的著作权称为转让标的。

著作权转让通常由转让方和受让方签订书面转让合同进行。著作权转让合同，自双方当事人在合同书上签字（盖章）之日起成立。如果转让合同没有约定合同生效时间，则自成立之日起生效；附有生效时间的，在生效时间到来之时生效。自著作权转让合同生效之日起，转让方失去对合同约定权利的著作权，受让方获得被转让的著作权，成为该合同约定权利的著作权人。

关于著作权转让制度，世界各国著作权法所作出的规定有所不同。英国、美国等国将著作权作为财产权，主张著作权可以全部转让。如美国《版权法》第201条（a）（1）规定："版权所有权可以全部或部分通过任何转让方式或法律的实施来转移。"英国《版权法》第36条第3款规定，著作权转让（不论全部或部分）必须以书面为主，并须经版权让与人签名、盖章。所以，在英国、美国等国，著作权无异于个人动产所有权，可以通过贸易方式转移。法国、日本等国也主张著作权可以全部或部分转让，如法国《著作权法》第35条规定："作者可全部或部分地转让对其作品所拥有的权利。"但是，法国、日本等国理论上采取的是二元论学说，将著作权分为人身权和财产权，能够转让的是财产权，人身权因其具有不可分离性而不可转让。突尼斯等国则主张著作权可以转让，但转让的只能是财产权，而且财产权转让只能是部分转让而不能全部转让。德国是主张著作权一元论理论的国家，认为人身权和财产权是不可分割的有机组成体。由于人身权不可转让，则财产权亦不能转让，该国著作权利用采取使用许可方式。

我国著作权法把著作权分为人身权和财产权两部分。既然著作权中存在财产权内容，应该允许将财产权转让。我国已加入《伯尔尼公约》《世界版权公约》以及《罗马公约》等，因此，法律允许著作权转让。2001年修正后的《著作权法》第10条和第25条明确规定了著作权转让制度。

## 二、著作权转让的特点

1. 被转让客体是著作财产权。著作人身权是指作者因创作作品而依法享有的与作者人身不可分离的权利，具有永久性、不可分离性，自然不能转让。因此，我国著作权法规定，著作权转让的对象只能是著作财产权。

2. 著作权转让导致著作权主体的变更。著作财产权被转让后，受让人因此获得被转让的权利，成为继受著作权人，而原著作权人则丧失对被转让权利的所有权，导致著作权主体的变更。但是，这种权利主体的变更不同于财产法中的权利主体变更。在财产法中，财产所有权的原始主体和继受主体不可能对同一标的物享有独立的权利，所有权人自财产交付之时起即丧失了权利主体资格，而受让人成为财产的所有人。在著作权法中，著作权的原始主体和继受主体可能对同一作品各自分享利益。当然，如果原著作权人将其依法享有的著作财产权全部转让，受让人就享有著作财产权之全部；如果原著作权人所转让的只是著作财产权之部分，那么，该受让人只能取得合同约定的著作财产权，著作财产权中的其他权利仍然归原著作权人所有。

3. 著作权转让与作品载体所有权无关。一般来说，作品应附着于某种有形物质载体上，载体是所有权领域的有形物，负载着著作权领域的作品。但著作权转让涉及的是作品的著作权，与作品载体所有权无关。我国《著作权法》（2010年）第18条规定，美术等作品原件所有权的转移，不视为作品著作权转移。反过来，作品著作权转移与作品有形载体没有直接关系。

## 三、著作权转让合同

著作权转让合同，是指著作权人与受让人就著作财产权之全部或部分转让而订立的合同。著作权转让合同是2001年我国《著作权法》第一次修订所增加的内容，在此之前，我国并无著作权转让的规定。根据我国《著作权法》第25条的规定，著作权的转让应当订立书面合同。著作权转让合同应包括下列主要内容：

（1）作品的名称。作品是产生著作权的基础，转让的权利都依附于具体的作品。因此，在著作权转让合同中必须明确标出作品的名称。

（2）转让的权利种类、地域范围。可以转让的著作权包括全部的著作财产权，著作权人可以把这些财产权全部转让给一个受让方，也可以把不同的权利分别转让给不同的受让方。因此，在著作权转让合同中应明确转让的权利种类，转让合同中著作权人未明确转让的权利，未经著作权人同意，另一方当事人不得行使。地域范围是著作权转让后允许使用的地理范围。

（3）转让价金。转让价金是受让人取得著作权的对价，是著作权人转让权利取得的收益。由于著作财产权的价值确定是一个颇为复杂的问题，除了合同当事人协商确定转让价金外，还可以请专门机构以评估、拍卖等方式确定合同的转让价金。

（4）交付转让价金的日期和方式。为了防止在合同履行过程中出现纠纷，受让方采用何种方式、在何时交付转让价金，应在转让合同中明确约定。

（5）违约责任。转让合同约定了当事人双方的权利和义务，为了保证这些权利义务的切实履行，应该在合同中约定任何一方不按约定履行义务的违约责任。

(6) 双方认为需要约定的其他内容。双方当事人需要约定的其他内容，对于一个具体的转让合同而言可能意义重大。如在合同中约定未来著作权是否包括在内，作者的姓名等将直接关系当事人的利益。

## 第 2 节　著作权使用许可

### 一、著作权使用许可的概念与类型

著作权使用许可，是指著作权人通过著作权使用许可合同，授权他人在一定的地域范围和时间范围内，以合同约定的使用方式对其版权作品进行使用，并获得一定报酬的法律制度。在著作权使用许可关系中，著作权人被称为许可方（或者许可人），对方被称为被许可方（或者被许可人），被使用许可的著作权称为使用许可标的。

著作权许可通常由著作权人与对方签订书面使用许可合同进行。著作权使用许可合同自双方当事人在合同书上签字（盖章）之日起生效。合同附有约定生效日期的，在约定的生效日期到来时生效。在著作权使用许可合同生效后，被许可方可以按照合同约定的方式、时间及地域，行使合同约定的著作权。

普通使用许可，是指在著作权使用许可合同有效期间，被许可人有权按照合同约定使用标的作品。但是，被许可人不得禁止著作权人正常使用该标的作品，也不得阻止著作权人再许可第三人使用该合同约定的标的。

独占使用许可，是指在著作权使用许可合同有效期间，被许可人有权按照合同约定使用标的作品，并且被许可人有权禁止著作权人在合同约定的地域范围内以与其相同的使用方式使用该标的作品，有权阻止著作权人在合同约定的地域范围内再许可第三人以与该被许可人相同的方式使用该合同约定的标的。

### 二、著作权许可使用的特点

(1) 著作权许可使用不改变著作权的归属。在著作权许可使用中，被许可人所获得的只是在合同约定的时间、地域范围内，以合同约定的方式对作品著作权进行使用的权利，即被许可人所获得的是作品著作权的使用权，并没有获得该作品著作权的所有权，被许可人不会因为许可使用而成为著作权主体，著作权仍然全部属于著作权人。这是著作权许可使用与著作权转让的不同之处。

(2) 被许可人一般不能就许可使用的作品向著作权侵权人主张权利。由于被许可人不是著作权主体，当第三人侵犯作品的著作权时，被许可人一般不能以自己的名义向侵权人提起侵权之诉。但是在专有许可使用中，当被许可人的专有使用权受到侵犯时，被许可人有权向侵权人主张权利。

(3) 许可使用的对象一般是著作权中的财产权。著作权人可以将其著作财产权的全部许可给他人使用，也可以将其中的部分财产权利许可给他人使用，但著作人身权原则上不得许可他人使用。

(4) 被许可人取得的使用权一般只能由被许可人自己按约定行使。在著作权许可使用中，无合同的明确约定或未经著作权人同意，被许可人不能擅自将自己取得的使用权转给第三人行使，而只能由被许可人自己按照许可使用合同的约定使用其作品。

### 三、著作权许可使用合同

著作权许可使用合同，是指著作权人许可作品使用人在一定的期限和地域范围内，以一定的方式使用其作品，使用人向著作权人支付使用费的协议。《著作权法》第 24 条第 1 款规定："使用他人作品应当同著作权人订立许可使用合同，本法规定可以不经许可的除外。"《著作权法实施条例》第 23 条规定："使用他人作品应当同著作权人订立许可使用合同，许可使用的权利是专有使用权的，应当采取书面形式，但是报社、期刊社刊登作品除外。"许可使用合同包括下列主要内容：

（1）许可使用的权利种类。许可使用的权利种类是许可使用合同的标的，著作权人可以将自己的著作财产权中的一项或者多项权利许可给他人使用，著作权人应当在许可使用合同中将许可他人使用的权利进行明确约定，许可使用合同中著作权人未明确许可的权利，未经著作权人同意，另一方当事人不得行使，否则构成侵权。

（2）许可使用的权利是专有使用权或者非专有使用权。该项内容对许可方和被许可方都非常重要。如果合同约定许可使用的权利是专有使用权，则被许可人在合同约定的时间、地域范围内对作品享有排他的使用权，许可方自己不得以合同约定的方式使用该作品，同时也不得授权第三人以合同约定的方式使用该作品；如果合同约定的许可使用的权利是非专有使用权，则被许可人取得使用权后，无权阻止许可人自己或者授权他人以相同的方式使用该作品。专有使用权的内容由合同约定，合同没有约定或者约定不明的，视为被许可人有权排除包括著作权人在内的任何人以同样的方式使用作品；除合同另有约定外，被许可人许可第三人行使同一权利，必须取得著作权人的许可。

（3）许可使用的地域范围、期间。许可使用作品的地域范围，是指著作权人许可相对人使用其作品的地理区域，可以是全国范围的，也可以是某个地区的。约定作品的使用范围，著作权人才能有效控制作品的流转。许可使用的期间是使用者取得使用权的时间，许可使用合同约定的期间不得超过作品的保护期。

（4）付酬标准和办法。使用作品的付酬标准可以由当事人约定，也可以按照国务院著作权行政管理部门会同有关部门制定的付酬标准支付报酬。当事人约定不明确的，按照国务院著作权行政管理部门会同有关部门制定的付酬标准支付报酬。

（5）违约责任。在合同履行过程中，著作权人和被许可方都可能出现违约的情况，为了有效督促当事人严格履行合同，保障双方当事人的合法权益，在许可使用合同中应约定违约责任。

（6）双方认为需要约定的其他内容。除上述 5 项法定的必要条款外，如果双方当事人认为有其他需要约定的内容，双方可以协商进行约定。

## 第 3 节　著作权质押

### 一、著作权质押的概念

著作权质押，是指债务人或者第三人依法将其著作权中的财产权出质，将该财产权作为债权的担保。债务人不履行债务时，债权人有权依法以该财产权折价或者以拍卖、变卖该财产权的价款优先受偿。其中债权人为质权人，债务人或者第三人为出质人。

根据我国《担保法》以及国家版权局于 2010 年颁布的《著作权质押合同登记办法》的有关规定，著作权质押应符合以下规定：

1. 著作权出质人须是著作权的合法所有人。著作权为两人以上共有的，出质人为全体著作权人。中国自然人、法人或者其他组织向外国人出质计算机软件著作权中的财产权，必须经国务院有关主管部门批准。

2. 以著作权中的财产权出质的，出质人与质权人应当订立书面合同，并到登记机关进行登记。著作权质押合同自《著作权质押合同登记证》颁发之日起生效。

3. 出质人出质后，不得擅自转让或许可他人使用已出质的著作权中的财产权。如果出质人经质权人同意，则可以转让或者许可他人使用，但出质人所得的转让费或使用许可费应当向质权人提前清偿所担保的债权或向与质权人约定的第三人提存。

4. 质权人不得擅自使用已出质的著作权中的财产权，著作权质押的目的只是债权的担保，而非供质权人使用。如果质权人未经同意而使用这些权利，则构成侵权。

5. 被担保债权因清偿、抵消等原因消灭后，质权人应协助出质人到登记机关办理著作权质押合同注销登记。

## 二、著作权质押合同

著作权质押合同，是指享有著作财产权的债务人或第三人与债权人就著作财产权质押达成的协议，该协议旨在由债务人或第三人将著作财产权出质于债权人以担保债务人债务的履行。

著作权质押合同必须采用书面形式，并到登记机关进行登记。该登记由出质人和质权人共同在国家版权局指定的登记机构申请办理。如果著作权质押合同发生变更和注销，亦同样必须办理登记。著作权质押合同自《著作权质押合同登记证》颁发之日起生效。它的主要条款为：

（1）当事人的姓名（或者名称）及住址；（2）被担保的主债权种类、数额；（3）债务人履行债务的期限；（4）出质著作权的种类、范围、保护期；（5）质押担保的范围；（6）质押担保的期限；（7）质押的金额及支付方式（8）当事人约定的其他事项。

## 本章小结

著作权利用，通常是指著作权转让、使用许可、质押等行使作品著作权之行为。

著作权转让，是指著作权人将其作品财产权部分或全部转移给他人所有的法律行为。著作权转让的对象是财产权，著作权的转让导致著作权主体的变更，著作权的转让与作品载体所有权无关。

著作权使用许可，是指著作权人将其作品使用许可人以一定的方式，在一定的地域和期限内使用的法律行为。著作权使用许可不改变著作权的归属，被许可人取得的只是使用权，并不能成为著作权的主体。在著作权使用许可中，被许可人只能是自己按照约定方式、地域范围和期限使用作品，不能将所获得的使用权再让渡给第三人，当然著作权人同意的除外。在著作权使用许可中，非专有使用权的许可人不可能因权利被侵害而以自己的名义提起诉讼，只有专有使用权的被许可人才能因专有使用权被侵害提起诉讼。

著作权使用许可合同，是指当事人之间就著作权的某一权能或多项权能的使用而达成的协议。著作权转让合同，是指著作权人与受让人，就权利人对作品享有的财产权部分或全部的转让而达成的协议。

著作权质押合同，是指享有著作财产权的债务人或第三人与债权人就著作财产权质押达成的协议，该协议旨在由债务人或第三人将著作财产权出质于债权人以担保债务人债务的履行。

## 【资料链接】

1. 刘春田主编．知识产权法教程．北京：法律出版社，2013

2. 吴汉东主编．知识产权法学．4 版．北京：北京大学出版社，2014

3. http：//www. ncac. gov. cn

4. http；//www. iprcn. com

# 第 10 章 著作权管理

**导　语**

著作权管理是著作权法中的一项重要内容。我国立法机关在制定著作权法时，参考国际著作权保护的经验和惯例，紧密结合我国具体实际情况，将著作权管理方式规定为司法管理、行政管理和集体管理。2001 年修订的《著作权法》增加了著作权集体管理的规定。本章主要论述著作权行政管理与著作权集体管理的概念、特征及内容。

请思考：

1. 著作权管理及其特征；
2. 著作权行政管理；
3. 著作权集体管理组织。

## 第 1 节　著作权行政管理

### 一、概述

著作权行政管理，是指国家著作权行政管理机关，代表国家对著作权事务进行管理的行为。我国著作权法规定，国务院著作权行政管理部门主管全国的著作权管理工作；各省、自治区、直辖市人民政府的著作权行政管理部门负责本行政区域的著作权管理工作。

在 1990 年《著作权法》颁布以前，我国著作权管理主要表现为行政管理，并且发挥了应有的作用。尽管《著作权法》现已颁布施行，但著作权行政管理仍是著作权管理不可缺少的一部分。著作权行政管理的特征主要表现在以下两个方面：

1. 著作权行政管理，是指国家著作权行政管理部门依法实施行政权而产生法律效果的行为。

2. 著作权行政管理，就是著作权行政管理部门运用行政手段保护著作权人的合法权益、规范版权市场秩序、打击盗版侵权行为的一种行政措施。

### 二、基本职能

我国著作权法将行政管理分为中央管理和地方管理。国家版权局作为国务院著作权行政管理部门，主管全国的著作权管理工作；地方著作权行政管理部门主管本行政区域的著作权管理工作。

（一）国务院著作权行政管理部门的职能

1. 贯彻著作权法律、法规，制定与著作权行政管理有关的办法。此项职能主要指监督和检查《著作权法》实施的情况，向立法部门反映《著作权法》实施过程中存在的问题并提出补充、修改、废止等意见，起草、制定以国务院著作权行政管理部门名义颁布的行政条例、规定管理办法等文件。

2. 查处在全国有重大影响的著作权侵权案件。国务院著作权行政管理部门查处的侵权行为主要有：在全国有重大影响的侵权行为；涉外侵权行为；认为应当由其查处的侵权行为。上述侵权行为必须是《著作权法》第 47 条所规定的侵权行为，且这些侵权行为必须是损害了公共利益。

3. 批准设立著作权集体管理机构、涉外代理机构和合同纠纷仲裁机构，并监督、指导其工作。如国家版权局批准成立的“中国音乐著作权协会”，由其从事音乐著作权的集体管理工作。

4. 负责著作权涉外管理工作。如与外国著作权主管部门商谈互相保护著作权问题，参加著作权保护的国际活动，管理涉外版权贸易等。

5. 负责国家享有的著作权管理工作。如负责民间文学作品和丧失著作权作品的使用管理工作等。

6. 指导地方著作权行政管理部门的工作。此项职能主要是：制定要求地方著作权行政管理机关监督实施的有关规定，听取地方著作权行政管理部门的工作汇报，批复地方著作权行政管理部门的请示报告，帮助地方著作权行政管理部门开展工作等。

7. 颁发强制许可证。我国《著作权法》虽还没有明确这一问题，但强制许可制度在《伯尔尼公约》和《世界版权公约》中均有规定，而我国已加入这两项公约，因此，国家著作权行政管理部门应具备这一职能。

8. 承担国务院交办的其他著作权管理工作。

（二）地方著作权行政管理部门的职能

地方著作权行政管理部门，是指各省、自治区、直辖市人民政府的版权局，它们属于地方政府的行政职能部门，受地方政府领导，与国家版权局无行政隶属关系，但其业务受国家版权局指导。地方著作权行政管理部门职能主要有：

1. 检查本地区内著作权法的实施情况，了解本地区著作权法实施过程中存在的问题，提出解决问题的建议，并及时向国家版权局反映。

2. 对于发生在本地区的侵权行为，行使行政处罚权。

3. 接待来信、来访，并为著作权人及有关部门提供法律咨询、服务。

4. 宣传、普及著作权法律知识，组织本地区内的各种宣传工作，为各行业部门举办讲座、培训，编写出版有关著作权保护的资料、刊物。

5. 在人民法院需要时，为其处理著作权纠纷案件提供帮助。

## 第 2 节　著作权集体管理

### 一、概述

著作权集体管理，是指著作权集体管理组织经著作权人或者相关权人（以下简称“权利人”）授权，集中行使权利人的有关权利并以自己的名义进行的下列活动：

（1）与使用者订立著作权或者与著作权有关的权利使用许可合同（以下简称使用许可合同）；（2）向使用者收取使用费；（3）向权利人转付使用费；（4）进行涉及著作权或者相关权

的诉讼、仲裁等。

著作权集体管理制度是随着复制、传播技术的发展，作品使用形式日趋多样化，使用范围日趋扩大的情势下产生的。著作权人由于时间和精力的限制，无法确切了解自己的作品被何人、何时、何地使用，更谈不上收取报酬，在此情况下，著作权人需要一种组织机构，代表自己解决这些问题，维护自己的合法权益，在此背景下就产生了著作权集体管理制度。著作权集体管理对权利人的权利实现和保护有着重要的实际意义，主要表现在以下三个方面：

1. 协调著作权人与社会公众的利益关系。一般来说，作品使用者有使用作品的需求，但在无法联系权利人时，可能因未能征得权利人的同意放弃使用作品，从而影响作品的传播；此外，也有可能出现作品使用人使用他人作品不支付报酬，损害著作权人合法权益的情形。对于这种矛盾冲突，集体管理可有效地解决这一问题，在保证著作权人利益的前提下，让公众得到大量的文化产品，满足其精神生活的需要。

2. 保证著作权人权利的实现。著作权包括人身权和财产权两个方面，特别是财产权只有在权利人自己使用或许可他人使用的情况下才能实现。而集体管理组织可代表权利人就作品的使用与使用者谈判、签约、追索使用费等，以确保权利人的权益。更重要的是，权利人可以因此避免耗费大量的时间和精力，全身心地投入创作中去。

3. 减少和避免纠纷。集体管理使得使用作品和支付使用费有了便捷的渠道，可以减少和避免许多因此而发生的纠纷。

## 二、基本职能

### （一）著作权集体管理组织的建立

根据《著作权法》规定，2004 年 12 月 22 日国务院第七十四次常务会议通过了《著作权集体管理条例》，并于 2005 年 3 月 1 日起施行。

根据该条例的规定，著作权集体管理组织，是指为权利人的利益依法设立，根据权利人授权、对权利人的著作权或者与著作权有关的权利进行集体管理的社会团体。著作权集体管理组织应当依照有关社会团体登记管理的行政法规和本条例的规定进行登记并开展活动。依法享有著作权或者与著作权有关的权利的中国公民、法人或者其他组织，可以发起设立著作权集体管理组织。设立著作权集体管理组织，应当具备下列条件：（1）发起设立著作权集体管理组织的权利人不少于 50 人；（2）不与已经依法登记的著作权集体管理组织的业务范围交叉、重合；（3）能在全国范围代表相关权利人的利益；（4）有著作权集体管理组织的章程草案、使用费收取标准草案和向权利人转付使用费的办法草案。

目前我国已成立的著作权集体管理组织有中国音乐著作权协会和中华版权代理总公司。

### （二）著作权集体管理组织的职能

集体管理组织的职能，主要是经权利人授权，集中行使权利人的有关权利并以自己的名义进行，具体表现为：

1. 与使用者订立著作权或者与著作权有关的权利使用许可合同（以下简称使用许可合同）；凡是著作权法规定的表演权、放映权、广播权、出租权、信息网络传播权、复制权等权利人自己难以有效行使的权利，权利人可以交由著作权集体管理组织进行集体管理。

2. 向使用者收取使用费。

3. 向权利人转付使用费。

4. 进行涉及著作权或者与著作权有关的权利的诉讼、仲裁等。

## 本章小结

著作权行政管理，是指国家著作权行政管理机关代表国家对著作权工作进行管理的行为。

著作权行政管理分为中央管理和地方管理。国家版权局作为国务院著作权行政管理部门，主管全国的著作权管理工作；地方著作权行政管理部门主管本行政区域的著作权管理工作。

著作权集体管理，是指著作权人授权有关组织，代为集中管理著作权、邻接权的制度。集体管理组织的职能，主要是经著作权人授权，集中行使权利人的有关权利并以自己的名义进行，具体表现为：与使用者订立著作权或者与著作权有关的权利使用许可合同（以下简称使用许可合同）；凡是著作权法规定的表演权、放映权、广播权、出租权、信息网络传播权、复制权等权利人自己难以有效行使的权利，权利人可以交由著作权集体管理组织进行集体管理；向使用者收取使用费；向权利人转付使用费；进行涉及著作权或者与著作权有关的权利的诉讼、仲裁等。

## 【资料链接】

1. 杨崇森．著作权法论丛．台北：华欣文化事业中心，1983

2. 吴汉东主编．知识产权法学．4版．北京：北京大学出版社，2014

3. http：//www. ncac. gov. cn

4. http：//www. iprcn. com

# 第 11 章 著作权保护

## 导　语

著作权保护，就是依据法律规定对侵犯著作权的行为进行惩处，以保护著作权人的合法权益。一方面，我国现行《著作权法》规定了两类 19 种著作权侵权行为，并分别情况规定了相应的处罚措施和法律责任。另一方面，我国《刑法》专门规定了侵犯知识产权的犯罪行为，最高人民法院、最高人民检察院于 2004 年 12 月 8 日发布了《关于办理侵犯知识产权刑事案件具体应用法律若干问题的解释》等，降低了侵犯知识产权犯罪的定罪标准，明确了相关专业术语，为相关刑法条文的具体适用提供了具有可操作性的依据，进一步加大了知识产权刑事保护力度，是保护知识产权所采取的重大举措。本章主要论述著作权侵权行为的概念、类型，侵犯著作权的法律责任，著作权纠纷的解决途径。

请思考：

1. 著作权侵权行为及其构成；
2. 著作权侵权诉讼与著作权侵权责任。

## 第 1 节　著作权侵权行为

著作权侵权行为，是指未经著作权人许可，又无法律上的根据，擅自利用著作权作品或者行使著作权的行为，以及实施违反著作权法规定而损害著作权人利益的行为。

著作权侵权行为可以分为直接侵权和间接侵权两种。直接侵权是指不法行为直接侵犯受著作权法所保护的作品，如未经授权复制、发行权利人的作品。间接侵权是指不法行为并未直接侵犯受著作权法保护的作品，但为侵权行为提供条件，进而对著作权造成侵害的行为。我国著作权法只对直接侵权行为作了规定，并没有涉及间接侵权问题。我国《著作权法》第 47 条和第 48 条规定了以下侵权行为：

### 一、擅自发表他人的作品

擅自发表他人的作品，是指未经作者同意，擅自将其尚未发表的作品公之于众的行为。此种行为可能构成对作者发表权的侵犯。作品一经创作完成，作者即依法取得著作权。未经作者许可，任何人不得擅自将其未发表的作品公之于众，否则，便可能构成侵权。

### 二、歪曲、篡改他人的作品

歪曲、篡改他人的作品，实际上就是侵犯作者保护作品完整权的行为。该行为具体表现为：未经作者同意，擅自对其作品进行歪曲、篡改或者其他损害作者名誉或者荣誉的行为。歪曲、篡改他人作品的，主要表现在以下三点：(1) 在改编、翻译、整理、编辑他人作品或者将他人作品摄制成电影、电视作品时，没有按照被利用作品的原意进行利用，歪曲原作的原意；(2) 出版部门对稿件编辑加工时歪曲、篡改作品作者的原意；(3) 将作品用于有损作者尊严的场合，或者以有损作者名誉或者荣誉的方式使用其作品。

歪曲作品的行为，主要表现为故意违背作者创作作品的本意，采用曲解、诋毁、贬损等方式使用作品或者解读作品，造成作者名誉或者荣誉的毁损。例如，在以抗日战争为题材的作品中，作者描写日本侵略者害怕八路军游击队的情节时，不可避免地从日本侵略者口中表达出谩骂或者鄙视的话语。这是创作此类题材作品正常的创作方式。如果某人为了达到攻击该作者的目的，故意歪曲作者的创作本意，污蔑该作者对共产党八路军游击队进行了侮辱。对这种题材作品中的此类场景设计作这种理解，就是对该作品的歪曲。

篡改作品的行为，主要表现为采用胡编滥造方式对他人的作品进行增删、修改、改编或者其他变动，使之演化成粗制滥造、错漏百出、质量低劣的作品，进而导致对作品或者作者名誉或者荣誉的贬损。例如，某知名学者创作了一部专业性很强的作品，交由某出版社出版发行。由于出版社编排之原因，导致该作品印制成的书籍是漏洞百出，并且有许多专业术语、技术性知识的明显错误，造成相关领域学者对该作者名誉的差评。这种行为构成了对该作品的篡改，侵犯了作者的保护作品完整权。

## 三、侵占他人的作品

侵占他人的作品，是指未经合作作者许可，将与他人合作创作的作品当做自己单独创作的作品发表的行为。

根据我国著作权法的规定，合作作者的著作权归合作作者共同享有，任何一个合作作者，在未征得其他合作者同意的前提下，不得擅自发表合作作品，更不能把合作作品当做自己单独创作的作品发表，否则，一方面侵犯了他人所享有的发表权，另一方面否认了他人的作者身份，非法剥夺了他人对合作作品所享有的著作权。在实践中，这种侵权行为大体分为两种情况：(1) 在合作作品创作完成后，合作作者之一或者一部分抢先以自己的名义单独发表作品，侵犯了其他合作作者的发表权；(2) 将已发表的合作作品进行修改、增补或者加工产生新的作品后，未经原合作作者的许可就以本人的名义发表，从而侵犯其他合作作者的著作权。

例如，甲、乙二人合作创作了一部作品《英语高分攻略》。该作品出版发行后，销量很好。一年后，作者甲未经合作作者乙同意，擅自对该合作作品进行修改，增加少许新内容后，将作品名称变更为《英语高分绝密技巧》，以自己的名义出版发行。甲所实施的行为就是侵占他人作品的行为。

## 四、强行在他人作品上署名

强行在他人作品上署名，是指自己未参加作品的创作，却以种种不正当的手段在他人创作的作品上署名。署名权是作者基于创作产生的人身权。自己没有参加创作，强行在他人作品上署名，是对作者署名权的侵犯。同时冒充作者身份，以此获得著作权，构成了对著作财产权的侵犯。但是，如果是作者为了扩大自己的影响而要求一些没有参加作品创作的名人在自己作品上署名的，则不以侵权论处。

## 五、擅自使用他人的作品

擅自使用他人的作品，是指未经著作权人许可，又无法律依据而使用他人作品的行为。此种行为可能构成对著作财产权的侵犯。我国著作权法规定了以下三种情形：(1) 擅自以展览、摄制电影和以类似摄制电影的方法、以改编、翻译、注释等方式使用他人作品；(2) 擅自出租视听作品、计算机软件或者录音录像制品；(3) 擅自复制、发行、表演、放映、广播、汇编、通过信息网络向公众传播权利人作品。

## 六、侵犯获得报酬权

侵犯获得报酬权，是指使用他人作品未按规定支付报酬的情形。我国著作权法规定，著作权人依法享有获得报酬的权利。除法律另有规定外，任何人使用他人版权作品都须按规定或约定向著作权人支付报酬，否则即构成侵权。

我国著作权法规定，合理使用他人版权作品不必向著作权人支付报酬。除此之外，不管是著作权使用许可关系中的被许可人、法定使用许可人、强制使用许可人以及擅自侵权使用他人版权作品的人，都必须依照法律规定、合同约定或者协商确定的标准向著作权人支付报酬，否则，行为人就构成对著作权人获得报酬权的侵犯。

## 七、剽窃他人的作品

剽窃他人的作品，是指故意将他人的作品当作自己创作的作品发表的行为。此种行为有两种情形：(1) 完全照抄他人的作品；(2) 在一定程度上改变他人作品的形式或内容进行剽窃。不过，对于人所共知的历史素材、自然科学常识、地理知识等反映历史事实或客观事实的素材的利用，对于人类社会的共同文化财富的利用，均不属于剽窃。

剽窃是一种常见的著作权侵权行为，也是最严重的侵权行为。同时这种行为在司法实践中较难认定。在认定剽窃行为时，应将其与形式上类似的行为相互区别：

1. 剽窃与模仿。模仿之作，就文字作品而言，是指参考、借鉴他人作品后进行创造性劳动所获得的作品。模仿则是指依照一定榜样作出类似动作和行为的过程。作者在创作作品的最初阶段，均要借助于模仿，以此汲取经验作为进一步发挥创造性的基础，因此，模仿是一种创作方法，不应混同于剽窃。

2. 剽窃与利用著作权作品的思想和观点。任何一部作品都是由思想内容与表现形式两个方面组成的。而著作权法保护的是蕴含有思想内容的表现形式，既不是单纯的思想内容，也不是没有思想内容的表现形式。因此，利用作品中所反映的观点、思想等进行新的创作，法律是允许的，不能认定是剽窃。

3. 剽窃与合理使用。合理使用是作者利用他人的作品有法律上的依据，是一种合法行为。但是合理使用存在一个尺度或范围问题，超出了法定的尺度或范围，则构成侵权，但并不一定是剽窃。

4. 剽窃与巧合。巧合，是指一部作品包含了另一部作品中的独创性成果，但能证明是其独创的而非复制或剽窃的。由于著作权法保护的是独创作品，而非首创作品，因此，巧合不能认定为剽窃。

## 八、侵犯专有出版权和版式设计权

专有出版权，是指图书出版者通过《图书出版合同》获得的在约定的时间和地域范围内，出版、发行其作品的一种专有权利。专有出版权受法律保护。

版式设计权，是指图书出版者对其出版的图书、期刊之字体设计、版式编排等依法享有的专有权。由于设计者在图书、期刊之字体设计、版式编排等方面付出了创造性劳动，因而，2001 年修正的《著作权法》增加规定了版式设计权。

对于《著作权法》是否规定出版者的装帧设计权，在 2001 年修改《著作权法》时争议较大。一种观点认为，装帧设计属于美术作品，是美术作品著作权范畴的权利，不应该是图书出版者权范畴的权利。另一种观点认为，装帧设计是将美术作品用于出版物，如同文字、图案用于商标，外观图案用于工业品外观设计一样，设计人应当将美术作品的著作权转让于图书出版者。经过讨论，2001 年《著作权法》修正案没有规定装帧设计权。所以，现行《著作权法》只有出版者的版式设计权，而没有装帧设计权。

## 九、制作、出售假冒他人署名的作品

此种侵权行为主要有三种表现形式：（1）自己创作的作品，借用他人的姓名进行出售；（2）临摹他人的作品，署以他人的姓名进行出售；（3）将他人的作品，署以名家的姓名进行出售。不论以何种方式假冒他人的署名，只要未经被署名者同意，以营利为目的，即构成侵权。此种行为既侵犯了他人的著作权人身权和财产权，也侵犯了他人的姓名权。需要说明的是，该类侵权行为原限于“制作、出售假冒他人署名的美术作品”的行为。2001 年修正后的《著作权法》将这一侵权行为延及所有假冒他人署名作品的行为。

## 十、侵犯相关权

侵犯相关权，是指对表演者权、录音录像制品者权和广播组织者权的侵犯。具体表现为：未经表演者许可，从现场直播或者公开传送其现场表演，或者录制其表演；未经表演者许可，复制录有其表演的录音录像制品，或者通过信息网络向公众传播其表演而未经录音录像制品者许可，复制、发行、通过信息网络向公众传播其制作的录音录像制品的；未经许可播放或者复制广播电视的行为。

## 十一、其他侵权行为

除上述十种侵权行为外，下列行为也应属于侵权行为：未经著作权人或者相关权人许可，故意避开或者破坏权利人为其作品、录音录像制品等采取的保护著作权或者相关权技术措施的；未经著作权人或者相关权人许可，故意删除或者改变作品、录音录像制品等的权利管理电子信息的行为。

计算机软件的开发者为了维护其合法权益，早在 20 世纪 70 年代就采用技术上的“加密”措施防止他人复制其计算机程序，这种加密措施的意义在于“将数字著作物作为一种著作物加以界定，使其得以在网上流通。众所周知，这种技术性措施现在被理解为杜绝擅自复制、保护著作权人的‘反复制保护’”[①]。与此同时，一些不法之徒专门从事软件的“解密”并提供给非法复制者营利。因此，越来越多的国家在 20 世纪 90 年代后开始呼吁授权数字作品的著作权人有权禁止他人未经许可而“解密”的行为。《世界知识产权组织版权条约》和《世界知识产权组织表演和唱片条约》均授权各成员国自己通过立法规定以何种方式禁止未经许可的解密等措施。我国 2001 年《著作权法》修正案增加了此类规定。

在信息时代，删除或更换作者姓名或作品名称事件常常发生。如果不能及时制止上述活动，将会损害作者的人身权利，为此，我国著作权法根据科技发展的现状，增加规定作品及音

① ［日］北川善太郎：《网上信息、著作权与契约》，载《外国法译评》，1998（3）。

像制品的权利管理电子信息不得擅自改动，否则构成侵权。这种规定对于保证网络上信息的真实性和准确性，保护权利人的利益十分必要。

## 第 2 节　著作权纠纷的处理

著作权纠纷，是指著作权人与他人因著作权法律关系引发的争执。著作权纠纷主要包括侵权纠纷和合同纠纷两种。著作权侵权纠纷，是指著作权人与他人是否构成侵权而发生的争执。著作权合同纠纷，是指在著作权合同订立、变更、终止或者履行所产生的争执。根据我国著作权法的规定，解决著作权纠纷的途径有调解、仲裁和诉讼。

### 一、调解

调解，是指著作权纠纷的当事人在调解组织的主持下达成的和解。

根据我国著作权法的规定，主持调解的组织是著作权行政管理部门和其他组织。采取调解方式处理著作权纠纷完全取决于当事人的自愿。调解组织在调解过程中，只能采取说服教育方式，不得以强迫方式促使当事人达成协议。当事人之间是否愿意达成协议、达成什么样的协议，取决于当事人的自愿。同时，调解并不是解决纠纷的法定必经程序，调解协议可以因一方当事人的反悔而无效。达成协议后一方反悔的，当事人可以采取其他途径解决纠纷。

### 二、仲裁

仲裁，是指仲裁机构依照法律规定的仲裁程序，对当事人之间的著作权纠纷进行裁决的一种活动。

仲裁机构受理著作权纠纷仲裁申请，应遵循法律的规定。根据我国著作权法和仲裁法的规定，当事人向仲裁机构申请仲裁，其依据是合同中的仲裁条款或事后达成的书面仲裁协议。缺少仲裁条款或者仲裁协议的，仲裁机构不得受理当事人的申请，可告知当事人向人民法院起诉。仲裁机构对著作权纠纷作出的仲裁，具备法律效力。一方当事人不履行仲裁裁决，另一方当事人可向人民法院申请强制执行。同时，一方当事人认为仲裁机构的仲裁在程序上不符合法律规定，或仲裁员有贪赃枉法裁决的行为，或仲裁裁决适用法律有错误，可以向人民法院申请撤销仲裁，或向人民法院申请裁定不予执行。除此之外，仲裁裁决是终局裁决，当事人不得就裁决结果向人民法院再行起诉。

### 三、诉讼

通过诉讼程序解决著作权纠纷，是我国著作权法规定的主要程序。根据我国法律规定，当事人之间发生著作权纠纷可以直接向人民法院起诉。向人民法院请求保护著作权的诉讼时效期间为 2 年，时效期间起算的时间为从著作权人知道或应当知道权利被侵犯时开始。

## 第 3 节　著作权侵权责任

侵犯著作权的法律责任，是指侵权行为人违反著作权法的规定，对他人著作权造成侵害时，依法应承担的法律后果。依照我国著作权法和刑法的规定，侵犯著作权行为应承担的法律责任主要有民事责任、行政责任和刑事责任。

## 一、民事责任

知识产权法是民法的一个组成部分，著作权属于民事权利范畴。因此，法律规定侵权行为人对受害人承担主要以赔偿损失为目的的民事责任。有我国《著作权法》（2001 年）第 46 条、第 47 条规定的侵权行为之一的，承担的民事责任是：

1. 停止侵害。即责令正在实施侵害他人著作权的行为人立即停止其侵权行为。无论侵权行为人主观上有无过错，只要在客观上构成了侵权行为，都应立即停止。例如，出版发行侵权作品的，应立即停止出版发行。

2. 消除影响。即责令侵权行为人在一定范围内澄清事实，以消除人们对权利受害人或其作品的不良印象。消除影响是恢复名誉的一种方式。一般而言，侵权行为人在多大范围内给著作权人造成不利影响和损害，就应在多大范围内消除影响。

3. 公开赔礼道歉。即责令侵权行为人在一定的范围内，向受害人公开承认错误，表示歉意。其具体方式有登报道歉、在公开场所声明或借助其他媒体表示歉意等。侵权行为人拒绝道歉的，人民法院可以强制执行。

4. 赔偿损失。即责令侵权行为人以自己的财产弥补受害人因其侵权行为而造成的损失。赔偿损失是最常见的民事责任方式，主要适用于对著作财产权的侵害。我国《著作权法》第 48 条规定，侵犯著作权或者与著作权有关的权利的，侵权人应当按照权利人的实际损失给予赔偿；实际损失难以计算的，可以按照侵权人的违法所得给予赔偿。赔偿数额还应当包括权利人为制止侵权行为所支付的合理开支。权利人的实际损失或者侵权人的违法所得不能确定的，由人民法院根据侵权行为的情节，判决给予 50 万元以下的赔偿。

## 二、行政责任

行政责任，是指国家著作权行政管理机关依照法律规定，对侵犯著作权行为人给予的行政处罚。对著作权侵权行为给予行政处罚的机关只能是国家著作权行政管理部门，其他任何机关都无权行使这种权利。

对于我国《著作权法》第 47 条规定的侵权行为，著作权行政管理机关可视其情节，分别给予没收违法所得，没收、销毁侵权复制品，处以罚款及没收主要用于制作侵权复制品的材料、工具、设备等。著作权行政管理部门可以处非法经营额 3 倍以下的罚款；非法经营额难以计算的，可以处 10 万元以下的罚款

## 三、刑事责任

刑事责任，是指侵权行为人因其侵犯著作权的行为，触犯刑法，依照刑法而应承担的法律后果。

我国著作权法没有规定刑事责任条款，但我国刑法规定了侵犯著作权罪。侵犯著作权罪是指以营利为目的，违反著作权管理法规，侵犯他人著作权，违法所得数额较大或有其他严重情节的行为。其特征有：

1. 侵犯著作权罪的主体可以是自然人，也可以是单位。

2. 侵犯著作权罪客体是著作权人对其作品所享有的著作权及国家对文化市场的管理秩序。

3. 侵犯著作权罪的主观方面表现为故意。

4. 侵犯著作权罪的客观方面表现为：未经著作权人许可，以复制发行其作品方式侵犯其著作权的行为；出版他人享有专有出版权的图书，侵犯图书出版者邻接权的行为；未经录音录像制作者许可，复制发行其制作的录音录像作品，侵犯其邻接权的行为；制作、出售假冒他人署名的美术作品的行为。

构成侵犯著作权罪，除了具备上述条件外，刑法还将“违法所得数额较大”和“具有其他严重情节”作为犯罪构成必备条件。根据最高人民法院（1995年）1号文件解释：所谓违法所得数额较大，是指个人违法所得数额在2万元以上，单位违法数额在10万元以上的。所谓其他严重情节是指：以侵犯他人著作权非法获利为常业，因侵犯著作权曾经两次以上被追究行政责任或民事责任，又侵犯著作权的；个人非法经营数额在10万元以上，单位非法经营数额在50万元以上的；因为侵犯著作权而造成严重后果或者造成恶劣国际影响的。

## 四、执行措施

为了加强对著作权的法律保护，现行《著作权法》在第五章中新增加了执行措施的有关规定，具体包括诉前权利保全、诉前证据保全、人民法院依法处置权。

### （一）诉前权利保全

为了与《知识产权协定》的有关司法保护的内容相衔接，《著作权法》第50条规定：“著作权人或者与著作权有关的权利人有证据证明他人正在实施或者即将实施侵犯其权利的行为，如不及时制止将会使其合法权益受到难以弥补的损害的，可以在起诉前向人民法院申请采取责令停止有关行为和财产保全的措施。人民法院处理前款申请，适用《中华人民共和国民事诉讼法》第九十三条至第九十六条和第九十九条的规定。”作出这样的规定，主要是考虑到有时权利人发现了侵权人正在实施侵权行为而想采取制止的行动，但由于行政程序与诉讼的障碍，著作权人或者其他权利人无能为力。因此，为了防止给著作权人或者其他权利人造成不必要的损失，法律授予其起诉前申请权利保全的权利。《著作权法》规定的诉前权利保全包括两个方面，即申请采取责令停止有关行为的措施和申请财产保全的措施。

申请诉前权利保全应符合以下条件：(1) 申请人应是著作权人及其他与著作权有关的权利人，其他人不能行使此项请求权。(2) 提出请求的前提，一是要有证据证明他人正在实施或即将实施侵犯其权利的行为；二是如不及时制止将会使其合法权益受到难以弥补的损害。(3) 提出请求的时间在起诉前。(4) 提出请求的对象是各级人民法院。

这是一项比较复杂的司法救济程序，除了严格的程序要求外，还有实体要求。这主要是因为著作权及有关权利的行使具有大众传播的性质，起诉前如不对有关权利保全，不利于著作权人以及有关权利人的合法权益的保护，但如果不对这项权利的申请进行严格规定，就容易造成诉前权利保全的不当，同样会给无辜者造成难以弥补的声誉和经济损失，因此，法律对诉前权利保全作出慎重规定是适宜的。

### （二）诉前证据保全

证据保全，是指法院依据申请人、当事人的请求，对可能灭失或今后难以取得的证据，予以调查收集和固定保存的行为。证据保全可以在起诉前，也可以在诉讼中对证据进行调查的过程中。

《著作权法》第50条新增加了诉前证据保全的内容。该条第1款确定了诉前证据保全的权利，即为制止侵权行为，在证据可能灭失或者以后难以取得的情况下，著作权人或者与著作权有关的权利人可以在起诉前向人民法院申请保全证据。该条第2款、第3款和第4款规定了人民法院处理证据保全申请的程序，即人民法院接受申请后，必须在48小时内作出裁定，裁定采取保全措施后，应当立即开始执行；人民法院可以责令申请人提供担保，申请人不提供担保的，驳回申请；申请人在人民法院采取保全措施后15日内不起诉的，人民法院应当解除保全措施。

（三）人民法院依法处置权

我国各级人民法院是我国的审判机关，有权根据事实和法律对侵权案件进行处理。因此，《著作权法》新增了第52条："人民法院审理案件，对于侵犯著作权或者与著作权有关的权利的，可以没收违法所得、侵权复制品以及进行违法活动的财物。"即人民法院在审理案件时，对于确属构成侵犯著作权或者与著作权有关的权利的行为，人民法院在作出裁判时，可以裁判没收非法所得、侵权复制品以及进行违法活动的财物，使侵权行为人不能再进行侵权活动。此项规定是有关国际公约中强调司法救济的具体体现，也是多年来理论界与实务界呼吁要求从严管理的结果，同时也有利于维护司法权威。

## 本章小结

著作权侵权行为，是指未经著作权人的同意，又无法律上的根据，擅自对著作权作品进行使用以及其他以非法手段行使著作权的行为。侵犯著作权人的行为可以分为直接侵权和间接侵权两种。

侵犯著作权行为应承担的法律责任主要有民事责任、行政责任、刑事责任。侵犯著作权或者与著作权有关的权利的，侵权人应当按照权利人的实际损失给予赔偿；实际损失难以计算的可以按照侵权人的违法所得给予赔偿。赔偿数额还应当包括权利人为制止侵权行为所支付的合理开支。权利人的实际损失或者侵权人的违法所得不能确定的，由人民法院根据侵权行为的情节，判决给予50万元以下的赔偿。

解决著作权纠纷的途径有调解、仲裁和诉讼。

## 【资料链接】

1. 郑成思．版权法．北京：中国人民大学出版社，1990
2. 吴汉东主编．知识产权法学．4版．北京：北京大学出版社，2014
3. http：//www.ncac.gov.cn
4. http：//www.iprcn.com

第3编

# 商标制度

# 第 12 章 商标制度概述

## 导语

商标是商品经济或者市场经济的产物，是市场经营者（商品生产者或者服务提供者）使用于产品或服务上以区别产品或者服务来源的标记。商标之本质功能就是区分商品或服务的不同来源。在市场上，商标就是市场经营者的脸面，是消费者识别商品或者服务的重要参考因素。因此，商标不仅是商品或者服务的符号化标记，而且是市场经营者商誉或者形象的重要载体。作为市场经营者特殊财产的商标，是一种无形财产，其价值甚至可能超过其有形财产之总和。据说，在美国可口可乐公司财产统计表上，“可口可乐”商标被定价为数百亿美元。该公司总裁说，即使公司被大火烧为一片废墟，世界上任何银行都会愿意为它贷款，其原因在于可口可乐商标代表着滚滚而来的财源。国际市场上，一个国家的经济发展水平以及在世界经济中的地位，在一定程度上是通过商标表现出来的。经济发达国家往往拥有一批在国际市场上享有盛誉的驰名商标，正是这些驰名商标，树立了这些国家的经济形象。

请思考：

1. 商标的概念、特征、功能和种类；
2. 商标与有关标志的关系；
3. 商标法律制度的演进。

## 第 1 节　商标概述

### 一、商标的概念

商标，俗称“牌子”，是指文字、图形、字母、数字、三维标记、颜色组合和声音等要素及其组合构成的，使用在商品或者服务项目上，以区别商品或者服务不同来源的标记。例如，“可口可乐”“百事可乐”“非常可乐”是不同生产者使用在他们所生产的碳酸饮料上的标记。饮料生产者通过使用这样的标记就将其生产的碳酸饮料与其他生产者生产的相区别，以方便消费者认牌购货。

一般而言，商标具有以下基本特点：

1. 商标是使用在商品或服务项目上的标记。在社会生活中，人们经常接触到各种标记，例如，政党徽记、国旗、社会团体标志、交通标志等。这些标记与商标一样，也是由文字、符号、图形、字母、颜色及其组合构成的，具有区别作用，但其使用对象与商标的使用对象不同，商标的使用对象是商品或服务项目。

2. 商标是具有财产价值的标记。虽然政党徽记、国旗、社会团体标志和交通标志都要具有区别功能，但是不具有财产价值。商标则是一种无形财产，具有一定的财产价值。例如，根据福布斯 2014 全球品牌价值排行榜公布，苹果商标 2014 年的品牌价值是 1 242 亿美元，微软是 630 亿美元，谷歌是 566 亿美元。

3. 商标是由文字、图形、字母、数字、三维标记、颜色组合和声音等符号性要素及其组合构成的，是一种艺术创造。

除上述三个基本特点外，商标还是一种较简洁的图案，易于认读，易于识记，过于复杂的图案不宜用于商标。

## 二、商标的功能

商标功能，是指在市场经营活动中，商标所表现出来的有利效能。商标的本质功能就是区别商品或者服务来源。从不同群体角度看，商标功能有所差异。

### （一）从市场经营者角度看，商标所具有的功能

1. 来源区别功能。这是商标的本质功能。在市场经济环境下，生产同种类商品或者提供同种类服务的经营者成千上万。但是，由于各个生产经营者在经营管理、资金、设备、原材料、技术力量上的不同，必然导致产品规格、质量、性能等方面的差异，或者形成服务的质量、特色、风格等方面的不同。在这种情况下，商标就能够把不同生产经营者的商品或者服务区别开来，让消费者能够识别某商品或者服务的来源。

2. 市场竞争功能。在市场经济条件下，对市场经营者而言，市场就是战场。然而，由于市场容量的有限性，因而，谁能拥有一片市场谁就能获得一份利润。以手机市场为例，我国手机的年需求量为 A 台，年供给量为 A+1 000 台，即供给量比需求量多出 1 000 台。显然，我国手机市场竞争十分激烈。手机制造商只有提高其品牌竞争力，才可能获得较大的市场份额，否则，就只能甘拜下风。美国的苹果（Apple）手机，由于苹果商标竞争力超强劲，该手机占有了很大的市场份额，其他品牌的手机只能勉强获得很少份额。

3. 商誉凝聚功能。以市场经营者而言，商誉好比人的信誉。商誉是社会对市场经营者的生产能力、经营状况、服务水平、产品质量或者管理经验等诸方面的积极评价。然而，商誉是无形的，看不见，摸不着。对普通消费者来说，一个具体的经营者是否具有良好的商誉，不得而知。因此，商标就是这种商誉的载体，普通消费者可以通过商标来了解一个具体经营者的商誉。例如，可口可乐公司总裁说，即使它的公司被大火烧为一片废墟，世界上任何银行都会愿意为它贷款。其原因在于其“可口可乐®”商标凝聚着它的良好商誉。

4. 广告宣传功能。在生产经营活动中，任何一个生产经营者都希望消费者购买其生产经营的商品或提供的服务，而在当今“酒香也要赚吆喝”的时代，广告起到了相当重要的作用。通过广告宣传，可以扩大商品在消费者心目中的影响，使人们认识并购买该商品。广告的本义是指生产者、经营者通过一定的媒介和形式直接或间接地介绍自己所推销的商品或提供的服务，商标作为一种标记，可以代表商品或服务的质量和企业的商业信誉，它自然就成了一种广告手段。再有，商标名称往往是短小、精炼、新颖的文字或者是鲜明、醒目的显著性标记，极具吸引力，也便于人们识记并在公众中广为流传，当消费者看到某一商标时，就会想到与之相联系的商品或服务，进而选购商品或接受服务。这就是商标的广告宣传作用。

### （二）从消费者角度看，商标所具有的功能

1. 来源指示功能。由于社会分工的不同，社会上的每一个自然人和法人都是商品或服务的消费者。随着科学技术的发展和人们需求的增长，商品和服务的种类越来越丰富，以至于没有一个消费者能够全面了解每种商品或服务的信息，包括质量、功能、用途等，但是，人们的

消费却是不可或缺的。当人们必须购买商品或者接受服务时，商标的指示功能就有了展示的机会。

2. 质量保证功能。由于商标能够把商品或服务同它的生产者或提供者密切地联系在一起，而消费者在选购商品时注重的是商品的质量，因而，商品或服务质量成为生产者或经营者在市场竞争中获胜的根本保证。一个企业为了提高信誉，巩固和扩大市场，在市场竞争中立于不败之地，就必然要努力提高商品的质量，维持和提高在消费者心目中的信誉。

此外，商标法在保护商标权人利益的同时，也维护消费者的合法利益，规定使用商标的商品或服务质量要受商标主管部门的监督。例如，我国《商标法》规定，注册商标使用人与未注册商标使用人应保证商品质量；在注册商标的使用许可过程中，被许可人应保证商品质量，商标权人负有监督的义务。违反上述规定的商标使用人将受到处罚，注册商标有可能被撤销。

## 第 2 节　商标的分类

### 一、可视性商标、音响商标与气味商标

商标按被人们以何种方式感知，可分为可视性商标、音响商标与气味商标。我国于 2013 年 8 月 30 日修订的《商标法》第 8 条规定，文字、图形、字母、数字、三维标志、颜色组合等以及声音可以作为商标的构成要素，因此，我国商标法所保护的商标有可视性商标和音响商标，但不保护气味商标。

可视性商标是指由文字、图形、数字、三维标记、颜色的组合等可视性要素构成的、人们可以用视觉感知的商标。视觉是最基本的感知方法，因此，商标的构成要素大多是视觉可看得见的要素。各国商标法首先保护的是可视性商标，《知识产权协定》也将保护视觉可感知的商标作为最低要求。①

音响商标，是指由音符编成的一组音乐或某种独特的声音构成的、人们可以用听觉感知的商标。其构成要素可以是自然界中真实存在的声音，也可以是人工制造的声音，还可以是可通过乐谱形式加以记录的音乐。例如，米高梅电影制片厂拍摄的电影，片头的狮子发出的声音在美国已经被注册为商标。目前音响商标仅在少数国家（如法国、美国、意大利、德国）的商标法中受到保护，也不是《知识产权协定》强制保护的对象，但音响商标的作用正与日俱增，当一个独特的声音或一段音乐与某一产品联系在一起的时候，完全可以起到应有的识别作用。

气味商标是指由某种气味构成，人们可通过嗅觉感知的商标。这种以某种特殊气味作为区别不同商品或服务来源的商标，目前仅在个别国家受到保护。如美国的商标评审与上诉委员会于 1990 年同意对指定在缝纫线上一种 Plumeria Blossoms 花的气味予以注册，澳大利亚在 1995 年《商标法》中规定保护气味商标。如果说气味商标在传统社会中几乎没有太多的机会展示自己的才能的话，在互联网时代，尤其是随着气味发生器的发明，气味商标却可能大展宏图。②

### 二、注册商标与未注册商标

商标按是否被商标主管部门核准注册，可分为注册商标与未注册商标。

---

① 参见《知识产权协定》第 15 条的规定。

② 参见《德州仪器公司（TI）已经产出气味发生器》，载《中国工商报》，2000－08－25。

注册商标，是指经国家商标局核准注册的商标，包括商品商标、服务商标和集体商标、证明商标，商标注册人享有专有使用权，受法律保护。

未注册商标，是指未经国家商标局核准注册的商标，商标使用者对未注册商标不享有专用权。根据我国于2013年8月30日修订后的《商标法》，未注册商标使用人依法享有某些方面的权利或者利益。

我国商标法允许市场经营者在商品或者服务上使用未注册商标（法律明确规定必须使用注册商标的情形除外），但注册商标与未注册商标有着明显区别，主要表现在：

1. 商标注册人对其注册商标依法享有专用权，可以排除他人在同种类商品或者服务上使用与其注册商标相同或近似的商标，未注册商标使用人则不具有排他性的专用权，但并非任何人都可以自由使用他人的未注册商标。

2. 商标注册人可以排除他人在同种类商品或服务上注册与其注册商标相同或近似的商标。未注册商标使用人则只能阻止他人恶意抢注其已经使用并具有一定影响力的商标，对于他人善意的注册则无能为力，只能让商标专用权落入他人之手。

3. 注册商标受到不法侵害，被他人假冒使用，商标注册人可以依法要求侵权行为人承担侵权责任，赔偿损失；然而，未注册商标使用人则不能依据商标法获得这样的损害赔偿。

基于上述差别，商标使用人在使用商标时应根据本企业产品的生产规模、稳定程度和销售量等决定商标是否申请注册。如果企业生产的是大批量的、质量稳定的商品，一般应使用注册商标；如果生产的是未定型的或随时准备转产的商品，则可考虑使用未注册商标。

## 三、文字商标、图形商标、立体商标、组合商标和音响商标

商标按照构成要素的不同，可以分为文字商标、图形商标、立体商标、组合商标和音响商标。这是我国《商标法》第8条规定的商标种类。

1. 文字商标，即以文字、数字、字母为构成要素的商标。其中的文字包括字、字的搭配、姓氏、地名、假名、缩写词等，文字可以是汉字，也可以是少数民族文字，还可以是拉丁文字。除了法律明确规定不得使用的文字外，商标使用人可以自由选择文字作为商标。字母商标，即以拼音字母或英文字母等最小的书写单位构成的商标。数字商标，即以表示数目的文字或符号作为构成要素的商标。以文字作为商标构成要素，含义明确，念起来朗朗上口，易于流传，但形象性不足。

2. 图形商标，即由平面图形、颜色组合构成的商标。图形是在纸上或其他平面上表示出来的物体的形状，既可以是风景画、人物肖像、动植物等具体形象图形，也可以是某种记号、符号等抽象造型构图。图形商标以艺术作品的形式出现，便于识记，不受语言文字的限制，但不便称呼与描述，因而在生产经营活动中，单纯以图形作为商标使用的情形较少，而是加上文字、字母、数字构成组合商标。

3. 立体商标，即以长、宽、高三种度量组成的三维标记为构成要素的商标，如可口可乐瓶独特的流线型瓶身，麦当劳的金色拱门标记。

4. 组合商标，包括颜色组合以及文字、图形、字母、数字、三维标记、颜色之间的组合构成的商标，如文字“旺旺”加娃娃图，文字“大白兔”加图形白兔，这种商标由多种要素构成，往往图文并茂，既表形又表意，是使用得最多的一种商标。

5. 音响商标，就是以音符、节奏和韵律编成的一组音乐或以某种特殊声音作为要素构成的商标。音响商标是我国于2013年8月30日修订的《商标法》增加的一种商标。中国国际广播电台将其“开始曲”作为音响商标申请注册，是自2013年8月30日修订的《商标法》实施

后，国家工商总局受理的首例音响商标注册申请。被注册的音响商标之构成要素必须符合《商标法》相应的规定。

## 四、商品商标与服务商标

按照使用对象的不同，商标可分为商品商标与服务商标。

1. 商品商标，是指商标注册人或者使用人在其生产、制造、加工、拣选或经销的商品上使用的商标，其使用对象是商品。

2. 服务商标，是指商标注册人或者使用人在其提供的服务项目（包括服务场所、服务设备、器具、服饰、宣传材料、票据）上使用的商标，其使用对象是服务项目。

服务商标是服务性行业所使用的识别性标记，即提供服务的人在其向社会公众提供的服务项目上所使用的标记。根据最新版本的《商标注册用商品和服务国际分类尼斯协定》（《尼斯协定》）的规定，服务商标适用的对象有 11 类。① 服务商标是商品商标的延伸和扩展，是商品经济发展和第三产业勃兴的产物。美国于 1946 年率先在其《商标法》中对服务商标提供注册保护，其后各国纷纷效仿。我国是在 1993 年《商标法》第一次修改时增加的内容，规定“本法有关商品商标的规定，适用于服务商标”。

## 五、制造商标与销售商标

按使用者的不同，商标可以分为制造商标与销售商标。

1. 制造商标，也称生产商标，是商品制造者所使用的商标。商品制造者使用制造商标，不仅有利于区别同种类商品的不同来源，而且有利于凝聚其信誉，形成市场优势，获得市场竞争力。

2. 销售商标，也称商业商标，是商品经营者使用的商标。商品销售者使用销售商标，不仅有利于表现销售者的经营理念，而且有利于凝聚其商誉，形成市场优势，获得市场竞争力。

## 六、集体商标、证明商标、联合商标与防御商标

按用途不同，商标可以分为集体商标、证明商标、联合商标与防御商标。

1. 集体商标，是指以团体、协会或其他组织名义注册，供该组织成员在商事活动中使用，以表明使用者在该组织中的成员资格的标记。集体商标的特殊性在于商标的所有权不属于单个自然人、法人或者其他组织，而是属于集体组织，其集体组织成员按商标使用管理规则履行必要的手续后即可使用该商标。集体商标不得转让。

使用集体商标的目的在于表明某种商品或服务是由一定的团体生产、销售或提供的，具有共同特征。集体商标的注册和使用受到法律保护，有利于创造该集体的信誉，保护团体及成员的利益，有利于取得规模经济效益，扩大国内、国际市场的影响。尤其是在我国加入世界贸易组织后，在国际竞争中可以弥补我国企业规模较小之不足，提高企业在国际市场的竞争力，占领国际市场。

---

① （1）广告，实业经营，实务管理，办公事务；（2）保险，金融，货币事务，不动产事务；（3）建筑，修理，安装服务；（4）电信；（5）交通，运输，贮藏，旅行安排；（6）材料处理；（7）教育，提供培训，娱乐；（8）科学技术服务和与之相关的研究与设计服务，工业分析与研究，计算机硬件与软件的设计与开发，法律服务；（9）提供食物和饮料服务，临时住宿；（10）医疗服务，兽医服务，卫生及美容服务，农业、园艺或林业服务；（11）由他人提供的为满足个人需要的私人和社会服务，为保护财产和人身安全的服务。

2. 证明商标，又称保证商标，是指由对某种商品或服务具有监督能力的组织所控制，而由该组织以外的单位或个人使用于其商品或服务，用以证明该商品或服务的原产地、原料、制造方法、质量或其他特定品质的标记。如纯羊毛标记，真皮标记，长城标记，方圆标记，“旅游定点”“绿色食品”。证明商标的主要特点在于，证明商标应由某个具有检测和监督能力的组织申请注册，但商标注册并非自己使用，而是由注册人以外的其他人使用，只要使用人提供的商品符合证明商标所要证明的特定品质，并与注册人履行规定的手续后就可以使用，注册人不得拒绝。

使用证明商标的目的在于证明商品或服务本身具有某种特定的品质，如纯羊毛标记用以证明使用该标记的商品的原料是纯羊毛。这样有利于生产经营者向市场推销商品，有利于消费者选择商品，也可防止滥用证明标记，损害消费者的利益。

3. 联合商标，是指同一个商标注册人在同一种或者类似的商品和服务上注册两个或两个以上的相近似商标。其中一个被指定为主商标，是实际使用的商标，其余的是为了防止他人注册造成混淆而注册的，用于积极防卫。联合商标可以由商标申请人分批获得注册，但不能单独转让或许可。例如，“乐口福”食品商标注册人在注册该商标的同时，注册了“乐福口”“口乐福”“口福乐”“福口乐”和“福乐口”等商标；“全聚德”烤鸭店同时注册了“德聚全”“聚全德”“聚德全”“德全聚”“全德聚”等商标。这些都是属于联合商标。

对联合商标实行保护的国家一般都规定，只要使用了联合商标中的一个，就可以认为整个联合商标都符合《商标法》中所规定的“使用”要求。

我国《商标法》未明确规定联合商标，但允许企业就两个以上的近似商标取得注册。

4. 防御商标，是指驰名商标注册人在该商标核定使用的商品、服务以外的其他类别商品、服务上也加以注册。例如，可口可乐公司在“可口可乐”牌碳酸饮料成为驰名商标以后，又在其他 33 类商品上注册“可口可乐”商标。其目的在于保护驰名商标的信誉，防止他人在不同类别的商品上注册、使用与其驰名商标相同的商标，淡化其驰名商标的影响。防御商标的注册较为困难，但一旦注册成功，则不受不使用而被撤销商标的规定所限，我国《商标法》对防御商标未作规定，但允许商标使用人就同一商标在不同类商品、服务上取得注册。事实上，如果在商标法中确立了驰名商标的特殊保护制度，将其保护范围扩大到不同类商品、服务，则没有必要再申请注册防御商标。

## 第 3 节　商标与相关商业标志的比较

### 一、商标与商品名称

商品名称，是指用以区别其他商品而对本商品的称谓。商品名称可分为商品通用名称和特定名称。商品通用名称是对同一类商品的一般称呼，如服装、电视机、电脑等。商品特定名称是指在商品通用名称前冠以该商品的商标、产地、性能或者特点而构成的商品名称。例如，酒、凉茶是商品通用名称，而“五粮液酒”“王老吉凉茶”就是商品特定名称。

我国《商标法》第 11 条规定“本商品的通用名称”不能作为商标注册，但用作商标使用取得显著特征的，则可以被核准注册。应当注意的是，商品通用名称并非不能作为商标被核准注册，而是不能作为本商品的商标被核准注册。例如，“苹果”就是一种水果的通用名称，将“苹果”作为商标使用在“手机”上，就可以被核准注册。美国苹果公司的“苹果（Apple)”

商标即是。

商品特定名称符合商标注册条件的，则可以作为商标被核准注册，受商标法保护。此外，商品的特定名称还可以借助于反不正当竞争法作为“知名商品”特有名称获得保护。①

商标与商品名称，既有联系又有区别。商标与商品名称往往密不可分。商标是使用在商品或者服务上的标记。普通消费者具体提及某种商品或者服务时，通常都是与某一商标相联系，方可作出明确的表述。例如，“海尔”空调、“中石化”加油站等。只有商标没有商品名称，人们就无法知晓该商标指代的是哪一种商品；只有商品名称没有商标，则商标将失去其应有的功能，不能起到标示商品来源的作用。商标与商品名称又有区别。商标受商标法调整，有关商标的注册、使用、转让、使用许可等均由商标法规制。商品名称则由相关法律规范规制，通用商品名称不受法律保护，只有特定商品名称才可能获得保护。

尤其值得注意的是，特定商品名称和商标（特别是注册商标）具有某种特殊关系，容易引起法律纠纷。②

## 二、商标与商品装潢

商品装潢是使用于商品包装上的装饰，通过说明、美化商品刺激人们的消费欲望。商标与商品装潢有许多相似之处，它们都可以由文字、图形、字母、数字、三维标记和颜色组合等要素构成，往往附着于商品、商品容器或商品包装上，对消费者具有视觉吸引力，因而容易引起混淆。

从法律上看，两者的区别主要表现在：

1. 适用的法律不同。商标法律关系由商标法进行调整；商品装潢可以作为美术作品受著作权法保护，知名商品的装潢还可以受反不正当竞争法保护。

2. 构成要素的法律要求不同。商标的构成要素应符合商标法的规定，便于识别，不能是本商品的通用名称和图形，也不能直接表示本商品的主要特征。商品装潢在构成要素上无任何要求。例如，一幅精美的移动电话图形可作为移动电话的装潢，但作为移动电话的商标是不能被核准注册的，除非经过使用产生了显著性。

3. 权利取得的方式不同。商标专用权实行注册取得原则，商标的使用不能产生商标专用权。商标使用人必须依法提出注册申请，经国家商标局审核批准后才能取得商标专用权。有关商品装潢的权利取得无须履行登记注册手续，基于商品装潢的存在便可自动受到法律保护，即商品装潢构成著作权意义上的美术作品的，则自动取得著作权；使用该装潢的商品经确认为知名商品的，则可依反不正当竞争法规定，有权禁止他人擅自使用知名商品特有的装潢或者使用与知名商品近似的装潢造成混淆，引起消费者误认。

4. 两者保护范围不同。注册商标的保护范围以核准注册的商标和核定使用的商品为限，商标一经核准注册，非经重新申请不得任意改变商标构成要素，非经另行提出申请不得随意扩大商标使用的商品类别。商品装潢无明确的保护范围，有关商品装潢的使用情况，其所有人可以随时根据市场需要予以变更，不受任何限制。

## 三、商标与商号

企业名称，是指企业在从事商业活动时用以署名而与其他商业主体相区别的名称，是市场

---

① 参见 1993 年 9 月 2 日第八届全国人民代表大会常务委员会第三次会议通过的《反不正当竞争法》第 5 条第 2 项规定。

② 参见曹新明：《商品名称与注册商标冲突解析》，载《知识产权》，2012（12）。

主体识别系统中的符号之一，属于区别性标记的一种。根据《企业名称登记管理规定》规定，在一般情况下，企业名称应当由以下部分依次组成：字号（或者商号）、行业或者经营特点、组织形式。企业名称应当冠以企业所在地省（包括自治区、直辖市）或者市（包括州）或者县（包括市辖区）行政区域名称。因此，商号是企业名称中的一个重要组成部分。例如，“武汉健民制药有限公司”是一个企业名称，其中“健民”就是该企业的商号。在某些特殊情况下，企业名称与商号重合，例如，“同仁堂”是企业名称，同时也是商号。

商号有以下特点：（1）商号是由文字、数字、字母等相结合组成的标记。（2）具有唯一性。根据《企业名称登记管理规定》规定，一个企业只能有一个企业名称，因此，一个企业就只有一个商号，甚至可能没有商号。例如，“武汉第三棉纺厂”就只是一个企业名称，而没有商号。（3）在其登记的行政区域内具有排他性，但在全国范围内并不一定具有排他性。

尽管商标与商号具有密切的联系，但两者的区别还是明显的。以下将商标与商号作一比较。

| | 比较项目 | 商标 | 商号 |
|---|---|---|---|
| 相同点 | 构成要素 | 文字、数字、字母及其组合 | 文字、数字、字母及其组合 |
| | 权利的产生 | 注册 | 登记 |
| 不同点 | 构成要素 | 文字、图形、字母、数字、三维标志、颜色组合，以及上述诸要素的组合 | 文字、数字、字母及其组合 |
| | 企业所拥有的数量 | 可以有多个、一个或者没有 | 至多一个，也许没有 |
| | 权利性质 | 商标权是一种财产性权利 | 商号权是一种具有财产内容的人身权 |
| | 效力范围 | 商标权一经产生，其效力及于全国 | 商号权只能在其登记的行政区域内有效力 |
| | 权利的利用 | 注册商标可转让、许可使用 | 商号可转让、联营，但不得许可使用 |

## 四、商标与域名

域名是连接到国际互联网上的计算机的地址，是为了便于人们发送和接收电子邮件或访问某个网站而设计的。[①] 设计域名的本意是便于计算机联网和网上通讯，时至今日，它已经被广泛用作一种商业性标记符号，由此与商标权法律制度发生了密切的联系与权利冲突。商业组织已经充分意识到网站作为发展电子商务的基本手段所具有的巨大潜力，尽量使用商标尤其是知名商标作为网站的域名，以吸引原有消费者，扩大网上市场的知名度，增加市场份额和利润。那么，域名这一新兴的商业标志与商标权发生冲突的原因何在呢？概括起来，原因有四：

1. 域名的全球性与商标权的地域性。域名是一种通行网上的标志，在全球性的网上有效，而商标权具有地域性，只能在特定区域基于特定国家或地区的法律而有效，所以，域名在一国的合法使用很有可能为另一国家的法律所不容。

2. 域名的近似相容与商标的相似禁止。商标权的专有性及于与其相近似的标记，来源于

① 参见薛虹：《网络时代的知识产权法》，296 页，北京，法律出版社，2000。

不同企业的同类商品，其所使用的商标之间应具有显著的区别，从而使消费者不会在商品来源上产生误解。在互联网上，计算机可以识别每一个细微的差别，只要两个申请注册的域名稍有差异，后申请的亦可获得注册。

3. 域名的唯一性与商标的多重性。在互联网上，域名的唯一性是绝对的，即不论法律主体所从事的业务属于何种类型，也无论其是否分属于不同的国家，都不能获得相同的域名注册。而商标权的专有性仅限于在同类商品上的使用，导致在不同类别的商品上有可能同时存在完全相同的商标。

4. 域名注册的不审查主义与商标注册的审查原则。域名注册多不审查所申请的域名是否与他人的商标权相冲突，是否侵害了第三人的利益，而只是要求申请人应当对自己选择的域名负责。一旦发生纠纷，由域名注册人自己负责处理并且承担法律责任。商标注册申请过程中国家商标行政主管机关对申请注册的商标要依法进行严格的审查。①

### 五、商标与工业品外观设计

工业品外观设计，是指对产品的形状、图案、色彩或其结合所作出的富有美感并适于工业上应用的新设计。它与商标一样都属于工业产权保护的对象，权利的取得实行登记注册原则，在存在形式上都可以是平面的、立体的。但两者有许多不同之处：

1. 两者适用的法律不同。工业品外观设计适用专利法的有关规定，商标适用商标法。

2. 两者的功能不同。工业品外观设计的主要功能在于使商品产生美感，使人们在视觉触及之后产生一种轻松、愉快的感觉。商标尽管也可能产生美感，但这不是它的主要功能，商标的主要功能在本章第一节已经阐述。

## 第 4 节　商标制度的起源与发展

### 一、商标制度的起源

商标作为一种标记使用在商品上，标示商品来源，指示他人选择购买商品，从而决定了商标制度与商品经济的本质联系。商标制度因商品经济的发展而产生并随着商品经济的发展而完善；反过来，健全的商标制度又促进了商品经济的发展。在人类社会的自然经济时期，人们生产的目的主要是自给自足，在产品上不需使用标记，即使在有些产品上刻有铭文、年号，也只是为了表示私有权或装饰产品的作用，它不是商标。在商品经济条件下，产品交换越来越频繁，为了区别产品的生产者，就有了使用商业性标记——商标的需要。最初使用的商标标记的样式也很简单，一般只是把商品制造者的名字刻在产品上。

早在公元前一千多年以前，古埃及的工匠就在他们制造和出售的工具、陶器和其他物品上刻蚀他们的标记，表明这些产品是他们制造的。在欧洲，商标标记起源于西班牙，当时的游牧部落把烙印打在自己的牲畜上，以区别不同主人的牲畜。英语的商标“Brand”一词就有烙印的含义。在中国，东周时期就出现了商标，当时的酿酒业比较发达，河南、浙江一带的酿酒者用自己的姓名作为酒的标记，如“杜康”。到了汉代，一些手工业作坊开始在产品上刻铸标记，如铸有隶书“川”字的东汉铁器，在南北朝后期的北周文物中，就有以陶器工匠“郭彦”署名

① 参见吴汉东、胡开忠等：《走向知识经济时代的知识产权法》，252～254 页，北京，法律出版社，2002。

的“土定”（粗制陶器）。宋朝山东济南刘家功夫针铺所用的“白兔”商标，是我国发现的使用较早、图案设计较完整的一个商标。

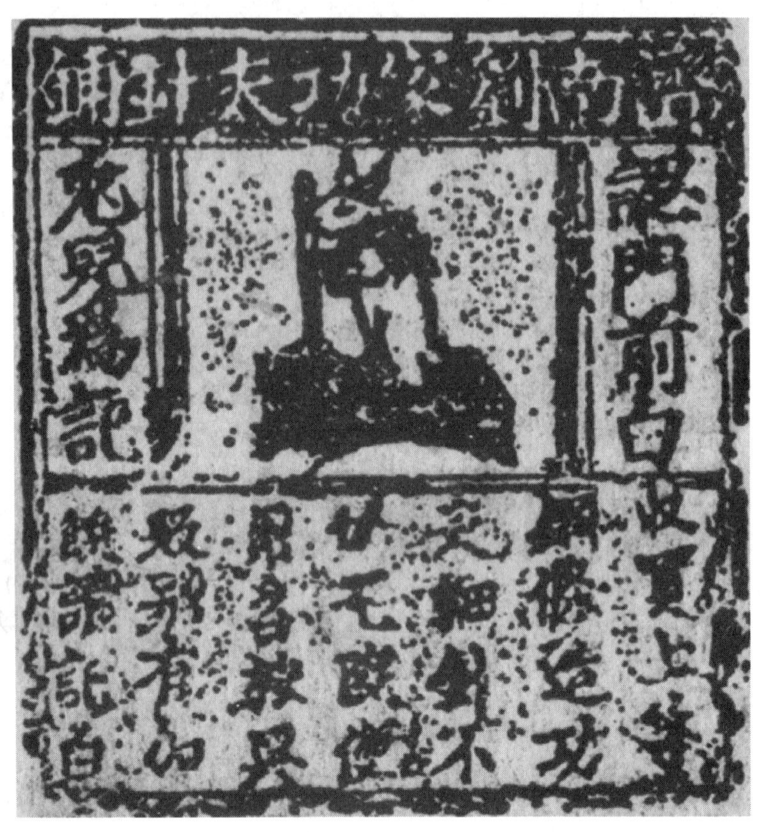


随着 13 世纪欧洲商品经济的发展，行铺、行会盛行，很多业主生产和经营同一种商品，由于生产者的手艺熟练程度和原料的不同，产品质量各有差异。生产经营者为了推销自己的商品，便更多地使用商品标记，树立信誉。到了十七与十八世纪，商标使用范围更广，商标的形式也日益完备，但还没有产生独立的商标制度。

## 二、西方商标制度的沿革

商标作为一种私有财产权受法律的承认和保护，并成为一种法律制度，始于 19 世纪。当时，许多西方国家的商品经济高度发达，市场竞争激烈，商标逐渐成为经营者进行市场竞争、牟取暴利的一种工具。为了保护商品生产经营者的利益，维护消费者的合法权益，许多国家从 19 世纪 50 年代起开始制定商标法律规范。

1804 年的法国《拿破仑法典》开创了近代商标法律制度，该法首次肯定了商标这一无形财产与有形财产一样受法律保护。1803 年，法国制定了《关于工厂、制造场和作坊的法律》，这是一部含有商标保护的早期法律。但是，这个法律文件并不是关于商标的专门法规，也不是全国通行的法律规范。一般认为，法国于 1857 年制定的《关于以使用原则和不审查原则为内容的制造标记和商标的法律》是世界上第一部具有现代意义的商标法。该法直到 1964 年才作了大幅度修改，重新公布了以注册原则为内容的《工业、商业和服务业商标法》。

法国之后，其他西方国家也相继建立了商标法律制度。英国最初采用判例法的形式保护商标权，从 19 世纪开始，英国即制定一些成文法。1862 年英国颁布了《商品标记法》，1885 年又颁布了《商标注册法》，1905 年通过新的《商标法》。德国于 1874 年公布了《商标保护法》，该法采用了不审查原则。1894 年的《商标法》采用了审查原则。美国于 1870 年制定了《联邦商标条例》，同年 8 月又补充了对商标侵权行为适用刑事制裁的规定。1881 年美国颁布了现行《商标法》，并于 1905 年、1946 年和 1975 年作了重大修改。日本于 1868 年明治维新以后，受德国《商标法》和英国《商标法》的影响，于 1884 年制定了以注册原则为基本方针的《商标条例》，后对其多次修改。

19 世纪中叶以来，随着国际贸易的发展与调整国际间经济技术关系的需要，建立商标国际保护制度成为必要。1883 年，法国、德国、比利时等 10 国发起缔结了《巴黎公约》，为经营者的商标获得国际保护提供了法律途径。其后又缔结了《马德里协定》《商标注册条约》《尼斯协定》《建立商标图形国际分类维也纳协定》等。1993 年通过的《知识产权协定》对商标的保护作了详细的规定，把对商标的保护提高到一个新的水平。

## 三、中国商标制度的发展沿革

中国第一部《商标法》是 1904 年清政府颁布的《注册商标试办章程》，这个章程是由中国总税务司的赫德（英国人）起草的，由外国人控制下的海关来执行，具有典型的半封建半殖民地性质。以后，北洋政府又以章程草案为基础，并参照英国驻华使馆代拟的条款，于 1923 年公布了《商标法》。国民党政府时期分别于 1930 年 5 月 6 日颁布《商标法》，并于 1935 年和 1940 年进行了两次修订，建立了中国商标制度。

新中国成立后，废除了国民党政府的商标法令。1950 年 7 月和 9 月，政务院分别公布《商标注册暂行条例》和《商标注册暂行条例施行细则》，实行自愿注册原则，保护期限为 20 年。这是新中国第一部商标管理法规，保护注册商标专用权。为加强商标管理，督促企业保证产品质量，1963 年，国务院制定《商标管理条例》及其实施细则，采用全面注册原则，规定生产经营者使用的商标都要注册，没有注册的商标不得使用。

1979 年，中国进入改革开放新时期，商品生产流通的种类日益增多，规模不断扩大。为适应新时期加强商标保护的需要，1982 年 8 月 23 日，第五届全国人民代表大会常务委员会第二十四次会议通过《中华人民共和国商标法》，于 1983 年 3 月 1 日起施行。同年 3 月 10 日，国务院颁布《中华人民共和国商标法实施细则》。1982 年制定的《商标法》是新中国第一部《商标法》。该法确定了：（1）保护商标权与维护消费者利益相结合的原则；（2）自愿注册原则；（3）注册审查原则；（4）统一注册分级管理原则。该部《商标法》适应我国当时经济发展需要，借鉴国际惯例，建立了具有中国特色的商标法律制度。

1982 年《商标法》实施后，我国于 1985 年加入《巴黎公约》，1989 年加入《马德里协定》，1988 年开始采用《尼斯协定》，1990 年发布《商标印制管理办法》。1998 年中国加入《马德里议定书》，2001 年中国正式成为世界贸易组织的成员，承诺履行《知识产权协定》。

1993 年 2 月 22 日，第七届全国人民代表大会常务委员会第三十次会议通过《关于修订〈中华人民共和国商标法〉的决定》，完成对《商标法》的第一次修订，同时通过《关于惩治假冒注册商标犯罪的补充规定》，加大惩治假冒注册商标犯罪和处罚商标侵权行为的力度。1993 年《商标法》修正案对《商标法》修改的主要内容有：（1）将商标的保护范围扩大到服务商标；（2）禁止将地名作为商标使用；（3）增加商标注册审查的补正程序；（4）扩大侵权行为界定范围，加大保护力度。

在我国加入世界贸易组织后，2001 年 10 月 27 日，第九届全国人民代表大会常务委员会第二十四次会议通过《关于修改〈中华人民共和国商标法〉的决定》，完成对 1982 年《商标法》的第二次修订。2013 年 8 月 30 日，第十二届全国人民代表大会常务委员会第四次会议通过《关于修改〈中华人民共和国商标法〉的决定》，完成对 1982 年《商标法》的第三次修订。

## 本章小结

首先，本章要掌握的概念是商标，并通过对商标特征与功能的学习了解建立商标制度的意义；其次，通过对商标的分类了解各个种类的商标及其特点，尤其是可视性商标、立体商标、集体商标与证明商标；再次，通过商标与相关标记的比较，了解各种标记，并能够正确区分商标与相关标记；最后，通过对商标法律制度发展史的学习，了解商标法在市场竞争中的作用以及我国《商标法》的颁布与三次修订。

## 【资料链接】

1. 宿迟．商标与商号的权利冲突问题研究．北京：中国人民公安大学出版社，2003
2. 左旭初．中国商标法律史（近现代部分）．北京：知识产权出版社，2004
3. 郭洪波．商标权与其他标识性知识产权冲突问题研究．法学，2005（9）
4. 刘春田．商标与商标权辨析．中国民商法律网
5. 韦之．论未注册商标的法律保护．中国私法网

# 第 13 章 商标的构成

## 导语

商标是区别商品或服务不同来源的标志。作为商标的标志是由文字、图形、符号、数字、字母、三维标志、颜色组合和声音等，以及上述要素组合构成的标志。但是，并非所有的文字、图形、符号、数字、字母、三维标志、颜色组合和声音等，以及上述要素组合构成的标志都能作为商标，并非所有的商标都能被核准注册。例如，国家的名称、国旗、政府间国际组织的名称、徽记等，就不能作为商标。再如，本商品的通用名称或图形等不具有显著性的标志，虽然可以作为商标使用，但是不能被核准注册成为注册商标。侵犯他人在先权利的标志或图案等不能作为商标使用，更不能申请注册。

请思考：

1. 商标的构成要素；
2. 商标构成条件。

## 第 1 节　商标的构成要素

我国 1982 年《商标法》规定，商标的构成要素只能是文字、图形或者其组合，我国《商标法》(2013 年修订，以下简称“现行商标法”) 扩大了商标构成要素的范围①，即商标的构成要素有文字、图形、字母、数字、三维标志、颜色组合和声音等。根据该项规定，我国现行商标法所保护的商标，可以是由文字、图形、字母、数字、三维标志、颜色组合，或者上述要素组合等可视性标志构成的商标，包括平面商标和立体商标，也可以是由声音构成的音响商标。

**关键词：可视性标志**

可视性标志是商标的基本构成要素，《知识产权协定》及各国商标法大多要求商标能够用视觉所感知，由文字、图形、数字、字母、三维标志、颜色组合等可视性元素构成的商标，可以依法予以注册并受到保护。

可视性标志，包括平面标志和立体标志。文字、图形、字母、数字和颜色组合等属于平面标志，三维标志属于立体标志。传统意义上的可视性标志，由于受到技术条件所限，通常都是静止状态的。但是随着现代传播技术的发展，尤其是在网络环境下，像 Flash 这样的新技术可以很容易地使商标活动起来，从而对传统的静态商标提出巨大挑战：一个小鸡破壳诞生的过程无疑比单一的文字和图案更加生动、活泼，而仅仅注册这一过程的某一时刻所呈现的画面显然

① 参见我国于 2013 年修订的《商标法》第 8 条的规定。

不能达到目的。[①] 因此，新技术条件下的可视性商标应包括静态商标与动态商标。

**关键词：三维标志**

三维标志，是指由长、宽、高三个维度的实体构成的标志，由此构成的商标称为立体商标。同平面商标相比，立体商标出现得较晚，但比平面商标更直观，尤其是商品外形一般比包装上印刷的文字和图案更能引起消费者的注意，因此越来越受到企业的青睐，并逐渐为各国商标法所保护。我国《商标法》(2001 年）便增加了三维标志作为商标构成要素，对立体商标给予注册保护。例如，在 2002 年 12 月 1 日《商标法》生效当天，麦当劳的金色拱门标记、肯德基的老人，可口可乐的流线型瓶身、咸亨集团的孔乙已雕像等立体商标便提出了注册申请。

**关键词：字母和数字**

我国 1982 年《商标法》没有规定“字母、数字”可以作为商标构成要素，在实践中，把某些仅以字母、数字构成的商标在文字商标中予以注册保护。2001 年《商标法》明确规定“字母、数字”作为商标的构成要素，将“字母、数字”的隐形要素显性化，更符合实际，也便于商标主管部门对商标注册申请依法审查核准。

虽然字母、数字与文字属不同的“字”，但在各国立法与实践中，通常把以文字、字母、数字作为要素所构成的商标笼统地称为文字商标。文字商标的构成通常有三种情况：

1. 普通词汇，即通常在字典或者词典中能够查到的现成词汇。现成词汇按照与商品或服务的紧密程度可划分为三类：(1) 任意词汇，即与指定使用的商品或服务没有直接联系，如“雪花”服装，“海鸥”手表；(2) 暗示词汇，即消费者凭借一定的想象可以发现商标与指定使用的商品或者服务存在某种联系，如“健力宝”饮料，“红牛”饮料；(3) 叙述词汇，即消费者凭借其基本常识即可发现该词汇与其指定使用的商品或者服务之间具有某种联系，如“五粮液”酒。

2. 臆造词汇，即现成词汇之外的独创性词汇，通常不具有明确含义。例如，“Kodak 柯达”胶卷，“海尔 Haier”电器。

3. 特殊词汇，包括：姓名（如“张小泉”剪刀)，地名（如“Montblanc 勃朗峰”钢笔)，字母（如“IBM”电脑)，数字（如“chanel No. 5”香水)，口号（如美国运通的“出门别忘带上它”)。[②]

**关键词：颜色组合**

将颜色组合作为商标构成要素，是 2001 年《商标法》中增加的内容。在实践中，独特新颖的颜色组合只要能够区别商品或者服务来源，就可以作为商标；具有显著性的，能够获得注册。例如，美国加州牛肉面使用的是红蓝相间的颜色组合商标。值得注意的是，颜色组合商标应是两种或两种以上的颜色组合而成的商标，而非单一颜色商标。由文字、字母、数字、图形与颜色组合构成的商标，不属于颜色组合商标，而是普通的组合商标。颜色组合商标所选用的颜色应当具体限定，提供色样，不能笼统地表述为“红色、黄色、黑色”等。颜色组合商标必须具有显著性，或者通过使用具有显著性，便于识别，方可取得注册。[③]

**关键词：声音商标**

将声音作为商标构成要素是 2013 年《商标法》增加的内容。凡是能够区别商品或服务来

---

① 参见黄晖：《商标识别与表彰功能的法律保护（上)》，载《知识产权文丛》(第 5 卷)，272 页，北京，中国方正出版社，2001。

② 参见黄晖：《商标识别与表彰功能的法律保护（上)》，载《知识产权文丛》(第 5 卷)，258～262 页，北京，中国方正出版社，2001。

③ 参见李顺德：《立体商标和颜色组合商标的注册保护》，载《中华商标》，2002 (4)。

源之声音都可以作为商标的构成要素。例如，简短的歌曲、旋律、说话的声音、钟声、铃声或者动物的叫声等。以声音作为要素构成的商标成为声音商标，或者音响商标。只要声音商标具有显著性，就能够被核准注册。

**关键词：地理名称**

地理名称属于叙述性名词，是特定的行政区划、地区、地理位置或者地域范围的称呼，属于当地公众共同拥有的一种公共资源，应当由某一特定地域范围内的生产经营者或者服务提供者共同享有，不应该被垄断使用，否则有悖于公平竞争规则和商标法的立法宗旨。

我国 1993 年的《商标法》规定，县级以上的行政区划名称和公众知晓的外国地名不得作为商标使用，但地名具有其他含义或者作为集体商标、证明商标的组成部分的除外。以地理标志作为商标，即使被核准注册，相应的商标专用权也受到了一定限制。例如，欧盟理事会在协调成员国商标立法的“一号指令”中规定，商标赋予其所有人的权利不得用来禁止第三人在商业中使用其姓名和地址，使用有关商品或服务的种类、质量、数量、用途、价值、地理来源，或商品的生产年代或服务的提供年代，或商品或服务的其他特征的指示。

## 第 2 节　商标的显著性

### 一、显著性解读

商标的主要功能是区别商品或者服务的来源。商标的显著性是商标发挥其区别功能的首要条件，是商标本身所具有的属性。商标主管机关在商标注册申请的审查过程中，着重审查商标构成要素是否具有显著性。申请注册的商标缺乏显著性或显著性微弱，其申请将会被驳回。缺乏显著性或者显著性微弱的商标，即使被核准注册，也有可能被撤销。显著性是对注册商标的要求，未注册商标即使缺乏显著性或者显著性微弱也可以使用，但是难以得到充分的保护。

商标的显著性，是指商标的构成要素应具有明显的特征，使消费者能够将不同生产者或经营者所生产、经营的商品或者提供的服务区别开来，凭借商标购买商品或接受服务。一般认为，商标的显著性可分为固有显著性与获得显著性两种。

1. 固有显著性，即由若干要素构成的标志立意新颖、简洁醒目、富有个性，与指定使用的商品或者服务没有直接的联系，自该商标实际使用之日起就具有区别商品或者服务来源的作用。如“联想”“微软”“东芝”等商标就具备固有显著性，可以直接作为商标注册。相反地，仅仅使用本商品的通用名称、图形或型号，仅直接表示商品的质量、主要原料、功能、用途、重量、数量及其他特点的文字和图形，则不具有显著性，不能被核准注册。

2. 获得显著性，即商标自实际使用之日起并不具有显著性，但经过较长时间的连续使用，消费者事实上已经将该标志与特定的商品或者服务联系在一起，则该商标就被认为具有了区别商品或者服务来源的作用，获得了显著性。

我国 1982 年《商标法》没有关于获得显著性的规定，但在实践中对该类商标给予了核准注册，如“两面针”牙膏、“五粮液”酒等。《巴黎公约》与《知识产权协定》[①] 均有类似规定，

① 《巴黎公约》第 6 条之 5 第 3 款第 1 项规定：“决定一项商标是否给予保护，必须考虑到一切实际情况，特别是商标已使用期间的长短。”《知识产权协定》第 15 条第 1 款规定：“即使有的标记本来不能区分有关商品或服务，成员亦可根据其经过使用而获得的识别性，确认其可否注册。”

为此，我国现行《商标法》第 11 条规定："……前款所列标志经过使用取得显著特征，并便于识别的，可以作为商标注册。"

商标的显著性是一个抽象而不确定的法律概念，各国的认定标准并不完全相同，宽严有别。某商标是否具有显著性，并非一成不变，它将随着时间而冲淡或消逝，也可以因时间而集聚或增长。[①]

美国、法国的商标法实务与理论，根据显著性的强弱将商标分为四种：臆造商标（fanciful mark）、任意商标（arbitrary mark）、暗示商标（suggestive mark）和叙述商标（descriptive mark）。其中臆造商标属自创商标，与商品或服务不发生任何联系，显著性最强，当然可以作为商标注册。任意商标虽然不是独创的，但该商标与商品或服务没有必然联系，能够区别商品或服务的来源，也具有显著性。暗示商标虽然暗示了商品或服务的特点，但并未直接说明，因此也具有显著性，只是显著性较弱。叙述商标对商品或服务的特性或品质进行了描述或说明，属于不具有显著性的商标，这类商标仅有可能通过使用获得显著性。

## 二、不具有显著性的标志

1. 本商品的通用名称、图形、型号。本商品的通用名称、图形、型号是一般性地代表或标志某一种、某一类、甚至几类商品的共用名称或标识，如"果汁""碳酸饮料"等，是所有生产经营相关商品或者提供服务的人可以共同使用的，具有普遍性的特点，而不具有显著性，不能起到区别商品或者服务来源的作用。但是，如果商标构成中除了本商品的通用名称、图形、型号外，还有其他文字、图形、字母、数字、三维标志和颜色组合等，则可以被核准注册。例如，"大众汽车"注册商标中就是除了本商品的通用名称外，还有"大众"二字，可以成为注册商标。

应当特别注意，商标是使用在商品或者服务上的标志。本商品（或者服务）的通用名称、图形、型号，是指使用在某商品或者服务上的商标的名称、图形或者数字符号（型号）就是该商品或者服务的通用名称、图形或者型号。如果使用在某商品或者服务上的商标的名称、图形或者数字符号（型号）不是该商品或者服务的通用名称、图形或者数字符号，而是其他商品或者服务的通用名称、图形或者数字符号，则不属于该条款规定不具有显著性的情形。

2. 叙述性商标。叙述性商标的构成元素，是仅仅直接表示商品的质量、主要原料、功能、用途、重量、数量、产地及其他特点的文字、字母、数字、符号、图形等，则属于不具有显著性和识别性的情形。这种商标不能被核准注册，因为同一种商品的主要原料、功能、用途等特点是一致的，不能起到区别商品来源的作用。需要注意的是，这里指的是"仅仅直接"，如果是间接表示或者暗示商品特点，具有区别性的标记可以作为商标被核准注册。

3. 功能性三维标志。功能性三维标志是基于商品本身的特性而产生的，是这一类商品所共有的形状，缺乏显著特征，不能作为注册商标而被市场经营者独占为私有财产，享有专有使用权。为防止不适当的注册，我国《商标法》借鉴国际的通行做法，规定下列三种情形不得注册：（1）仅仅是由商品自身的性质产生的形状，如通用的蜡烛、筷子形状；（2）为获得技术而需有的商品形状，如剃须刀的形状；（3）使商品具有实质性价值的形状，如轮胎形状、玻璃容器的形状。

4. 姓氏与姓名。姓氏与姓名是最早用来作为商标使用的标志，将制造商或销售商的姓氏

---

① 参见曾陈明汝：《商标法原理》，26 页，北京，中国人民大学出版社，2003。

或姓名作为商标以指明商品的出处。但常用姓氏显然不具有显著性，也不能由某一人所专有。美国《商标法》规定，纯粹的姓氏和没有第二含义的标志不能予以注册保护，并要求公正、诚实地使用自己的姓名。我国对纯粹的姓氏注册没有明文规定，具有特殊含义或者第二义的姓氏或者姓名可以作为商标被核准注册。例如，“李宁”牌运动服，“张小泉”牌剪刀等。

## 第 3 节　注册商标的构成条件

### 一、不得违背《商标法》规定的禁用条款

我国现行《商标法》第 10 条规定，不得作为商标注册，也不得作为未注册商标使用的标志有以下九种：

1. 同中华人民共和国的国家名称、国旗、国徽、军旗、勋章相同或者近似的，以及同中央国家机关所在地特定地点的名称或者标志性建筑物的名称、图形相同的。国家名称、国旗、国徽是国家的象征，不能随意作为商标使用。我国《国旗法》《国徽法》对国旗、国徽的使用有严格的限定，明确规定不得用作商标，否则有损国家的尊严。军旗是军队的象征，勋章是国家赋予的一种荣誉，不能随意进入商业领域。“同中央国家机关所在地特定地点的名称或者标志性建筑物的名称、图形相同的”作为商标禁用标志，是 2001 年《商标法》增加的内容，如天安门的文字、图形等，不得作为商标。

2. 同外国的国家名称、国旗、国徽、军旗相同或者近似的，但该国政府同意的除外。该项规定有多重意义：(1)《巴黎公约》第 6 条之 3 规定了关于国徽、官方检验印章和政府间组织徽记禁止作为商标使用。我国是巴黎公约成员国，应当遵守该项规定，履行相应的义务。(2) 对于非巴黎公约成员国，根据对等原则，如果我国《商标法》允许将它们国家的国家名称、国旗、国徽、军旗相同或者相近似的标志作为商标使用，它们同样地会允许这样做。其结果必然损害我国的尊严。禁止将它们国家的国家名称、国旗、国徽、军旗相同或者相近似的标志作为商标使用，实际上也是让它们国家也禁止将我国的国家名称、国旗、国徽、军旗相同或者相近似的标志作为商标使用。

3. 同政府间国际组织的名称、旗帜、徽记相同或者近似的，但经该组织同意或者不易误导公众的除外。该项规定是为了与《巴黎公约》第 6 条之 3 的规定相一致，以履行我国作为巴黎公约成员国的义务。

4. 与表明实施控制、予以保证的官方标记、检验印记相同或者近似的，但经授权的除外。这是 2001 年《商标法》增加的内容。官方标记是指国家机关使用的专门标记，如海关标记、民航标记、质量认证标记等。检验印记如进出口检验、卫生检验印记等。

5. 同“红十字”“红新月”的名称、标志相同或者近似的。“红十字”“红新月”是一种志愿使用的国际性救济救护组织的标志，是世界公认的国际卫生组织通用标志，由医疗卫生组织专用。

上述五项禁用规定是《巴黎公约》的要求，也是国际惯例，体现了对国家、政府间国际组织、国际救济救助组织的尊重与人道主义精神。再者，将上述标志作为商标使用，容易混淆商品的来源，误导消费者，损害消费者的合法权益。

6. 带有民族歧视性的。该项规定体现了我国各民族一律平等的国策。我国是多民族国家，《宪法》规定禁止民族歧视，　切以突出显示某种人文现象，尤其是少数民族文化现象甚至生

理现象为特征的商标都应被禁止使用。这里所指的民族，包括中国的56个民族和外国民族、人种。如“王回回”膏药商标、“DARKIE”[①]牙膏商标均被禁止注册使用。

7. 夸大宣传并带有欺骗性。该项规定是从保护消费者利益出发，要求使用在商品上的商标对商品质量、功能、用途等作夸大的宣传，欺骗消费者。如商标中一般不得使用“永久”“无敌”“长寿”等文字。

8. 有损于社会主义道德风尚或者有其他不良影响的。该项规定是为了维护社会的道德风尚，促进社会主义精神文明建设，避免因不健康的商标设计而给社会造成不良的影响。黄色、下流的标志，渲染恐怖主义、暴力的标志，带有反动色彩的标志，宣扬封建迷信思想的标志，均在禁止使用之列。例如，海口一市民为杀虫剂及老鼠药类产品申请注册“双规”商标，被国家商标局以易产生不良的政治和社会影响为由驳回。

9. 县级以上行政区划的地名或公众知晓的外国地名不得作为商标使用；但是，地名具有其他含义或者作为集体商标、证明商标组成部分的可以作为商标使用；已经注册使用地名的商标继续有效。该项规定包含三个层次的含义：

（1）县级以上行政区划的地名或公众知晓的外国地名不得作为商标使用。这是国际惯例，因为地名是用于标示自然形态或地理区域的符号，属于社会通用的名称，不能被某个企业或个人注册为商标成为其私有财产。如果允许将地名作为商标使用，容易混淆商品的来源，误导消费者。例如，产权在天津的“北京”牌电视机往往给公众造成产地在北京的错觉。

（2）地名具有其他含义或者作为集体商标、证明商标组成部分的可以作为商标使用。

所谓“其他含义”有两种情形：一是构成地名的词汇本身有特殊的意义，如“阳春”“凤凰”“张家界”“黄山”等；二是地名作为商标已使用多年，已经具有了显著特征，便于识别，当公众提到该地名时，首先想到的是某种商品，而不是行政区划地名，如“茅台”酒、“香槟”酒等。

集体商标、证明商标是我国《商标法》的保护对象，集体商标是以团体、协会或其他组织名义申请注册的商标，证明商标可以用于证明某种商品的原产地，这就决定了集体商标与证明商标必然要把地名作为商标的一部分，如“正阳猪”“金华火腿”等。

（3）已经注册使用地名的商标继续有效，是指在1988年《商标法实施细则》规定禁止使用地名作为商标之前已经注册使用地名的商标继续有效。

## 二、不得与他人的在先权利相冲突

申请注册的商标，不得与他人在先权利相冲突。所谓他人在先权利，是指在商标注册申请人提出商标注册申请以前，他人已经依法取得或者依法享有并受法律保护的权利，通常包括著作权、专利权、姓名权、肖像权、商号权等，同时还包括不得与他人的域名相冲突。

申请注册的商标，不仅不能与他人的在先权利相冲突，而且不得与他人已经使用并具有一定影响的未注册商标相冲突。根据我国现行《商标法》规定，未注册商标使用人对其在生产经营活动中使用的未注册商标，并不能依法享有专用权。但是，未注册商标经过使用已经产生了一定影响的，其使用人有权阻止他人恶意抢注该未注册商标。例如，在“深圳市胜捷消防器材工程有限公司与商标评审委员会等商标异议复审行政纠纷”一案中，经北京市高级人民法院终审判决，未注册商标使用人成功阻止了他人抢注其未注册商标。

---

① “DARKIE”与DRKY读音近似，商标图形为黑人并注有“黑人”字样。而DRKY是歧视黑人的语言，汉语为“黑鬼”。

在商标的注册与管理实践中，商标权与其他权利的冲突案件越来越多，既有商标注册人侵犯了他人的在先权利，也有他人侵犯商标权人的在先权利。事实上，不仅仅是商标权与其他权利的冲突，权利冲突在知识产权领域甚至整个法学领域都是客观存在的，解决权利冲突的一项基本原则便是尊重在先权利原则，即在后权利的设立与行使不得侵犯他人此前已经存在并受法律保护的在先权利，否则，该项权利即使已经取得也应当被撤销。

强调尊重他人在先权利是诚实信用原则要求的体现。在商标注册申请过程中，实行的是先申请原则。先申请原则有利于人们及时地将自己使用的商标向国家商标行政主管机关提出注册申请，以防止他人率先提出申请而导致其不能继续使用该商标。与此同时，为了确权的公平与合理，还应遵循诚实信用原则，要求人们在商标注册申请时必须诚实、守法，反对损害他人合法权益、扰乱公平竞争的市场经济秩序行为。因此，如果商标注册申请的标记与他人的在先权利相冲突，商标局将不予核准注册，在先权利人也可以在异议程序或注册商标的无效补正程序中通过提出异议或撤销请求维护自己的合法权益。

## 三、不得与他人的注册商标相冲突

商标注册人对其注册商标享有专有使用权，并受到法律保护。我国《商标法》规定，将与他人在同一种商品或者类似商品上已经注册或者初步审定的商标相同或近似的商标申请注册的，由商标局驳回申请，不予公告；已经公告的，经商标局裁定异议成立的，不予核准注册。

我国《商标法》的该条款明确规定，申请注册的商标不得与他人的注册商标冲突。通常认为，注册商标受法律保护。如果他人将与某注册商标相同或者相近似的商标，申请注册使用在与该注册商标核定使用的商品或服务相类似的商品或者服务上，就可能构成对该注册商标专用权的侵犯。因此，商标注册人不必在乎他人申请注册的商标是否与其注册商标相同或者相近似。一旦出现这种情况，在先的商标注册人就可以对在后的商标注册人提起侵权诉讼。事实上，如果在先的商标注册人在他人的商标申请注册阶段没有及时阻止其注册，根据《商标法》的规定，其后还可以通过注册商标争议程序、注册商标宣告无效程序进行补救。如果在法律规定的期间内，在先的商标注册人仍然没有采取补救措施撤销在后的注册商标，或者宣告其注册商标无效，最后还可以通过商标侵权诉讼阻止其使用。但是，在先商标注册人如果能够将他人申请注册的与其注册商标相冲突的商标，在申请审查阶段就阻止了，就是更加经济有效的措施。

**关键词：相同商品**

相同商品，也称同一种商品，是指一种商品与另一种商品的通用名称、主要用途、功能、原料或者销售渠道等方面相同的情形。在某些情况下，两种商品的名称可能不相同，但其主要用途、功能、原料或者销售渠道是相同的商品，也是相同商品，例如，浙江绍兴的“花雕”与“黄酒”就是同一种商品。

相同服务，是指在通用名称、服务内容、方式或者对象等方面相同的服务。

**关键词：类似商品**

类似商品，是指一种商品与另一种商品在功能、用途、生产部门、销售渠道、消费对象等方面相同，或者相关公众一般认为其存在特定联系、容易造成混淆的情形。例如，服装与鞋子、新鲜水果与蔬菜、烟草制品与吸烟用具，均属类似商品。

类似服务，是指在服务的目的、内容、方式、对象等方面相同，或者相关公众一般认为存在特定联系、容易造成混淆的服务。

**关键词：相同商标**

相同商标，是指使用在相同或者类似商品或者服务的商标图案在视觉上无差别或者差别细微的商标。如果不是使用在相同或者类似商品或者服务上的两件商标，即使其商标图案相同或者基本相同，只能将它们称为商标构成相同或者基本相同，商标图案相同或者基本相同，而不能称为相同商标。例如，香烟商标“中华”与牙膏商标“中华”，就是商标构成文字相同的商标，并不是商标法意义上的相同商标。

**关键词：相似商标**

近似商标，是指使用在相同或者类似商品或者服务上的商标图案在读音、含义、形态或者整体结构上相近似，易使消费者造成误认的商标。如果不是使用在相同或者类似商品或者服务上的两件商标，即使其商标图案相近似，只能将它们称为商标构成相近似，商标图案相近似。

判断两件商标是否近似，还可参照下列要素：

1. 人的标准。由于人的知识、经验各异，并且在购买商品时对于商标的注意程度也因商品的不同而不同，因而，判断之标准，应以各种商品之大多数供应者的不同而有差异。例如，农药、化肥等商品的购买者多为农民，故对此类商品之商标的近似标准应从严。

2. 地的标准。消费者在认牌购货时往往附带商品的产地因素，对于来自同一产地的不同品牌商品的识别力较差，因而在商标近似的判断标准上应从严要求。例如，“白灵”“白菱”的文字、含义并不相同，但是由于二者使用的商品均来自上海，结果在消费者当中造成了误认。

3. 物的标准。一般而言，消费者对于日常消费品及价值较低之商品的商标，所施之注意较低。而对于嗜好品和价值昂贵之商品，则对于其商标施以较高之注意。故对于前者，近似标准从严，后者则从宽。

4. 时的标准。不同时期、不同时代的消费者对商品的商标的注意程度也有差异，近似标准相应地因时而异。

## 四、禁止恶意抢注

### （一）代理人或代表人的恶意抢注

商标代理人，是指接受商标注册申请人或商标注册人的委托，在委托权限内代表委托人办理商标注册申请，请求查处侵权案件或者办理其他有关商标事宜的人。商标代表人，是指代表市场经营者办理商标注册和其他商标事宜的人。

作为商标代理人或代表人，应凭借其丰富的商标法律专业知识，高质量、高效率地为委托人办理商标事宜，维护其合法权益，充分发挥联系企业与国家商标主管机关的桥梁和纽带作用。代理人或代表人将企业交办注册的商标据为己有、将其注册到自己名下的做法是恶意注册行为，不仅违反了职业道德，也是违法的。未经授权，代理人或代表人以自己的名义将被代理人或被代表人的商标进行注册，如果被代理人或被代表人没有提出异议，商标局可予以注册；提出异议的，商标局就应当驳回该注册申请并禁止使用。

### （二）对驰名商标的恶意注册

驰名商标，是指在市场上享有较高声誉并为相关公众所熟知的商标。驰名商标既具有普通商标的特性，又能产生巨大的经济效益。驰名商标的知名度高，影响范围广，已经被消费者、经营者所熟知和信赖，具有很强的竞争优势。因此，抢注驰名商标成为某些经营者获取丰厚利润的捷径。因抢注他人的驰名商标获得注册的商标，不但妨碍驰名商标所有人在该地域范围内取得商标权，而且抢注者也可能因为使用其抢注的商标而侵犯被抢注驰名商标的商标权。抢注他人驰名商标有违诚实信用原则和公平竞争原则，不利于保护商标权。为了防止和减少此种现象的发生，《巴黎公约》《知识产权协定》以及许多国家的《商标法》都对驰名商标给予特别保护，将未注册的驰名商标视为一种在先取得的合法权利给予特殊保护。即使抢注他人的未注册驰名商标，也是法律所禁止的。

禁止恶意抢注他人的驰名商标是我国 2001 年《商标法》增加的规定，包括两个方面：

1. 就相同或类似商品申请注册的商标是复制、摹仿或者翻译他人未在中国注册的驰名商标，容易导致混淆的，不予注册并禁止使用。

2. 就不相同或不相类似的商品申请注册的商标是复制、摹仿或者翻译他人已经在中国注册的驰名商标，误导公众，致使该驰名商标注册人的利益可能受到损害的，不予注册并禁止使用。

此外，注册商标被宣告无效的或者注册有效期满不再续展的，自宣告无效或者注销之日起 1 年内，与该商标相同或者近似的商标不能被核准。注册商标有可能因为商标权人的违法使用或者采用不正当手段取得注册而被宣告无效。另一方面，注册商标专用权的保护期为 10 年，该保护期届满后，如商标注册所有人未提出续展申请的，其注册商标便注销终止。注册商标被宣告无效或注销后，其商标专用权终止。但是，为了防止消费者造成误认、构成不正当竞争，在注册商标被宣告无效或被注销之日起 1 年之内，与该商标相同或近似的标记不能作为商标注册。

## 本章小结

本章从三个方面阐述了商标的构成：一是商标的基本构成要素包括文字、图形、字母、数字、三维标志、颜色组合和声音等，以及上述要素的组合；二是商标的显著性要求；三是注册商标的构成条件。商标的构成是商标注册申请过程中实质审查的内容，包括：商标的构成要素是否具有显著性；商标的构成要素是否违反《商标法》规定的禁用条款；申请注册的商标是否侵犯了他人的在先权利，是否与他人的在先商标注册申请相冲突，与他人的注册商标相冲突；该商标注册申请是否属于恶意抢注；申请注册的商标是否与被宣告无效或者注销不满 1 年的注册商标相同或近似。

## 【资料链接】

1. 李顺德．立体商标和颜色组合商标的注册保护，《中华商标》，2002（4）
2. 张芳霞．对商标显著性认定的再认识，《商场现代化》，2005（26）
3. 邱平荣，张大成．试论商标法中在先权的保护与限制，《法制与社会发展》，2002（3）
4. 汪泽．商标显著性研究，中国民商法律网

# 第14章 商标权的取得

**导　语**

商标权是商品生产者、经营者或者服务提供者对其商标依法享有的专有权利。市场经营者就其使用在商品或者服务上的商标能否获得商标权，根据不同国家法律规定或者实践，通常有三种方式：一是依照《商标法》规定的程序，市场经营者须就其商标向国家商标主管机关申请注册，经审查核准注册后取得商标权。这种取得商标权的方式通常称为注册取得。二是依照《商标法》规定，市场经营者必须将商标在生产经营活动中使用，才可取得商标权，而不考虑其商标是否办理了注册手续。这种取得商标权的方式通常称为使用取得。三是依照《商标法》规定，市场经营者通常既可以将其商标申请注册，经审查核准注册取得商标权，也可以将其商标在生产经营活动使用获得中取得商标权。但是，市场经营者就其商标向国家商标行政主管机关申请注册取得商标权的前提是该商标已经在生产经营活动中使用或者打算在生产经营活动中使用，而且以将商标在生产经营活动中使用作为维持其商标权的条件。这种取得商标权的方式通常称为混合取得。

请思考：

1. 商标权的取得原则；
2. 商标的注册程序。

## 第1节　概　述

根据各个国家或者地区商标法规定或者具体实践可知，商标权的取得有原始取得和继受取得两种方式，其主要区别在于商标专用权的取得是否以原商标注册人的商标专用权及其意志为依据。

### 一、原始取得

原始取得，又称直接取得，是指商标权的取得是最初的，既不依赖于他人已有的权利，又不以他人的意志为转移。目前，世界上主要有三种原始取得原则。

（一）注册原则

商标权注册取得原则，是指自然人、法人或者其他组织需要就其商标取得专用权的，必须依照商标法规定的程序，就其商标向国家商标行政主管机关提出商标注册申请并审查经核准注册而取得。

根据商标权注册取得原则，市场经营者需要就其商标取得专用权的主要方式就是向国家商标行政主管机关提出商标注册申请，经审查核准注册。因此，只有注册商标才能产生商标专用权，受法律保护。至于申请注册的商标是否已经在生产经营活动中使用，或者是否打算在生产经营活动中使用，无关紧要。但是，为了维持其商标权，需要将注册商标在生产经营活动中使用。如无特殊理由，商标被核准注册后，在法律规定期间没有使用的，该注册商标可能被依法撤销。在实行商标注册取得原则的国家，未注册商标不享有商标专用权。应当特别强调，未注册商标虽然不能享有专用权，但并不表示未注册商标不受法律保护。在通常情况下，未注册商标如果能够被认定为驰名商标，则可以受到特殊保护。通过在生产经营活动中使用已经产生了一定影响的未注册商标，也能获得一定的保护。[①]

采取注册原则，不仅有利于促使市场经营者及时申请商标注册，保护自己的合法利益，而且有利于商标管理。因此，商标权注册原则为多数国家采用，我国商标法实行的就是商标权注册取得原则。例如，我国《商标法》(2013 年) 第 4 条规定，自然人、法人或者其他组织在生产经营活动中，对其商品或者服务需要取得商标专用权的，应当向商标局申请商标注册。《商标法》第 3 条第 1 款规定，经商标局核准注册的商标为注册商标，商标注册人享有商标专用权，受法律保护。

商标权注册取得原则虽然具有上述优点，但也存在一定的缺陷，即容易导致抢先注册的不正当注册行为发生，使得某些人可以通过抢先注册他人已经使用的商标牟取不正当利益。例如，武商集团投入巨资、号称将建成“东方迪斯尼”的“长江乐园”因没有及时申请商标注册，结果被一家小企业抢先注册了商标。

为了彰显法律的公平正义，多数实行商标权注册取得原则的国家规定，在生产经营活动中使用的商标，在一定条件下，也能获得相应的保护。例如，我国《商标法》(2013 年) 第 13 条规定，不得在同种或类似商品上抢先注册他人未在中国注册的驰名商标；不得在不同种类的商品上抢先注册他人已经注册的驰名商标，商标注册不得侵犯他人已经取得的在先权利（包括已经使用并为公众知悉的商标）；代理人未经许可不得抢先注册被代理人的商标。这些规定从某种程度上弥补了注册原则的不足。

（二）使用原则

商标权使用取得原则，是指市场经营者必须将商标在生产经营活动中使用，才可取得商标权，而不考虑其商标是否办理了注册手续。

根据商标权使用取得原则，商标权就是基于商标在生产经营活动中使用之事实而产生的。因此，两个或两个以上的市场经营者在同种类商品或者服务上分别使用了相同或者相近似商标的，则由最先使用人取得商标专用权。实行使用原则的国家也受理商标注册申请，但是注册行为不能产生商标权，只能起到一种申请与宣示的作用，确认其商标权存在的事实。

采取使用原则，对商标的首先使用人有利，但对使用在后的商标注册人不利，使商标专用权长期处于不确定状态。这不仅不利于商标管理，而且一旦发生争议，又不易查明商标的最先使用人，不利于争议的处理。所以，目前只有列支敦士登、挪威、菲律宾等少数国家采用该原则。

（三）混合原则

商标权混合取得原则，是指依照商标法规定，市场经营者既可以通常将其商标申请注册，经审查核准注册取得商标权，也可以将其商标在生产经营活动使用获得中取得商标权。但是，市场经营者就其商标向国家商标行政主管机关申请注册取得商标权的前提是该商标已经在生产经营活动中使用或者打算在生产经营活动中使用，而且以将商标在生产经营活动中使用作为维

① 参见《商标法》(2013 年) 第 13 条第 2 款、第 32 条的规定。

持其商标权的条件。这种取得商标权的方式通常称为混合取得。

商标权混合取得的原则，可以分为折中性混合原则和并举性混合原则。折中性混合原则，是指注册取得原则与使用取得原则的折中适用或者是注册取得原则与使用取得原则的结合。并举性混合原则，是指注册取得原则与使用取得原则并举。

从折中角度看，混合取得原则强调，商标使用的商标被核准注册的前提，或是维持注册商标权的条件。具而言之，单纯的注册和单纯的使用都不能产生商标权。市场经营者需要就其商标取得商标权的，申请注册的商标是已经在生产经营活动中使用或者打算使用的商标，而且在核准注册后，必须继续使用。如无正当理由，在法律规定的期限内没有使用或者停止使用的，该注册商标将会被撤销，导致其商标权终止。从并举角度看，商标混合取得原则就是非常实用的原则，市场经营者既可以通过注册获得商标权，也可以通过在生产经营活动中使用而获得商标权。现在，美国《商标法》采用的是折中性混合原则，英联邦的一些国家采用并举性混合原则。

不管是折中性混合原则还是并举性混合原则，法律特别强调商标使用的重要性。按照折中性混合原则，市场经营者需要获得商标权的，将商标在生产经营活动中使用是必要条件。已经使用的商标不仅可以获得适当的法律保护，而且可以对抗他人的抢注。按照并举性混合原则，市场经营者虽然可以通过注册获得商标权，但是，没有使用的注册或者注册后没有使用的，如果发生商标权冲突，那么，从来没有使用过的注册商标不能对抗他人正在使用的商标。在这种情况下，法律首先确认商标注册人取得商标专用权，同时允许首先使用该商标但未办理注册手续的人继续使用。不过商标首先使用人的这种权利受到限制，仅限于其自己使用，限于在原贸易活动范围内使用，或是只能将业务连同商标一起转让。这种做法已被我国 2013 年《商标法》采用。[①]

### 二、继受取得

继受取得，又称传来取得，是指基于他人已有的商标权而获得的商标权，其权利范围、内容等都以原有的权利为依据。继受取得一般有两种方式：一是转让。受让人通过与出让人签订商标转让合同而取得商标权；二是承继。商标权的承继分为两种：（1）商标权人是自然人的，在其死亡后，其商标权依商标法、继承法的有关规定由其合法继承人继承。（2）商标权人是法人或者其他组织的，在其终止后，其依法享有的商标权依照《商标法》和《公司法》等有关规定，由其权利与义务继受者享有。自然人死亡后没有合法继承人、受遗赠人或者遗嘱继承人的，其商标权终止；法人或者其他组织终止后没有权利与义务继受者的，其商标权终止。

## 第 2 节　商标注册原则

### 一、自愿注册原则

自愿注册原则，是指自然人、法人或者其他组织需要取得商标专用权的，应当向商标局提出商标注册申请，经商标局核准注册的商标为注册商标，产生专用权，受法律保护。该原则包括以下三个方面的含义：

---

① 参见《商标法》（2013 年）第 59 条第 3 款的规定。

1. 自然人、法人或者其他组织在生产经营活动中可以使用注册商标，也可以使用未注册商标，法律另有规定的除外。例如，我国《商标法》（2013 年）第 6 条规定，法律、行政法规规定必须使用注册商标的商品，必须申请商标注册，未经核准注册的，不得在市场上销售。

2. 经商标局核准注册的商标为注册商标，产生商标专用权。

3. 只有注册商标才能取得商标专用权，未注册商标不能产生专用权。但是，未注册商标虽然不能产生专用权，并不是未注册商标不受《商标法》保护。事实上，未注册商标不仅受《商标法》保护，而且可能受《著作权法》《反不正当竞争法》保护等。

实行自愿注册原则是一种国际惯例，我国《商标法》也采用该原则。但是为了维护消费者的利益，保护人民群众的生命健康，我国《商标法》对自愿注册原则作了一定限制。国家规定必须使用注册商标的商品，必须申请商标注册。未经核准注册的，不得在市场销售。例如，我国于 1991 年颁布实施的《烟草专卖法》（2013 年修正）第 20 条规定，卷烟、雪茄烟和有包装的烟丝必须申请商标注册，未经核准注册的，不得生产、销售。

## 二、申请一商标原则

我国《商标法》（2013 年）第 22 条第 1、2 款规定："商标注册申请人应当按规定的商品分类表填报使用商标的商品类别和商品名称，提出注册申请。""商标注册申请人可以通过一份申请就多个类别的商品申请注册同一商标。"

该项规定确定了"一申请一商标"原则。即允许商标注册申请人在一份商标注册申请中就一件商标提出注册申请，但不限制使用该商标之商品或者服务的种类。同样的商品或者服务需要注册使用两个或两个以上的商标的，市场经营者就需要按照商标数量分别提出相应数量的若干份注册申请。

## 三、先申请原则

先申请原则，是指两个或两个以上的申请人，在同一种商品或类似商品上分别就相同或近似的商标申请注册的，初步审定并公告申请在先的商标。

我国现行《商标法》实行先申请原则。其他国家或者地区《商标法》绝大多数采用的也是先申请原则，只有极少数国家采用先使用原则。

如前所述，商标权的原始取得有注册原则、使用原则与混合原则。与此相对应，当两个或两个以上的市场经营者因商标权取得发生冲突时，有关裁判机构就将分别根据本国法律规定采用先申请原则或者先使用原则进行裁判。相比较而言，先使用原则尊重商标使用的事实，保护商标最先使用人的利益，但发生争议时往往难以取证；先申请原则易于明确商标权的归属，有利于商标管理，因而为更多的国家采用。

先申请原则中的申请先后的判断通常以商标注册申请日为标准，即申请日在前的便是申请在先，申请日在后的便是申请在后。因而申请日的确认是至关重要的一个环节。我国《商标法实施条例》（2014 年）第 9 条对商标申请日的确定作了明确规定，即除本条例第 18 条规定的情形外，当事人向商标局或者商标评审委员会提交文件或者材料的日期，直接递交的，以递交日为准；邮寄的，以寄出的邮戳日为准；邮戳日不清晰或者没有邮戳的，以商标局或者商标评审委员会实际收到日为准，但是当事人能够提出实际邮戳日证据的除外。通过邮政企业以外的快递企业递交的，以快递企业收寄日为准；收寄日不明确的，以商标局或者商标评审委员会实际收到日为准，但是当事人能够提出实际收寄日证据的除外。以数据电文方式提交的，以进入商标局或者商标评审委员会电子系统的日期为准。

## 四、同日申请先使用原则

我国《商标法》在实行先申请原则的前提下，又补充规定了同日申请先使用原则，即两个或两个以上的申请人，在同一种或类似商品上以相同或近似的商标申请注册，又是同一天申请的，商标局初步审定并公告使用在先的商标，驳回其他人的申请。

两个或两个以上的申请人，在同一种或类似商品上分别以相同或近似商标在同一天申请注册的，各申请人应当在收到商标局通知之日起 30 日内提交其申请注册在先使用该商标的证据。同日使用或均未使用的，各申请人可以在收到商标局通知之日起 30 日内自行协商，并将书面协议报送商标局；不愿协商或协商不成的，商标局通知各申请人以抽签的方式确定一个申请人，驳回其他人的注册申请。

商标的使用，包括将商标用于商品、商品包装或容器以及商品交易书上，或者将商标用于广告宣传、展览以及其他商业活动。

## 五、优先权原则

优先权原则是《巴黎公约》确立的一项对工业产权国际保护的重要原则，它主要体现在工业产权保护的申请程序上。按照《巴黎公约》的规定，在申请专利或商标等工业产权时，各缔约国要相互给予对方国民优先权，即申请人在某一成员国第一次提出工业产权申请之日起一定期限内（发明与实用新型专利申请为 12 个月，外观设计专利与商标注册申请为 6 个月），又就相同主题在其他成员国提出工业产权申请的，则以其第一次提出的申请日为其在该成员国的工业产权申请日，即优先权日。此外，《巴黎公约》第 11 条要求成员国对在所有成员国内主办或承认的国际展览会上展出的商品或服务的商标给予临时保护，商标注册人可以要求优先权，时间也是 6 个月。

我国 1982 年《商标法》没有优先权原则的规定，但是在商标注册申请过程中，由于我国早已在 1985 年 3 月 19 日正式加入《巴黎公约》，有义务履行《巴黎公约》规定的这一基本原则，因而，我国 2013 年《商标法》第 25 条规定了商标注册的国际优先权原则，第 26 条规定了商标注册的展览优先权。

### （一）国际优先权

国际优先权，是指商标注册申请人自其商标在某国第一次提出商标注册申请之日起 6 个月内，又在中国就相同商品以同一商标提出商标注册申请的，依照该申请所在国同中国签订的协议或共同参加的国际条约，或者按照相互承认优先权原则，以其第一次提出注册申请的日期为中国商标注册申请日。

享有国际优先权的条件有：（1）申报注册申请人就其商标在某国第一次提出商标注册申请；（2）该申请人就相同商品以相同商标在中国提出商标注册申请；（3）该申请所在国与中国都承认优先权原则；（4）在中国提出申请的时间没有超过自第一次提出商标注册之日起的 6 个月。

申请人要求优先权的，应当在提出商标注册申请的时候提出书面声明，并且在 3 个月内提交第一次提出的商标注册申请文件的副本；未提出书面声明或者逾期未提交商标注册申请文件副本的，视为未要求优先权。申请人提交的第一次提出商标注册申请文件的副本应当经受理该申请的商标主管机关证明，并注明申请日期和申请号。

（二）展览优先权

展览优先权，是指商标在中国政府主办的或者承认的国际展览会展出的商品上首次使用的，自该商品展出之日起 6 个月内提出商标注册申请的，该商标的注册申请人可以享有优先权。

享有展览优先权的条件有：（1）商标在展览会展出的商品上首次使用；（2）展览会必须是中国政府主办或承认的国际展览会；（3）时间为商品展出之日起 6 个月内。

## 第 3 节　商标注册申请人

### 一、一般规定

商标注册申请人，是指根据《商标法》的规定，具有就某商标向国家商标行政主管机关提出商标注册申请的主体。此处所指的“主体”包括哪些具体的人，由《商标法》具体规定。

我国 1982 年制定的《商标法》所规定的商标注册申请人包括：中国的企业、事业单位和个体工商业者，以及符合条件的外国企业和个人。依此规定，中国的商标注册申请人必须是依法成立并能够独立承担民事责任的企业、个体工商户和具有法人资格的事业单位，公民个人、不具备法人资格的事业单位、其他组织不能成为商标注册申请人；相反地，外国人和外国企业只要符合条件便可以在我国申请注册商标，成为商标权人。由此可见，在商标领域，外国自然人在中国享受了比中国自然人更高的待遇，即超国民待遇。

商标权属于知识产权，是一种私权，应当与著作权、专利权一样，允许自然人拥有。特别是商标权又是一种财产权利，对于个体工商户、个人独资企业等主体来讲，其注册商标权在日后的财产继承上也会涉及由自然人继承的问题。同时，随着我国经济的不断开放和发展，自然人从事经营将会增多，也有申请注册商标的必要。例如，农村承包经营户希望在自己生产的农产品或手工制品上使用自己的注册商标，以利于销售；网络发达后，个人通过网站创业的形式增加，也提出了商标注册的要求。因此，2001 年《商标法》明确规定商标注册申请人包括自然人，即自然人对其生产、制造、加工、拣选或经销的商品或者提供的服务项目，需要取得商标专用权的，应当向商标局申请商品商标注册。

### 二、共同商标注册申请人

共同商标注册申请，是指两个以上的自然人、法人或者其他组织，共同向商标局申请注册同一商标。允许两个以上主体共同申请同一注册商标是 2001 年《商标法》增加的内容。

1982 年《商标法》对注册商标的共同申请问题未作规定。在商标注册实践中，原则上不允许共同申请注册同一商标。实际上，在现实生产经营活动中经常出现两个以上主体要求共同注册同一商标的情形，主要有：（1）一个企业法人分立为两个企业法人，分立后的法人都要求使用同一商标；（2）改革开放初期，我国有外贸进出口权的公司很少，许多公司只能通过有进出口权的公司共用一个商标出口，现在许多公司自己有了外贸进出口权，仍然希望使用原来的商标，因而提出共同享有同一商标的要求；（3）某些母公司与子公司之间、父与子之间开办的公司或企业要求使用同一商标。从民法理论上，应当允许两个以上主体共有同一注册商标，而且这已经成为国际惯例。《商标国际注册马德里协定》就有商标共有的国际注册申请，我国是该协定的成员国，必须受理其他成员国国民提出的共同商标注册申请，从而又形成了对外国人的超国民待遇原则。因此，我国现行《商标法》第 5 条规定：“两个以上的自然人，法人或者其他组织，可以共同向商标局申请注册同一商标，共同享有和行使该商标专用权。”

## 三、外国商标注册申请人

外国商标注册申请人，是指商标注册申请人是外国自然人或外国企业。在通常情况下，凡是向我国商标局申请商标注册并获核准注册的商标都是中国注册商标，受我国《商标法》保护。但是，在商标注册申请过程中对外国自然人或外国企业的主体资格有一定的要求。我国现行《商标法》第 17 条规定：“外国人或者外国企业在中国申请商标注册的，应当按其所属国和中华人民共和国签订的协议或者共同参加的国际条约办理，或者按对等原则办理。”《商标法》第 18 条第 2 款规定：“外国人或者外国企业在中国申请商标注册和办理其他商标事宜的，应当委托依法设立的商标代理机构办理。”依上述规定，外国自然人或外国企业提出中国商标注册申请时应当遵循两项原则：

1. 按照申请人所属国同中国签订的协议或者共同参加的国际条约或者按对等原则办理

我国在 1985 年加入《巴黎公约》之前，先后与三十多个国家签订了商标保护的双边协议。其后，由于《巴黎公约》拥有一百多个成员国，并且公约有关于国民待遇原则的规定，因而我国不再与其他国家签订双边协议，但我国又加入了《知识产权协定》和《商标国际注册马德里协定》等公约。如果申请人所属国与我国既无协议，又不同属于任何一项国际公约，则按对等原则办理，只要申请人所属国没有明确拒绝接受我国公民商标注册申请的规定，我国便可对等地接受对方的商标注册申请。

2. 外国商标注册申请人必须委托我国政府认可的具有商标代理资格的组织代理商标注册事宜

在商标注册申请中，对中国商标注册申请人是否委托代理采取自愿原则，实行商标代理与申请人直接办理双轨制。申请人可以自愿委托国家工商行政管理机关认可的商标代理组织代理，也可以自己直接办理商标注册有关事宜。而对外国商标注册申请人采取的是强制代理原则，要求其必须委托我国政府认可的具有商标代理资格的组织代理。

同时，外国申请人通过代理机构在他国申请商标注册是《巴黎公约》允许各成员国在执行国民待遇原则时可以保留的事项，只是不适用指定代理。为此，现行《商标法》将原《商标法》中的“国家指定”改为“国家认可的具有商标代理资格”，即经过国家工商行政管理机关认定的商标事务所或商标代理机构都可以接受外国申请人的委托。这样的规定完全符合《巴黎公约》的要求。

## 四、商标代理

根据我国《商标法》和国务院有关行政法规的规定，申请商标注册、转让注册、续展注册、变更注册人名义或者地址、补发《商标注册证》等有关事项，本国申请人可以委托他人代理，也可以直接办理，外国申请人应当委托国家认可的具有商标代理资格的组织代理。商标代理是民事委托代理的一种，商标代理人在代理权限内以被代理人的名义申请商标注册和办理其他商标事宜，所产生的法律后果直接归属于被代理人。商标代理是社会法律中介服务的一个重要组成部分。

根据《商标代理管理办法》规定，有 3 名以上专职商标代理人，并且负责人或组建负责人已取得《商标代理人资格证书》的，可以向国家工商行政管理局申请开展商标代理业务。经国家工商行政管理局批准后，向所在地工商行政管理机关申请登记，领取《企业法人营业执照》或者《营业执照》，申请人办理企业登记手续后，报国家工商行政管理局领取《商标代理机构证书》，领取证书即日起依法开展商标代理业务。商标代理人是指具有商标局授予的商标代理人资格并取得《商标代理人执业证书》的人员。

商标代理组织在代理商标注册事务时，应当与委托人签订授权委托合同，在合同中约定双方当事人的权利与义务以及代理人的代理事务、权限范围，如果授权委托合同授权不明的，委托人应当向第三人承担民事责任，代理人负连带责任。未经授权，代理人以自己的名义将被代理人的商标进行注册，被代理人提出异议的，不予注册并禁止使用。

## 第 4 节　商标注册申请的审查和核准

商标注册申请审查，是指国家商标主管机关对商标注册申请是否符合商标法的规定进行审查，决定是否核准该商标注册的行政活动。目前世界上大多数国家实行的是严格审查原则，对申请注册的商标既进行形式审查又进行实质审查；有少数国家只进行形式审查而不进行实质审查。我国一直采取的是严格审查原则。

### 一、形式审查

形式审查，主要是审查商标注册申请是否符合法律规定的形式要件和手续，从而确定是否受理申请。

经过审查，申请手续齐备并按照商标法规定填写必要申请文件的，商标局予以受理并书面通知申请人；申请手续不齐备或者未按照规定填写必要申请文件的，商标局不予受理，书面通知申请人并说明理由。

申请手续基本齐备或者申请文件基本符合规定，但是需要补正的，商标局通知申请人予以补正，限其自收到通知之日起 30 日内，按照指定内容补正并交回商标局。在规定期限内补正并交回商标局的，保留申请日期；期满未补正或者补正仍然不符合要求的，视为放弃申请，商标局应当书面通知申请人。

### 二、实质审查

在形式审查之后，商标局要对申请注册的商标进行实质审查，从而决定其能否初步审定并予以公告。审查的内容主要有：

（1）商标的构成要素是否具有显著性，便于识别；（2）商标的构成要素是否违反《商标法》规定的禁用条款；（3）申请注册的商标是否侵犯了他人的在先权利；（4）该商标注册申请是否属于恶意抢注；（5）申请注册的商标是否同他人注册商标相冲突或者与他人的在先商标注册申请相冲突；（6）申请注册的商标是否与被撤销、宣告无效或者注销不满 1 年的注册商标相同或近似。

经过审查，商标局对符合规定的或者在部分指定商品上使用商标的注册申请符合规定的，予以初步审定，并予以公告；对不符合规定或者在部分指定商品上使用商标的注册申请不符合规定的，予以驳回或者驳回在部分指定商品上使用商标的注册申请，书面通知申请人并说明理由。

## 三、初步审定并公告

商标局对商标注册申请进行审查以后，认为符合商标法的各项规定，作出初步审定，并在《商标公告》上予以公告。公告的目的在于征询公众意见，协助商标局进行审查。公告是国际上商标注册的通行办法，无论是实行形式审查的国家，还是采取实质审查的国家，一般都要将申请注册的商标在官办的《商标公告》上予以公告，让公众审查。

《商标公告》是商标局编印、定期出版的刊物，用以公告有关商标注册事项和其他需要公之于众的文件。公告的内容有：初步审定公告、注册公告、转让公告、撤销公告、无效宣告公告、注销公告、续展公告以及商标局认为需要刊登的其他公告。商标公告的作用是：（1）根据商标法的规定刊登公告事项，使其产生法律效力；（2）有利于商标专用权的保护，对初步审定或注册的商标，如有损于他人注册在先的商标权益的，注册在先的人可以及时主张权利；（3）将商标注册工作置于社会的监督之下，任何人认为初步审定公告的商标不符合商标法规定的，均可以在法定期限内提出异议，要求撤销审定的商标；（4）其他商标注册申请人在申请前查阅有关相同或近似的商标，以免注册申请时被驳回。

## 四、异议

对商标局初步审定并公告的商标，自公告之日起 3 个月内，任何人均可以提出异议。商标法规定的异议，是指对初步审定的商标依法提出反对意见，认为该公告的商标不符合商标法的规定而不应予以注册。例如，奇瑞公司于 2003 年向国家商标局申请注册“奇瑞 QQ”汽车类商标，但在次年 8 月 7 日开始的商标公告期中被腾讯公司提出了异议，理由是腾讯公司早就注册了“QQ”商标。

设立异议程序的目的在于将商标审查工作置于公众监督之下，发现问题及时纠正，避免注册商标申请人获得不应得到的商标专用权；保护商标在先注册人的利益以及已经初步审定并公告之商标注册申请人的在先申请权。

提出异议的，可以是商标利害关系人，如具有在先权利的著作权人、商号权人、外观设计专利权人、驰名商标所有人、在先商标注册人等，也可以是无任何关系的第三人，如自然人、法人或者其他组织，认为审定公告的商标本身违反商标法的规定，请求商标局撤销这一初步审定公告的商标异议。

对商标局初步审定并公告的商标提出异议的，异议人应当向商标局提交商标异议书一式两份。商标异议书应当写明被异议商标刊登《商标公告》的期号及初步审定号。商标异议书应当有明确的请求和事实依据，并附送有关证据材料。

商标局应当将商标异议书副本及时送交被异议人，限其自收到商标异议书副本之日起 30 日内答辩。被异议人不答辩的，不影响商标局的异议裁定。当事人需要在提出异议申请或者答辩后补充有关证据材料的，应当在申请书或者答辩书中声明，并自提交申请书或者答辩书之日起 3 个月内提交；期满未提交的，视为当事人放弃补充有关证据材料。异议的理由与实质审查的内容一致。

异议申请由商标局受理。商标局应当认真听取双方当事人陈述的事实和理由，并在查清事实的基础上依法作出裁定，或者撤销被异议商标的初步审定或者驳回不能成立的异议。当事人对裁定不服的，可以自收到通知之日起 15 日内向商标评审委员会申请复审。当事人对商标评审委员会作出的复审裁定仍不服的，可以在收到通知之日起 30 日内向人民法院起诉。

## 五、核准注册

初步审定并公告的商标，公告期满无异议或异议不成立的，由商标局核准注册，将核准注册的商标和核定使用的商品在《商标注册簿》上登记、编号。《商标注册簿》上的登记项目包括注册号、注册商标、核定商品、商品类别、有效期、注册人名义等。《商标注册簿》由商标主管机关保存，是商标核准注册的原始凭证。此外，商标一经注册，商标主管机关还要向商标注册人颁发《商标注册证》，证明商标已经获得注册，《商标注册证》是商标注册人取得商标专用权的法律凭证。同时，商标主管机关还要在《商标公告》上刊登注册公告，并发给申请人《商标注册证》。《商标注册证》是由商标局颁发的标记商标注册申请人在特定商品上申请的商标获准注册并享有专用权的凭证。如果经裁定异议成立，则不予核准注册。

核准注册日是商标注册申请人取得商标专用权的时间，商标注册人自核准注册之日起成为商标权人。同时，2001 年《商标法》第 34 条第 3 款规定："经裁定异议不能成立而核准注册的，商标注册申请人取得商标专用权的时间自初审公告 3 个月期满之日起计算。"这样规定是因为商标注册申请人的商标是符合法律规定并应当受到法律的保护。虽然有人在异议期内提出异议，但经裁定异议是不成立的，那么异议对申请注册的商标的效力不发生影响，对该商标专用权的保护起算时间从初审公告 3 个月期满之日起计算。

## 本章小结

本章阐述了商标原始取得的原则、商标注册申请人和申请文件、商标注册申请审查程序。重点内容包括：商标权的取得实行注册原则，商标注册申请过程中主要有一商标一申请、自愿注册原则、先申请原则、同日申请先使用原则以及优先权原则，商标注册的必经程序是审查、初审公告、异议和核准注册。

## 【资料链接】

1. 王春燕．商标保护法律框架的比较研究．《法商研究》，2001（4）。

2. 黄晖．商标识别与表彰功能的法律保护（上）．《知识产权文丛·第 5 卷》．北京：中国方正出版社，2001

# 第15章
# 注册商标的续展、限制与终止

**导　语**

商标权是商标注册人对其注册商标依法享有的专用权。商标权具体表现为：一方面，未经商标注册人许可，任何人不得在同一种或者类似商品或服务上使用与其注册商标相同或相近似的商标，否则，其使用注册商标的行为可能构成对商标权的侵犯。由此而衍生出商标注册人对其注册商标的许可权、转让权、标记权以及禁止权等。另一方面，为了保护社会公共利益，商标法对商标权作了相应的限制性规定。例如，为了教学或研究目的，在课堂上或实验室使用注册商标，则不构成对商标权的侵犯。

请思考：

1. 商标权的基本内容；
2. 注册商标的续展；
3. 注册商标的终止；
4. 商标权的限制。

## 第1节　概　述

商标权，是商标注册人对其注册商标依法享有的专用权。我国与世界上绝大多数国家一样，实行商标权注册取得原则，即经商标局核准注册的商标产生专用权，并受法律保护。商标权主体为商标注册人以及受让人，商标权保护的对象是注册商标。

我国商标法规定，商标权人对其注册商标享有专用权，并没有像著作权法和专利法那样详细列举出著作权和专利权的具体内容。一般而言，商标权或者注册商标专用权包括对注册商标的使用权和禁止他人未经许可擅自使用其注册商标的权利。商标权具有与财产所有权的相同属性，即不受他人干涉的排他性，其具体表现为禁止他人非法使用、印制注册商标及其他侵害其注册商标的行为。

从法律上讲，商标权与商标专用权应当是两个不同的概念，商标权的外延大于商标专用权，商标专用权只是商标权的一项基本内容。除此之外，根据我国商标法律、法规规定，商标权人还享有转让其注册商标、许可他人使用其注册商标的权利；我国担保法规定商标权人可以将其商标专用权用于权利质押担保。因此，商标权总体应当包括专用权、禁止权、转让权、许可权、进口权、质押权等。具而言之，商标权人除了使用其注册商标以外，还可以其他方式支配、处分其注册商标。因此，我国商标法采用的商标专用权概念不甚妥当，没有完整包含商标权的全部内容，无法涵盖商标权人享有的全部权利。

因此，我国《商标法》所称的商标专用权，实质上应当是商标权。

## 第 2 节　商标权的限制

### 一、概述

商标权是一种专有权利，未经商标权人许可，任何人不得利用其注册商标。但是，商标权作为一项私权，在受到法律保护的同时，为了平衡商标权人与社会公众的利益，有必要对商标权给予适当的限制。

商标权的限制，是指依据法律的规定，第三人不必经过商标权人许可而使用其注册商标，也不必向商标权人支付报酬，且不构成商标侵权的法律制度。

《知识产权协定》允许各成员规定商标权的有限例外，诸如描述性词汇的合理使用之类，只要这种例外顾及了商标注册人及第三方的合法利益。[①]《欧盟商标条例》规定商标权人不得禁止第三人在商业中使用其姓名和地址、使用有关商品或服务的种类、质量、数量、用途、价值、地理来源，或商品的生产年代，或服务的提供年代，或商品或服务的其他特征的指示，但应符合工商业的诚实惯例。[②] 美国《商标法》允许人们将并非作为商标，而是对有关当事人在自己的商业上的个人名称的使用，或对该当事人有合法利益关系的任何人的个人名称的使用，或对该当事人的商品或服务，或其地理产地有叙述性的名词或图形的使用，作为合理使用，当然这种使用必须是只用于叙述当事人的商品或服务的正当、诚实地使用。[③] 它同时又通过判例确认了指示性的合理使用。

我国商标法没有对商标权作限制性规定。在实践中，国家工商行政管理局明确下列使用与注册商标相同或近似的文字、图形的行为，不属于商标侵权行为：(1) 善意地使用自己的名称或者地址；(2) 善意地说明商品或者服务的特征或者属性，尤其是说明商品或者服务的质量、用途、地理来源、种类、价值及提供日期。[④] 2002 年 9 月 15 日颁布的《商标法实施条例》第 49 条也有类似规定，即注册商标中含有本商品的通用名称、图形、型号或者属于地名，注册商标专用权人无权禁止他人正常使用。

根据有关立法和司法实践，商标权的限制包括合理使用、商标权用尽和非商业性使用。

### 二、合理使用

合理使用，是指根据法律规定，第三人可以不经商标权人许可，善意地使用其注册商标，不必向商标权人支付费用，且不侵犯商标权的法律制度。

一般认为，对他人注册商标合理使用应当符合以下条件：

1. 使用的目的是说明使用人的商品或服务的特性，而不是作为商品商标或者服务商标使用。

2. 仅仅使用为了说明商品或服务所必须的部分，并未涉及商标中的其他部分。

3. 善意合理的使用。

---

① 参见《知识产权协定》第 17 条的规定。

② 参见《欧盟商标条例》第 6 条的规定。

③ 参见美国《商标法》第 33 条的规定。

④ 参见 1999 年国家工商行政管理局《关于商标行政执法若干问题的意见》(已废止) 第 9 条。

4. 使用的结果不得使消费者误认为该使用是由商标权人发起或者得到其授权。

合理使用的情形主要有：

（1）对地名商标中地理名称的使用。地理名称原本属于公有领域的词汇，不能作为商标注册、使用，但考虑到某些地名具有第二含义或者是集体商标、证明商标的组成部分，我国商标法允许这些地名商标予以注册使用，能够作为地名商标的还有县级以下行政区划名称。因此，仅仅为了说明商品或服务的真实产地，可以使用他人地名商标中的地名部分。

（2）依法使用自己的姓名、著名的雅号、艺名、笔名等。公民享有姓名权，有权依法使用自己的姓名。雅号、艺名、笔名是文人给自己所取的姓名之外、在艺术表演或文艺创作时使用的称呼，如果已经为公众所知悉，权利人也可以对之作正常使用。

（3）以正常方式表示商品或服务的形状、型号、主要原料、功能、用途、重量、数量及其他特性。为了对商品或服务的特点作出说明，不可避免地使用他人享有注册商标专用权的商标，是合理使用。

（4）在比较广告中的合理使用。比较广告是指通过自我品牌同其他竞争者品牌的比较，能突出自我品牌的独特的销售主张，使受众接受该品牌较对比品牌更优越，更适合消费者的主张。由于比较广告具有攻击性或攀附性的特点，容易对比较对象造成损害，误导消费者，因而应有所限制。欧洲联盟在经过 7 年的思考后终于在原则上肯定了比较广告的合理性，但同时也附加了一系列的限制。[①] 同样，在比较广告中可以合理使用他人的商标，但在比较广告中不得诋毁或贬低竞争对手的商标，不得从竞争对手的商标中谋取不正当的利益，不得在市场上与商标权人或者其商品或服务产生混淆。

（5）在文学艺术作品中善意使用他人的注册商标。作者在创作作品时，根据实际需要使用他人的注册商标，属于合理使用。例如，拍摄电影或者电视剧时需要某个现实场景（外景），而该现实场景中有某商品广告牌，并且广告牌上面有他人的注册商标。由此拍摄的电影或电视画面中就会出现他人的注册商标。另一种在电影或者电视画面中使用他人注册商标的情形，就是将某种品牌商品作为道具使用。例如，现在拍摄的电影或者电视剧中的主要角色不可能不使用手机，将手机作为道具就是不可或缺的。因此，影视剧中的主要角色使用手机时必然会显示出上面的注册商标。这样使用他人注册商标的行为属于合理使用。但是，如果这种使用可能造成对该注册商标的不利后果，就属于侵权使用。如果某注册商标是一个常用词汇，作者在创作时善意地使用，更是合理使用，例如对苹果商标、彩虹商标、月亮商标等的使用等。

（6）在学校正常的教学活动中使用他人的注册商标，属于合理使用。例如，教师在课堂讲授时必须涉及具体的商标。

## 三、商标权用尽

### （一）商标权用尽解读

商标权用尽，是指由商标权人或者被许可人将带有其注册商标的商品合法地投入市场后，商标权人不得就该商品的后续交易行为主张商标专用权。换言之，商标权已在商品第一次销售时用尽，该商品的第二次销售或消费者的使用或转售，不受商标专用权的拘束。商标权用尽的意义在于保障商品在市场上的正常流通，促进贸易的开展。

### （二）商标权用尽的限制

商标权用尽是对商标权的限制，但是，为防止使用了该商标的商品受损或避免商标的信誉

① 参见吴义茂：《比较广告合法性问题探究》，载《理论界》，2004（3）。

受损，又有必要对商标权用尽进行反限制。如《欧盟商标条例》第13条规定，欧盟商标注册人或经其同意的人将带有商标的商品在欧盟内投放市场后，商标注册人的权利不得用来禁止在该商品上使用商标。商标注册人有正当理由反对商品的进一步流通，尤其是商品在投放市场后商品质量有变化或损坏的，不适用前款规定。

### （三）商标权用尽的例外

特别应当注意以下情形的发生：

1. 市场经营者将带有他人注册商标的商品购买回来后，未经该注册商标权利人许可，擅自将自己的商标粘附于他人的注册商标商品上进行销售、出租或者其他经营活动。在这种情况下，不适用于商标权用尽原则。该市场经营者的行为可能构成对他人注册商标专用权的侵害。

2. 市场经营者将带有他人注册商标的商品购买回来后，未经该注册商标权利人许可，擅自除去他人的注册商标后再粘附上自己的商标销售。这种行为不适用商标权用尽原则，该市场经营者的行为构成对他人注册商标专用权的侵害。[①]

3. 将使用了他人注册商标的商品作贬损性使用，不适用商标权用尽原则，其行为可能构成对他人注册商标专用权的侵害。

### （四）商标权用尽与平行进口

1. 平行进口。平行进口是指本国商标权人将其生产的商品出售给国外经销商或者将其注册商标许可给国外生产企业后，这些国外经销商或者生产企业将其与商标权人在国内生产的相同商品，重新进口到国内的做法。

由于市场营销策略（如扩大市场份额和占有率）的需要，商标权人出售给国外经销商或者国外被使用许可商标的生产企业生产的商品的价格都比较低，这些产品平行进口后，通常都会对商标权人的国内市场造成一定的冲击。为了保护正常的国内市场秩序，许多国家都采用不同的方法阻止商品的平行进口。

2. 平行进口的特点。平行进口有以下特点：（1）被进口的产品与特定的注册商标相关；（2）被进口的产品有着合法的来源，即系由商标权人或被许可人投放于出口国或地区的市场，因此，这类商品又被称为“真品”；（3）被平行进口的产品以低价与进口国或地区市场上原有的同一商标产品展开竞争；（4）在进口国或地区存在反对平行进口的相关权利人。

3. 平行进口所涉及的相关权利人有以下两种类型：（1）在进口国或地区与出口国或地区商标权人系同一人，并由商标权人自己（或者由被许可人）同时在进口国或地区与出口国或地区两个市场或其中的一个市场经销有关产品。（2）进口国或地区与出口国或地区的相关的注册商标分别由通过某种公司纽带形式相联系的不同企业（如母公司与子公司，或不同的子公司）根据合同享有。

从实践中所发生的案件看，大部分也是属于平行进口影响了进口国或地区的独占被许可人的利益。如前所述，平行进口可能涉及众多的权利人，许可证制度和跨国公司的发展使分布在进出口国家或地区的相关的权利人之间呈现出多样化的关系，而表现出纷繁的形态。

因为平行进口与商标权用尽密切相关，商标权人是否有权利阻止平行进口，不同国家的法律规定与具体做法并不相同。例如，我国商标法并未就平行进口问题作出规定。单纯从理论上讲，商标权人可以根据商标权的地域性特点和进口权，有权阻止来自于其他国家或地区的平行进口。但是，按照商标权用尽原则，商标权人似乎又无权阻止平行进口。此处的商标权冲突来源于对商标权用尽的法律界定。如果采用商标权国际用尽原则，商标权人就不能阻止平行进

① 参见2013年《商标法》第52条第5项的规定。

口；若采用商标权国内用尽原则，商标权人就可以阻止平行进口。

### 四、非商业性使用

1. 新闻报道及评论中的使用。在新闻报道和评论中不可避免地使用他人的注册商标，是一种正当使用。而且只要是实事求是地使用商标，即使是对某个商标的批评，商标注册人也不能以名誉受损阻止在新闻报道和评论中的使用。

2. 学术研究中的使用。为学术研究目的而使用他人的注册商标不涉及商业利益，更不易造成商品的混淆，所以不构成侵权。

3. 滑稽模仿中的使用。滑稽模仿是指社会评论和文学批评中用幽默方式表达对某种事物的看法。

## 第 3 节　注册商标的期限、续展和终止

### 一、注册商标的保护期限

注册商标的保护期限，是指商标注册人享有的商标专用权的有效期限。世界各国的商标法对注册商标的有效期均作了规定，如美国规定注册商标的有效期为 20 年，法国、德国的商标法规定注册商标的有效期为 10 年。规定注册商标的保护期限原因在于，商标的功能是使人识别出商品或服务的来源，当注册商标具有此项功能时应让其继续存在下去，当注册商标失去此项功能时则应当使之归于消灭。此外，规定注册商标的保护期限，便于商标注册人根据实际情况决定今后是否继续使用该商标。

我国历史上对于注册商标的保护期限曾作出过不同的规定。如 1950 年颁布的《注册商标暂行条例》规定："商标从注册之日起，注册人即取得专用权，专用权的期限为 20 年。"1963 年颁布的《商标管理条例》规定："注册商标的使用期限自核准注册之日起至企业申请撤销时止。""外国企业在我国注册的商标的有效期限，由中央工商行政管理局核定。"中央工商行政管理局原则上根据注册人所属国与我国签订的互惠协定作出决定，按外国商标在其本国注册的有效期计算。这种计算方式造成外国人与我国人之间、外国人之间所享有的注册商标专用权的保护期限不同，其计算方式也非常复杂、烦琐。因此，我国后来又规定外国商标在我国注册的保护期限为 10 年，但仍存在本国商标与外国商标保护期限不一致的现象。

1982 年《商标法》遵循国际惯例，对国内外商标注册人的专用权的有效期限作了统一规定，无论商标注册人为何国国民，其拥有的注册商标专用权之有效期限均为 10 年，从在我国核准注册之日起计算，并沿用至今。所谓"核准注册之日"，是指以在《商标登记簿》上登记的日期为准。

### 二、注册商标的续展

注册商标的续展，是指商标注册人在注册商标有效期届满前后的一定时间内，依法办理一定的手续，使其注册商标得以存续的制度。由于商标是区别商品或服务来源的重要标志，所以保持某些商标专用权长期有效，是生产者、服务者或者消费者的利益所在，也有利于商标管理、维护社会主义市场竞争秩序。商标注册人可通过注册商标的续展程序使用其注册商标得以

存续，也可以不续展其注册商标使之自动归于终止。对商标管理机关而言，也可借此加强对注册商标的管理。

我国《商标法》(2013 年) 第 40 条规定，注册商标有效期满，需要继续使用的，应当在期满前 12 个月内按照规定办理续展手续；在此期间未办理的，可以给予 6 个月的宽展期。每次续展注册的有效限期为 10 年，自该商标上一届有效期满次日起计算。期满未办理续展手续的，注销其注册商标。

由此可知，在我国，注册商标的续展有时间限制，但没有次数限制。换言之，商标权的保护期是形式的有限，实质的无限。

办理注册商标续展手续应当符合以下条件：(1) 续展注册申请人必须是商标注册人；(2) 提出续展申请的时间必须是在其注册商标有效期届满前 12 个月内或者在 6 个月的宽展期内；(3) 续展注册申请应向商标局提出，并交送《商标续展注册申请书》1 份，商标图样 5 份，交回原《商标注册证》；(4) 缴纳申请费和注册费。

此外，注册商标的续展不得对原注册商标作任何改变。但是，在申请续展时，可以放弃原核定使用的商品类别。不过，也有些国家的商标法规定，在提出续展注册申请时，还必须说明该商标仍在商业中使用于有关商品或服务上，并附有正式使用的商标样本或复制本 1 份；如未使用，还应说明未予使用的原因，并无放弃该商标的意图。①

商标局在接到续展申请后，经过审查，如认为符合商标法规定，即可予以核准，将原《商标注册证》加注发还，并予以公告。但是，如发现续展注册的商标不符合法律规定，则商标局应以《驳回通知书》的形式通知申请人，并退还续展注册费。申请人对驳回续展注册申请不服的，可以在收到驳回通知之日起 15 日内，向商标评审委员会申请复审。

## 三、商标权的终止

商标权的终止，是指由于法定事由的发生，商标注册人丧失其商标权，法律不再对该注册商标给予保护。根据我国商标法的规定，注册商标可以因注销或撤销而导致专用权终止。

### (一) 注册商标的注销

注册商标的注销，是指商标注册人自动放弃注册商标或商标局依法取消注册商标的程序。凡有下列情形之一者，商标主管机关可将注册商标从《商标注册簿》中注销：

1. 自动申请注销，即商标注册人自愿申请放弃其商标权，并向商标局办理注销手续的情形。自动申请注销的发生，主要在于商标注册人因企业关闭、转产而不再生产、经营使用该注册商标的商品。在这种情况下，商标注册人可主动申请注销，放弃商标专用权。

2. 过期注销，即注册商标的有效期届满，并且在规定的宽展期内商标注册人仍未办理续展注册手续或者虽然提出续展注册申请而未获批准的，因此由商标局注销其注册商标的情形。根据有关规定，凡过期注销，其商标专用权从公告注销注册之日起即告终止。

3. 无人继承注销，即作为商标注册人的自然人死亡，在法律规定的期限内无人要求继承其注册商标的，由商标局注销其注册商标的情形。商标主管机关办理注销，应在《商标注册簿》上写明，并刊登于《商标公告》，其商标专用权随之发生终止。但是，无人继承的注册商标，如果其权利属于破产财产，或者已设定有担保，或者在死者生前与他人签订的注册商标使用许可合同有效期内，该商标权不应归于终止。

① 参见美国《商标法》第 9 条的规定。

（二）注册商标的撤销

注册商标的撤销，是指国家商标主管机关对商标注册人违反商标法有关规定的乱用或滥用其注册商标给予的处罚，使注册商标专用权归于消灭的制度。依照我国商标法的规定，撤销的事由主要有以下五种：（1）自行改变注册商标的文字、图形或者其组合的；（2）自行改变注册商标的注册人名义、地址或者其他注册事项的；（3）自行转让注册商标的；（4）连续3年停止使用的；（5）使用注册商标，其商品粗制滥造，以次充好，欺骗消费者的。

无论是注销还是撤销，都应由商标主管机关收缴其注册证，并予以公告，其商标权自公告注销或撤销之日起终止。两者的区别是：注册商标的注销是其效力的和平终止，而注册商标的撤销则是其效力的强力终止。

## 本章小结

商标权的内容包括使用权和禁止权。使用权是指商标权人可以在其注册商标所核定的商品或者服务上使用其注册商标并取得合法利益，也可将注册商标专用权转让给他人或许可他人使用。禁止权是指商标权人有权禁止他人未经其许可擅自使用其注册商标。但是，商标权在受到法律保护的同时，基于私权与公益的平衡，又受到了一定的限制，限制方式包括对该商标的合理使用、商标权的用尽和非商业性使用。注册商标商标专用权可以因注销或撤销而终止。

## 【资料链接】

1. 崔立红．商标权及其私益之扩张．济南：山东人民出版社，2003

2. 汪泽．论商标权的正当性．科技与法律，2005（2）

3. 张今．论商标法上的权利限制．法商研究，1999（3）

4. 傅钢．试论商标的合理使用及其判断标准——从现行《商标法》实施条例的有关规定谈起．http：//www. chinalaw. edu. com

5. 刘华，黄光辉．注册原则下的商标制度应合理兼顾使用者利益．中国私法网

# 第16章 注册商标利用

**导　语**

商标权是一项财产权利，是商标注册人在市场经营活动中提高竞争力的重要武器。商标注册人可以自己利用或者授权他人利用其注册商标，例如，发放注册商标使用许可、将注册商标进行投资、抵押或转让，以注册商标为基础，进行企业兼并、重组、重构等。例如，美国的Mcdonald公司利用其注册商标Mcdonald®向许多国家投资，每年获得数十亿美元的利润，就是商标权利用的范例。我国的海尔集团公司利用其注册商标"Haier®"、"海尔®"兼并了一百多家企业，成为我国家电行业的旗舰企业。因此，充分、有效地利用注册商标，才能使注册商标最大限度地发挥其作用。

请思考：

1. 注册商标的转让；
2. 注册商标使用许可。

## 第1节　注册商标利用概述

### 一、注册商标利用之含义

注册商标是自然人、法人或者其他组织依法取得的一项无形财产，具有相应的价值和使用价值。商标注册人只有将其依法取得的注册商标在市场经营活动中加以利用才能实现其使用价值。

注册商标利用，是指商标注册人将其依法取得的注册商标在市场经营活动中加以利用实现其使用价值的各种形式和方式。

未注册商标因为只是市场经营者在生产经营活动中使用的商业标志，不具有商标法授予的专用权，通常只能由市场经营者自己使用，难以进行其他形式的利用。

我国2013年《商标法》第48条规定，本法所称的商标的使用，是指将商标用于商品、商品包装或者容器以及商品交易文书上，或者将商标用于广告宣传、展览以及其他商业活动中，用于识别商品来源的行为。针对服务而言，商标使用就是将商标用于提供服务的经营场所、经营场所的装潢、经营器具上、员工的服饰上或者用于提供服务标的物的容器、包装物以及各种工具上和交易文书上，或者将商标用于广告宣传、展览以及其他商业活动中，用于识别服务来源的行为。

### 二、注册商标利用的特点

注册商标利用有以下特点：

1. 注册商标利用者就是商标注册人。除了商标注册人之外的其他人只能是在商标注册人利用之后，再根据依此获得的权利而使用注册商标。例如，“苹果”（Apple）商标注册人是美国苹果公司。苹果公司可以采用多种形式或者方式利用其拥有的“苹果”商标，其他人只能根据与苹果公司达成的使用协议使用。依约获得苹果商标使用的人如需再利用苹果商标，同样需要苹果公司的授权。最后结果仍然只是苹果公司在利用苹果商标。

2. 注册商标的利用只能发生在生产经营活动中。商标是市场经营活动的衍生物，没有市场经营活动也就没有商标存在的必要。因此，商标利用只能发生在生产经营活动中。不在生产经营活动中进行的涉及注册商标的行为，不属于注册商标的利用。例如，自然人死亡后，其依法获得的注册商标作为遗产由其合法继承人继承，或者由遗嘱继承人继承，或者由遗赠扶养协议关系中的扶养人受遗赠等，不属于注册商标的利用。同样，法人或者其他组织消灭后，其权利与义务承受者依法承继其注册商标的行为也不属于注册商标的利用。

### 三、注册商标利用的形式

注册商标利用的形式主要有：（1）注册商标的转让；（2）注册商标的许可；（3）注册商标的质押；（4）注册商标的使用。

## 第 2 节　注册商标转让

### 一、注册商标转让的概念

注册商标转让，是指商标注册人将其注册商标依照法定程序通过注册商标转让合同移转给他人的行为。

在注册商标转让关系中，原商标注册人为转让人，接受注册商标的一方为受让人。转让的结果是使商标注册人发生变更，受让人成为新的商标注册人，原商标注册人不再享有商标专用权。

商标权作为一项财产权，其权利人可以依法进行转让，转让注册商标是商标注册人对其商标权最重要的处分方式，也是实现其经济利益的一种重要途径。转让注册商标，应在遵守自愿原则的基础上进行，由转让人和受让人签订转让合同，并共同向商标局提出转让申请，经商标局核准公告后才能生效。

应当注意的是，注册商标的转让不同于注册商标的移转。尽管两者均发生商标注册人的变更，但注册商标的转让是转让人和受让人双方的法律行为；而注册商标的移转是在一定客观情况下产生的，如原商标注册人死亡、倒闭、破产、合并、解散、终止等，均发生注册商标的移转。

### 二、注册商标转让的原则

各国商标法均规定注册商标可以转让，但有关转让原则的规定并不完全相同，大致可分为以下两种：

#### （一）连同转让原则

连同转让原则，是指商标注册人在转让其注册商标时必须连同使用该商标的企业的信誉，或者连同使用该注册商标的企业一并转让，而不能单独转让其注册商标。目前，美国、瑞典等国采取此项原则。[①]

实行连同转让原则的理由在于，商标的本质属性为商品的识别标志，因而商标与企业或企业的信誉相连。当注册商标与附属的企业或营业的信誉分开时，可能引起消费者的误认，导致使用该商标的商品质量下降，损害消费者的利益。因此，规定连同转让原则，可避免以上弊端，保护消费者的利益。

（二）自由转让原则

自由转让原则，是指商标注册人既可连同其营业转让注册商标，也可将注册商标与营业分开转让。不过，许多国家的商标法均规定，在商标注册人将其注册商标与营业分析转让时，受让人应当保证使用该注册商标的商品质量。[②]

关于注册商标转让的原则，《巴黎公约》采取了折中规定[③]，如果按某成员国的法律，商标的转让只有连同该商标所属厂商或牌号同时转让方为有效时，则只需把该厂商或牌号在该国的部分连同带有被转让商标的商品在该国制造或销售的独占权一并转让给受让人，就足以承认其效力，而不必将位于国外的厂商或牌号同时转让。但是，这种转让应以不使公众对附有该商标的商品来源和品质发生误认为条件。

由于商标具有标示商品出处的功能，因而商标与企业及其信誉密切相关，采取连同转让原则有利于维护企业及商标的信誉。但是，随着生产规模的扩大，相同的商品大量涌现于市场，只要商标能保证商品的质量、特点相同，则消费者不太会关心商品的出处。因此，一方面，即使商标与商品分开转让，出处不发生混淆，只要商品质量能得到保证，则不会损害消费者的利益。另一方面，商品或服务质量并不必然与营业相关联，而由受让人的努力程度确定。所以，从保证商品质量的角度而言，已无必要要求商标与营业一起转让。

## 三、注册商标转让的形式

关于注册商标的转让形式，多数国家的商标法要求转让人和受让人之间通过签订合同转让，并应公告。我国商标法考虑到注册商标转让的特殊性，也要求商标注册人和受让人按法律规定办理注册商标转让手续。

（一）转让人和受让人应当签订注册商标转让协议

注册商标的转让是一种双方民事法律行为，转让人与受让人应当就注册商标的转让达成一致意见，在此基础上签订注册商标转让协议并明确双方当事人的权利与义务。虽然商标法没有规定注册商标转让合同应采取何种方式，但是，由于注册商标的转让比较复杂，所以，应当采用书面形式。采用书面形式签订注册商标转让合同，双方当事人的权利与义务清楚、明确，在发生纠纷时有据可查，有利于当事人主张权利，也便于人民法院或者仲裁机构依法审判或者裁决。

（二）转让人与受让人共同向商标局提出申请

转让人与受让人签订注册商标许可协议后，应当共同向国家商标主管机关即商标局提出申请，在提出申请时，应当交送《转让注册商标申请书》一份，受让人《营业执照》复印件，交回原《商标注册证》，并按规定交纳费用。转让注册商标申请手续由受让人办理。

---

① 美国《商标法》第 10 条规定："已经注册或者已经提出注册申请的商标，可以连同使用商标的企业的信誉，或者连同使用商标并由该商标表彰的部分信誉一并转让。"

② 参见《商标法》第 39 条的规定。

③ 参见《巴黎公约》第 4 条之二的规定。

（三）经商标局核准并公告

国家商标主管机关收到注册商标转让申请后，依法进行审查，确认其是否符合法律所规定的条件：（1）使用注册商标的商品是否是受让人合法生产、经营的商品；（2）转让国家规定并由国家工商行政管理局公布的烟草制品上的注册商标，受让人应当按规定提供有关部门的证明文件；（3）受让人能否保证使用该注册商标的商品质量；（4）该注册商标的转让是否在限制性规定范围内；（5）该注册商标的转让是否会产生误认、混淆或者其他不良影响等。

国家商标主管机关经过审查以后，认为该注册商标的转让不符合法律规定的，不予核准，发给《驳回通知书》，申请人不服的，可以申请复审。经商标主管机关核准的注册商标转让的，将《商标注册证》加注发给受让人，并在《商标公告》上予以公告，受让人自公告之日获得该注册商标。

### 四、注册商标转让的限制

注册商标的转让涉及商标权的变更、管理和保护的法律问题，也涉及转让的双方当事人和消费者的利益，所以，我国商标法在允许注册商标转让的同时，也作了限制性规定。我国商标法规定的注册商标转让的限制包括以下五个方面：

1. 类似商品使用同一注册商标的不得分割转让。注册商标在类似商品上使用的，其专用权应全部转让而不能分开转让。如果商标注册人仅转让一部分商品上的注册商标，则会形成两个以上的主体对类似商品上使用相同或者相近似注册商标的局面，因而会导致消费者的误认，引起市场混乱。商标局可以根据有关规定，对这种可能产生误认或混淆或其他不良影响的转让注册申请不予核准，予以驳回。因此，我国国务院于 2014 年颁布实施的《商标法实施条例》第 31 条第 2 款规定："转让注册商标，商标注册人对其在同一种或者类似商品上注册的相同或者近似的商标未一并转让的，由商标局通知其限期改正；期满未改正的，视为放弃转让该注册商标的申请，商标局应当书面通知申请人。"

2. 已经许可他人使用的商标不得随意转让。已经许可他人使用的商标关系到被许可人的利益，若允许原商标注册人随意转让，则可能引起被许可人与受让人之间的矛盾，损害被许可人的利益。因此，只有在征求被许可人同意的情况下才能把注册商标转让给他人。受让人取得被转让的注册商标之后，不得无故解除或者终止原商标注册人与被许可人订立注册商标的许可合同。

3. 集体商标不得转让。由于集体商标关系到使用该商标的特殊集体的利益，属于一种特殊商标，因而法律禁止集体商标转让。

4. 联合商标不得分开转让。我国商标法没有明确规定可以注册联合商标，但在实践中受理注册此类商标。由于联合商标注册的是若干个相近似的商标并使用在同一种或类似商品上的，如果允许这些相近似的商标分别转让，则会导致两个以上的商标注册人分别在同一种或类似商品上拥有相近似的注册商标，发生权利冲突，因此，联合商标不得分开转让。

5. 受让人在注册商标使用过程中，其商品不得粗制滥造，以次充好，损害消费者的利益，否则，该转让的注册商标有可能被撤销。

## 第 3 节　注册商标的使用许可

### 一、概述

注册商标的使用许可，是指商标注册人通过订立使用许可合同，许可他人使用其注册商标的法律行为。商标注册人为许可人，获得注册商标使用权的人为被许可人，许可人仅将注册商标的使用权移转给被许可人，而不发生注册商标所有权的转移。

商标注册人许可他人使用其注册商标的，应当监督被许可人使用其注册商标商品或者服务的质量。被许可人应当保证使用该注册商标之商品或者服务的质量。经使用许可他人注册商标的被许可人，必须在使用该注册商标的商品或者服务上或者其他器具、设备、包装、容器上表明其名称和商品产地。

商标使用许可制度是现代商标法所规定的一项重要内容。注册商标使用许可制度的建立，对促进市场经济发展具有重要的意义。

1. 商标使用许可有利于企业的自身发展，并满足市场的需求。根据商标法的规定，商标注册人可以通过使用许可方式授权他人使用其注册商标，实现其注册商标的使用价值并获得经济利益。被许可人通过此种方式获得他人注册商标的使用权，有利于凭借他人品牌迅速打开产品销路并占领市场。同时，通过许可人和被许可人的有条件合作，可以提供更多的适销产品，调剂市场，促进对外贸易的发展。许可人和被许可人的合作不仅互利互惠，同时对于满足消费者需求，活跃流通，提高社会经济利益都可产生积极的作用。

2. 商标的使用许可有利于国际经济技术合作。对于拥有注册商标的国内企业尤其是实力雄厚的大企业来说，商标的使用许可是开拓国外市场、对外投资经营的重要途径；对于弱小企业而言，可凭借使用国外的著名品牌走出困境，提高自身的竞争能力。在商标的对外许可与被使用许可过程中，还可借此引进国外的先进技术和管理经验。

## 二、使用许可形式

注册商标使用许可的形式主要有三种，即独占许可、独家许可、普通许可。

1. 独占许可，是指许可人允许被许可人在使用许可合同约定的地域范围内和指定的商品上独占地、排他地使用其注册商标。在使用合同约定的地域范围内，许可人不仅不得再允许第三人使用其注册商标，而且许可人自己也不能使用，否则即构成违约，要承担相应的法律责任。由于独占许可具有排他性，因而若他人实施了侵犯注册商标专用权的行为，被许可人不仅可以要求侵权行为人停止侵权，还可以要求侵权行为人赔偿损失。

2. 独家许可，是指许可人允许被许可人在使用许可合同约定的地域范围内和指定的商品上使用其注册商标。在使用合同约定的地域范围内，许可人不得再允许第三人使用其注册商标，但许可人自己可以使用。

3. 普通许可，是指许可人允许被许可人在使用许可合同约定的地域范围内和指定的商品上使用其注册商标。在使用合同约定的地域范围内，许可人不仅自己可以使用该注册商标，而且可以再允许第三人使用其注册商标。获得对他人注册商标普通使用权的被许可人，在发现他人侵犯注册商标专用权时，可以协助许可人查明事实并寻求司法保护。

## 三、使用许可合同的备案程序

我国 2013 年《商标法》第 43 条第 3 款规定：“许可他人使用其注册商标的，许可人应当将其商标使用许可报商标局备案，……”该规定的目的，一是便于国家商标局对全国商标使用许可情况的管理；二是通过商标使用许可合同的备案审查，从中发现问题，及时纠正，更好地维护双方当事人的合法权益；三是通过《商标公告》向社会公布商标使用许可情况，为消费者选购商品提供方便。

商标使用许可合同备案的具体程序是：许可人和被许可人订立合同之日起3个月内，填写3份商标使用许可合同的备案表，并附有《商标注册证》复印件，除双方当事人保存两份正本外，由许可人将其中一份合同连同备案表报商标局备案，另外两份交双方当事人所在地工商行政管理机关存查。商标局对上报合同进行审查。符合规定的，予以备案，并刊登在《商标公告》上；对不符合规定的合同，退回许可人，由其重新修正后再重新报商标局备案。如果违反这项规定，由许可人或被许可人所在地工商行政管理机关责令其限期改正，拒不改正的，处以1万元以下的罚款，直至报请商标局撤销该注册商标。

## 第4节　商标权的质押

### 一、概述

商标权是一项可转让的财产权，可以作为质权的标的，即为了担保债权的清偿，就债务人或第三人所享有的商标权设定质权，当债务人不履行债务时，债权人就该商标权享有优先受偿的权利。根据我国《担保法》第75条和第79条的规定，依法可以转让的商标专用权可以作为权利质权的标的。出质人和债权人应当签订书面合同，并向其管理部门办理出质登记，质权合同自登记之日起生效。商标专用权质押登记机关是国家工商行政管理局，国家工商行政管理局商标局具体办理商标专用权质押登记。登记是商标权质押合同的生效要件，其目的是保障质权的实现和质权人的优先受偿权，防止重复质押，保护质权人和出质人的合法权益。为此，国家工商行政管理局制定了《企业动产抵押物登记管理办法》，国家商标局发布了《商标专用权质押登记程序》。

商标权出质后，出质人不得转让或许可他人使用，未经质权人同意而转让或许可他人使用已出质的商标专用权的，其转让或许可行为应认定为无效，因此，给质权人或第三人造成的损失，由出质人承担赔偿责任。但经出质人与商标权人协商同意的可以转让或许可他人使用，出质人所得的转让费、许可费应向质权人提前清偿所担保的债权，或向与质权人约定的第三人提存。

出质人与质权人应当签订书面的商标权质押合同，商标权人是出质人，被担保债权的债权人是质权人。商标专用权质押合同应当包括以下内容：（1）出质人和质权人的名称（姓名）、地址；（2）质押的原因和目的；（3）出质的商标及质押的期限；（4）出质商标专用权的价值及评估报告；（5）当事人约定的与该质押商标有关的其他事项。

### 二、商标权质押的登记

根据《企业动产抵押物登记管理办法》和《商标专用权质押登记程序》的规定，以依法可以转让的商标专用权出质的，出质人与质权人应当于订立书面协议之日起20日内，向国家工商行政管理局办理出质登记。依《商标法》及其《商标法实施条例》的规定，当事人可以直接办理商标专用权质押申请，也可以委托国家认可的具备商标代理资格的组织代理办理。但在中国没有经常居所或营业所的外国人或外国企业应当委托代理组织代理办理，不能直接办理。

在申请商标专用权质押登记时，应当提交下列文件：（1）按规定填写的《商标专用权质押登记申请书》；（2）出质人和质权人的企业营业执照复印件或身份证件复印件；（3）质押合同副本（外文本应当附中文译本1份，以中文译本为准）；（4）质押商标《商标注册证》复印件；

（5）委托代理人办理登记的，应当提交被代理人（申请人共同）的委托书；（6）其他应当提交的材料。

上述证明文件如有不实，由申请人承担法律责任。申请人提交的申请书件不齐备的，登记机关应当要求申请人补正。不补正或补正不符合要求的，不予受理。

申请登记书件齐备、申请手续符合规定的，国家工商行政管理局商标局予以受理。受理日期即为申请日期。

有下列情形之一的，登记机关不予登记：（1）出质人不是商标专用权合法所有人的；（2）商标专用权归属不明确的；（3）其他不符合法律、法规规定的。

登记机关应当于受理登记申请之日起 5 个工作日内，作出是否予以登记的决定。符合上述登记条件的，国家工商行政管理局商标局予以登记，发给《商标专用权质押登记证》；不符合有关规定的，不予登记。

## 本章小结

商标权的利用包括注册商标的转让、使用许可、权利质押等方式，是商标权人行使权利、实现经济利益的重要途径。商标权作为一项财产权，可以依法转让，但在转让时要按照法律规定办理手续，并有一定的限制。在注册商标的使用许可过程中，被许可人应保证商品质量，商标权人也负有监督被许可人使用该商标的商品质量的义务。

## 【资料链接】

1. 曾陈明汝．商标法原理．北京：中国人民大学出版社，2003

2. 王仙法主编．商标与知识产权保护．上海：上海三联出版社，2001

3. 芜湖市傻子瓜子总厂与安徽省傻子经济发展有限公司确认商标使用权纠纷案．安徽省高级人民法院（2002）皖民二终字第 12 号民事判决书．http：//www.chinaiprlaw.cn

# 第17章 注册商标的无效宣告

导　语

注册商标是国家商标主管机关依据商标法规定的注册审批程序核准注册的商标。但是，在审批过程中，由于各种各样的原因，商标审查人员在对商标注册申请进行审查时可能发生不当注册的情形。因而，商标法建立了注册商标无效宣告制度，对不符合商标法规定注册条件而获得的注册商标予以宣告无效，使注册商标专用权归于无效。例如，违反商标法规定之禁用条款、侵犯他人在先权利、以不正当手段获准注册或者缺乏显著性的商标被核准注册的，都是不当注册商标，都可依法律规定的程序予以宣告无效。

请思考：

1. 注册商标的无效宣告；
2. 注册商标无效宣告的种类。

## 第1节　概　述

注册商标的无效宣告，是指对不符合商标法规定注册条件的商标被核准注册后，依照商标法规定的程序将其宣告无效的补救制度。

由于商标注册申请的审批过程十分复杂，再加上诸多方面的原因，不可避免地会产生判断失误，使一些不符合注册条件的商标取得注册。为此，在实行注册原则国家的商标法中大多规定了注册商标的补正制度，依法宣告不当注册商标无效。我国1982年《商标法》未规定此项制度，不能很好地保证注册商标的质量，产生了一些权利冲突或不当注册的商标。1993年《商标法》增加了不当注册商标的补正程序，2001年《商标法》对注册商标补正制度作了进一步完善，2013年《商标法》将以前版本规定的注册商标撤销制度修改为无效宣告制度，使之更加符合国际惯例。

不当注册商标的无效宣告程序与商标异议程序、商标争议裁定程序相配合，不仅可以大大提高注册商标的质量，减少注册商标权利的冲突，确保注册商标专用权的效力；而且有利于保护消费者的合法权益，维护商标专用权受让人的经济利益及制止不正当竞争。

## 第2节　注册商标无效宣告的类型

### 一、违反禁用条款注册商标的无效宣告

我国现行《商标法》第10条规定了不得作为商标使用的构成要素。该条的规定是禁止性的，任何人不得违反。注册商标违反此条规定的，根据现行《商标法》第44条第1款的规定，

应当被宣告无效。此种宣告无效即属于违禁注册商标的宣告无效。

违反禁用条款注册商标的无效宣告，有以下特征：

1. 自违反禁用条款注册商标被核准注册之日起，任何时候都可以被宣告无效，没有时间的限制。

2. 自违反禁用条款注册商标被核准注册之日起，不仅商标局可以依职权宣告该注册商标无效，而且其他单位或者个人也可以请求商标评审委员会宣告该种类注册商标无效。

3. 此种注册商标一经宣告无效，视为自始无效。

## 二、违反诚信原则注册商标的无效宣告

违反诚信原则的注册商标，是指商标注册申请人以欺骗或者采取其他不正当手段取得的注册商标。例如，商标注册申请人故意虚构或者隐瞒事实真相或者伪造申请书件及有关文件而获得的注册。

根据我国现行《商标法》第 44 条第 1 款的规定，对于以欺骗或者采取其他不正当手段取得注册的商标，商标局可以依职权宣告该注册商标无效，其他人可以随时请求商标评审委员会宣告该注册商标无效。

违反诚信原则注册商标的被宣告无效，有以下特征：

1. 自违反诚信原则注册商标被核准注册之日起，任何时候都可以被宣告无效，没有时间的限制。

2. 自违反诚信原则注册商标被核准注册之日起，不仅商标局可以依职权宣告该注册商标无效，而且其他单位或者个人可以请求商标评审委员会宣告该注册商标无效。

3. 此种注册商标一经被宣告无效，视为自始无效。

## 三、缺乏显著性注册商标的无效宣告

缺乏显著性的注册商标，是指商标图案明显地缺乏显著性的商标，例如，仅有本商品通用名称、图形、型号构成的商标；仅仅直接表示商品的质量、主要原料、功能、用途、重量、数量及其他特点的商标等。

我国现行《商标法》第 9 条规定，申请注册的商标，应当具有显著性，便于识别。第 11 条进一步规定，缺乏显著性的商标不能被核准注册。对于此类注册商标，我国现行《商标法》第 44 条第 1 款规定，商标局可以依职权宣告该注册商标无效，其他人也可以请求商标评审委员会宣告该注册商标无效。

缺乏显著性注册商标的被宣告无效，有以下特征：

1. 自缺乏显著性注册商标被核准注册之日起，任何时候都可以被宣告无效，没有时间的限制。

2. 自缺乏显著性注册商标被核准注册之日起，不仅商标局可以依职权宣告该注册商标无效，而且其他单位或者个人可以请求商标评审委员会宣告该注册商标无效。

3. 此种注册商标一经被宣告无效，视为自始无效。

## 四、侵犯他人在先权利注册商标的无效宣告

侵犯他人在先权利的注册商标，是指商标图案或者其部分侵犯了他人在先合法权利的注册商标。例如，商标的图案取自他人的版权作品，却未征得该版权作品著作权人的授权。"'武松

打虎图’注册商标纠纷”案即属于此。

我国现行《商标法》第 9 条规定，申请注册的商标，应当具有显著性，便于识别，并不得与他人在先取得的合法权利相冲突。第 45 条第 1 款对此作了专门规定。

（一）与他人驰名商标相冲突的注册商标的无效宣告

驰名商标，是指在中国为相关公众广为知晓并享有较高声誉的商标。

驰名商标可以是注册商标，也可以是未注册商标。

我国现行《商标法》第 13 条规定，就相同或者类似商品申请注册的商标是复制、摹仿或者翻译他人未在中国注册的驰名商标，容易导致混淆的，不予注册并禁止使用。就不相同或者不相类似的商品申请注册的商标是复制、摹仿或者翻译他人已经在中国注册的驰名商标，误导公众，致使该驰名商标注册人的利益可能受到损害的，不予注册并禁止使用。

由此规定可知，与他人驰名商标相冲突的商标注册申请，是不能被核准注册的。但是，在对商标注册申请审查过程中，由于各种原因可能让此种商标注册申请被核准注册。对此，我国现行《商标法》第 45 条第 1 款设立补正程序，以使之被宣告无效。

此种类型注册商标被宣告无效，有以下特点：

1. 由驰名商标所有人或者利害关系人请求商标评审委员会宣告该注册商标无效，其他人无此请求权。

2. 此种无效宣告请求权有时间限制，即自该注册商标核准注册之日起 5 年内；但对恶意注册的，则没有时间限制。

3. 此种注册商标一经被宣告无效，视为自始无效。

（二）代理人或代表人抢注之注册商标的无效宣告

代理人或代表人抢注之注册商标，是指未经授权，代理人或代表人以自己的名义将被代理人或被代表人的商标申请注册而取得的注册商标。例如，某公司委托某商标事务所为其代理某商标注册事务，该商标事务所又指派某人承办此事。结果，该承办人以自己的名义就该商标提出注册申请，取得了注册商标。

对于此种注册商标，被代理人或者被代表人可以依据现行《商标法》第 45 条第 1 款，请求商标评审委员会宣告该注册商标无效。

此种类型注册商标被宣告无效，有以下特点：

1. 由被代理人或者被代表人或者利害关系人请求商标评审委员会宣告该注册商标无效，其他人无此请求权。

2. 此种宣告无效请求权有时间限制，即自该注册商标核准注册之日起 5 年内；但对恶意注册的，则没有时间限制。

3. 此种注册商标一经被宣告无效，视为自始无效。

（三）盗用地理标志注册商标的无效宣告

盗用地理标志的注册商标，是指商标中含有商品的地理标志，而该商品并非来源于该地理标志所标示的地区，且此商标注册申请被核准注册而产生的注册商标。

我国现行《商标法》第 16 条明确禁止这样的商标注册申请被核准注册。该商标注册申请被核准注册的，应当被宣告无效。

此种类型注册商标被宣告无效，有以下特点：

1. 由地理标志所在地区的有关部门或者利害关系人请求商标评审委员会宣告该注册商标无效，其他人无此请求权。

2. 此种无效宣告请求权有时间限制，即自该注册商标核准注册之日起 5 年内；但对恶意注册的，则没有时间限制。

3. 此种注册商标一经被宣告无效，视为自始无效。

（四）侵犯他人在先合法权利的注册商标的无效宣告

我国现行《商标法》第 9 条、第 32 条规定，申请注册的商标，不得与他人在先取得的合法权利相冲突，不得损害他人现有的在先权利。例如，未经他人允许，便将他人的肖像、姓名、商号、享有专利的外观设计、已经注册的商标或者受著作权法保护的作品等注册为商标，从而侵犯了他人在先取得的肖像权、姓名权、商号权、外观设计专利权、商标权或者著作权，违反了诚实信用原则，应当依法宣告该注册商标无效。

此种类型注册商标被宣告无效，有以下特点：

1. 由在先权利人或者利害关系人请求商标评审委员会宣告该注册商标无效，其他人无此请求权。

2. 此种宣告无效请求权有时间限制，即自该注册商标核准注册之日起 5 年内；但对恶意注册的，则没有时间限制。

3. 此种注册商标一经被宣告无效，视为自始无效。

（五）抢注他人商标的注册商标的无效宣告

他人已经在商业活动中使用并有一定影响的商标，虽然没有达到驰名商标的评定标准，但是它也有一定的使用历史和影响范围，为相关公众所熟知，具有相当的竞争力并能产生较大的经济效益。我国 1982 年《商标法》对这类商标未能提供有效的法律保护，致使一些违反诚实信用原则的不正当竞争行为发生，2001 年《商标法》针对这一问题作出了规定，2013 年《商标法》保留了该规定。现行《商标法》第 32 条规定："申请商标注册不得侵害他人现有的在先权利，也不得以不正当手段抢先注册他人已经使用并有一定影响的商标。"已经注册的，商标注册人可以请求商标评审委员会宣告该注册商标无效。

此种类型注册商标被宣告无效，有以下特点：

1. 由在先的商标使用人或者利害关系人请求商标评审委员会宣告该注册商标无效，其他人无此请求权。

2. 此种无效宣告请求权有时间限制，即自商标核准注册之日起 5 年内；但对恶意注册的，则没有时间限制。

3. 此种注册商标一经被宣告无效，视为自始无效。

## 第 3 节　注册商标宣告无效的程序以及效力

我国 2013 年《商标法》第五章规定"注册商标的无效宣告"，将修订之前《商标法》规定的注册商标撤销制度修改为注册商标无效宣告制度，使我国商标法得到更进一步的完善。该章共有 4 项条文，分别规定了不当注册商标的无效宣告（第 44 条）、侵害他人在先权利的注册商标的无效宣告（第 45 条）、无效宣告的生效（第 46 条）和注册商标无效宣告的法律后果（第 47 条）。

根据我国现行《商标法》第 44 条规定可知，不当注册商标包括四种情形：（1）违反商标法禁止性规定的注册商标；（2）不具有显著性要素构成的注册商标；（3）仅仅由三维标志功能性要素构成的注册商标；（4）以欺骗手段或者其他不正当手段获得注册的商标。

对于这四种不当注册商标，商标局可以依职权宣告该注册商标无效，其他单位或者个人也可以请求商标评审委员会宣告该注册商标无效。由于这种类型的注册商标存在实质性缺陷，所以，对于这几种类型的注册商标宣告无效不受时间限制。

对于侵害他人在先权利的注册商标，其构成要素并不存在实质性缺陷，所以，法律规定宣告该种类型注册商标无效，不仅请求人被限制在特定权利人，而且请求宣告无效的时间也限制在自其被核准注册之日起的5年内，除非商标注册申请人具有明显的恶意才不受时间限制。

1. 由商标局依职权对不当注册商标作出的无效宣告决定，当事人对商标局作出的决定不服的，可以自收到无效宣告决定通知之日起15日内向商标评审委员会申请复审。商标评审委员会应当自收到复审申请之日起9个月内作出复审决定。当事人对商标评审委员会作出的复审决定不服的，可以自收到复审决定通知之日起30日内向人民法院起诉。

2. 其他单位或者个人请求商标评审委员会宣告注册商标无效的，商标评审委员会自收到无效宣告申请之日起9个月内作出裁定。当事人对商标评审委员会作出的裁定不服的，可以自收到裁定通知之日起30日内向人民法院起诉。

3. 法定期限届满，当事人对商标局作出的宣告注册商标无效的决定不申请复审或者对商标评审委员会作出的复审决定或者裁定不向人民法院起诉的，商标局的决定或者商标评审委员会的复审决定、裁定生效。

4. 宣告无效的决定、裁定或者人民法院的裁判生效后，该注册商标专用权视为自始即不存在。

## 本章小结

注册商标无效宣告制度是对商标注册程序的完善，具体包括违反禁用条款而取得的注册商标的无效宣告、违反诚信原则而取得的注册商标的无效宣告、缺乏显著性注册商标的无效宣告、侵犯他人合法在先权利而取得的注册商标的无效宣告。商标法设立注册商标无效宣告制度，其目的在于对不当注册商标的补正，以维护社会的公平与正当的市场经营秩序。

注册商标被宣告无效的，其商标专用权视为自始无效。

## 【资料链接】

1. 王连峰．地理标志与地名商标的冲突及法律适用．河南省政法管理干部学院学报．2004(1)

2. 李永明，张振杰．知识产权权利竞合研究．法学研究，2001(2)

3. 云南红河光明股份有限公司商标注册案．北京市第一中级人民法院(2002)一中行初字第五十8号行政判决书．http：//www.chinaiprlaw.cn

# 第18章 商标管理

**导 语**

商标是自然人、法人或者其他组织在市场经营活动中使用的用以区别商品或服务不同来源的标志。商标的价值只能在市场经营活动中才能体现出来。因此，商标注册人或未注册商标使用人很有可能滥用或乱用其商标，扰乱市场经营秩序，侵害其他市场经营者的合法权益，损害消费者的正当利益。所以，商标法规定国家工商行政管理机关和地方各级工商行政管理机关负责全国或各地的商标管理工作，以维护市场经营秩序，保护市场经营者和消费者的合法权益。

请思考：

1. 商标管理的概念；
2. 对注册商标的管理；
3. 对未注册商标的管理。

## 第1节 概 述

### 一、商标管理的概念和意义

商标管理，从管理机关的角度看，它可以划分为商标的行政管理、司法管理和企业管理。

商标的行政管理，是指商标行政管理机关依法对商标的注册、使用、转让等行为进行监督、检查等活动的总称，其内容主要包括商标的注册管理、商标的使用管理和商标的印制管理等。

商标的司法管理，是指人民法院和人民检察院审理商标侵权纠纷、受理不服商标行政管理的司法审查以及侵犯商标专用权罪的起诉和审判工作。根据我国商标法的有关规定，对于侵犯商标专用权的，商标权人可以直接向人民法院起诉，由人民法院进行审理。对于商标行政管理机关作出的行政决定，有关当事人不服的，可以向人民法院提起行政诉讼。对于假冒他人注册商标构成犯罪的，由人民检察院立案起诉。

商标的企业管理，又称商标的自我管理，是指商标注册人或商标使用人为使用或者保护自己的商标所进行的管理工作。这些工作包括建立各自内部的商标管理制度，设立专职或兼职商标管理人员，研究和制订商标管理措施，制订商标战略和策略，依法行使和保护自己的商标专用权。

由于商标的使用广泛涉及市场秩序，关系到人民的生活和消费，也关系到企业自身的信誉和经济效益，所以，国家和企业都应加强商标管理。具体而言，建立商标管理制度具有以下三个方面的重要意义：

1. 可以规范商标的注册、使用等行为，发挥商标的识别功能，确保商品的质量，维护消费者的利益，促进市场经济的规范化、秩序化发展。

2. 可以增强企业和商标使用人的法制观念，维护商标注册人的合法利益，避免和减少侵犯商标专用权的案件。加强商标管理，可以督促企业树立商标意识，实行名牌战略。同时，加强商标管理，可以减少和制止商标权侵权行为，保护商标注册人的合法利益。

3. 有利于加强商标立法，完善商标法律制度。我国利用法律手段管理商标的时间还不长，商标法制也不太完善。加强商标管理，便于及时发现问题、总结经验，为修改和完善商标法制奠定了基础。

## 二、商标管理机关

目前世界各国的商标管理机关各有不同。例如，美国由专利商标局管理商标；日本的商标管理机构为特许厅，归口于通商产业省；英国的商标注册簿由专利、设计和商标总局局长掌管；巴西的商标注册管理工作则由工业产权局负责。我国商标法规定，国务院工商行政管理部门商标局主管全国商标注册和管理工作，国务院工商行政管理部门设立商标评审委员会，负责处理商标争议事宜。该法还明确规定了各级工商行政管理部门对商标进行管理的职责。由此可见，国家工商行政管理局所属的商标局是全国性商标管理机关，地方各级工商行政管理局是地方上的各级商标管理机关，商标评审委员会隶属于国家工商行政管理局，是与商标局平行的独立机构。

我国商标管理体制采取的是统一注册和分级管理的两级管理体制。国家工商行政管理局商标局从宏观上制定相应的商标政策、商标条例和规章，审查商标注册，指导和协调地方各级工商行政管理机关，并进行商标管理。商标评审委员会归口管理商标争议事宜。地方各级工商行政管理机关统一安排和部署本地区商标管理工作。这种集中管理体制，可以维护商标法规的严肃和统一，使全国商标注册管理工作统一化、标准化；集中注册可以保证商标注册的质量，避免各地的商标发生混同，维护商标专用权人的利益；分级管理可以加强地方各级商标管理工作，并将有关情况及时反馈给中央，有利于及时调整和完善商标管理工作。

商标局的职权有：受理商标的申请注册；办理注册商标的转让、变更、注销和续展工作；对商标异议作出裁定；撤销违法使用的注册商标，宣告不当注册商标无效；办理商标使用许可的备案手续；指导全国商标管理工作及宣传教育；编辑出版《商标公告》；建立商标档案制度，保存全国的商标档案，负责商标查阅工作；负责国际商标使用事宜。

地方各级工商管理部门的职权有：对辖区内注册商标和未注册商标的使用进行经常性管理；制止、制裁商标侵权行为；通过商标管理，监督商品质量，对商品粗制滥造、以次充好、欺骗消费者的行为，予以制止或行政处罚；管理商标印制活动；对国家规定必须使用注册商标的商品而未使用注册商标的行为及其他违反商标法规的行为予以处理；宣传商标法规。

商标评审委员会的职责有：对不服商标局驳回申请、不予初步审定公告的商标的复审申请作出裁定；对不服商标局异议裁定的复审申请作出裁定；对不服商标局驳回转让注册商标的复审申请作出裁定；对不服商标局续展注册商标的复审申请作出裁定；对其他人撤销注册不当商标的请求作出裁定；对注册商标争议的申请作出裁定；对不服商标局撤销注册商标决定的复审申请作出裁定；对不服商标局撤销注册不当商标的决定的复审申请作出裁定。

## 第 2 节　商标使用的管理

### 一、对注册商标使用的管理

注册商标是经国家商标主管机关依法核准注册的商标，受商标法保护。但是，注册商标的使用也应符合商标法的规定，接受商标管理机关的管理。商标管理机关对注册商标的使用管理主要包括以下十个方面：

1. 检查商标注册人是否按规定使用了注册商标的标记。我国商标法规定商标注册人有权标明“注册商标”或者注册标记。在商品上不便标明的，可以在其包装或说明书或其他附着物上标明。这样规定，使消费者易于区分有注册商标专用权与无注册商标专用权的商品，并对商品质量作出判断。同时，商标使用人也可增加法律责任感，保证商品的质量。

2. 检查商标使用的范围是否属于商标局核定的商品或者服务范围。注册商标的使用应当以核定使用的商品或者服务为限。商标注册人需要在其他商品或服务上使用注册商标的，应当另行提出注册申请，否则，商标使用将发生混乱。商标管理机关如发现存在不一致的情况，应责令其限期改正，或者令其另行申请注册。

3. 检查商标注册人是否自行改变了注册商标的构成要素。注册商标的保护范围以核准注册的商标为限，以在商标局核定的构成要素为准。商标注册人需要改变注册商标的构成要素的，应当作为一个新的商标重新提出注册申请。擅自改变注册商标构成要素的，商标管理机关应责令其限期改正，拒不改正的，依法撤销其注册商标。

4. 检查商标注册人是否自行改变了商标注册人的名义、地址或者其他注册事项。根据商标法的规定，商标注册人的名义、地址或其他注册事项发生变化的，应当向商标局提出变更申请，便于商标局对注册商标的管理。

5. 检查商标注册人是否自行转让注册商标。转让注册商标，应当由转让人和受让人共同向商标局提出申请，经商标局核准公告后生效。商标注册人自行转让注册商标的，商标管理机关应责令其限期改正，拒不改正的，可依法撤销该注册商标。

6. 检查商标注册人是否连续 3 年停止使用其注册商标。使用注册商标是商标注册人的一项义务。商标注册人没有正当理由连续 3 年停止使用其注册商标的，任何单位和个人都可以向商标局申请撤销该注册商标。商标局应当通知商标注册人，限其在收到通知之日起 3 个月内提供该注册商标的使用证明或者不使用的正当理由。逾期不提供使用证明或者证明无效的，商标局依法撤销该注册商标。

7. 检查商标注册人许可他人使用其注册商标是否签订了使用许可合同并向商标局备案。商标注册人有权许可他人使用其注册商标，但是，商标注册人应当与被许可人签订书面使用许可合同，应当自使用许可合同签订之日起 3 个月内，将许可合同副本交送其所在地县级工商行政管理机关存查，由许可人报送商标局备案，并由商标局予以公告，否则，由许可人或者被许可人所在地工商行政管理机关责令限期改正；拒不改正的，将报请商标局撤销其注册商标。

8. 检查是否存在非法印制或买卖商标标识的行为。如果有人非法印制或买卖商标标识，由工商行政管理机关予以制止，收缴其商标标识，并可根据情节轻重处以非法经营额 20%以下的罚款；销售自己注册商标标识的，商标局还可以撤销其注册商标。

9. 加强对已被注销、被宣告无效或被撤销的商标的管理。注册商标被注销、被宣告无效或者被撤销时，其商标在市场中往往还存在一段时间。为避免在市场上出现混同商标，维护消费者的利益，也应加强对此类商标的管理。因此，现行《商标法》第 50 条规定：“注册商标被撤销、被宣告无效或者期满不再续展的，自撤销、宣告无效或者注销之日起一年内，商标局对与该商标相同或者近似的商标注册申请，不予核准。”此规定对于维护消费者的利益具有重要的作用。但是，如果被撤销、宣告无效的注册商标是“连续 3 年停止使用的”，则不受该条的限制。因为在这 3 年期间，该商标可能在市场上已绝迹，不会引起消费者的误认。

10. 加强对《商标注册证》的管理。《商标注册证》是证明商标所有权的重要法律凭证，加强对《商标注册证》的管理，可以有效地减少商标纠纷，及时地处理商标侵权案件。因此，《商标注册证》遗失或者破损的，应当向商标局申请补发。《商标注册证》遗失的，应当在《商标公告》上刊登遗失声明。破损的《商标注册证》，应当在提交补发申请时交回商标局。伪造或者变造《商标注册证》的，依照刑法关于伪造、变造国家机关证件罪或者其他罪的规定，依法追究刑事责任。

## 二、对未注册商标使用的管理

未注册商标，是指未经商标局核准注册而直接投放市场使用的商标。未注册商标没有取得商标专用权，只能收到比较微弱的保护。我国商标法采取自愿注册原则，除国家规定必须使用注册商标的商品必须申请商标注册外，允许商标使用人根据自己的需要决定是否申请商标注册。这对于搞活经济、照顾中小企业的利益比较有利。但是，由于未注册商标目前在市场中所占数量大，涉及商品品种广，使用更新的频率高，因此，只有加强对未注册商标的管理，才能维护商标注册人的合法利益，保证商品质量，维护消费者的利益，促进社会主义市场经济健康、有序发展。

根据我国商标法的有关规定，国家工商行政管理机关对于未注册商标的管理主要包括以下五个方面：

1. 未注册商标的构成要素不得违反《商标法》第 10 条的规定。现行《商标法》第 52 条规定，使用未注册商标违反本法第 10 条规定的，由地方工商行政管理部门予以制止，限期改正，并可以予以通报或者处以罚款。因此，工商行政管理机关在对未注册商标进行管理时，首先应注意其文字、图形、数字、字母、三维标记或颜色组合是否违反了此规定。违反该规定的，工商行政管理机关应予以制止，限期改正，并可予以处罚。

2. 未注册商标不得与他人在同一种或类似商品上已经注册的商标相同或者近似。根据现行《商标法》第 57 条的规定，未经商标注册人的许可，在同一种商品或者服务上使用与注册商标相同商标的；或者在同一种商品或者服务上使用与注册商标相近似的商标，或者在类似商品或者服务上使用与其注册商标相同或者相近似商标，容易导致混淆的，属于侵犯注册商标专用权的行为，应承担相应的法律责任。

3. 未注册商标使用人不得将其未注册商标冒充注册商标。如果未注册商标使用人在其商标标识上加注“注册商标”字样或加注“注”或“®”注册标记，或在产品的广告、说明书等宣传品上冒称注册商标，均构成冒充注册商标的行为。地方工商行政管理机关应予以制止，限期改正，并可予以通报或者处以罚款。

4. 未注册商标使用人必须在商品上、包装上标明企业名称或地址。

5. 在国家明文规定应使用注册商标的商品上不得使用未注册商标。

## 第 3 节　商标印制的管理

### 一、商标印制管理的概念和意义

商标印制管理，又称商标标识印制管理，是指商标管理机关依法对商标印制行为进行监督和检查，并对非法印制商标标识的行为予以查处的活动的总称。

商标的印制与注册商标专用权的保护息息相关。最近几年，一些印制企业惟利是图，未经批准擅自承接商标印刷业务，甚至非法印制、销售其他企业已经注册的商标标识，致使市场上涌现大量假冒伪劣商品，这一日益猖獗的行为不仅给广大消费者人身、财产造成损失，而且严重地损害了一批名优企业的经济利益，甚至使它们被迫关、停、并、转。因此，只有加强商标印制管理，才能规范商标印制行为，制止假冒注册商标的违法行为，才能保护商标专用权，保护广大消费者利益，维护社会经济秩序。为此，我国于 1983 年颁行了《商标印制管理规定》，1985 年发布了《商标印制管理暂行办法》，1990 年国家工商行政管理局公布了《商标印制管理办法》。从此，商标印制活动走向制度化、法律化。为了进一步加强商标印制管理，保护注册商标的专用权，维护公平的市场竞争秩序，1996 年 9 月 5 日，国家工商行政管理局发布了新的《商标印制管理办法》，对商标印制活动作了更严格的规范。

### 二、商标印制单位的资格

《商标印制管理办法》对商标印制单位的资格作了严格限定，以加强对印制单位的管理。商标印制单位应当具备以下条件：(1) 有与其承印商标业务相适应的技术、设备及仓储保管设施等条件；(2) 有健全的管理商标印制业务的规章制度；(3) 有 3 名以上取得《商标印制业务管理人员资格证书》的人员。商标印制业务管理人员资格经省级工商行政管理局考核产生，其证书由国家工商行政管理局统一印制，省级工商行政管理局核发。凡具备以上条件的，都可以依法申请取得商标印制资格，承接商标印制业务。

商标印制单位资格的取得，除具备以上实质条件外，还必须依法定程序申请，经主管部门批准，才能从事商标印制业务。

根据《商标印制管理办法》的规定，凡是依法登记的从事印刷、印染、制版、刻字、织字、晒蚀、印铁、铸模、冲压、烫印、贴花等项业务的企业和个体工商户，需要承接商标印制业务的，应当申请《印制商标单位证书》。《印制商标单位证书》由国家工商行政管理局统一印制，地（市）级工商行政管理局核发；承接烟草制品和人用药品商标印制业务的，由省级工商行政管理局核发。工商行政管理机关经过认真审查后，应对符合条件的单位发给《印制商标单位证书》，这些单位才可承接印刷商标业务。如果印制单位未取得《印制商标单位证书》而承接商标印制业务，或者未取得烟草制品或者人用药品商标印制资格而承印烟草制品或者人用药品商标的，均属于非法印制商标标识行为。

### 三、商标印制单位的商标印制管理制度

商标印制单位建立、健全商标管理制度，是具体贯彻和落实《商标印制管理办法》、规范商标印制行为的具体措施。其主要内容包括以下四个方面：

1. 核查制度。在承印商标印制业务时，印制单位的商标印刷业务管理人员应当严格核查委托人提供的有关证明文件及商标图样，凡手续齐全符合法定条件的，可予以承印，否则应拒印。

2. 商标印制存档制度。商标标识印制完毕，商标印制单位应当提取标志样品，连同《商标印制业务登记表》、《商标注册证》复印件、商标使用许可合同文本复印件、商标印制授权书复印件等一并造册存档。该制度可以如实反映商标的印制情况，对于商标案件审理有十分重要的参考作用。对于《商标印制业务登记表》及商标标识出入库台账应当存档备查，存查的期限为 2 年。

3. 商标标识出入库制度。商标标识出入库时，商标印制单位应当清点数量和登记台账。该制度可以保证印制的商标出入正确，不发生疏漏，以避免违法印制的商标进入市场。

4. 废次商标标识销毁制度。废次商标标识销毁制度，是指对印刷中产生的废次标志应当集中进行销毁，不得使其流入社会。这一制度可以有效地杜绝废次商标标识流入社会的现象，保护商标使用人的合法利益。

不按规定审查印制委托人提供的材料而擅自承印依规定不能印制的商标，或者擅自承印违反《商标印制管理办法》第 13 条规定的承印条件的商标，或者不按规定健全商标印制档案制度和废次商标标识销毁制度，由行为地工商行政管理局责令其限期改正并处以罚款，没有违法所得的，可以处以 1 万元以下的罚款；有违法所得的，可以处以 3 万元以下的罚款；拒不改正的，可以收缴其《印制商标单位证书》。对负有直接责任的商标印制业务管理人员，省级工商行政管理局可以撤销其商标印制业务管理人员资格。对非法印制商标标识的，构成侵犯他人注册商标专用权的，依照商标法的规定处理。

## 本章小结

本章主要介绍了商标管理的基本概念和基本理论，基本概念是商标管理，基本理论包括商标使用的管理和商标印制的管理，重点内容是注册商标使用的管理和未注册商标使用的管理。

## 【资料链接】

1. 朱雪忠，黄静．试论我国知识产权行政管理机构的一体化设置，《科技与法律》，2004 (3)

2. 李琛．商标权的程序保障刍议．知识产权，2000 (5)

3. 朱雪忠，柳福东．欧盟商标法律制度的协调机制及其对我国的启示．中国民商法律网

# 第19章 商标权保护

导 语

商标权保护是商标制度中的重要内容。未经注册商标专用权人许可，在同一种商品或者服务上使用与其注册商标相同的商标；在同一种商品或服务上使用与其注册商标相近似的商标，或者在类似商品或者服务上与注册商标相同或者相近似的商标，容易导致混淆的；销售侵犯注册商标专用权商品的；伪造、擅自制造他人注册商标标识或者销售伪造、擅自制造的注册商标标识；未经商标注册人同意，更换其注册商标的商品又投入市场；故意为侵犯他人商标专用权行为提供便利条件，帮助他人实施侵犯商标专用权行为；或者给他人的注册商标造成其他侵害的行为。属于侵犯注册商标专用权的行为，侵权行为人就应当依法承担相应的法律责任。商标法规定侵权行为人应当承担的侵权责任包括民事责任、行政责任；情节严重的，行为人还要依法承担相应的刑事责任。

请思考：

1. 商标权的保护范围；
2. 商标侵权行为的概念；
3. 驰名商标的保护。

## 第1节 商标权保护概述

### 一、商标权保护解读

商标权保护，实际上就是对注册商标专用权的保护，是指以法律手段制止、制裁侵犯注册商标专用权的行为，以保护商标权人对其注册商标所享有的专有权利。

在我国，商标权保护可以分为三种：司法保护、行政保护和自我保护。

（一）商标权司法保护

商标权司法保护，是指商标权人请求司法机关依法裁判对商标侵权行为给予惩处的救济方式。在我国，对商标侵权案件具有管辖权的法院包括最高人民法院、高级人民法院、中级人民法院和被指定管辖商标侵权案件的基层法院。2014年成立的北京知识产权法院、上海知识产权法院和广州知识产权法院则对商标侵权案件没有管辖权。

因侵犯注册商标专用权行为以及侵犯驰名商标特殊保护权利提起的民事诉讼，由商标法规定的侵权行为的实施地、侵权商品的储藏地，或者查封扣押地、被告住所地人民法院管辖。

侵权商品的储藏地，是指大量或者经常性储存、隐匿侵权商品所在地；查封扣押地，是指海关、工商等行政机关依法查封、扣押侵权商品所在地，不包括法院采取临时措施进行扣押查封侵权商品所在地。在侵权商品储藏地或者扣押地，当事人可以起诉实施储存、保管、运输等行为的行为人，也可以起诉该部分商品的经销商、制造商，或者同时起诉各行为人。

对涉及不同侵权行为实施地的多个被告提起的共同诉讼，原告可以选择其中一个被告的侵权行为实施地人民法院管辖；仅对其中某一被告提起的诉讼，该被告侵权行为实施地的人民法院有管辖权。例如，对于甲制造、乙运输、丙储藏、丁销售侵权商品等侵权行为，如果权利人对所有侵权人提起共同诉讼，可以选择任一被告的侵权行为实施地（但不是住所地）起诉；但如果仅对某一被告（如制造者）起诉，则只能选择该被告行为实施地或者住所地法院起诉，而不能在销售地或者其他侵权行为实施地法院起诉。

应当注意的是，根据相关司法解释，对侵犯商标权民事纠纷案件，在符合上述规定的情形下，不再依侵权结果发生地确定管辖；其他司法解释中有关依侵权结果发生地确定管辖的规定，不再适用于商标权侵权纠纷案件。

（二）商标权行政保护

中国商标专用权行政保护经历了一个由无到有的不断发展和完善的过程。目前，全国县级以上（包括县级）的工商行政管理机关都建立了商标行政执法机构，行政执法人员的素质有了很大的提高。工商系统行政执法人员充分发挥行政执法程序简捷、迅速、灵活的特点，有力地维护了商标专用权人和消费者的合法权益。世界知识产权组织总干事伊德里斯·卡米尔博士称赞中国的商标监督管理体制是“健全的和有效运行的，对其他发展中国家和地区起到了很好的表率作用”。

1. 中国商标专用权行政保护的特点

（1）及时有效性。行政保护相对于司法保护而言，突出的特点是效率高。从受理案件数量看，工商行政执法机关受理的商标侵权纠纷总数占商标侵权案件总数的90%左右。特别是在采取处理措施方面，工商行政执法机关有权责令侵权人立即停止侵权行为，有利于商标专用权的保护。在案件的处理结果方面，工商行政执法机关的行政处罚决定书作出时间一般均快于司法判决，即使涉及疑难问题，需要向上级行政机关请示，由于同属于一个系统，效率也很高。

（2）手段多样性。行政执法机关可以通过各种合法的行政执法手段对侵权人采取行政强制措施，如询问、检查、调查、责令封存等。行政执法机关作出的行政处罚也体现了多样性的特点，包括责令立即停止销售、收缴并销毁侵权商标标识、消除现存商品上的侵权商标及罚款等。行政执法机关还可以就当事人提出的责令赔偿请求作出责令赔偿决定。

（3）主动灵活性。行政机关对商标专用权的保护实行“依职权主动保护”与“依投诉被动保护”相结合的原则。工商行政管理机关依法有权对商标使用人的商标使用行为进行监督检查，发现有侵权嫌疑时，有权采取相应的行政执法措施。

（4）分级管理性。对商标侵权假冒案件的查处，行政执法机关一般按照其管辖的行政区域范围进行。商标专用权人或普通消费者发现商标侵权假冒等商标违法行为，一般选择到违法行为发生地的基层工商行政管理机关投诉或检举。作为全国商标主管机关，国家工商行政管理局商标局一般不接受商标专用权人的直接投诉，而主要负责对全国商标违法案件查处工作的指导、监督、协调。

2. 中国商标专用权的行政保护主要措施

（1）对有较高知名度商标的保护。各级工商行政管理机关始终把对有较高知名度商标的行政保护作为工作重点，集中力量查处有影响的大案、要案，有重点地打击商标侵权假冒行为。对有较高知名度且在全国范围内被侵权假冒严重的商标，实施了重点保护。同时，各地工商行政管理机关根据其实际情况，开展有针对性的专项保护活动。

（2）加强对全国商标专用权行政保护工作的监督、协调和指导。国家工商行政管理局商标局通过对地方工商行政管理局请示的批复；对地方司法机关咨询的答复；对地方工商行政管理机关交办、督办大案、要案；对地方工商行政管理机关商标管理人员的培训等形式进行宏观指导。

(3) 对非法印制、买卖商标标识违法行为进行重点整治。各地工商行政管理机关努力加强对商标印制环节的管理，开展商标印制管理专项执法检查，对商标印制企业进行全面清理整顿。

(4) 拓宽商标监管的领域。国家工商行政管理局商标局指导相关地方工商行政管理局对重点商品交易市场实施商标监管，特别是对服装、日用小商品等市场进行了专项整治，使侵权假冒商品在流通环节得到了遏制。

(5) 加强对涉外商标案件的查处，注重保护国外投资者的权益。各级工商行政管理机关高度重视涉外商标案件的查处，严厉查处侵犯外国人商标专用权的案件。

中国商标专用权的行政保护是中国商标法律制度的特色，也是中国商标专用权保护制度的优势。中国商标主管机关将在现行制度的基础上，结合国际先进的立法和执法经验，深入了解商标专用权人的实际需求，以积极、热情和崭新的姿态迎接知识经济时代的到来，迎接新的挑战。

(三) 商标权自我保护

商标权自我保护，是指商标专用权人采取必要措施保护其商标权不受他人侵犯；在商标权遭受他人侵犯后，通过与侵权行为人协商解决纠纷或者请求民间调解组织调解纠纷。

在一般情况下，发生商标权侵权纠纷后，最有效的解决方式不是向法院起诉，也不是请求工商行政管理机关调处，而是主动与侵权人联系，通过协商解决。这种自我保护方式，不仅成本低、时间短，而且效果好、案结事了。如果不能通过协商方式解决纠纷，可以寻求民间调解组织调解，最后才考虑向法院起诉。

## 二、商标专用权的保护范围

注册商标的保护范围以核准注册的商标和核定使用的商品或者服务为限。这是区别和判断侵权与否的一条重要界限。此处所指的核准注册的商标，是指经商标局核准注册登记在《商标注册簿》并在《商标公告》上公告的商标。此处所指的核定使用的商品或者服务，是指经商标局核定登记在《商标登记簿》并在《商标公告》上公告的商品或者服务。

商标注册人无权任意改变商标的组成要素，也无权任意扩大商标的使用范围，否则，商标注册人不仅得不到法律的保护，而且有可能受到法律的制裁。在商标权保护范围内，未经商标注册人的许可，任何人在与核定使用的商品或者服务相同的商品或者服务上使用与其注册商标相同商标；在同一种商品或者服务上使用与其注册商标相同或者相近似的商标，或者在与核定使用的商品或者服务相类似的商品或者服务上使用与其注册商标相同或者相近似的商标，容易导致混淆的，便构成商标侵权，将受到应有的法律制裁。可见，商标法把商标专用权的保护限制在上述范围内，有利于执法机关正确划分侵权与非侵权的界限，制裁真正的商标侵权行为，保护商标注册人的合法权益。对于不涉及商标权保护范围的使用行为，则根据具体情况判断是否构成对商标权的侵犯。

关于保护注册商标专用权的方式，我国商标法从两个方面作了规定：一是对商标注册申请的审查程序进行保护。凡申请注册的商标与他人先申请的或已被核准注册的商标相抵触的，则驳回申请，不予公告；凡异议成立、争议成立或注册不当的商标，均不予核准注册或者宣告注册商标无效。这些都体现了对注册商标专用权的保护。二是从制裁违法行为的角度保护。凡是构成侵犯他人注册商标专用权的，商标主管机关和司法机关均应采取一定措施，对侵害人的行为给予制裁，以保护商标注册人的合法利益。

## 第2节　商标侵权行为及其种类

### 一、商标侵权行为解读

商标侵权行为，是指未经商标注册人许可，擅自使用他人注册商标的行为，或者针对他人注册商标所实施的不良行为。

根据我国民事基本法和商标法的有关规定，商标侵权行为的构成须满足以下条件：（1）使用他人注册商标的行为人是商标注册人之外的自然人、法人或者其他组织；（2）使用他人注册商标的行为人没有获得商标注册人的许可，也没有法律依据；（3）被行为人所使用的注册商标处于商标法规定的有效期；（4）使用注册商标的行为属于市场经营行为；（5）使用注册商标的行为给注册商标造成损害或者给商标注册人造成了损失。

至于使用注册商标的行为人是否具有主观过错不影响商标侵权行为的成立。

### 二、商标侵权行为的种类

我国现行《商标法》第57条规定，有下列行为之一的，均属于侵犯注册商标专用权的行为。该条列举了七种行为，其中有六种具体行为，一种概括行为。

（一）擅自使用注册商标的行为

擅自使用他人注册商标的行为，是指未经商标注册人许可，擅自使用他人注册商标的行为。根据现行《商标法》第57条第1项和第2项规定，擅自使用他人注册商标的行为有四种：

1. 未经商标注册人的许可，在同一种商品或者服务上使用与其注册商标相同的商标。此种侵权行为的成立需要满足以下四个条件：（1）使用商标的商品或者服务与他人注册商标核定使用的商品或者服务为同一种；（2）被使用的商标与他人的注册商标相同；（3）行为人使用其商标，没有获得商标注册人许可；（4）使用行为所涉及的注册商标处于法律规定的保护期，仍然受法律保护。

判断此种使用他人注册商标的行为是否构成商标侵权，不必考虑是否造成了消费者对商品或者服务来源的混淆。

2. 未经商标注册人的许可，在同一种商品或者服务上使用与其注册商标相近似的商标，容易导致混淆的行为。此种侵权行为的成立需要满足四个条件：（1）使用商标的商品或者服务与他人注册商标核定使用的商品或者服务为同一种；（2）被使用的商标与他人的注册商标相近似；（3）行为人使用其商标，没有获得商标注册人许可；（4）使用行为所涉及的注册商标处于法律规定的保护期，仍然受法律保护。

3. 未经商标注册人的许可，在类似商品或者服务上使用与其注册商标相同的商标，容易导致混淆的行为。此种侵权行为的成立需要满足四个条件：（1）使用商标的商品或者服务与他人注册商标核定使用的商品或者服务相类似；（2）被使用的商标与他人的注册商标相同；（3）行为人使用其商标，没有获得商标注册人许可；（4）使用行为所涉及的注册商标处于法律规定的保护期，仍然受法律保护。

4. 未经商标注册人的许可，在类似商品或者服务上使用与其注册商标相近似的商标，容易导致混淆的行为。此种侵权行为的成立需要满足四个条件：(1) 使用商标的商品或者服务与他人注册商标核定使用的商品或者服务相类似；(2) 被使用的商标与他人的注册商标相近似；(3) 行为人使用其商标，没有获得商标注册人许可；(4) 使用行为所涉及的注册商标处于法律规定的保护期，仍然受法律保护。

但是，判断第 2 种、第 3 种和第 4 种使用他人注册商标的行为是否构成商标侵权，需要重点考察消费者或者相关公众是否将行为人使用商标的商品或者服务与使用注册商标的商品或者服务弄混淆了。例如，消费者将行为人错误地与商标注册人存在某种关联，或者将行为人使用商标的商品或者服务错误地理解为与注册商标人存在某种关联等。如果有足够的证据证明行为人使用商标的行为没有导致商品或者服务来源的混淆，就不能判定为商标侵权行为。

（二）销售侵犯注册商标专用权的商品

这是一种间接侵权行为，基于销售侵犯他人注册商标专用权的商品而构成侵权，成为商标侵权行为人。经销者是商品生产者和消费者之间的媒介，负有向消费者提供货真价实的商品的义务。如果经销者向消费者提供侵犯他人注册商标专用权的商品，则会损害商标注册人和消费者的利益。所谓侵犯他人注册商标专用权的商品，是指行为人实施第一种侵权行为产生的商品，即侵权商品。侵权商品除生产者自行销售外，在大多数情况下要通过销售者才能到达消费者手中，才能完成从产品到商品的转化，才能实现其获得不正当利润的目的。因此，禁止和制裁销售侵权商品的行为，是从流通环节上为商标侵权行为设置了一道法律屏障。

应当指出的是，无论销售者的主观意识是“故意”还是“过失”，即销售者对其经销的侵权商品，无论是“明知故犯”还是过失所为，都属于侵犯他人注册商标专用权的行为。

此外，现行《商标法》第 64 条第 2 款规定：“销售不知道是侵犯注册商标专用权的商品，能证明该商品是自己合法取得并说明提供者的，不承担赔偿责任。”由此可见，在侵权行为人的损害赔偿责任的承担问题上，商标法采取过错责任原则，即经销者只有在明知或者应知该商品是侵犯他人注册商标专用权的商品，主观上有故意或过失的情况下，才应承担赔偿责任。虽然销售侵犯他人注册商标专用权商品的行为被确认为侵权行为，但是，行为人能够证明自己是在不知情的情况下销售了侵权商品，可以不承担侵权损害赔偿责任。这主要是基于现实情况考虑，使这样的规定不会影响商品的流通。

（三）违法制造他人注册商标标识或者销售违法制造的注册商标标识

商标标识，是指附着于商品之上的由商标图案组成的物质实体。伪造他人注册商标标识，是指仿造他人的商标图案及物质实体制造出商标标识；擅自制造他人注册商标标识，是指未经商标注册人的同意而制造其注册商标标识，用于自己生产的同种或者类似商品上，以达到欺骗消费者的目的。销售伪造、擅自制造的注册商标标识，是指以上述商标标识为对象进行交易的行为。

根据我国《商标法》及《商标印制管理办法》的规定，商标印制单位必须是依法定程序申请，经主管部门批准从事商标印制业务的企业和个体工商户，印制注册商标标识应当持有县级以上工商行政管理局开具的注册商标印制证明。而任何伪造、擅自制造他人注册商标标识或者销售伪造、擅自制造的注册商标标识，均会使消费者对产品出处产生混淆，损害商标注册人的利益，因此，应将此类行为视为侵权行为，予以制裁。

（四）擅自更换注册商标并将该更换商标的商品又投入市场

假冒商品，是指未经商标注册人许可，在同种类商品上使用与其注册商标相同或者近似的商标而产生的附标商品。擅自更换注册商标并将该更换商标的商品又投入市场的行为，是指未经商标注册人许可，将他人商品上合法贴附的注册商标标识消除，更换为自己或者其他商标后，又将该商品投入市场上销售的行为。学理上将其称为反向假冒行为，是 2001 年《商标法》增加的一种侵权行为。

反向假冒行为之所以被确认为商标侵权行为，其根本原因在于该行为不仅混淆了商品的来源，损害了商标注册人的经济利益和消费者的合法权益，而且妨碍了市场主体通过商标的使用进行市场竞争，破坏了社会主义市场竞争秩序。

反向假冒行为的确认应同时具备以下两个要件：(1) 行为人未经商标注册人许可，擅自更换他人商品上的注册商标。未经商标注册人许可是构成侵权的必要条件。在取得商标注册人许可的情况下，如在定牌生产、来料加工、来样加工等经济活动中更换了他人的注册商标标识，则不构成侵权。(2) 行为人将更换了商标的商品又投入市场销售。这就意味着行为主体应当是经营者，而不是消费者。经营者更换他人的注册商标标识的目的，往往是为了将更换商标的商品在市场上销售，牟取非法利润，该种行为构成商标侵权。消费者购买了他人的商品之后，通常也有更换注册商标标识的行为，但是，其目的并非销售该更换了商标标识的商品，纯粹是为了消费，无损于他人的利益，因而不构成侵权。

（五）帮助商标侵权行为

帮助商标侵权行为，是指故意为侵犯他人商标专用权行为提供便利条件，帮助他人实施侵犯商标专用权的行为。

帮助商标侵权行为属于间接侵权行为。如果为侵犯他人注册商标专用权的行为提供仓储、运输、邮寄、隐匿等便利条件，虽然未直接侵权，但其实质却是助长了侵权行为的发生，因而构成商标侵权。但是，对于此种侵权行为，只有在故意情况下才构成。这主要是考虑到对于从事邮寄、运输、仓储等业务的单位，如果要求过高，将妨碍其业务的发展。

（六）给他人的注册商标专用权造成其他损害的行为

此种商标侵权行为，实际上就是关于商标侵权行为的兜底规定，以适应市场变化发展的新情况。此种侵权行为包括但不限于以下行为：

1. 在同一种或者类似商品上，将与他人注册商标相同或者近似的商业标志作为商品名称或者商品装潢使用，误导公众的行为

如果在同一种商品或者类似商品上，将与他人注册商标相同或者近似的文字、图形作为商品名称或者装潢使用，一方面会逐步冲淡商标的显著特征，甚至使它转化为商品的通用名称，从而丧失商标的功能；另一方面则会使消费者误认为不正当使用者的商品与商标注册人的商品系同一人的商品，从而损害注册商标的信誉。因此，这种行为也构成侵犯注册商标专用权的行为。

2. 将与他人注册商标相同或者近似的文字作为企业的字号在相同或类似商品上突出使用，容易使相关公众产生误认的行为

该种侵权行为的确定，是针对生产经营活动中出现的将与其注册商标相同或近似的文字作为企业的字号使用的情形，把注册商标的保护范围作了扩大解释。[①] 但是，构成该种侵权行为的条件之一是“突出使用，容易使相关公众产生误认”，如果没有产生误认的后果，不应认为是侵权。

3. 将与他人注册商标相同或者近似的文字注册为域名，并且通过该域名进行相关商品交

---

① 根据国家工商行政管理局于 1996 年颁布的《驰名商标的认定和管理暂行规定》第 10 条的规定，将与他人驰名商标相同或者近似的文字作为企业名称的一部分使用，且可能引起公众误认的，工商行政管理局不予核准登记；已经登记的，驰名商标权人可以在知道或应当知道 2 年内请求工商行政管理局予以撤销。

易的电子商务，容易使相关公众产生误认的行为

随着以网络为媒介的电子商务活动的不断增多，域名的商业标志功能价值在迅速上升，在域名注册过程中也出现了与商标权冲突的情况，即将他人的注册商标申请注册为自己的域名，有的行为人注册该域名的目的是自己使用，有的行为人则是为了待价而沽牟取不正当利益。对于该种行为的规制，在原有的法律、法规的规定中，仅仅将保护范围限定在驰名商标，禁止将他人的驰名商标作为域名抢先注册。在最高人民法院最新颁布的司法解释中则首次将争议较多的互联网域名注册侵权列入范围，并将保护范围扩大到一般的注册商标。

在确认这一侵权行为时，应同时具备两个要件，即行为人不仅仅将与他人注册商标相同或者近似的文字注册为域名，而且通过该域名进行相关商品交易的电子商务，容易使相关公众产生误认的。如果将他人注册商标注册为域名以后，并未在相关公众中引起误认的，不构成侵权。

## 第 3 节　商标侵权行为的法律责任

### 一、商标侵权案件的处理方式

根据我国现行《商标法》第 60 条的规定，处理商标侵权案件的机关有工商行政管理机关和人民法院。在发生侵犯注册商标专用权行为时，被侵权人乃至任何人都可以向侵权人所在地或者侵权行为发生地县级以上工商行政管理机关控告或检举；被侵权人也可以直接向人民法院起诉，要求追究侵权人的法律责任。可供选择的商标侵权案件的处理方式有：

1. 协商解决。协商解决是指在发生商标侵权纠纷时，双方当事人可以直接进行磋商，在平等、自愿、互谅互让的基础上依法解决争议。一般来说，协商解决争议是当事人在发生纠纷后首选的处理方式，不愿协商或者协商不成的，可选择行政处理与司法救济。

2. 行政处理。即工商行政管理机关根据有关投诉或者检举依法进行调查，发现情况属实的，应当责令立即停止侵权行为，没收、销毁侵权商品和专门用于制造侵权商品、伪造注册商标标识的工具，并可处以罚款。涉嫌犯罪的，应当及时移送司法机关依法处理。

3. 行政调解。即进行处理的工商行政管理部门根据当事人的请求，可以就侵犯商标专用权的赔偿数额进行调解。该调解结果不具有强制约束力，调解不成或者不履行调解协议的，当事人可以依照《民事诉讼法》向人民法院起诉。

4. 司法救济。即商标注册人或利害关系人以侵权行为人为被告直接向人民法院提起民事诉讼。

### 二、对商标侵权行为的执法措施

对于侵犯注册商标专用权的行为，主要有工商行政管理机关的行政执法措施和人民法院根据商标注册人或利害关系人的申请而采取的诉前临时措施。

（一）行政执法措施

县级以上工商行政管理部门根据已经取得的违法嫌疑证据或者举报，对涉嫌侵犯他人注册商标专用权的行为进行查处时，可以行使下列职权：

1. 询问有关当事人，调查与侵犯他人注册商标专用权有关的情况。工商行政管理部门在执法过程中有权向当事人及其他有关人员调查、了解涉嫌从事侵权活动的有关情况。调查了解

情况一般应在检查现场进行，并不得限制当事人的人身自由。

2. 查阅、复制当事人与侵权活动有关的合同、发票、账簿以及其他有关资料。工商行政管理部门在调查时可以查阅与侵权活动有关的资料，但是，如果查阅、复制的资料不属于违法行为证据，并涉及当事人的商业秘密，应当依法为当事人保密。

3. 对当事人涉嫌从事侵犯他人注册商标专用权活动的场所实施现场检查。

4. 检查与侵权活动有关的物品；对有证据证明是侵犯他人注册商标专用权的物品，可以查封或者扣押。当然，工商行政管理部门在采取查封、扣押的强制措施时，应遵守一定的程序，如通知被执行人到场，列出查封、扣押的清单，由被执行人签字等。对确有证据证明是侵犯他人注册商标专用权的，应依法予以处理，构成犯罪的，应将查封或者扣押的物品移送司法机关。对经核实不属于侵权物品的，应当立即解除查封、扣押的强制措施。

工商行政管理部门在依法行使职权时，当事人应当予以协助、配合，不得拒绝、阻挠。

县级以上工商行政管理部门可以采取制止侵权行为、罚款、责令赔偿损失等措施。当事人如果对工商行政管理部门采取的强制措施有异议的，可以依照行政复议法或行政诉讼法的规定提起行政复议或者行政诉讼。

（二）诉前临时措施和证据保全

1. 诉前临时措施

我国现行《商标法》第 65 条规定："商标注册人或者利害关系人有证据证明他人正在实施或者即将实施侵犯其注册商标专用权的行为，如不及时制止将会使其合法权益受到难以弥补的损害的，可以依法在起诉前向人民法院申请采取责令停止有关行为和财产保全的措施。"依此规定，商标注册人或者利害关系人可以申请人民法院采取的诉前临时措施有两项：(1) 责令停止有关侵权行为，即申请人民法院责令停止申请人认为是侵犯其权利的行为；(2) 申请人民法院采取财产保全措施，如查封、扣押侵权商品等。

申请人民法院采取临时措施应符合以下条件：(1) 申请人必须是商标注册人或者利害关系人（如独占许可合同、排他许可合同的被许可人）；(2) 申请人必须提供证据，证明他人正在实施或者即将实施侵犯其注册商标专用权的行为，并且证明如不及时制止，将会使其合法权益受到难以弥补的损害；(3) 申请人应当提供担保，申请人不提供担保的，驳回申请。人民法院接受申请后，必须在 48 小时内作出裁定；裁定采取保全措施的，应当立即开始执行。申请人应当在人民法院采取保全措施后 15 日内起诉，逾期不起诉的，人民法院应当解除保全措施。人民法院对财产采取保全措施，应当限于请求的范围，或者与本案有关的财物；财产保全采取查封、扣押、冻结或者法律规定的其他方法。人民法院冻结财产后，应当立即通知被冻结财产的人。财产已被查封、冻结的，不得重复查封、冻结。申请有错误的，申请人应当赔偿被申请人因财产保全所遭受的损失。

2. 诉前证据保全

我国现行《商标法》第 66 条规定，为制止侵权行为，在证据可能灭失或者以后难以取得的情况下，商标注册人或者利害关系人可以在起诉前向人民法院申请保全证据。申请诉前证据保全的条件有：(1) 在起诉前存在紧急情况，即证明侵权行为的证据可能灭失或者以后难以取得的特殊情况；(2) 由商标注册人或者利害关系人（如独占许可合同、排他许可合同的被许可人）提出申请；(3) 申请人应当提供担保，申请人不提供担保的，驳回申请。人民法院接受申请后，必须在 48 小时内作出裁定；裁定采取保全措施的，应当立即开始执行。申请人应当在人民法院采取保全措施后 15 日内起诉，逾期不起诉的，人民法院应当解除保全措施。

## 三、侵犯注册商标专用权的法律责任

（一）民事责任

对商标权的民事保护，是普遍适用的保护措施。侵权行为人承担的民事责任主要有：

1. 停止侵权行为

停止侵权行为，是指商标侵权行为人应当根据商标管理机关或者人民法院的生效判决，立即停止正在实施的商标侵权行为。为了有效地阻止商标侵权行为的继续进行，工商行政管理部门可以根据情况，没收、销毁侵权商品和专门用于制造侵权商品、伪造注册商标标识的工具，并可处以罚款。

2. 赔偿损失

赔偿损失是侵权行为人承担的一种主要的民事责任形式。只要侵权行为人给商标权人造成了财产损失，就应当根据损失的大小给予经济补偿。我国现行《商标法》确定了商标侵权损害赔偿数额的计算方法，即侵犯商标专用权的赔偿数额，为侵权人在侵权期间因侵权所获得的利益，或者被侵权人在被侵权期间因被侵权所受到的损失，包括被侵权人为制止侵权行为所支付的合理开支。侵权人因侵权所得利益和被侵权人因被侵权所受损失难以确定的，由人民法院根据侵权行为的情节判决给予 300 万元以下的赔偿。

3. 惩罚性赔偿

惩罚性赔偿，是指商标法规定对恶意侵犯商标专用权且情节严重的侵权人，处以正常赔偿数额 1～3 倍赔偿的法律措施。

对商标侵权人处以惩罚性赔偿的条件：（1）行为人实施商标侵权行为具有恶意；（2）行为人实施商标侵权行为给商标注册人造成严重损害后果。

惩罚性赔偿数额的确定标准：（1）商标权人因被侵权所受到的实际损失能够确定的，则按照此数额的 1～3 倍给予惩罚性赔偿；（2）如果商标权人因被侵权所受到的实际损失难以确定的，可以按照侵权人因侵权所获得的利益确定的数额的 1～3 倍给予惩罚性赔偿；（3）侵权人因侵权所受到的实际损失和侵权人因侵权所获得的利益难以确定的，参照该商标许可使用费的合理倍数确定的数额的 1～3 倍给予惩罚性赔偿。

4. 免责情形

商标侵权人免责情形，是指商标侵权人所实施的商标侵权行为符合法律规定免责条件而不必承担损害赔偿责任的情形。

（1）被侵权注册商标为在生产经营活动中实际使用的，商标侵权人不必承担赔偿责任。我国现行《商标法》第 64 条第 1 款规定，注册商标专用权人请求赔偿，被控侵权人以注册商标专用权人未使用注册商标提出抗辩的，人民法院可以要求注册商标专用权人提供此前 3 年内实际使用该注册商标的证据。注册商标专用权人不能证明此前 3 年内实际使用过该注册商标，也不能证明因侵权行为受到其他损失的，被控侵权人不承担赔偿责任。

（2）销售侵权商品有合法来源的，商标侵权人不必承担损害赔偿责任。我国现行《商标法》第 64 条第 2 款规定，销售不知道是侵犯注册商标专用权的商品，能证明该商品是自己合法取得并说明提供者的，不承担赔偿责任。

（3）未注册商标先用权人，不必承担侵权责任。我国现行《商标法》第 59 条第 3 款规定，商标注册人申请商标注册前，他人已经在同一种商品或者类似商品上先于商标注册人使用与注册商标相同或者近似并有一定影响的商标的，注册商标专用权人无权禁止该使用人在原使用范围内继续使用该商标，但可以要求其附加适当区别标识。

（二）行政责任

商标管理机关可以处理关于商标侵权的纠纷。对商标侵权行为，商标管理机关有权责令侵权行为人停止侵权行为、消除影响、赔偿损失，还可以处以罚款。对商标侵权行为，尚未构成犯罪的，县级以上工商行政管理机关可根据情节轻重处以非法经营额50%以下或者侵权所得利润5倍以下的罚款。对侵犯注册商标专用权的单位的直接责任人员，工商行政管理机关可根据情节轻重处以1万元以下的罚款。

（三）刑事责任

对于严重地侵犯他人注册商标专用权的行为，构成犯罪的，根据我国刑法的规定，要依法承担刑事责任。刑法规定的侵犯注册商标专用权的罪刑有以下三种：

1. 假冒注册商标罪。假冒注册商标，是指行为人未经注册商标专用权人许可，故意在同一种或者类似商品上使用与他人注册商标相同或者近似的商标。如果行为人假冒他人注册商标，违法所得数额不大，没有给商标注册人造成很大损失，也未给消费者造成严重的人身、财产等方面的损害，也没有其他严重情节，那么行为人仅构成一般的侵犯他人注册商标专用权的行为，而不以犯罪论处。只有在行为人假冒注册商标，情节严重的情况下，才构成犯罪。对于犯罪人，处3年以下有期徒刑或者拘役，并处或者单处罚金；情节特别严重的，处3年以上7年以下有期徒刑，并处罚金。

2. 销售假冒注册商标商品罪。如果行为人销售明知是假冒注册商标的商品，销售金额数额较大的，构成犯罪。对此，处以行为人3年以下有期徒刑或者拘役，并处或者单处罚金。销售金额数额巨大的，处3年以上7年以下有期徒刑，并处罚金。

3. 非法制造、销售非法制造的注册商标标识罪。如果行为人伪造、擅自制造他人注册商标标识或者销售伪造、擅自制造的注册商标标识，情节严重的，处3年以下有期徒刑、拘役或者管制，并处或者单处罚金；情节特别严重的，处3年以上7年以下有期徒刑，并处罚金。

单位犯以上罪行的，对单位判处罚金，对直接负责的主管人员和其他直接责任人员，依照上述规定处罚。

## 第4节　驰名商标的法律保护

### 一、驰名商标的概念

驰名商标，是指在中国为相关公众广为知晓并享有较高声誉的商标。理解驰名商标概念需要注意：

1. 关于“相关公众”的范围，包括但不局限于：（1）使用该商标的那一类商品或服务的实际或潜在的顾客；（2）使用该商标的那一类商品或服务的经销渠道中所涉及的人员；（3）经营使用该商标的那一类商品或服务的商业界。[①] 为相关公众广为知晓的程度可以通过消费者调查或民意测验确定，也可以通过对商标使用、宣传的持续时间、程度和地理范围等因素的考察证明。

2. 作为驰名商标认定的商标，既包括注册商标，也包括未注册商标，既适用商品商标的

① 参见《保护工业产权巴黎联盟大会和世界知识产权组织大会关于驰名商标保护规定的联合建议及其注释》第2条第2款（a）。

保护，也适用服务商标的保护。

## 二、驰名商标的立法保护

随着世界经济一体化的高速发展，市场竞争愈趋激烈，无论是在国内市场还是在国际市场，驰名商标所起的作用与日俱增。对消费者而言，驰名商标意味着优良的商品质量和较高的企业信誉；对驰名商标所有人而言，驰名商标意味着广泛的市场占有率和超常的市场竞争力。因此，驰名商标比普通商标更易招致假冒、不正当竞争等行为的损害。因此，国际公约和各国立法均对驰名商标作了特殊保护。

驰名商标概念最早见于《巴黎公约》[①]，此后，又得到了《知识产权协定》的认可，而且进一步将驰名商标的保护范围扩大到服务商标，并将已经注册的驰名商标权利人的权利延伸到了“不相类似”的商品上。《知识产权协定》第 16 条第 2 款规定，《巴黎公约》（1967 年）第 6 条之二，经必要修改，应适用于与注册商标核定使用的商品或服务不相类似的商品或服务，只要该商标在这些商品或服务上使用会表明这些商品或服务与商标注册人之间有某种联系，而且这种使用可能损害商标注册人的利益。

我国 1982 年《商标法》没有明确规定关于驰名商标的保护，但 1993 年《商标法实施细则》第 25 条把“违反诚实信用原则，以复制、模仿、翻译等方式，将他人已为公众熟知的商标进行注册”的行为视为不当注册行为。在此所提到的“已为公众熟知的商标”包括驰名商标。在实践中，已对巴黎公约成员国的驰名商标如“米老鼠”“唐老鸭”“Jeep”“Freon”“山特”等商标给予了保护。此外，1996 年 8 月 14 日，国家工商行政管理局发布了《驰名商标认定和管理暂行规定》，对驰名商标的保护作了系统规定。但是仅有这些措施还不足以保护驰名商标。因此，为了更好地保护驰名商标权人的利益，根据《巴黎公约》和《知识产权协定》的规定，并结合我国的实际做法，2001 年《商标法》及《商标法实施条例》中增加了有关驰名商标保护的规定，并于 2003 年由国家工商行政管理局颁布了《驰名商标认定与保护规定》。上述法律、法规的发布与实施，使我国驰名商标的认定与保护工作步入法制化、规范化轨道，也使我国对驰名商标的保护水平接近于国际先进水平，有利于对驰名商标注册人利益和消费者利益的保护。

## 三、驰名商标的构成要件

关于驰名商标的构成条件，《巴黎公约》未作明确规定。一个商标能否构成在一国为公众周知的驰名商标，概由该国商标主管机关或者司法机关判定。《知识产权协定》第 16 条第 2 款明确规定：“巴黎公约（1967 年）第 6 条之二规定应准用于服务。在确定一个商标是否为驰名商标时，应该考虑该商标在相关的公众范围内的知名度，包括在该缔约国由于对该商标的宣传而形成的知名度。”在实践中，一些国家根据以下标准判断其在公众中的知名度：（1）该商标具有较高的信誉，为公众所熟知；（2）该商标在相当广大的地域内都具有较高的影响；（3）使用该商标的商品质量优异并且具有稳定性；（4）该商标所使用的商品的销售量大。此外，还有些国家要求该产品有良好的售后服务等。

我国现行《商标法》第 14 条规定，认定驰名商标应当考虑下列因素：

1. 相关公众对该商标的知晓程度。此处所指的“相关公众”是指与使用该商标的商品有

① 参见《巴黎公约》第 6 条之二的规定。

关的公众。换言之，判断一个商标是否驰名，并不需要看它在所有民众中的知名度，而只需看它在相关的消费者中的知名度如何。相关公众包括与使用商标所标示的某类商品或者服务有关的消费者，生产前述商品或者提供服务的其他经营者以及经销渠道中所涉及的销售者和相关人员等。

2. 该商标使用的持续时间，如该商标最早使用及连续使用的时间。

3. 该商标的任何宣传工作的持续时间、程度和地理范围。这主要看该商标的广告发布情况。

4. 该商标作为驰名商标受保护的记录。这主要是针对外国的驰名商标，商标注册人可以提供该商标在中国及外国（地区）的注册情况及作为驰名商标受保护的记录等证明文件。

5. 该商标驰名的其他因素，包括使用该商标的主要商品近三年的产量、销售量、销售收入、利税、销售区域等。

从以上规定可以看出，我国在认定驰名商标时所采用的标准基本上与国际惯例一致。

## 四、驰名商标的认定

驰名商标的实质是一国主管机关（包括行政、司法或准司法机关）对商标是否驰名客观事实的法律确认。驰名商标的认定有两种基本模式：一是主动认定（又称事前认定），是指在尚未发生纠纷的情况下，有关部门应商标注册人或者商标使用人的请求，对商标是否驰名进行认定；二是被动认定（又称事后认定），是指在实际存在纠纷的情况下，应商标注册人或者商标使用人的请求，有关部门对其商标是否驰名，能否给予扩大保护进行认定。主动认定的目的在于预防可能发生的纠纷，认定机构是行政机关；被动认定是以达到跨类保护和撤销抢注为目的，认定机构可以是行政机关和司法机关。被动认定具有很强的针对性，有利于解决纠纷，目前为西方国家广为采用，被视为国际惯例。

我国长期以来对驰名商标的认定是采取“主动保护，批量认定”的模式，并在《驰名商标认定与管理暂行规定》中规定驰名商标的认定机构是国家工商行政管理局商标局。这种模式备受理论界与实务界的批评。首先，如果驰名商标的认定机构仅仅限于国家行政机关，而没有人民法院的话，将会产生一定的消极后果，主要表现在一旦商标侵权纠纷涉及驰名商标的保护，人民法院必须停止诉讼，等待行政机关的认定结果，这极大地影响了对驰名商标的保护力度，也在一定程度上削弱了人民法院作为民事权利裁判者的地位。其次，从驰名商标的国际保护看，《知识产权协定》第 41 条和第 62 条都要求各缔约方有关商标的行政确权决定，必须经过司法当局或准司法当局的“司法复审”。在司法实践中，已有在商标侵权诉讼中由人民法院确认驰名商标的先例。因此，驰名商标的认定机构应包括国家商标局和人民法院。

2013 年《商标法》第 13 条规定，为相关公众所熟知的商标，持有人认为其权利受到侵害时，可以依照本法规定请求驰名商标保护。该条规定确认了我国驰名商标采取“被动认定，个案保护”的做法，即只在商标确权或商标侵权纠纷发生后，商标注册人认为其商标属于驰名商标并受到损害的，可以请求商标行政执法机关或人民法院依法审查认定其商标为驰名商标，并给予扩大保护。驰名商标的个案认定只对该案发生法律效力，如果以后再次发生纠纷，曾作为驰名商标受保护的记录不能直接作为解决纠纷的依据，只能作为重新认定的参考。

我国现行《商标法》规定，驰名商标的持有人不得将“驰名商标”字样用于商品、商品包装或者容器上，或者用于广告宣传、展览以及其他商业活动中。

## 五、驰名商标的保护措施

从保护驰名商标的国际公约与各国立法的规定看，对驰名商标的特殊保护措施主要有以下两个方面：

1. 驰名商标的保护范围从同类保护扩大到跨类保护

按照商标法的规定，注册商标专用权的保护范围仅限于“相同或类似”的商品或服务，即商标权人有权禁止他人在同一种或类似商品或服务上注册和使用与其注册商标相同或近似的商标，但不能禁止他人在不同种类的商品或服务上注册或使用与其注册商标相同或近似的商标。注册的驰名商标则不同，其保护范围除了在相同或类似商品或服务上排斥他人注册和使用与该驰名商标相同或近似的商标以外，权利人还有权禁止他人在非类似商品上注册和使用与其驰名商标相同或近似的商标。未注册驰名商标的保护范围仍然仅限于同种类商品或者服务。

2. 防止淡化其驰名商标的权利

驰名商标具有普通商标所无法比拟的识别性和显著性，以及良好的商业信誉和极高的经济价值，是商标权人参与市场竞争的有力工具。驰名商标由于广泛的宣传，已经在社会公众中具有很高的声誉。如果允许他人使用驰名商标，则可能引起公众对商品来源的误解，错误地相信他人的产品与驰名商标有某种联系。而且允许他人在不相类似的产品上使用该驰名商标将破坏该驰名商标的独特性与识别力，淡化商标的识别作用，使驰名商标持有人的利益受损。因此，驰名商标持有人享有禁止他人淡化其驰名商标的权利。

驰名商标的反淡化保护始于 20 个世纪 20 年代德国判例“奥道尔”案，后被美国学者所继承，并在法国、日本等国家的判例中被引用，现已成为国际通行的一种驰名商标保护理论。

商标的淡化，有广义与狭义之分。广义的“淡化”，是指对驰名商标区别商品或服务能力的削弱，而不论有无混淆、误认或不正当竞争的可能性。美国 1995 年《联邦商标淡化法案》采此解释，将淡化定义为“减少、削弱驰名商标对其商品或服务的识别性和显著性能力的行为，不管在驰名商标注册人与他人之间是否存在竞争关系，或者存在混淆和误解或欺骗的可能性”。狭义的“淡化”，是指将他人之驰名商标使用于非类似商品或服务，从而冲淡驰名商标识别作用的行为。

淡化驰名商标行为的表现形式，一般认为有三种：（1）弱化，即将与他人驰名商标相同或近似的商标用在非类似的商品或服务上；（2）丑化，即美国反淡化法中的玷污，指以一定方式将他人驰名商标与不良的、丑恶的或者形象不光彩的事物相联系，损害该驰名商标的美好形象和声誉；（3）退化，是淡化的最严重形式，指侵权人故意错误地解释驰名商标，使消费者将驰名商标误认为有关商品的普通名称，使该驰名商标的存在意义消失殆尽，最终成为商品的通用名称。

我国现行《商标法》结合我国实践，对驰名商标的保护作出了以下两项规定：

（1）就相同或者类似商品申请注册的商标是复制、摹仿或者翻译他人未在中国注册的驰名商标，容易导致混淆的，不予注册并禁止使用。一般地，普通商标专用权的取得应通过注册程序，驰名商标专用权的取得可以通过使用就取得，驰名商标所受的保护较强。

（2）就不相同或者不相类似商品申请注册的商标是复制、摹仿或者翻译他人已经在中国注册的驰名商标，误导公众，致使该驰名商标注册人的利益可能受到损害的，不予注册并禁止使用。将与他人驰名商标相同或者近似的商标使用在非类似商品上，有可能淡化该驰名商标，且会暗示该商品与驰名商标注册人存在某种联系，从而可能使驰名商标注册人的权益受到损害，因而应当制止该行为的发生。

从以上规定可以看出，我国同样不允许他人在同类或非类似商品上注册、使用与驰名商标相同或近似的商标，这些规定与《巴黎公约》及《知识产权协定》的要求一致。另外，对于上述商标，已经注册的，自该商标核准注册之日起5年内，驰名商标注册人或者利害关系人可以请求国家工商行政管理局商标评审委员会予以撤销，但恶意注册的不受时间限制。

## 本章小结

本章着重介绍了商标专用权的保护范围，商标侵权行为的概念、种类和法律责任，驰名商标的特殊保护制度。其中，商标侵权行为的种类包括：(1) 未经商标注册人许可，在同一种商品或者类似商品上使用与其注册商标相同或者近似的商标；(2) 销售侵犯注册商标专用权的商品的；(3) 伪造、擅自制造他人注册商标标识或者销售伪造、擅自制造的注册商标标识；(4) 未经商标注册人同意，更换其注册商标并将该更换商标的商品又投入市场的；(5) 给他人的注册商标专用权造成其他损害的行为。

驰名商标的判断条件包括：(1) 相关公众对该商标的知晓程度；(2) 该商标使用的持续时间；(3) 该商标的任何宣传工作的持续时间、程度和地理范围；(4) 该商标作为驰名商标受保护的记录；(5) 该商标驰名的其他因素。

驰名商标的保护措施包括：(1) 就相同或者类似商品申请注册的商标是复制、摹仿或者翻译他人未在中国注册的驰名商标，容易导致混淆的，不予注册并禁止使用；(2) 就不相同或者不相类似商品申请注册的商标是复制、摹仿或者翻译他人已经在中国注册的驰名商标，误导公众，致使该驰名商标注册人的利益可能受到损害的，不予注册并禁止使用。

## 【资料链接】

1. 黄晖．驰名商标与著名商标的法律保护．北京：法律出版社，2001

2. 张玉瑞．互联网上知识产权诉讼与法律．北京：人民法院出版社，2000

3. 蒋志培．如何理解和适用《最高人民法院关于审理商标权民事纠纷案件适用法律若干问题的解释》．科技与法律，2002 (4)

4. 刘晓军．商标淡化的若干问题研究．中国民商法律网

5. 王蓓．抢注域名：驰名商标保护遇到新问题．http：//www. law. cn

6. 李明德．美国商标法中的“反向混淆”．中国私法网

第4编

# 专利制度

# 第 20 章 专利基础理论

**导　语**

专利法是知识产权法的主要部分，依据专利法建立的专利制度有利于保护发明创造，促进科技创新，推动经济发展。在当今世界，人们充分认识到科学技术是第一生产力，市场竞争实际上已经发展成为科技创新力的竞争。专利制度对于人类社会的发展具有十分重要的作用。了解专利制度的本质和发展历史对于从整体上掌握专利法是必要的。

请思考：

1. 专利权的概念；

2. 专利法及其调整对象；

3. 专利制度及其演进史程。

## 第 1 节　专利制度概述

### 一、专利法与专利制度

汉语中现代化含义的“专利”一词翻译自英文 Patent。在中世纪的英国，国王经常通过一种称为 Letters patent 的文件，对臣民加官授爵，颁布大赦及赐予各种特权（包括授予发明人对技术发明的垄断权）。Letters 意为“文件”，Patent 意为“打开”，合起来即指“可以公开的文件”。这种文件上盖有国王印玺，不予封口，任何人都可以打开阅读。后来，这个词简化为 Patent，并逐渐演变为专指授予专利权的法律文书。

现代“专利”一词，通常可以作三种理解：(1) 指对“专利权”的简称；(2) 指受专利法保护的“发明创造”；(3) 指“专利文献”。因此，在使用“专利”这一概念时，应当注意其所处的特殊场合。

专利法是国家制定或认可的调整因发明创造所产生的各种社会关系之法律规范的总和。专利法是促进科学技术和经济发展的重要法律规范，是各国知识产权法的主要组成部分。

专利制度是指以专利法为基础而建立的，以授予发明创造人垄断权为核心的一项法律制度。从专利制度的概念，可以得出以下三点认识：

1. 专利法是专利制度的基础。专利制度是由专利法律体系、专利行政管理体系、专利司法审判体系和专利社会服务体系等保护发明创造者合法利益的综合制度。专利法不等于专利制度，但专利法是专利制度建立和运行的依据和准则。专利法通过调整因发明创造所产生的各种社会关系，包括权利与义务关系、行政管理关系、因侵权纠纷引发的诉讼关系等，构成专利制度的基础。

2. 发明创造的公开是获得专利权保护的前提。专利制度通过给发明创造者授予专利权而获得因此产生的垄断利益，进而激发人们从事发明创造活动的积极性。专利制度为了实现公平原则，在授予发明创造者对其发明创造享有垄断利益的同时，要求发明创造者以及时公开其发明创造的内容作为对价，促进科学技术进步。独占与公开构成矛盾的两个方面，集中体现了专利制度的特色及其目的性之所在。

3. 专利权须经法定审查或登记程序才能获得。获得专利权的发明创造要具备专利性是各国专利制度共同遵循的原则，大多数国家对专利申请要进行审查，具备法定条件时才授予专利权。只有少数国家实行注册登记制。即使是登记制，也要求履行一定的程序，而且登记制并不是不要求专利性，只是在授权之前不进行审查而已。

## 二、专利制度的基本内容

专利制度发端于1474年的威尼斯共和国，以其颁布的《专利法》为标志。经过五百多年的演进，专利制度已经形成了一个较为完整的体系，并且得到了国际社会的普遍接受。但是，不同国家之间存在着法律文化、法律理念以及法律体系的差异，导致各国专利制度之间的差异。例如，美国、日本、韩国等国家所指的专利就是发明专利，我国所指的专利不仅包括发明专利，同时还包括实用新型和外观设计专利。尽管如此，专利制度的基本内容还是比较一致的。

一般而言，专利制度包括以下基本内容：

1. 主体制度。专利主体制度，就是专利法关于专利申请人、专利权人以及专利权继受人等的规定。例如，我国专利法规定，职务发明创造的专利申请权原则上归属于发明人或者设计人的所属单位；在特殊情况下，发明人或者设计人可以与其所属单位就发明创造专利申请权进行约定。自由发明创造的专利申请权归属于发明人或者设计人。外国人或者无国籍人依据其所属国或者惯常居住地国与我国共同参加的国际条约或者双边协定、多边协定或者互惠原则向我国申请专利。专利申请被批准获得专利权的，专利申请人成为专利权人。专利权人就是依法对发明创造享有专利权的自然人、法人或者其他组织，包括本国人、外国人和无国籍人。

2. 客体制度。专利客体制度，就是专利法关于发明创造的规定，关于能够被授予专利权的发明创造和不能被授予专利权的发明创造的规定，关于发明创造获得专利权应当具备的形式条件和实质条件等的规定。由于不同国家的国情不同，所以，各国专利法所保护的发明创造范围并不完全相同。例如，我国现行《专利法》（2008年）第25条明确排除了6种对象，不能被授予专利权。美国专利法没有直接规定不能授予专利权的对象；日本专利法只是概括性地规定"可能损害公共秩序、道德或者公共卫生的发明，不应授予专利权"①。

3. 专利本体制度。专利本体制度，就是专利法规定专利权人享有的权利和承担的义务。例如，我国现行《专利法》（2008年）第11条规定，发明和实用新型专利权被授予后，除本法另有规定的以外，任何单位或者个人未经专利权人许可，都不得实施其专利，即不得为生产经营目的制造、使用、许诺销售、销售、进口其专利产品，或者使用其专利方法以及使用、许诺销售、销售、进口依照该专利方法直接获得的产品。外观设计专利权被授予后，任何单位或者个人未经专利权人许可，都不得实施其专利，即不得为生产经营目的制造、许诺销售、销售、进口其外观设计专利产品。我国专利权人所承担的义务主要就是依照法律规定缴纳专利维持费。日本专利法规定专利权人专有以经营方式实施其专利发明的权利，承担义务就是依照法律

① 日本《专利法》（2011年修订）第32条。

规定缴纳年费。美国专利法没有明确规定专利权人的权利，但规定了缴纳专利年费的义务。

4. 专利权取得程序。根据专利制度设计，专利权是由国家给发明创造人授予的垄断权，发明创造人为了获得专利权必须及时公开其发明创造。因此，发明创造完成后，发明创造人并不能直接、自动地取得专利权，而是需要向国家专利行政主管机关提出专利申请，经过专利法规定的审查程序确定申请专利的发明创造符合法律规定的条件后，才能被授予专利权。从专利申请人提出专利申请到确定是否能够获得专利权，需要经过若干步骤才能确定。

5. 专利权限制制度。专利权是一种垄断权，在法律规定的保护期限内，未经专利权人许可，任何人不得以生产经营目的擅自实施受专利保护的发明创造。在没有限制的情况下，专利权人由此享有的权利可及于任何人。这种状况不利于人们正常的学习、工作和生活，不利于人们的科学研究，不利于公共利益。因此，不论哪一个国家制定的专利法无一例外地对专利权作了限制。例如，对专利权给予保护期的限制、效力空间的限制、实施权的限制以及不得损害公共利益的限制等。

6. 专利权无效制度。经国家专利主管机关审批授予的专利权，被推定是有效的，应当受法律保护。但是，瑕疵专利的存在也是不可避免的。因此，专利权无效制度就是为补正瑕疵专利而创设的制度。

7. 专利权救济制度。一旦发生专利侵权行为，专利权人可以采取行政救济措施、司法救济措施以及自力救济措施等维护自己的合法权利。

## 第 2 节　专利制度的历史沿革

### 一、专利制度的起源

用专利法保护发明人的权益，借以促进科学技术和国民经济的发展，是当今世界的一种普遍做法。世界上除少数国家尚未建立专利制度外，绝大多数国家和地区都已制定专利法，建立了专利制度。专利制度起源与社会经济基础、科技水平和权利意识密切相关。

专利制度最早起源于英国。1236 年，英王亨利三世曾经颁发给波尔市某市民制作色布 15 年的特许权。此后，英王爱德华三世又授予弗来明人约翰·肯特织布、染布的特权；1367 年，特许两名钟表工匠的经营特权。但是，由英王颁发的这种特许权只是专利权的雏形，是国王的恩赐物。直到 15 世纪，威尼斯共和国为了发展科学技术以促进其经济贸易发展，于 1474 年 3 月 19 日颁布《威尼斯共和国专利法》。这部《专利法》就是人类历史上的第一部专利法。这部专利法虽具有现代专利法的某些特点和因素，但相当简单和粗糙，且带有浓厚的封建特权色彩，保障效能甚低。

1623 年，英国颁布了《垄断法规》(the Statute of Monopolies)，被人们称为现代专利法之始。《垄断法规》规定了发明专利权的主体、客体、可以取得专利的发明主题、取得专利权的条件、专利权有效期以及专利权无效的条件等。这些规定为后来的专利法划出了一个基本范围，其中的许多原则和规定至今仍有其生命力。进入 18 世纪以后，继英国的《垄断法规》之后，许多国家相继颁布了专利法。美国于 1776 年脱离英国而宣告独立，并于 1787 年制定《宪法》，其中第 1 条第 8 款第 8 项规定："国会有权……使作者和发明者在一定期限内就其著作和发现分别享有独占的权利，以促进科学和有用技术的进步。"根据这项规定，美国于 1790 年制定了第一部专利法。

法国在封建时代，国王滥发特权，引起人民的强烈不满。在资产阶级革命以后，法国于1791年制定了第一部专利法。该法认为发明是发明人的财产，法律应保证发明人完全地享有这种财产权。

德国未统一之前，小国林立，各自都制定了专利法。专利是国王的一种恩赐，并不能起到保护和鼓励发明创造的作用，许多优秀的发明者都到国外申请专利，阻碍了德国工业和经济的发展。德意志帝国成立以后，俾斯麦政府于1877年5月制定了统一的德国《专利法》。该法于1879年正式颁布，而且还建立了德国专利局。为了振兴德国的科学技术和经济，赶上当时的先进资本主义国家，1891年，德国又制定了《实用新型法》，保护一些虽然够不上发明专利但有价值的新颖的小发明。德国专利法的统一对当时的产业发展起了积极的作用。

日本专利制度是几经周折以后才逐步建立起来的。日本封建法制对发明创造采取敌视态度。德川时代曾经颁布过一部法律，规定有关纺织品、各种道具、图书以及各种商品和糕点等，凡是所有属于新的产品，均不得自由制造。在明治维新以后，专利制度作为一种西方文明介绍到日本，1871年（明治4年）制定了《专卖简章》，这是日本公布的最早的专利法。但日本政府认为建立专利制度需要大量经费，于第二年就中止了实行专利制度。以后日本国内又产生了专利制度废止论的争议，结果在1885年（明治18年）颁布了《专卖特许条例》，直到1921年（大正10年），日本专利法才最终完成专利制度现代化进程。

在19世纪，其他国家相继制定了专利法，如荷兰（1809年）、奥地利（1810年）、俄罗斯（1812年）、瑞典（1819年）、西班牙（1826年）、智利（1840年）、巴西（1859年）、印度（1859年）、阿根廷（1864年）等。专利制度在19世纪得到广泛传播，但也发生过争议。1850年前后，西欧自由贸易的拥护者以反垄断的名义攻击专利制度，认为各国的专利法授予一定期限的垄断权，在国内影响经济活动，在国与国之间起了与关税壁垒同样的作用，阻碍了国际贸易的开展，要求取消专利制度。在这场论战中，有的国家甚至废除了专利法，但论战双方谁也没有提出明显的证据足以有力地支持或者反对专利制度。历史发展的事实却证明了专利制度对各国科技和经济的发展具有积极的促进作用。

1917年，苏联十月革命胜利后，为了恢复国民经济，列宁于1919年6月30日签署颁布了第一部社会主义的发明保护法——《俄罗斯社会主义联邦苏维埃共和国发明法令》。以后又经过1924年、1931年、1941年、1959年、1973年的补充修改，称为《发现、发明与合理化建议条例》，该法和其他国家相比有其自身的特点，实行发明人证书和专利证书两种并行的保护形式，由发明人自由选择。它在确定专利权以外，还重视促进发明和利用发明，比如，对发明人给予各种物质上的优待，并规定各项荣誉奖励办法，专利实施人是国家等，形成了社会主义类型的专利法体系。

## 二、我国专利制度的概况

### （一）1949年前中国的专利制度

在我国，专利思想和专利制度是在19世纪中叶以后，作为一种西方文明，由当时的一批具有改革精神的知识分子和民族实业家介绍到中国来的。太平天国后期，洪仁玕发表了具有资本主义色彩的《资政新篇》，其中蕴含有明确的专利思想和建立专利制度的具体设想："倘若能造如外邦火轮车，一日夜能行七、八千里者，准其专利，限满准他人仿效。"在"兴舟楫之利"方面，洪仁玕主张以坚固、轻便、捷巧为妙，如轮船"或用火用气用风，任凭智者自创，首创至巧者，赏以自专其利，限满准他人仿做"。洪仁玕的这些设想，受当时诸多因素的制约，未能通过立法使之实现。

我国近代史上第一件专利是 1882 年光绪皇帝赐予郑观应的上海机器织布局的机器织布工艺 10 年专利。这项钦赐特许权实际上是开办新兴工业的垄断权。自此以后，清朝批准造纸、酿酒、纺纱等新工业的垄断权就逐渐增多了。

我国近代史上的第一部专利立法是光绪二十四年（1898 年）的《振兴工艺给奖章程》。当时戊戌变法正进入高潮，由光绪皇帝支持的维新派，把奖励工艺创新、建立专利制度作为革新治国的一项重要变法内容。但是，封建制度本身及清廷的极端腐败，决定了这不可能真正起到促进技术进步和经济发展的作用。事实上，两个月以后，以慈禧为首的保守势力就发动了政变，该章程随即夭折。

以后关于专利的立法有：1912 年辛亥革命胜利后工商部公布的《奖励工艺品暂行章程》；1923 年 3 月农商部公布的《暂行工艺品奖励章程》；1928 年 6 月农工商部公布的《奖励工艺品暂行条例》；1932 年 9 月国民党政府颁布的《奖励工业技术暂行条例》等。我国历史上第一部正式的《专利法》是 1944 年由当时的国民政府颁布的。该法规定对发明、新型和新式样授予专利权。发明专利权的期限是 15 年，新型专利权的期限是 10 年，新式样专利权的期限是 5 年，均自申请日起计算。该法分发明专利、新型专利、新式样专利和附则四章，共计 130 条。我国台湾地区现行的“专利法”实际上就是该法的修订版，沿用至今。

（二）1949 年后中国的专利制度

1950 年 8 月，即在新中国建立后的第二年，中央人民政府政务院批准公布《保障发明权与专利权暂行条例》，同年 10 月，政务院财政经济委员会公布该条例的施行细则。该条例自公布之日起施行。至 1963 年 11 月国务院明令废止，历时 13 年，先后批准了 4 项专利权和 5 项发明权。不过自 1957 年以后就没有再批准专利权和发明权，该条例实际上自那时起已停止执行。国务院于 1963 年明令废止《保障发明权与专利权暂行条例》的同时，公布了《发明奖励条例》。也就是说，自 1963 年起，发明奖励制度代替了发明专利保护制度。

自 1978 年党的十一届三中全会以后，为了适应全面改革、对外开放和集中力量进行经济建设的需要，我国开始筹建专利制度，着手起草专利法。1980 年年初，国务院批准成立专利局。在认真总结建国初期实行专利制度的经验和广泛借鉴各国专利法的有益经验的基础上，《专利法》的草拟工作历时 5 年，经过广泛讨论和征求意见，作了近三十次的反复修改，1984 年 3 月 12 日，第六届全国人民代表大会常务委员会第四次会议通过了《专利法》，该法的颁布和实施标志着我国专利制度进入了一个新的历史时期。《专利法》于 1985 年 4 月 1 日起正式施行，1985 年 1 月 19 日，国务院批准了《专利法实施细则》。为了配合《专利法》的实施，中国专利局还针对若干具体问题公布了一系列单行部门规章。

《专利法》颁布实施以来，我国专利工作取得了丰硕的成果，创造了世界专利制度发展史上的奇迹，为我国经济建设作出了巨大的贡献。1992 年 9 月 4 日，第七届全国人民代表大会常务委员会第二十七次会议通过决定，对《专利法》作出部分重要的修改；1992 年 12 月 12 日，国务院批准修订了《专利法实施细则》。这次对《专利法》的修改，使我国专利制度更加完善，达到了一个新的水平。为了加入世界贸易组织和我国社会发展的需要，2000 年 8 月 25 日，第九届全国人民代表大会常务委员会第十七次会议通过决定，对我国《专利法》进行了第二次修改。2001 年 6 月 15 日，国务院公布了新的《专利法实施细则》，我国专利制度基本达到了国际标准。2008 年 10 月 27 日，第十一届全国人民代表大会常务委员会第六次会议《关于修改〈中华人民共和国专利法〉的决定》，完成了对《专利法》的第三次修正。

1980 年 3 月 3 日，我国正式加入世界知识产权组织，1984 年 12 月 19 日，我国加入了《巴黎公约》。从专利制度建立之初，我国就注重与国际惯例相结合。自 1994 年 1 月 1 日起我国正式成为《专利合作条约》（PCT）成员国。中国专利局成为PCT的受理局、国际检索单位和国际初步审查单位。中文成为PCT的工作语言。这使我国专利制度进一步与国际专利制度相衔接。1995年7月1日，我国成为《国际承认用于专利程序的微生物保存布达佩斯条约》成员国。1996年9月，我国成为《建立工业品外观设计国际分类洛迦诺协定》成员国。1997年6月，我国成为《国际专利分类斯特拉斯堡协定》成员国。至此，我国已加入世界知识产权组织管理的全部有关专利的国际条约。

## 本章小结

专利法是国家制定或认可的调整因发明创造所产生的各种社会关系之法律规范的总和。专利法是促进科学技术和经济发展的重要法规，是各国知识产权法的主要组成部分之一。

专利制度是指以专利法为基础而建立的，以授予发明创造人垄断权为核心的一项法律制度。

我国专利制度与其他国家相比，产生很晚，但是我国自改革开放以来，专利制度的发展非常迅速，已经初步形成了适应当前国际、国内发展需要的完整体系。

## 【资料链接】

1. 胡佐超主编．专利基础知识．北京：知识产权出版社，2004。
2. 国家知识产权局条法司著．新专利法详解．北京：知识产权出版社，2001
3. http：//www. sipo. gov. cn/sipo/default. htm（国家知识产权局网站）
4. http：//www. chinaiprlaw. cn/（中国知识产权司法网）
5. http：//www. iprcn. com/new2005/index. asp（知识产权研究网）

# 第21章 可专利主题

## 导　语

可专利主题，又称专利法保护的对象，是指依法可授予专利权的发明创造。换言之，专利保护的客体即是各种发明创造。由于各国国情不同，因而其专利法上所规定的专利总类也有所不同，相应的专利保护范围也存在差异。《巴黎公约》规定的工业产权保护对象包括：发明、实用新型、商标、服务标记、厂商名称、货源标记或原产地名称，制止不正当竞争。我国专利法从实际出发，借鉴外国专利法的有益经验，把专利权客体划分为发明、实用新型、外观设计三种，与之相对应的是发明专利、实用新型专利和外观设计专利。

请思考：

1. 可专利主题；

2. 不可专利的主题。

## 第1节　发　明

发明，是专利法保护的主要对象。我国《专利法》（2008年）第2条第2款规定，发明，是指对产品、方法或者其改进所提出的新的技术方案。

由上述规定可知，我国专利法所称的发明有三种：产品发明、方法发明和改进发明。实际上，第三种发明可以分别划入产品发明或者方法发明之中，因此，我国专利法保护的发明就是产品发明和方法发明两种。

### 一、产品发明

产品发明，是指人工制造的一切有形物品，包括制造品（如机器、设备、装置、用具等）、材料（如化学物质、合成物等）以及有新用途的产品的发明。产品发明可以是一个独立的产品，也可以是一个产品的部件。未经人们加工制造而完全处于自然状态下的天然物不能作为产品发明的对象。

产品发明可以进一步划分为：

1. 制造品发明。例如，机器、设备、装置、构件、装置、用具等的发明。

2. 材料发明。即以任何方法，如化学的、物理的、机械的方法，所取得的两种或两种以上元素的合成物或化合物，如人造金刚石、人工合成胰岛素等。

3. 有新用途产品的发明。将某公知产品转化为一种新用途，称为用途发明。将公知产品转化的新用途，若能够产生预料不到的技术效果，则这种用途具有突出的实质性特点和显著的进步，具备创造性。例如，将作为木材杀菌剂的五氯酚制剂用作除草剂而取得了意想不到的效果，就具备了创造性。但是，如果新的用途，仅仅是使用了已知材料公知的性质，则不具备创造性。例如，将作为润滑油的公知组合物在同一技术领域中用作切削剂，则不具备创造性。

各国专利法规定的产品发明的对象存在差异。例如，美国专利法将建筑结构、业务表格、铁路运输等纳入产品发明；而包括我国在内的许多国家专利法将建筑物、桥梁等不能移动的物体排除在产品发明的范畴。

### 二、方法发明

方法发明，是指发明人所提供的技术解决方法，可以针对某种物质或某种物品实施一定的作用，使其发生新的技术效果的一种发明。方法发明是用操作方式、工艺过程等形式表现其技术方案的。

方法发明可以进一步划分为：

1. 制造方法的发明。通常包括一系列步骤。方法发明可以包括全部过程，也可以只涉及其中一个步骤。

2. 其他方法的发明，例如，通信方法、测量方法、化学的分析方法、种子的消毒方法等。

3. 将产品（主要是物品）用于新用途的方法发明。

非技术性质的方法，如疾病的诊治方法（诊治设备、器械属产品发明）、计算方法、游戏方法等不属于方法发明的范畴。

发明的分类在实践中是具有一定意义的，在专利申请过程中，不同发明，其专利申请文件撰写内容不同，在专利权取得以后，不同发明，专利权人行使权利的方法不同，权利保护的范围和方法也不同。

## 第2节　实用新型

### 一、实用新型的概念和特征

根据《巴黎公约》第1条的规定，实用新型与发明一样是工业产权的保护对象。目前，建立实用新型保护制度的有中国、德国、日本、法国、巴西、西班牙、意大利、墨西哥、波兰、葡萄牙、澳大利亚、菲律宾、韩国和乌拉圭等二十多个国家及我国台湾地区。

各国对实用新型的称谓和立法形式不尽相同，德国称“实用证书”，日本称“实用新案”。在立法形式方面，德国、日本等国家有专门的实用新型法，并实行注册方式给予保护。巴西、菲律宾等国家则把实用新型规定在专利法中，以专利的方式给予保护。美国虽没有在法律中直接规定实用新型的保护，但实际上都把这种“小发明”归入发明中，以专利的形式保护。

在我国，实用新型与发明一样是专利法保护的主题。我国《专利法》（2008年）第2条第3款规定：“实用新型，是指对产品的形状、构造或者其结合所提出的适于实用的新的技术方案。”根据这个定义，实用新型作为专利权客体，必须满足以下条件：

1. 实用新型涉及之对象须为某种产品

实用新型也是一种技术方案。如前所述，技术方案包括关于产品的技术方案和关于方法的技术方案，但实用新型仅限于关于产品的技术方案，包括各种机器、设备、装置、用具或者其他器具、物品。它既可以是独立的产品，也可以是独立产品的构成部件。

2. 实用新型须为具有一定形状、构造或两者结合的产品

根据上述规定，只有具备一定的形状、构造或两者结合的产品，才能成为实用新型。没有

固定形状的产品，例如，气态产品、糊状产品、粉末状产品、液态产品、颗粒状产品等，不是实用新型专利的对象。

具有一定形状的产品，是指具有一定的外观形态，在物理上具有三维空间的有形物体。作为实用新型的有形产品一般限于可以移动的产品和物品，不能移动的物品如建筑物、桥梁等不能作为实用新型的客体。

具有一定构造的产品，是指产品具有内部或外部的机械构成，由相关零部件相互连接或结合而成。产品的构造有立体和平面之分，一般来说，作为实用新型产品的构造应是立体的。

产品的结合也可作为实用新型的对象，所谓产品的结合，是指产品各构成部分不失其个性，但又通过某种新型组合而形成的产品。但产品的结合，没有改变其原有的功能。

3. 实用新型须有直接的实用功能价值

我国《专利法》对实用新型的定义中有“适于实用”的要求，即指某种产品须具有实用功能的价值。无论是单独涉及产品的形状或者构造，还是涉及形状与构造的结合，都必须能产生一定的技术功能，具有实际效用。例如，铅笔从圆柱到六棱体是为了防止铅笔的滚动；电视机显像管及屏幕的外部形状从球形、柱形到平面直角是为了防止图像失真，提高清晰度。产品的结构有技术功能作用自不待言，产品的形状也必须是为了达到一定技术功能目的。如果对产品形状的新设计仅仅能够导致视觉上的美感或标新立异，则不是实用新型，而属于外观设计。

## 二、实用新型与发明的区别

作为专利权客体的实用新型与发明是科学技术上的发明创造。两者在专利权的内容、保护范围、限制及专利权人义务等方面基本相同。但它们在法律地位、专利权取得等方面具有差异，主要的差异有四个方面：

1. 实用新型的创造性水平较发明低实用新型仅是一种小发明，法律对其创造性的要求低于发明。我国专利法对发明的创造性要求是与申请日以前已有技术相比有突出的实质性特点和显著进步，而对实用新型只要求与申请日以前已有技术相比有实质性特点和进步即可。

2. 实用新型的保护范围较发明窄发明是对产品、方法或者其改进所提出的新的技术方案。因此，发明可以是产品发明，也可以是方法发明。产品可以是定型的和不定型的，除专利法的特殊规定外，任何发明都可以获得专利权。但是，实用新型仅限于产品的形状、构造或者其结合所提出的适于实用的新的技术方案。因此，实用新型不适用于物品的制造方法，也不适用于与形状、构造或其组合无缘的产品。所以，没有一定形状或构造的产品，任何方法都不可能获得实用新型专利。

3. 实用新型申请专利的手段简便。根据专利法的规定，实用新型专利申请，经国务院专利行政部门初步审查，认为符合专利法要求的，不进行实质审查，即公告授权。而发明专利申请则须经过形式审查和严格的实质审查，才可能获得专利权，其程序较实用新型复杂许多。但是，由于实用新型专利不经新颖性、创造性、实用性方面的实质审查，因而，专利的可靠性和质量难以保证。

4. 实用新型保护期短。我国原《专利法》[①] 规定，实用新型专利权的保护期只有 5 年，期

① 原《专利法》是指 1984 年 3 月 12 日通过、1985 年 4 月 1 月实施的《中华人民共和国专利法》。

满后可再续展 3 年，而发明专利权有 15 年的保护期。1992 年《专利法》[①] 将实用新型专利权的保护期延长为 10 年，将发明专利权的保护期延长为 20 年。

5. 专利申请文件要求不同。发明专利申请可以有附图，也可以没有附图，视具体情况而定；而实用新型专利申请则必须要有附图。

基于实用新型和发明在技术上的共性，许多国家规定，实用新型专利申请与发明专利申请可相互转换。例如，巴西、菲律宾等国规定，如果一项发明专利申请不能被授予专利权，那么该申请可以转换为实用新型专利申请，被授予实用新型专利权。在日本，申请人可自行选择申请发明专利或者实用新型专利，但对同一技术方案不能同时被授予发明专利和实用新型专利。另外，德国、意大利等国规定，实用新型专利权的取得并不排斥发明专利申请，对同一技术方案可同时授予两种专利权。另外，实用新型专利还能弥补发明专利保护的不足。实用新型专利申请手续简便，经过形式审查后可很快批准，而发明专利申请需经长时间的审查，从申请到授予前，已经公开的专利申请不受专利保护。因此，在申请发明专利的同时申请实用新型专利，则可在上述期限内得到实用新型专利权的保护。在取得发明专利权后，则可放弃实用新型专利权。

我国专利法将实用新型作为专利权保护主题，具有许多益处：

第一，有利于激发人们的创造热情，促进科技和经济发展。与发达国家相比，我国国民的整体创造能力比较弱。如果单纯保护创造水平较高的发明而不保护创造水平较低的实用新型，其结果肯定是打击人们的创造热情，阻碍科学技术和经济的发展。实践证明，给予实用新型专利保护极大地调动了人们的创造积极性。2012 年，我国授予实用新型专利权的数量占到专利授权总量的 49.5%。2014 年，实用新型专利申请量占到 40%以上。[②] 由此可见，实用新型专利数量和申请数量所占比例是最大的。

第二，发明和实用新型的技术水平不同，发明的技术水平比较高，而实用新型的技术水平比较低，它们的经济寿命也不同，因而有必要对两部分技术成果的专利审批程序和保护期限作出不同的规定，分别给予不同的审批程序和保护期限。

第三，将实用新型作为单独的客体进行保护，采用比发明简单的审查制度，有利于减轻国务院专利行政部门的工作负担，加快审查进程。

## 第 3 节　外观设计

### 一、概述

最早为外观设计提供保护的是 1711 年法国里昂市政府关于丝绸图案的规定。1806 年，法国颁布了比较完整的《外观设计法》。随后，各国相继建立外观设计保护制度。对外观设计进行保护的国家远多于对实用新型进行保护的国家，但各国对外观设计所给予的保护并不完全相同。

---

① 到目前为止，我国《专利法》已进行过 2 次修订。第一次修订的时间是 1992 年 9 月 4 日，第二次修订的时间是 2000 年 8 月 25 日。

② 参见《中国专利数量多 利用率却不高》，数据来源：http：//opinion. huanqiu. com/opinion _ world/2014-06/5033185. html。

1883 年 3 月 20 日签订的《巴黎公约》把外观设计列入了工业产权保护范围。1958 年修订《巴黎公约》时，又增加了有关外观设计保护的最低要求，即“外观设计在本联盟一切成员国都应受到保护”。但是公约没有规定用何种法律形式保护。1925 年 11 月 6 日在海牙签订了《工业品外观设计国际保护海牙协定》，并建立了外观设计国际申请联盟，对外观设计进行国际合作和保护。

我国 1984 年《专利法》规定“外观设计”是保护主题之一，2008 年《专利法》第 2 条第 4 款对外观设计作出了定义性规定：“外观设计，是指对产品的形状、图案或者其结合以及色彩与形状、图案的结合所作出的富有美感并适于工业应用的新设计。”按照该项规定可知，获得专利的外观设计具有以下特征：

（一）外观设计是指形状、图案或其结合以及色彩与形状、图案结合的设计

外观设计可以是对物品外形的三维造型设计，也包括对物品二维平面设计。这些设计运用线条、色彩或图形等方法起装饰物品的作用。因此，专利法保护外观设计的主题是具体的物品外形设计方案，这和发明的保护主题有本质的差别。

（二）外观设计必须是对产品的外表所作的设计

外观设计必须与产品结合在一起，单纯的一幅画、一份设计图，没有与具体的产品结合在一起，并不是法律意义上的外观设计，不能取得专利保护。与产品有关，并不等于产品本身就是外观设计，产品的外在形状、色彩、图案才能成为外观设计，而产品只是外观设计的载体。因此，有形状的产品都有可能成为外观设计的载体，故外观设计又称工业品外观设计。

与外观设计有关的产品有其特定含义，这种产品不仅可以用作外观设计的载体，而且还应有其他独立的用途，即外观设计是否存在，并不影响原产品的用途和性质。

（三）外观设计必须是适合于工业上应用的设计

使用外观设计的产品经过工业（包括手工业）生产过程应能够大量地复制生产。在这一点上，外观设计与艺术创作有所不同。艺术创作即使出自同一人之手也不可能创造出完全相同的作品，因而艺术作品不具有在工业上实用的性质，不能受到外观设计专利的保护。

（四）外观设计必须能够产生美感

美感是通过视觉产生的，因此，只有具体的、肉眼可见的外观设计才能取得专利保护。未以一定物质形式表现出来的设想或构思不是外观设计，外部看不见的物品内部结构安排，也不是外观设计。

美感是通过形、色、图等装饰方式作用于产品外表，使人视觉触及后引起美的感受。但美感是一个复杂的美学问题，人们对美的评价常因人、因时而异。一般认为，只要不违反公序良俗，不违反社会公德，不使人产生厌恶感即可。

## 二、与实用新型的区别

外观设计和实用新型都可能涉及产品的形状，但两者有区别：

1. 实用新型是技术方案或技术思想，而外观设计则是一种美学设计。实用新型通过对自然规律的利用，实现一定的技术效果，外观设计则是利用美学原理及人们的审美心理以达到美感效果。实际上，外观设计是“艺术”而不是“技术”。也正因为这一点，许多国家主要是通过著作权法保护外观设计，而不是主要通过专利法来保护。

2. 实用新型涉及产品的形状或者构造，都必须具有功能作用，而且既可以涉及产品的外形和外部构造，也可以涉及产品的内部构造。而外观设计是关于产品形状、图案和色彩的装饰性设计，没有功能作用，不可能涉及产品的内部构造。

3. 实用新型的创造性方案体现于产品本身，与产品本身的性能、制造设计的技术有关。外观设计只涉及美化产品的外表和形状，产品是外观设计的载体。

4. 实用新型的产品必须以固定的产品形态存在，而外观设计所针对的产品可以是平面状的。

## 第 4 节　专利法的排除对象

专利法是保护发明创造的法律。一般说来，符合专利条件的发明创造可以被授予专利权，受法律保护。但是，有些客体实际上不属于发明创造；有些客体虽属于发明创造，按照法律规定也不能被授予专利权。我国《专利法》（2008 年）第 5 条和第 25 条明确规定了不授予专利权的对象。

### 一、违反公共秩序的发明创造

我国《专利法》（2008 年）第 5 条规定："对违反法律、社会公德或者妨害公共利益的发明创造，不授予专利权。对违反法律、行政法规的规定获取或者利用遗传资源，并依赖该遗传资源完成的发明创造，不授予专利权。"该条规定包括两种情形：（1）关于公共秩序保护的情形，许多国家专利法中都有类似规定，其目的在于维护国家的利益；（2）关于遗传资源保护的情形。

（一）违反国家法律的发明创造

法律是具有强制性的行为规范，人们在社会生活中的一切行为都必须在法律许可的范围内进行。如果发明创造本身就是违反法律的，而国家又对其授予专利权，那么，专利权人依法实施该专利就必然导致其违法行为发生。例如，伪造国家货币印制机器的发明、专用于走私的工具等发明就违反了国家法律规定，破坏了国家法律秩序。这样的产品发明就不能被授予专利权。

（二）违反社会公德的发明创造

社会公德是规范人们行为的准则。人们在社会生活中的行为不仅要遵守法律，而且必须符合社会公德的要求。如果对违反社会公德的发明创造授予专利权，将构成对社会的危害。例如，吸毒工具、赌博工具的发明，它们以破坏社会道德风尚为目的，与社会公德背道而驰，既腐蚀了人民群众，又妨碍了社会秩序。这样的发明不能被授予专利权。

（三）妨害公共利益的发明创造

妨害公共利益一般是指对国家利益或者社会利益的妨碍或损害。妨害公共利益的发明创造不能被授予专利权。不过，各国对"公共秩序""善良风俗"的理解并不相同，因而对某一发明创造是否被授予专利权的确认也不尽相同。但对危害人们健康、破坏公共安全、损害国家利益的发明创造，其确认标准是基本一致的。

当然，某些发明创造从其目的、构成和特性而言并无不妥，其正常使用不违法，也不妨碍社会公德，但可能被一些人作非正常使用时则可能成为违法手段或工具。这类发明创造是可以授予专利权的。例如，某机器的发明，其制造和销售都不违法，但这一机器的使用属违法，其噪声或其他污染超过法定标准，仍不能因此而确认该发明违反国家法律，而不授予专利权。又如，武器的发明，不能因为某些国家禁止私人持有和销售武器，而否定其作为专利保护的主体。

（四）非法获取或者利用遗传资源完成的发明创造

遗传资源，是指具有实际或者潜在价值的遗传材料或者遗传信息。自然界生存的数百万种生物（包括动物、植物、微生物等）中，各自具有其特殊的遗传属性。收集、保存、开发或者利用各种生物的遗传材料和信息，不仅有利于它们的生存、繁衍和进化，而且可以产生商业价值，例如，利用遗传资源开发食品、药品、新材料或者新资源等。

但是，如果发明人采用非法方式获取或者利用遗传资源进行发明创造活动，就可能造成对遗传资源的破坏，对遗传资源权利人利益的侵害。因此，专利法规定，采用非法方式获取或者利用遗传资源完成的发明创造，不能被授予专利权。

## 二、专利法不适用的对象

专利法上的发明创造，包括发明、实用新型和外观设计，均有明确的法律含义和必备的法律特征。显然，与此不相符的智慧创作物，就不是专利法上的发明创造，不能被授予专利权。为了进一步明确起见，我国《专利法》（2008 年）第 25 条规定了 6 项不适用《专利法》的对象，它们被排斥于可专利对象之外。

（一）科学发现

科学发现属于科学领域，是指对自然界中客观存在的物质、现象、变化过程及其特性和规律的揭示。科学发现和发明都是智力劳动成果，但两者有着本质的不同。科学发现的特性在于认识和阐明世界，属于基础科学范畴；发明的特性在于改造世界，属于应用科学范畴。科学发现与产业应用还有相当一段距离，因此，对科学发现不能授予专利权。但是，科学发现是发明创造的基础。借助技术手段，科学发现在一定条件下可转化为发明。例如，利用“镭”的放射性制成放射器械、利用卤化银的感光性制造出感光材料，则可以取得专利权。所以，发明与科学发现两者关系密切。当发现某种物质的特征性质之后，利用这种性质的用途发明则应运而生。

科学理论则是对自然规律和现象的抽象认识，与科学发现一样也不属于专利保护的对象，但它往往是发明创造的理论依据。例如，空气动力学理论是不能取得专利的，但是利用这种理论制造新型飞机的技术方案是可以取得专利的。

科学发现并非绝对不能作为专利主题。如果发明人通过科学研究发现某种已知物质或者产品具有某种新用途，能够产生意想不到的效果，那么，这种科学发现可以作为专利主题。例如，人们日常生活中常用的拉链，被发现具有伤口缝合的用途，这种拉链就是医用拉链。[①] 该项科学发现则可以作为专利主题申请专利。

（二）智力活动的规则和方法

智力活动的规则和方法，是指导人们思维、推理、分析和判断的规则和方法，具有抽象的特点。智力活动的规则和方法不是自然规律的利用过程，更不是一种技术解决方案，其作用对

① 百慕大群岛的 Atrax 医疗集团公司开发出一种新颖的外科拉链，用于愈合伤口。该拉链商品名为 Medzip，可取代缝线、结扎器和胶粘带，闭合 4cm～47cm 长的外科切口和创伤裂口。该拉链由多层支承条组成，支承条覆有次应变原黏合剂，用拉链缝接。施用时，将支承条胶贴在伤口的两边，然后拉上拉链；支承条和伤口边便同时闭合，对伤口组成安全牢固的愈合支撑。这种医用拉链的优点是：减少伤口感染危险，自然平整愈合，易于检验，病人舒适，作用讯谏，取去迅速。只要伤口的形状不过于弯弯曲曲，均可采用这种医用拉链。资料来源：http：//job. hxyjw. com/tzyx/1102494/。

象是人，直接作用于人的思维，与产业上的技术活动不发生直接关系。专利法保护的是人类智力活动的成果，而不是智力活动本身，也不是指导智力活动的规则和方法，因此，它不能成为专利主题。智力活动的规则和方法内容很广泛，如数学方法、逻辑方法、智力游戏方法、娱乐方法、经营管理方法、速记法等。但是，计算机软件本质上是一种数学逻辑方法，可以作为专利主题。

（三）疾病的诊断和治疗方法

此处所指的疾病包括人和动物的疾病。由于对疾病的诊断和治疗方法以人和动物为实施对象，不能在工业上应用，因而不是专利法所指的发明。所以，凡属于诊断和治疗方法，如外科医生的手术方法、医生的检查方法、中医的诊脉方法和针灸方法等都不能成为专利主题。

需要注意的是，我国专利法所规定的不授予专利权的范围仅限于疾病诊断和治疗的方法。对于为诊断和治疗疾病而发明的各种仪器、设备则可以被授予专利权。对血液、毛发、排泄物等脱离了人体或动物体的物质进行化验的方法，以及染发、烫发等方法，都可以作为专利主题。

（四）动物和植物品种

在我国现行专利法中，动物和植物的新品种本身尚不能被授予专利权，该项规定是与我国现阶段的技术发展水平相适应的。但是，美国、法国、德国等授予植物新品种发明专利。

随着生物科学技术的发展，尤其是遗传工程学的发展，已使专利法中关于活有机体不能作为专利主题的原则有所动摇。但是，目前多数国家则通过有别于专利保护的特殊制度保护植物品种。这种保护只涉及繁殖材料的销售而不涉及植物自身的生长和销售。各国为了保护植物新品种缔结了一个《保护植物新品种国际公约》。

我国专利法明确规定对动物和植物品种不授予专利权，但是，生产动物和植物品种的方法仍可以受到专利法的保护。此处所指的生产动植物品种的方法，是指生物方法以外的方法，如辐射、保温、施肥等，它们与一般的方法发明一样，可以作为专利主题。

（五）用原子核变换方法获得的物质

用原子核变换方法获得的物质，是通过核裂变或核聚变的方法而制造的元素或化合物。这些元素或者化合物不能授予专利权。同样，原子核变换方法也不能被授予专利权。对此，各国规定基本相同。美国原子能法对于只是用于原子武器的发明不授予专利权。各国这样规定的理由主要有两个：(1) 出于国防上的考虑，因为这种物质可以用于制造核武器；(2) 为了保护本国的核工业。

（六）对平面印刷品的图案、色彩或者二者的结合作出的主要起标识作用的设计

此项不能授予专利权的对象，是2008年《专利法》增加的内容。我国每年受理的外观设计申请量已经位居世界第一，但在受理的外观设计申请和授予的外观设计专利权中，有相当数量涉及的是瓶贴、平面包装袋等主要起标识作用的平面图案设计。这既不利于提高我国对产品本身外观的创新能力，促进我国品牌产品的形成，提高我国产品的国际竞争力，也会增大外观设计专利权与商标专用权、著作权之间的交叉和冲突。为了鼓励设计人将其创新能力更多地集中到产品本身外观的创新上，2008年《专利法》将“对平面印刷品的图案、色彩或者二者的结合作出的主要起标识作用的设计”排除在授予外观设计专利权的客体之外。

平面印刷品，主要指平面包装袋、瓶贴、标贴等用于装入被销售的商品或者用于附着于其他产品之上、不单独向消费者出售的二维印刷品。主要起标识作用，是指二维印刷品的图案、色彩或者二者的结合主要是用于让消费者识别被装入的商品或者被附着的产品的来源或者生产者，而不是用于使被装入的商品外观或者被附着的产品外观本身“富有美感”而吸引消费者。

应当注意的是，能够产生识别产品来源或者生产者作用的标识并不限于商标标识或者厂家名称，只要二维印刷品的图案、色彩或者其结合主要用于产生标识作用，就属于被排除的范围。

需要指出的是，尽管床单、窗帘、布匹等纺织品也是二维产品，但不属于平面印刷品；纺织品的花色或者图案通常也不是主要起标识作用，因此，对这些纺织品的外观设计不在被排除的范围之外。

## 本章小结

我国专利权的客体包括：发明、实用新型和外观设计。发明，是指对产品、方法或者其改进所提出的新的技术方案；实用新型是指对产品的形状、构造或者其结合所提出的适于实用的新的技术方案；外观设计，是指对产品的形状、图案或者其结合以及色彩与形状、图案的结合所作出的富有美感并适于工业应用的新设计。我国专利法明确将一部分客体排除在专利法保护范围之外。

## 【资料链接】

1. 胡佐超主编．专利基础知识．北京：知识产权出版社，2004
2. 国家知识产权局条法司．新专利法详解．北京：知识产权出版社，2001
3. 史敏，张建华主编．中华人民共和国专利法实施细则释义．北京：法律出版社，2002
4. http：//www. sipo. gov. cn/sipo/default. htm（国家知识产权局网站）
5. http：//www. chinaiprlaw. cn/（中国知识产权司法网）
6. http：//www. iprcn. com/new2005/index. asp（知识产权研究网）

# 第 22 章 专利权主体

**导　语**

专利权主体即专利权人，是指依法享有专利权并承担义务的自然人、法人或者其他组织。以专利权人的自然属性为标准，专利权主体可以划分为自然人、法人和其他组织；以专利权人的国籍为标准，专利权人可以划分为本国人、外国人和无国籍人；以专利权取得方式为标准，专利权人可以划分为原始主体和继受主体；以专利权客体为标准，专利权人可以划分为发明专利权人、实用新型专利权人和外观设计专利权人。

请思考：

1. 专利申请权的归属；
2. 专利权主体的确定；
3. 专利权主体的种类。

## 第 1 节　专利权主体概述

专利权主体，就是专利权人，是指依法享有专利权并承担义务的自然人、法人或者其他组织。

以专利权人的自然属性为标准，专利权主体可以划分为自然人、法人和其他组织。严格地讲，从事发明创造活动的只能是自然人。法人或者其他组织只能为自然人从事发明创造活动进行组织并提供必要的设备、资金、场地、物质或者其他必要条件的帮助。但是，在科学技术飞速发展的今天，在绝大多数情况下，自然人从事的发明创造活动都离不开法人或者其他组织给予的帮助，而且法人或者其他组织所提供的设备、资金、场地、物质等是必不可少的，甚至具有决定性的作用。因此，专利法规定，职务发明创造的专利申请权原则上归属于发明人或者设计人的所属单位，当事人另有约定的，依其约定。专利申请被授予专利权的，作为专利申请人的法人或者其他组织就成为专利权人。①

以专利权人的国籍为标准，专利权人可以划分为中国专利权人、外国专利权人和无国籍专利权人。中国专利权人，是指依法享有专利权的人具有中国国籍，包括中国自然人、中国法人和其他组织。外国专利权人，是指依据《中华人民共和国专利法》，享有专利权的人是具有某个国家国籍的自然人，或者是依据某外国法律成立的法人或者其他组织。无国籍专利权人，是指依据《中华人民共和国专利法》，享有专利权的人具有任何国家国籍的自然人。将专利权人按照国籍标准进行划分具有重要的意义，有利于确定某专利权人在我国获得充分、有效的保护。

① 参见 2008 年《专利法》第 6 条。

以专利权取得方式为标准，专利权人可以划分为原始专利权人和继受专利权人。原始专利权人，是指作为专利申请人依法取得专利权的自然人、法人或者其他组织。继受专利权人，是指从前专利权人那里依据法律或者合同获得专利权的自然人、法人或者其他组织。将专利权人按照取得方式为标准划分，有利于更好地保护特定专利权人的合法利益。

以专利权客体为标准，专利权人可以划分为发明专利权人、实用新型专利权人和外观设计专利权人。

按照其他标准还可以将专利权人进行划分，以便于保护其合法利益。例如，两个以上对某项发明创造共同享有专利权的人称为共有专利权人。

## 第 2 节 发明人或者设计人

### 一、发明人或者设计人

在一般情况下，发明人或者设计人对其发明创造享有提出专利申请并获得专利权的权利，是专利法确立的一项基本原则。发明人、设计人是严格的法律概念，并非所有与发明创造有关系的人都可以称为发明人或者设计人。发明人，是指对发明或者实用新型的完成作出实质贡献的自然人；设计人，是指对外观设计的完成作出了实质贡献的自然人。

判断发明人或者设计人，实际上就是看某人对某项具体发明创造的完成是否作出了实质性贡献。因此，下列人员不是发明人或者设计人：(1) 仅提出设想，或对课题仅进行指导，或提出启发性意见但并不构成发明创造具体内容的人；(2) 仅从事组织领导工作的人；(3) 为物质条件的利用提供方便或者从事其他辅助工作的人，如从事准备工作的人员、提供文献资料的人员、后勤人员、一般辅助性的实验员、描图员等。

我国专利法规定，非职务发明创造申请专利的权利属于发明人或者设计人。申请被批准后，专利权归发明人或者设计人所有。这里的非职务发明创造，是指既不是为执行本单位的任务，也没有利用本单位的物质技术条件所完成的发明创造。在我国，发明人或者设计人作为专利申请人或者专利权人，不受年龄、性别、职业、文化程度的限制，只要是一项非职务发明创造的真正发明人或者设计人，都享有专利申请权并可获得专利权。

利用本单位的物质技术条件所完成的发明创造，单位与发明人或者设计人订有合同，对申请专利的确立和专利权归属作出约定的，从其约定。如果合同约定申请的权利归属于发明人或者设计人的，该发明创造的发明人或者设计人就是专利申请人和专利权人。没有合同或者订有合同但没有就专利申请权和专利权归属进行约定的，专利申请权和专利权归属于单位。

发明人或者设计人只能是运用其智慧完成发明创造的自然人，不能是法人或者其他组织。我国专利法规定，发明人或者设计人不仅有权获得专利权，而且还有权在专利文件中写明自己是发明人或者设计人。①

### 二、共同发明人或者设计人

由两个或者两个以上的人共同完成的发明创造，为共同发明创造。共同完成发明创造的人为共同发明人或者设计人。

① 参见《专利法》第 17 条。

一项发明创造的完成往往涉及许多人，但并不是所有参与其工作的人都是共同发明人或者设计人。共同发明人或者设计人应该是指对发明创造的实质特点作出了创造性贡献的自然人。共同发明人或者设计人的确定，必须严格遵照规定的标准，其范围不能扩大，也不能缩小。

判定共同发明人或者设计人时，应当以事实为基础，以技术档案的真实记载为依据，严格把握创造性贡献这项标准，不能依某个人的意图而定，也不能根据有关人员的职务大小、职称高低作主观的推断。仅提出设想或启发性意见或给予指导但不构成发明创造具体内容的人，仅从事组织领导工作的人，以及为物质条件的利用提供方便或者从事其他辅助工作的人，一概不得视为共同发明人或者设计人。

发明创造的完成为两个阶段：一个是构思阶段（确定课题及解决课题的方向），另一个是构思具体化阶段。构思具体化阶段又可分为试验、试制研究和理论研究。具体判断共同发明人时，有两种情况：(1) 属于新的构思的，构思人为发明人。但是，当构思人未将构思具体化就将其发表时，发表后别人将其构思具体化，最后完成了发明，这时提供构思的人不为共同发明人，因为已发表的构思不是专利法保护的对象。(2) 将一种构思具体化的，其具体化只要不属于同行不同自明的程度，他就是共同发明人。

共同发明创造的专利申请权及其他科技成果权，按我国法律规定可以协议确定，协议中有两种方案可供选择：(1) 将专利申请权及其他科技成果权归属于一方，给予其他共同发明人和设计人以不缴纳使用费的实施权；(2) 将专利申请权和其他科技成果权归属于各方共有。

### 三、委托发明创造的发明人或者设计人

委托发明创造，是指具备技术开发能力的自然人或单位接受委托人的技术开发任务所完成的发明创造。按照我国合同法，委托发明一般由技术开发方和委托方签订技术开发合同，依据合同，一方提供技术开发项目和开发经费，另一方实施创造性劳动并向对方提供约定的技术发明成果。

关于委托发明专利申请权的归属，技术开发方和委托方要在合同中作出明确约定。一般而言，关于委托发明创造的专利申请权归属有三种方案可以考虑：

1. 专利申请权归属于委托方。在这种情况下，受托方一定会要求委托方拨付比较多的资金，甚至会把受托方假设得到专利权后许可其他单位使用所可能得到的专利使用费也都计算进去。这样就大大增加了委托方的投资。

2. 专利申请权归属于双方共有。这样双方各得其所，易于为双方所接受。

3. 专利申请权归属于受托方，同时给予委托方以不缴纳使用费的实施权。这种方案易于为受托方所接受。委托方也得到实施权，达到了目的，同时其投资也可以减少一些。

委托方和受托方没有就委托发明创造专利申请权的归属作出明确约定或者约定不明确的，其专利申请权应当归受托方；申请被批准后，专利权归申请方。

## 第 3 节　职务发明创造的专利权主体

### 一、职务发明创造及其专利申请权的归属

职务发明创造，是指自然人在执行本单位的任务或者主要是利用本单位的物质技术条件所

完成的发明创造。

就具体的发明创造而言，如何确定其是否为职务发明创造，并不是一件容易的事。根据我国《专利法》及《专利法实施细则》的规定，职务发明创造包括以下四种情况：

1. 在本职工作中作出的发明创造。判断一项具体的发明创造是否为职务发明创造，可以参照工作人员的职务内容或者责任范围考虑。不仅研究、设计人员，而且分管技术研发工作的企业负责人作出的发明创造，都应认为是本职工作中作出的发明创造。至于负责一般行政事务的工作人员所作出的发明创造则不算在内。

2. 履行本单位交付的本职工作之外的任务所作出的发明创造。根据工作需要，在职人员有时会承担单位交付的本职工作以外的任务。在此过程中作出的发明创造，与在其本职工作中作出的发明创造一样，属于职务发明创造。本职工作可以说是根据单位的要求，在职人员所承担的比较固定的职务。本单位交付的本职工作之外的任务，则可以说是根据单位的要求，在职人员所承担的临时职务。

3. 退职、退休或者调动工作后 1 年内作出的，与其在原单位承担的本职工作或者原单位分配的任务有关的发明创造。我国 2010 年《专利法实施细则》第 12 条第 1 款第 3 项规定，退职、退休或者调动工作后 1 年内作出的，与其在原单位承担的本职工作或者原单位分配的任务有关的发明创造属于职务发明创造。

《专利法实施细则》的该项规定，立法理由在于：发明构思活动并非一朝一夕就能完成的，特别是较复杂的发明，需要经过长期的准备，包括资料收集、模拟实验、方案改进、性能比较等多个阶段，是一种连续性很强的研究开发工作。

4. 主要利用本单位的物质技术条件完成的发明创造。发明人或者设计人完成这种发明创造虽然不是根据本职工作或者单位分配的任务，而是自动进行的，但是这种发明创造的完成主要是利用了本单位提供的物质技术条件，与单位的帮助有密不可分的关系。没有这种帮助，发明创造就不可能完成。所以，我国专利法把这种发明创造规定为职务发明创造。

这里所说的物质技术条件是指本单位的资金、设备、零部件、原材料或者不对外公开的技术资料等。至于利用这些物质条件达到什么程度，才算是对发明创造的完成起了"主要的"作用，则要根据具体情况才能作出恰当的判断。

我国专利法根据职务发明创造的特点规定，职务发明创造的专利申请权属于发明人或者设计人的工作单位；在中国境内的外资企业和中外合资经营企业的工作人员完成的职务发明创造，申请专利的权利属于该企业。这就是说，职务发明创造的专利申请人不是完成该发明创造的发明人或者设计人，而是其所属的单位和中国境内的外资企业及中外合资经营企业。当然，该项规定也适用私营企业等其他单位。

专利申请与专利权获得具有一致性，即有专利申请权的人，就有可能获得专利权。因此，上述享有职务发明创造专利申请权的国家、集体所有制单位以及外资企业、中外合资企业等单位就有可能获得专利权。

我国 2008 年《专利法》第 6 条第 3 款规定，利用本单位物质技术条件所完成的发明创造，单位与发明人或者设计人订有合同，对申请专利的权利和专利权的归属作出约定的，从其约定。

## 二、职务发明人或者设计人的权利

职务发明创造的专利申请权，尽管属于单位，但是这种发明创造毕竟是通过自然人的活动得以完成的，其中凝结着发明人或者设计人的智慧和劳动。因此，专利法在明确规定职务发明创造的专利申请权属于单位的同时，强调了对发明人或者设计人权利的保护。这种做法反映了我国专利法规定的合理性，体现了尊重人才的精神，有助于激发广大科技工作者的创造激情。职务发明人或者设计人的权利具体有：

1. 表明发明人或者设计人身份的权利。我国2008年《专利法》第17条规定：“发明人或者设计人有权在专利文件中写明自己是发明人或者设计人。”发明人或者设计人的该项权利是与其人身不可分离的，无论专利申请权和专利权归属于谁，都不能剥夺职务发明人或者设计人的身份表示权。

2. 获得精神奖励和物质奖励的权利。我国2008年《专利法》第16条规定：“被授予专利权的单位应当对职务发明创造的发明人或者设计人给予奖励；发明创造专利实施后，根据其推广应用的范围和取得的经济效益，对发明人或者设计人给予合理的报酬。”

根据2010年《专利法实施细则》第76条至第78条的规定，被授予专利权的单位可以与发明人、设计人约定或者在其依法制定的规章制度中规定《专利法》第16条规定的奖励、报酬的方式和数额。企业、事业单位给予发明人或者设计人的奖励、报酬，按照国家有关财务、会计制度的规定进行处理。

被授予专利权的单位未与发明人、设计人约定，也未在其依法制定的规章制度中规定《专利法》第16条规定的奖励的方式和数额的，应当自专利权公告之日起3个月内发给发明人或者设计人奖金。一项发明专利的奖金最低不少于3 000元；一项实用新型专利或者外观设计专利的奖金最低不少于1 000元。由于发明人或者设计人的建议被其所属单位采纳而完成的发明创造，被授予专利权的单位应当从优发给奖金。

被授予专利权的单位未与发明人、设计人约定，也未在其依法制定的规章制度中规定《专利法》第16条规定的报酬的方式和数额的，在专利权有效期限内，实施发明创造专利后，每年应当从实施该项发明或者实用新型专利的营业利润中提取不低于2%或者从实施该项外观设计专利的营业利润中提取不低于0.2%，作为报酬给予发明人或者设计人，或者参照上述比例，给予发明人或者设计人一次性报酬；被授予专利权的单位许可其他单位或者个人实施其专利的，应当从收取的使用费中提取不低于10%，作为报酬给予发明人或者设计人。专利权被授予后，被授予专利权的国有企业事业单位应当对发明人或者设计人发给奖金。一项发明专利的奖金最低不少于2 000元；一项实用新型专利或者外观设计专利的奖金最低不少于500元。由于发明人或者设计人的建议被其所属单位采纳而完成的发明创造，被授予专利权的国有企业事业单位应当从优发给奖金。发给发明人或者设计人的奖金，企业单位可以计入成本，事业单位可以从事业费中列支。

从相关规定看，发明人或者设计人同样也享有获得荣誉和精神奖励的权利。

## 第4节　专利申请权及其继受人

### 一、专利申请权及其归属

专利申请权，是指自然人、法人或者其他组织就某项发明创造依法享有的向国家专利行政主管机关提出专利申请的权利。

专利申请权自发明创造完成之时起自动产生，不必办理任何手续。

依法律规定或者合同约定依法享有专利申请权的人称为专利申请权人。

（一）依法律规定获得专利申请权的情形

1. 我国 2008 年《专利法》第 6 条第 1 款规定，执行本单位的任务或者主要是利用本单位的物质技术条件所完成的发明创造为职务发明创造。职务发明创造申请专利的权利属于该单位。

2. 我国 2008 年《专利法》第 6 条第 1 款规定，非职务发明创造，申请专利的权利属于发明人或者设计人。

（二）依合同约定获得专利申请权的情形

1. 我国 2008 年《专利法》第 6 条第 3 款规定，利用本单位的物质技术条件所完成的发明创造，单位与发明人或者设计人订有合同，对申请专利的权利和专利权的归属作出约定的，从其约定。

2. 我国 2008 年《专利法》第 8 条规定，两个以上单位或者个人合作完成的发明创造、一个单位或者个人接受其他单位或者个人委托所完成的发明创造，除另有协议的以外，申请专利的权利属于完成或者共同完成的单位或者个人。

上述两项规定包括两个方面的内容：(1) 合同当事人就专利申请权归属作出约定的，依其约定；(2) 合同当事人就专利申请权归属没有约定或者约定不明确的，专利申请权归属于完成发明创造的单位或者个人。

## 二、专利申请权的继受

专利申请权是一种财产权，发明人或者设计人或者其所属单位可以转让专利申请权，也可以依据法律由合法继受人继受。根据专利法规定直接取得的专利申请权，称为专利申请权的原始取得；根据某种法律事实，从原始专利申请权人手中取得的专利申请权，称为专利申请权的继受取得。专利申请权的继受人包括继承人和受让人。

专利申请权可以依据某种法律事实的发生而转移。我国专利法规定的专利申请权转移，主要有以下三种情况：

1. 专利申请权属于自然人死亡的，生前依法享有的专利申请权，根据我国继承法的规定，由继承人、受遗赠人或者遗赠扶养协议中的抚养人取得。

2. 专利申请权属于法人或者其他组织出现分立、合并或者其他重要事项变更的，专利申请权由承担起权利与义务的法人或者其他组织享有。如果企业破产，则依破产法按照清算程序，对该企业享有的专利申请权予以处理。

3. 根据我国专利法的规定，自然人、法人或者其他组织都可以依法转让其依法取得的专利申请权，而且法律并不禁止专利申请权的继受者再度转让其继受取得的专利申请权。

如果专利申请权的转让或继承发生在专利申请提出以前，受让人或者继承人可以直接以自己的名义提出专利申请。在这种情况下，提出专利申请的人被推定享有合法的专利申请权；或者要求申请人在提交专利申请的请求书上说明其有权申请的法律依据。如遇有权利纠纷，当事人可依法起诉。如果上述权利的转让发生在专利申请提出之后，当事人必须订立书面合同，经国务院专利行政部门登记和公告后生效。如果上述权利的继承发生在专利申请提出之后，继承人应当附具证明文件向国务院专利行政部门申报，经国务院专利行政部门登记和公告后生效。

共同发明人或者设计人中的一人或者数人要求转让其在专利申请权中享有的份额时，应征得其他共同发明人或者设计人的同意。从理论上讲，发明创造是无形财产，专利权人无法实际占有。专利实施许可虽然可以就使用和销售等行为分配报酬，但专利权作为一个整体，实难分割。通常，专利申请权共有人可以签订协议，彼此间的权利与义务依协议办理。同样，共同发明人或者设计人中的一人或数人的这个份额也可以依继承而转移。在这种情况下，专利申请权共同属于所有继续保留他们份额的发明人或者设计人，以及其他共同发明人或者设计人的权利继受人。

## 第5节　外国人

外国人，是指具有某个国家（中国除外）国籍的自然人和依照外国法律成立并在外国登记注册的法人或者其他组织。外国人包括自然人、外国公司、企业和外国其他组织。

外国人能否到本国来与本国人一样获得专利保护，这是一个问题。历史上，工业产权的授予是国家经济政策的工具，是保护本国企业的一项制度。对外国竞争者给予这样的保护，意味着放弃对本国企业的保护主义政策。所以，对外国人给予专利保护是一个需要慎重对待的问题。

但是，现代各国之间贸易往来、技术合作交流非常密切，如果因为是外国人就不给他们的发明创造以专利保护，那就会妨碍与外国的交往。这种做法对外国固然不利，对本国也是不利的。所以，现代国家都会为外国人的发明创造给予专利保护，只是各国法律上的表现形式有所不同而已。

我国专利法对外国人的发明创造，在遵循《巴黎公约》原则的前提下，结合我国实际情况作了如下具体的规定：

1. 在我国有经常居所的外国人、在我国境内的中外合资经营企业和在我国有营业所的外资企业，享有与中国公民或组织同等的申请并取得专利的权利，享有国民待遇。在我国境内的外资企业和中外合资经营企业的职务发明创造，申请专利的权利属于该企业，申请被批准后，专利权归申请的企业所有。外国的发明人或者设计人的非职务发明创造，申请专利的权利属于发明人或者设计人，申请被批准后，专利权归个人所有。

2. 在我国境内没有经常居所的外国人和不在我国境内的外国企业或外国其他组织，在中国申请专利的，按中国《专利法》第18条规定处理。具体的做法是：(1) 依照其所属国同中国签订的双边协议办理。(2) 依照其所属国同中国共同参加的国际条约办理。这里的国际条约是指多边国际条约，如果国际条约规定各成员国都应允许其他成员国的自然人或法人申请专利、取得专利权，则应遵循该条约办理。(3) 依互惠原则办理。如果某一国家的专利法无条件地对外国人给予专利保护，则我国也给予该国国民同我国国民相同的待遇，即准予依我国专利法申请并取得专利权；同样，如果某一国家专利法规定以他方国家给予互惠待遇为条件，允许他方国民在该国申请专利，在这种情况下，我国也可以给予该国国民以专利保护。

另外，这一部分外国人在中国申请专利和办理其他专利事务，应当委托国务院指定的专利代理机构办理。按国际惯例，这种规定是不违背国民待遇原则的。

### 本章小结

专利法所称的发明人，是指对发明的完成作出了实质性贡献的人；专利法所称的设计人，是对外观设计的完成作出实质性贡献的人。专利法所称的职务发明创造，是指发明人或者设计人在执行本单位的任务或者主要是利用本单位的物质技术条件所完成的发明创造。职务发明创造的专利申请权归单位享有。外国人在满足一定条件的情况下也可以在我国申请专利并获得专利权。

## 【资料链接】

1. 胡佐超主编．专利基础知识．北京：知识产权出版社，2004
2. 国家知识产权局条法司．新专利法详解．北京：知识产权出版社，2001
3. 史敏，张建华主编．中华人民共和国专利法实施细则释义．北京：法律出版社，2002
4. http：//www. sipo. gov. cn/sipo/default. htm（国家知识产权局网站）
5. http：//www. chinaiprlaw. cn/（中国知识产权司法网）
6. http：//www. iprcn. com/new2005/index. asp（知识产权研究网）

# 第23章 专利实质条件

## 导　语

发明创造要取得专利权，须符合专利法规定的实质条件。此处所说的实质条件，分两个方面。就发明和实用新型而言，专利实质条件就是新颖性、创造性和实用性；就外观设计而言，专利实质条件就是新颖性、美观性和合法性。具而言之，不符合专利法规定实质条件的发明创造，不能获得专利权。但是，反之不成立，即符合专利法规定实质条件的发明创造，并不一定能获得专利权。例如，专利申请权人不愿意将其发明创造申请专利的，其发明创造就不能取得专利权。此外，违反法律或者损害社会公共利益的发明创造，也不能取得专利权等。

请思考：

1. 专利实质条件；

2. 新颖性、创造性和实用性。

## 第1节　专利实质条件概述

根据我国专利法规定可知，发明创造要取得专利权，必须符合专利法规定的实质条件。换言之，申请专利的发明创造必须符合专利法规定的实质条件。

我国专利法所规定的实质条件可分为广义实质条件和狭义实质条件。

广义实质条件包括：

1. 申请专利的发明创造属于我国专利法规定的可专利主题，包括发明、实用新型和外观设计。但是，申请专利的发明、实用新型或者外观设计不是我国专利法明确排除的不保护对象。例如，我国《专利法》第5条和第25条规定不授予专利权的对象，不能被授予专利权。

2. 专利申请人必须符合我国专利法规定条件的中国人、外国人和无国籍人。不符合我国专利法规定条件的外国人和无国籍人不能在我国获得专利权。例如，某国专利法明确规定不保护中国人发明创造的，该国家国民向我国申请专利的，不能授予专利权。

3. 申请专利的发明和实用新型应当符合新颖性、创造性和实用性条件；申请专利的外观设计应当符合新颖性、美观性和合法性条件。

4. 专利法规定的其他实质性条件。

狭义实质性，专指申请专利的发明和实用新型，必须符合新颖性、创造性和实用性条件；申请专利的外观设计必须符合新颖性、美观性和合法性条件。

在一般情况下，如无特别说明，人们所说的专利实质条件，就是指狭义实质条件。

## 第2节　发明和实用新型获得专利权的实质条件

我国《专利法》（2008年）第22条规定，授予专利权的发明和实用新型，应当具备新颖性、创造性和实用性。

## 一、新颖性

专利制度之目的在于通过给发明人授予专利权，以鼓励其尽快公开新的发明，为公众所知。如果某发明早已完成并且已经公之于世，可能已经取得专利权，或者已经制造、使用或销售，就不能被授予专利权。所以，专利法规定获得专利权的发明必须是新的，即具备新颖性。新颖性是发明或者实用新型获得专利权的首要条件。没有新颖性，就不必再考虑其他条件。

我国《专利法》(2008 年）第 22 条第 2 款规定："新颖性，是指该发明或者实用新型不属于现有技术；也没有任何单位或者个人就同样的发明或者实用新型在申请日以前向国务院专利行政部门提出过申请，并记载在申请日以后公布的专利申请文件或者公告的专利文件中。"换言之，新颖性就是要求申请专利的发明或者实用新型不属于现有技术。

**关键词：现有技术**

我国《专利法》(2008 年）第 22 条第 5 款规定，本法所称现有技术，是指申请日以前在国内外为公众所知的技术。一般而言，现有技术，是指在选定的时间点之前，在一定范围内以某种方式公开的技术。例如，我国专利法规定的判断现有技术的"时间点"是专利申请日；公开的方式有三种：书面公开、使用公开和口头公开；相应的地域范围分别是：世界范围和本国范围。具而言之，影响发明或者实用新型新颖性的现有技术就是在国内外为公众所知的技术。

如果申请专利的发明或者实用新型属于现有技术范围，则该发明或者实用新型就不具备新颖性。

**关键词：技术公开**

技术公开，是指某项技术已处于非保密状态，任何人可以不经技术持有人的授权或许可而合法获得该技术的情形。理解"公开"的概念应注意以下三点：

首先，公开必须是面向普通公众所为的披露，而且获得该技术信息的公众不负有任何保密义务。其次，对技术的公开应当是充分的，达到该技术所属领域一般专业人员能够理解并实施的程度，即有关发明的全部技术要素和实质内容必须充分地公开。最后，公开应当是特定的，即某项技术是在一种情报信息源内被公开，该信息情报源中包括发明的全部技术要素或主要的技术特征。不能把不同来源的情报，如各种专利文献、论文、发言等信息源中已知的各技术因素加以综合，或已知技术中的不同技术方案加以结合来确定发明的新颖性。

根据目前的科技发展水平，实践中对发明创造的公开方式主要有以下三种：

1. 书面公开。这种形式的公开，是指将发明创造的技术方案或者设计图案等以某种有形物质载体公之于众。此处所说的有形物质载体就是出版物。此处所说的出版物，既包括一切向普通公众提供的纸质载体，例如，书籍、报纸、期刊、专利文献资料等各种印刷品，也包括向普通公众提供的电子载体，例如，音像磁带、光盘、磁盘等；还包括网络文档、视频音频文件等。有关发明创造的保密技术资料或供特定人阅读的印刷品等，都不属于书面公开，不丧失新颖性。书面公开的出版物或其他资料任何人都可通过合法途径取得。

2. 使用公开。这种形式的公开，是指将发明创造在生产、生活、工作、学习、娱乐等活动中加以应用而导致其所涉及的技术方案或技术信息被公众所知，从而构成已知技术。使用公开不仅包括产品的制造、使用和销售，还包括模型演示和展览会展示。公开使用必须是脱离秘密状态的使用，即公众中任何非特定人都能观察到的对该技术的应用或者对该产品的直接使用。而对于一些企业、单位内部秘密使用的技术，只有其内部特定的人员能够使用或观察到，这些人同时又负有保密义务，因而，这种使用并不构成公开使用。

3. 其他方式的公开。其他方式的公开主要指口头公开，广播、电视、电影中的公开、技术资料的展示，为了进行情报交流而向图书馆或其他组织寄送的未出版的科技报告、设计文件及图纸、学术论文等技术资料，这些资料一般供读者阅览，因此也构成公开。但这些技术资料如果仅仅是送交有关部门鉴定、审批或内部存档的，不属于公开。口头公开是指用言语方式说明技术内容，公众想听便能听到它。应当强调的是，口头公开一定要为一般观众想听便能听到，如果对象只是少数特定的人可听到，就不视为公开。

以上三种公开形式无论是单独进行，还是结合进行，只要公开的技术内容使本专业的普通技术人员能够实施就是公开了。在三种公开方式中，对国务院专利行政部门来说，出版物的公开要比其他形式的公开重要得多。国务院专利行政部门要搜集没有在出版物上发表的讲话或公众使用的证据，实际上是不可能的。因此，国务院专利行政部门审查员审查新颖性时所考虑的主要是出版物。

**关键词：时间标准**

此处所说的时间标准，实际上就是判断发明或者实用新型是否具有新颖性的时间标准，同时也可以说是确定现有技术范围的时间标准。在时间点尚未确定的情况下，现有技术的范围是不确定的。因此，前面所说的现有技术，就是针对某项具体的发明或者实用新型专利申请而言的。关于判断发明或者实用新型是否具有新颖性的时间标准，大体有两种：

1. 以完成发明或者实用新型的时间为标准。此种时间标准所对应的是先发明原则，即当两个或两个以上的申请人就相同主题的发明向国家专利主管机关分别申请专利时，专利权授予最先完成该发明的申请人。美国、菲律宾等国家曾经采用过该原则，但现在已经通过修改专利法，将先发明原则修改为先申请原则。

以此时间点作为判断发明是否具有新颖性的时间标准，其准确含义是：判断一件发明专利申请是否具有新颖性，就是考察它是否属于现有技术的范围，而现有技术则是在该发明完成日之前已经公开的技术。

2. 以发明或者实用新型专利申请日为时间标准。此种时间标准所对应的是先申请原则，即两个或两个以上的申请人就相同主题的发明向国家专利主管机关分别提出专利申请的，专利权授予最先申请人。目前世界上几乎所有的国家和地区都采用该原则，因此，都是以此时间标准确定现有技术的范围。根据这一标准，申请专利的发明或者实用新型只要在申请日前没有公开过，就具有了新颖性。按照这种标准，在申请日公开的技术不构成现有技术。

我国专利法也将此作为判断申请专利的发明或者实用新型是否具有新颖性的时间标准。

**关键词：地域标准**

此处所说的地域标准，实际上就是确定现有技术范围的地域标准。前面已经讲过，技术公开的形式有三种：书面公开、使用公开和其他形式的公开。那么，是否将在任何国家或地区以任何形式公开的技术都作为现有技术对待呢？不同国家或地区对此问题所作的答案归纳起来有三种：一是绝对地域标准；二是相对地域标准；三是混合地域标准。

1. 绝对地域标准，也称为世界新颖性标准。即申请专利的发明或者实用新型须在任何国家或地区都没有以任何形式公开过，才符合新颖性标准。采用这种标准的国家有法国、德国、英国等。

2. 相对地域标准，也称为国内新颖性标准。即申请专利的发明或者实用新型只要在受理该专利申请的国家或地区范围内未曾以任何形式公开过，就符合了新颖性标准，而不管它在申请日前是否已经在其他国家或地区以某种方式公开。

3. 混合地域标准。此种地域标准，是指在确定现有技术范围时，将以书面形式公开的技术采世界新颖性标准，将以使用公开或其他形式公开的技术采国内新颖性标准。世界上绝大多数国家和地区都是采用这种标准。

我国 2008 年《专利法》关于新颖性的规定，采用的是世界新颖性标准。

**关键词：抵触申请**

如上所述，判断申请专利的发明或者实用新型是否具有新颖性，实际上就是将该专利申请与现有技术进行对比。如果专利申请与某项现有技术相同，那么，该项申请就丧失了新颖性；否则，就符合新颖性条件。然而，这只是判断专利申请是否具有新颖性的一个方面，另一个方面就是抵触申请，即在此申请日前已有其他人就相同主题的发明或者实用新型向国务院专利行政部门提出过申请，并且记载在申请日以后公布的专利申请文件中。那么，这样的专利申请就是该专利申请的抵触申请，也称冲突申请。

例如，专利局正在审查专利申请乙的新颖性。通过文献检索和对比，专利申请乙不属于现有技术。但是，此时还不能确认该专利申请已符合了新颖性条件，还需要考察是否有其他人在乙的专利申请日前就同样主题的发明或者实用新型提出过专利申请。如果有专利申请甲存在，专利申请乙就可能不具有新颖性（见图 1）。

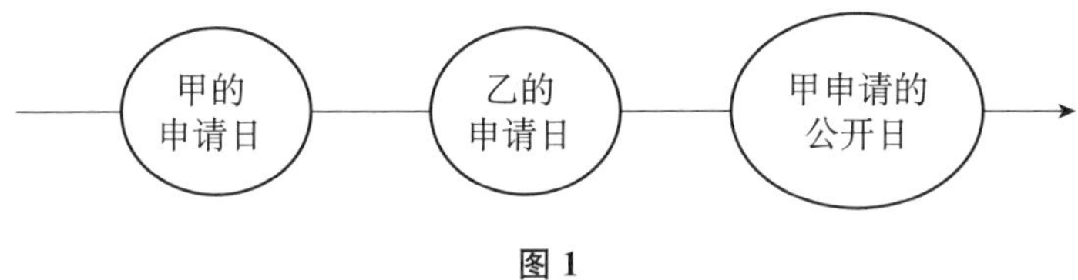


**图 1**

在图 1 中，专利申请甲就构成专利申请乙的冲突申请，导致专利申请乙丧失新颖性。

在新颖性审查中考虑抵触申请是因为在同一法域内相同主题的发明不能重复授予专利权。

抵触申请应具备以下三个条件：

1. 专利申请甲必须在专利申请乙的申请日前向国务院专利行政部门提出，而且必须是在专利申请乙的申请日以后公布。

2. 甲、乙两个申请必须是不同的人提出的。

3. 专利申请乙的权利要求及技术要素应包含在专利申请甲的专利文件中。

**关键词：丧失新颖性的例外**

抵触申请导致专利申请丧失新颖性，实际上是未公开的技术或非现有技术对新颖性的影响，而丧失新颖性的例外则是已公开技术或现有技术不影响专利申请新颖性的情形。

发明一旦成为现有技术，就会导致专利申请丧失新颖性，不能取得专利权，这是判断专利申请是否具有新颖性的基本原则。但是这项原则也有例外，即在某些特殊情况下，发明人自己的公开及第三人以合法或者不合法手段从发明人那里得到的发明的公开，在一定期限内不产生破坏新颖性的效力。丧失新颖性的例外是对发明人的一种临时保护，各个国家或地区都有这种丧失新颖性的例外规定，只是规定方式有所不同，归纳起来有两种：一种是规定新颖性宽限期；另一种是采用优先权方式保护。

我国专利法采用宽限期的规定方式。我国《专利法》（2008 年）第 24 条规定："申请专利的发明创造在申请日以前六个月内，有下列情形之一的，不丧失新颖性：（一）在中国政府主办或者承认的国际展览会上首次展出的；（二）在规定的学术会议或者技术会议上首次发表的；

（三）他人未经申请人同意而泄露其内容的。”

优先权方式保护，就是将发生上述行为之日视为优先权日。

## 二、创造性

创造性，也称为先进性、进步性或非显而易见性，是发明或者实用新型取得专利权的第二个实质条件。申请专利的发明或者实用新型即使符合新颖性条件，并不一定就符合创造性标准。例如，在服装上，人们原来采用的扣衣结构是“纽扣与扣眼”或“铆扣与铆带”。因为这样的扣衣方式太麻烦，有人便对其作了改进，采用拉链结构，使扣衣便利了许多。这样的服装与原有服装相比，显然具有新颖性，但是却不具有创造性，因为这样的服装与原有服装相比并没有突出的实质性特点或显著的进步，因此不能授予发明专利权，甚至连实用新型专利权都不可能获得。

专利制度的主要目的之一就是促进技术进步。如果一项新技术只是对现有技术的简单重复或叠加，甚至导致技术的退步或恶化，那么它是不能获得专利权的。专利法规定申请专利的发明或者实用新型需要具备创造性，就是为了确保“促进技术进步”之目的的实现。世界各个国家或地区的专利法几乎都有关于创造性的要求。

**关键词：发明的创造性**

根据我国《专利法》（2008 年）第 22 条第 3 款的规定，申请专利的发明的创造性，是该发明有突出的实质性特点和显著的进步。所谓突出的实质性特点，是指与现有技术相比，申请专利的发明具有质的差别，即具有一个或多个本质技术特征，且其区别须达到“突出”的程度。这一要求表明，具有创造性的发明并不是现有技术的改头换面，也不是从现有技术中通过逻辑分析或推理必然能获得的，它必须具备独有的技术特征，而且构成发明的这些必要技术特征并不是发明所属技术领域的普通技术人员直接能够从现有技术中得出的。

显著的进步又称进步性。进步性是指发明与最接近的现有技术相比具有长足的进步，即具有突出的技术效果。例如，发明克服了现有技术中存在的某些缺点和不足，或者发明有意外效果或者优点，或者发明代表某种新技术趋势等。我国专利法要求发明具有进步性，其目的在于防止变劣发明或者改恶发明的出现，促进对社会有益的技术进步。

**常见的具有创造性的发明**

由于创造性是一项主观标准，所以，不少国家专利局将创造性客观化，使专利审查更加快捷、准确。以下四个方面的发明被认为是具有创造性的：

1. 开拓性发明。开拓性发明，又称首创性发明，是指全新的技术解决方案，在技术史上未曾有过先例，它为人类科技开创了新的领域，是发明具备创造性最明显的标志。如电话机、电视机、半导体、激光器、手机等发明。

2. 发明解决了长期以来人们渴望解决的问题。绝大多数发明并不属于开拓性发明，而是在原有发明的基础上，经过改进和发展而提出来的。现实生活中许多技术问题长期得不到解决，即说明了该技术的困难性，解决这些问题所提出的发明，应当认为具有创造性。例如，一种专为小学生和学龄前儿童设计的手工习作用剪刀，它能锋利地剪纸，却不会伤害儿童的手指。

3. 发明克服了技术偏见。所谓技术偏见，是指在某段时间内，在某个技术领域中，技术人员普遍存在的成见，是对事物固定不变的一种看法，这种偏见往往阻碍人们对技术领域的研究和开发。如果发明推翻或打破了这种偏见或局限性，应认为它具有创造性。例如，滴滴涕在很长时期内仅被用作制造染料的原料，后来有人发现了它的杀虫作用并用它制造了杀虫剂，这就是具有创造性的发明。

4. 发明取得了预料不到的技术效果。它是指同现有技术相比，申请专利的发明产生了“质”的变化，具有新的性能；或者产生量的变化，超出人们预期的想象，它被认为是发明具有创造性的标志。各种类型的发明都可能因为取得了预料不到的技术效果而具备创造性，例如，组合发明、选择发明、应用发明、转用发明等。

**关键词：实用新型的创造性**

实用新型也是一种新的技术方案，多数国家也要求具备一定的创造性。例如，日本将发明的创造性规定为以所属技术领域的普通技术人员“不容易完成”为标准，而对实用新型只要求“不是很容易完成”为标准。德国的实用新型法虽没有规定创造性条件，但在法院判例中要求有某种创造性。

我国专利法要求发明有突出的实质性特点和显著的进步，而对实用新型仅要求有实质性特点和进步，其要求低于发明。不过，这两种要求的区别，仅仅是程度上的差别，而非本质上的差别。在审查实用新型创造性时，可参照发明创造性标准执行。

## 三、实用性

实用性是专利法规定的申请专利的发明或者实用新型获得专利权的第三个实质条件，这既体现了发明或者实用新型的技术属性，又反映了其社会属性。因为专利法保护的发明创造属应用技术领域，其保护的目的在于发展经济，满足社会需要。因此，只有在产业上能够应用的发明或者实用新型，才能被授予专利权。

一项发明或者实用新型，可能已经符合了新颖性和创造性条件，却并不一定具有实用性。例如，“永动机”就是一项这样的发明，它只是一种概念发明，不可能付诸实施。因此，各个国家或地区的专利法规定，发明或者实用新型须同时符合新颖性、创造性和实用性，才可能被授予专利权。我国《专利法》（2008 年）第 22 条第 4 款规定，所谓实用性是指发明或者实用新型能够制造或者使用，并且能够产生积极的效果。

在专利审查实践中，对发明实用性的评价一般是从发明创造的可实施性、再现性和有益性三个方面来考察的，只有同时具备这三个方面的条件，发明创造才被认为具有实用性。

**关键词：可实施性**

可实施性即“能够制造或使用”，是指发明或者实用新型技术方案已经完成，并且能够在工业上制造和使用。不同的技术方案，对其实施性的要求有所不同。产品发明或者实用新型，要求其能够在工业上制造、使用，生产出各种产品；对于方法发明，要求其能够在工业上使用，并且产生积极的效果。如果某一发明或者实用新型只是一种美好的设想，没有实现这一设想的具体的技术解决方案，那么，这样的设想不具有可实施性。

**关键词：再现性**

再现性，是指申请专利的发明或者实用新型，可以反复进行生产、使用，并能取得预期的结果。产品发明或者实用新型，依其设计可以反复进行生产制造；方法发明依其设计能够更多地使用，并能得到原设计效果。如果一项发明或者实用新型的制造或使用，只能在独一无二的自然条件下才能实现，或者完全取决于人力所无法控制的自然条件，或者依赖于特定少数人才具有的特殊技艺，那么它不具有再现性，也就不可能具有实用性。例如，内画技术、微雕和牙雕技术，就不具有实用性。

**关键词：有益性**

有益性即“能产生积极的效果”。我国专利法不仅要求申请专利的发明或者实用新型能够制造或者使用，而且要求产生积极的效果。这里所指积极的效果，包括经济效果、技术效果或者社会效果。在技术效果上，它应有利于提高设备性能，改善工艺流程；在经济效果上，它应有利于提高劳动生产率，改善产品质量，降低消耗；对社会来说，它应当能够适应社会需要，有助于提高人民的物质文化生活水平，促进精神文明建设，减少环境污染。

有益性，是实用性的一个重要方面。在判断有益性时需要特别注意，在申请专利时这种发明创造所带来的积极效果可能还没有产生，只要有产生积极效果的可能就行了。

## 第3节　外观设计获得专利权的实质条件

在对外观设计采用专利形式保护的国家，对外观设计也规定了授予专利权的条件。由于外观设计与作为技术方案的发明和实用新型有所不同，因而，它的专利条件也不同于发明和实用新型。我国《专利法》（2008年）第23条规定，授予专利权的外观设计应当同申请日前在国内外出版物上公开发表过或国内公开使用过的设计不相同或者不相近似。《专利法》（2008年）第2条第4款规定：“外观设计，是指对产品的形状、图案或者其结合以及色彩与形状、图案的结合所作出的富有美感并适于工业应用的新设计。”综合归纳上述两条规定，可以得出授予外观设计专利的条件包括三个方面，即新颖性、美观性和应用性。

### 一、新颖性

外观设计的新颖性与发明或者实用新型的新颖性的要求基本一致，它是指授予专利权的外观设计不属于现有设计。我国专利法所称的现有技术（对于外观设计而言为设计），是指申请日以前在国内外为公众所知的技术。外观设计新颖性的判断标准与发明或者实用新型的判断标准相同。

外观设计新颖性的公开标准有两项：（1）公开发表，即在国内外出版物上公开发表；（2）公开使用，即公开在产品上应用。外观设计的公开发表和公开使用与发明或者实用新型的公开发表和公开使用的内容是相同的，但对于外观设计，不存在口头公开的问题，因为外观设计的形状、图案、色彩是很难用言语说明的。这一点与发明或者实用新型的公开有所不同。

外观设计新颖性的时间标准，有的国家规定为完成日，多数国家规定以申请日为准。我国专利法规定以申请日为判断标准，即凡是与申请日前已公开的外观设计相同或相近似的外观设计，都不具有新颖性，不能获得专利权。另外丧失新颖性的例外情况也适用于外观设计。外观设计新颖性的地域标准，我国专利法采取世界新颖性标准。

另外，判断外观设计是否与现有外观设计相同，还要注意两点：

1. 判断外观设计是否相同，是针对应用外观设计的同类产品而说的。申请外观设计专利，专利法规定应当写明使用该外观设计的产品及其所属的类别。判断外观设计是否相同，一般应该限于和该产品所属类别的产品使用的外观设计相比较。

2. 在对同类外观设计进行比较时，应当在两个产品的外观设计之间进行比较，从整体看两者之间是否明显不同，而不是将各个部分分别加以比较，也不是抽象地进行造型构思的比较。

### 二、美观性

外观设计是一种对产品外表的设计，应符合一定美学标准。但美感是一项主观条件，没有客观标准、很难把握。并不是所有国家法律都把美观性作为外观设计受保护的条件。如英国、美国等国的法律未将美感列入外观设计专利的条件。我国专利法给外观设计下定义时，明确规定了外观设计应当富有美感。日本、德国等国的法律也有类似规定。有些国家则以一般人不讨厌、不厌恶即认为该外观设计具备美观性的条件。

判断外观设计是否具有美感时，应当立足于本国、本地、本民族的审美传统和审美习惯，从大多数人的角度进行分析。另外，美感必须是通过视觉得到的，通过听觉、触觉感知的“美感”，并不能构成外观设计专利意义上的美感。

### 三、应用性

外观设计必须适合工业上的应用，这与发明、实用新型的实用性条件相似，它是由专利制度的目的所决定的。外观设计的这一条件，是外观设计区别于受著作权法保护的美术作品的标记。所谓“适于工业上应用”，是指外观设计能够应用于产品的制造，即外观设计与产品的结合，是能够以工业的方法实现的。这一方法既可以是先进的机械、电子等方法，也可以是原始的手工业方法，只要能大批量的生产和销售，即应认为适于工业应用。

## 本章小结

发明和实用新型的专利性是指新颖性、创造性和实用性。新颖性，是指在申请日前没有同样的发明或者实用新型在国内外出版物上公开发表过、在国内公开使用或者以其他方式为公众所知，也没有同样的发明或者实用新型由他人向国务院专利行政部门提出过申请并记载在申请日以后公布的专利申请文件中。创造性是指同申请日前已有的技术相比，申请专利的发明具有突出的实质性特点和显著的进步，申请专利的实用新型具有实质性特点和进步。实用性是指发明或者实用新型能够制造或者使用，并且能够产生积极的效果。外观设计的专利性包括新颖性、富有美感和适于工业上应用。

## 【资料链接】

1. 胡佐超主编．专利基础知识．北京：知识产权出版社，2004
2. 国家知识产权局条法司．新专利法详解．北京：知识产权出版社，2001
3. 史敏，张建华主编．中华人民共和国专利法实施细则释义．北京：法律出版社，2002
4. http://www.sipo.gov.cn/sipo/default.htm（国家知识产权局网站）
5. http://www.chinaiprlaw.cn/（中国知识产权司法网）
6. http://www.iprcn.com/new2005/index.asp（知识产权研究网）

# 第24章 专利申请的审批程序

**导　语**

发明创造完成后不能自动取得专利权。对发明创造享有专利申请权的人需要取得专利权的，必须向专利局提出专利申请，由专利局按照法律规定的程序对专利申请进行审查。经过审查，认为符合专利法规定授予专利权条件的，决定授予专利权，经公告后取得专利权。专利申请采用书面原则，专利申请权应当按照法律规定提供有关文件。我国针对不同种类的专利申请采用了不同的审查程序。任何审查程序都不会是完美无瑕的，只要是在现实具体条件的基础上选择相对合理的审查程序就是最佳的。

请思考：

1. 专利申请原则；
2. 专利申请文件；
3. 专利申请审查程序。

## 第1节　专利申请原则

专利申请人在申请专利时，除具备一定的条件外，还应遵循法律规定的原则。我国专利法关于专利申请规定以下基本原则。

### 一、书面原则

专利申请的书面原则，是指专利申请人办理我国专利法规定的专利申请手续时，必须采用书面形式。该项原则，不仅适用于专利申请人，同时也适用于专利审批机关。专利申请涉及一定的技术问题和法律问题，是产生专利权的前提，具有一定的法律意义。因此，无论是专利申请人还是专利审批机关，都应将专利申请要求或专利申请的步骤及结果等形成书面文件，逐项记载清楚以备查询。

我国《专利法实施细则》（2010年）第2条规定："专利法和本细则规定的各种手续，应当以书面形式或者国务院专利行政部门规定的其他形式办理。"根据该项规定可知，专利申请人办理各种手续，包括专利申请，原则上应当采用书面形式。在特殊情况下，可以采用国务院专利行政部门规定的其他形式，如电子形式。

### 二、中文原则

专利申请的中文原则，是指专利申请人向国务院专利行政部门提交的各种文件应当使用中文。专利申请人所提交的文件不是中文的，必须按照国务院专利行政部门指定的时间内补交。

在规定时间内没有补交的，视为该文件没有提交。

专利申请人提交的各种证件和证明文件是外文的，国务院专利行政部门认为必要时，可以要求当事人在指定期限内附送中文译文；期满未附送的，视为未提交该证件和证明文件。[1]

## 三、先申请原则

专利权具有独占性、排他性或者垄断性，因此，在同一法域内，同样的发明创造只能授予一项专利权。[2] 两个或者两个以上的人就同样的发明创造分别向国务院专利行政部门申请专利的，专利权应当授给谁就成为专利法需要解决的问题。为了解决这一问题，国际上有两种做法：一种是采用先发明原则；另一种是采用先申请原则。

**关键词：先发明原则**

先发明原则，是指两个或两个以上的申请人就同样的发明创造分别申请专利的，专利权授予最先完成发明创造的人。

先发明原则有利于保护最先完成同样发明的发明人，美国、菲律宾等国家曾采用过该原则。但是，先发明原则存在着许多缺点：（1）适用该原则不仅存在举证证明先发明人的困难，而且给专利审查人员增大了工作量，往往难于确定谁是先发明人；（2）先发明原则不利于鼓励发明人早日公开其发明，往往会导致发明保密的现象；（3）该原则往往会使专利权不稳定。例如，某发明人就其发明已经获得专利权，但是，一旦有人提出足够的证据证明自己为先发明人，就可能导致该专利权无效。这种现象会给专利权人、专利申请人及专利使用人造成难以解决的麻烦。

正是由于先发明原则存在上述弊端，我国及世界上多数国家都采用先申请原则解决同样发明由不同专利申请人提出专利申请所引发的冲突。现在，美国、菲律宾等国也已经将先发明原则修改为先申请原则。[3] 不过，美国专利法规定的先申请原则就是发明人先申请原则，同时兼顾了发明与专利申请两者之间的关系。

**关键词：先申请原则**

先申请原则，是指两个或两个以上的申请人就同样的发明创造分别申请专利的，专利权授予最先申请的人。此处所指的“最先申请人”可以是发明人或者设计人，也可以是发明人或者设计人所属单位，或者依法享有专利申请权的其他人。我国专利法所指的最先申请人可以是上述任何一种申请人。但是，美国专利法所指的最先申请人仅限于发明人或者设计人，不包括其他申请人。

先申请原则之优点在于可以简化手续，提高工作效率。它解决了先发明原则中先发明人举证方面的难题，仅凭申请时间即可明确判定谁是最先申请人，减少了专利审查负担。另外，先申请原则有利于专利申请人将发明早日公开。但是，先申请原则不仅容易导致发明人将尚不成熟的成果申请专利，而且可能导致发明人将一些科学价值不高的发明申请专利，甚至可能导致因仓促申请而欠缺某些必要的专利申请文件，产生一件专利申请要多次补交文件之问题。

综合分析两种原则，先申请原则更适合我国地域广阔、人口众多的具体情况，因此，我国

---

① 参见国务院 2010 年颁布的《专利法实施细则》第 3 条的规定。

② 我国 2008 年《专利法》第 9 条规定：“同样的发明创造只能授予一项专利权……”

③ 参见 2013 年 1 月 14 日修订后的美国《发明法》。

适用先申请原则。我国《专利法》第 9 条第 2 款规定："两个以上的申请人分别就同样的发明创造申请专利的，专利权授予最先申请的人"。采用先申请原则，一般都以申请日为准。同日提出申请的，则由几个专利申请人自行协商确定有权提出申请的人。

### 四、单一性原则

专利申请单一性原则，又称"一申请一发明原则"。具而言之，该原则要求：一份专利申请只能包含一项发明创造，一般不允许将不同主题的发明创造结合在一份专利申请中。采用此项原则，不仅有利于对专利申请的审查、登记和文献检索等工作，而且有利于专利权的许可、转让等实施。

单一性原则也有例外。如果某些特殊的，属于"有联系""有关""互相依赖"的发明创造，也可以合案申请。我国《专利法》（2008 年）第 31 条规定："一件发明或者实用新型专利申请应当限于一项发明或者实用新型。属于一个总的发明构思的两项以上的发明或者实用新型，可以作为一件申请提出。"例如，某人发明一种机器设备，为使该机器能够投入使用，又发明了该机器的装置器具。在这种情况下就可视为一体发明，可合案申请。又如，某人申请一套茶杯的实用新型，同时又申请茶壶的实用新型，而茶杯和茶壶又同属一套茶具，则可合案申请专利。

单一性原则同样适用于外观设计的专利申请。我国《专利法》（2008 年）第 31 条第 2 款规定："……用于同一类别并且成套出售或者使用的产品的两项以上外观设计，可以作为一件申请提出。"

## 第 2 节　专利申请文件

专利申请文件，是指专利申请人为获得专利权向国务院专利行政部门提交的正式书面文件。根据我国专利法的规定，发明和实用新型专利申请文件包括请求书、权利要求书、说明书及其摘要；外观设计专利申请文件包括请求书、外观设计的图片或者照片以及对该外观设计的简要说明等文件。

### 一、发明或者实用新型专利申请文件

**关键词：请求书**

请求书，是专利申请人向国务院专利行政部门提交的请求对其发明或者实用新型授予专利权的书面文件。在我国，请求书是一种要式文件，申请人必须按固定表格填写清楚，否则专利申请将不被受理。

请求书的主要内容是：

1. 发明或者实用新型的名称。发明或者实用新型的名称应当简明扼要，只需注明该发明或者实用新型是属于产品还是方法，不要求充分说明发明或者实用新型的具体特点。例如，"某种电子原件及其制造方法"可作为发明专利的申请名称。

2. 申请人。专利请求书中应详细注明申请人的名称和地址。如果专利申请人是法人，则应写明法人的正式名称、地址、法定代表人的姓名；如果申请人委托了专利代理人，应注明代理人的姓名、住址或者办事机构的名称，以及委托的权限范围；是外国人申请的，应注明国

籍、住所地国家或营业所在地国家。

在申请专利时，如果因申请人地址填写不详而使有关通知不能及时送达，责任由填写人自负。

3. 发明人。发明人即为完成该发明或者实用新型的自然人。专利请求书中应写明发明人的姓名、住址。如果发明人不止一人，应将每个发明人的姓名、地址填写清楚。另外，发明人只能是自然人，因此，“发明人”栏目中不得填写法人或者其他组织的名称。法人只能成为专利申请人，不能作为发明人。

4. 专利申请要求优先权的，应当在请求书中注明第一次专利申请提交的国家的国名、申请日期、申请号。

专利请求书要注明申请的年、月、日，最后由申请人或者专利代理人签字或盖章。

**关键词：说明书**

说明书是阐述发明或者实用新型内容的书面文件。我国专利法规定，发明专利申请说明书的内容将自申请日起满 18 个月后对社会公开。如果说明书公开不充分或不完整或者专利申请人在说明书中隐瞒实质性技术问题，导致说明书的内容不能为该技术领域普通技术人员实现时，申请可能被驳回。

另外，说明书是权利要求书的基础，是确定权利保护范围的依据。专利申请一旦公告批准后，说明书便成为专利权保护范围的证明文件，因此，说明书的填写必须认真、慎重。

我国《专利法》（2008 年）第 26 条第 3 款规定：“说明书应当对发明或者实用新型作出清楚、完整的说明，以所属技术领域的技术人员能够实现为准；必要的时候，应当有附图……”《专利法实施细则》（2010 年）第 23 条详细规定了说明书的具体内容。

申请专利的发明涉及新的生物材料，该生物材料公众不能得到，并且对该生物材料的说明不足以使所属领域的技术人员实施其发明的，除应当符合《专利法》和《专利法实施细则》的有关规定外，申请人还应当办理下列手续：

1. 在申请日前或者最迟在申请日（有优先权的，指优先权日），将该生物材料的样品提交国务院专利行政部门认可的保藏单位保藏，并在申请时或者最迟自申请日起 4 个月内提交保藏单位出具的保藏证明和存活证明；期满未提交证明的，该样品视为未提交保藏。

2. 在申请文件中，提供有关该生物材料特征的资料。

3. 涉及生物材料样品保藏的专利申请应当在请求书和说明书中写明该生物材料的分类命名（注明拉丁文名称），保藏该生物材料样品的单位名称、地址、保藏日期和保藏编号；申请时未写明的，应当自申请日起 4 个月内补正；期满未补正的，视为未提交保藏。

**关键词：权利要求书**

权利要求书是申请人要求专利保护权利范围的书面文件。我国《专利法》（2008 年）第 26 条第 4 款规定，权利要求书应当以说明书为依据，清楚、简要地限定要求专利保护的范围。专利申请一旦被批准为专利，权利要求书中所要求的保护范围即是专利权效力所及的范围。因此，在权利要求书中，申请人应将专利权的保护范围，清楚无误地加以描述和记载。另外，需要强调的是，权利要求书中所要求保护的权利以说明书为依据，凡记载在说明书中，又记载在权利要求书中的权利，都将在获专利权后受到法律保护，但仅记载在说明书中的技术，不受专利保护。

权利要求书中所提出的权利要求一般分为独立权利要求和从属权利要求。独立权利要求应从整体上反映发明或者实用新型的主要技术内容，并记载发明或者实用新型的必要技术特征。

一项发明或者实用新型应当只有一项独立权利请求。通常独立权利要求由前序部分和特征部分构成。前序部分要写明要求保护的必要技术特征，特征部分则要写明该发明区别于现有技术的特征。从属权利要求，是指引用一项或者多项权利要求，记载发明或者实用新型附加的技术特征的权利要求。其作用在于用附加技术特征限定所引用的权利要求，写在其所属的独立权利要求之后，包括引用部分和限定部分。从属权利要求一般采用这样的句式："如权利要求 1 所述产品（或方法），其特征在于……"

独立权利要求在专利申请中占据主要地位，涵盖的范围也较广泛。独立权利要求被否认后，从属权利要求也可转为独立权利要求受专利法保护。

**关键词：摘要**

摘要是发明或者实用新型说明书内容的摘要。

说明书摘要应当写明发明或者实用新型专利申请所公开内容的概要，即写明发明或者实用新型的名称和所属技术领域，并清楚地反映所要解决的技术问题、解决该问题的技术方案的要点以及主要用途。

说明书摘要可以包含最能说明发明的化学式；有附图的专利申请，还应当提供一幅最能说明该发明或者实用新型技术特征的附图。附图的大小及清晰度应当保证在该图缩小到 4 公分×6 公分时，仍能清晰地分辨出图中的各个细节。摘要文字部分不得超过 300 个字。摘要中不得使用商业性宣传用语。

对于发明和实用新型专利申请，具备上述文件，国务院专利行政部门便可以受理申请。但是申请外观设计专利的文件与发明和实用新型的文件有所不同。

## 二、外观设计专利申请文件

我国《专利法》（2008 年）第 27 条规定："申请外观设计专利的，应当提交请求书、该外观设计的图片或者照片以及对该外观设计的简要说明等文件。申请人提交的有关图片或者照片应当清楚地显示要求专利保护的产品的外观设计。"根据上述规定，申请外观设计，应当提交下列文件：

### （一）请求书

外观设计专利请求书在性质上与申请发明或者实用新型的请求书相同。在填写内容上，因为外观设计难以命名，所以不需填写该外观设计的名称和类别，但须填写使用该外观设计的产品的名称。

### （二）图片或者照片

由于外观设计专利是一种造型，难以用技术语言表述，图片或者照片才能以最佳方式将该造型表述出来。申请外观设计专利的，申请人可选择不同角度、不同侧面、不同状态的图片或者照片，但这些图片或者照片必须能充分地展示该外观设计与众不同的特点。

依照《专利法》第 27 条规定提交的外观设计的图片或者照片，不得小于 3 公分×8 公分，并不得大于 15 公分×22 公分。同时请求保护色彩的外观设计专利申请，应当提交彩色图片或者照片一式两份。

申请人应当就每件外观设计产品所需要保护的内容提交有关图片或者照片，清楚地显示请求保护的对象。

（三）对外观设计的简要说明

外观设计的简要说明应当写明外观设计产品的名称、用途，外观设计的设计要点，并指定一幅最能表明设计要点的图片或者照片。省略视图或者请求保护色彩的，应当在简要说明中写明。对同一产品的多项相似外观设计提出一件外观设计专利申请的，应当在简要说明中指定其中一项作为基本设计。简要说明不得使用商业性宣传用语，也不能用来说明产品的性能。

国务院专利行政部门认为必要时，可以要求外观设计专利申请人提交使用外观设计的产品样品或者模型。样品或者模型的体积不得超过 30 公分×30 公分×30 公分，重量不得超过 15 千克。易腐、易损或者危险品不得作为样品或者模型提交。

## 第 3 节　专利申请审查

在我国，专利申请人向国务院专利行政部门提交专利申请文件后，国务院专利行政部门将依照法律规定程序对专利申请文件进行审查。专利审查是专利制度的重要组成部分，由国家专利审查部门对专利申请进行审查，决定其是否符合专利法规定的取得专利权的条件。对于具有专利性的专利申请授予专利权，对于不具有专利性或不符合专利法规定获得专利权条件的专利申请，将作出驳回决定。由于各国情况不同，专利审查程序各有特色，大体可以分为形式审查并登记程序、形式审查加实质审查授权程序以及形式审查加上延迟审查授权程序。

我国专利法对发明专利申请所规定的审查程序是：初步审查、申请公布、实质审查、决定授予专利权和授权公告。对实用新型与外观设计专利申请规定的审查程序是：形式审查、申请公布、决定授予专利权和授权公告。很明显，对发明专利申请的审查程序不同于对实用新型和外观设计专利申请的审查。基于这样的专利申请审查制度设计，某项新产品技术研发完成后，专利申请人可以考虑就该项新产品技术同时申请发明专利和实用新型专利。从获得专利权角度看，实用新型专利申请被授予专利权的程序比较简单，能够在较短时间内获得专利权。从被保护时间角度看，发明专利权获得保护的时间比较长。两者相得益彰。

对发明专利申请经过初步审查，认为符合专利法规定的，则在自申请日起满 18 个月时予以公布。专利申请人申请早日公开的，可以应其要求在其申请公开的时间予以公布。专利申请公布后至自专利申请日起 3 年内，专利申请人可以随时请求专利审查部门对其专利申请进行实质审查。无正当理由，专利申请人不请求实质审查的，该专利申请视为撤回。经过实质审查，认为符合专利法规定授予专利权实质条件（具有专利性）的，则作出授予专利权的决定。专利申请人办理相应的授权手续后，将发布授权公告。至此，发明专利申请审查程序结束。

对实用新型和外观设计专利申请的审查程序比较简单，即初步审查、授权决定和授权公告。对实用新型和外观设计专利申请进行初步审查，认为符合专利法规定的，即作出授权决定。专利申请人办理相应的授权手续后，将发布授权公告。至此，实用新型或外观设计专利申请审查程序结束。

专利申请的审查程序，参见图 2。

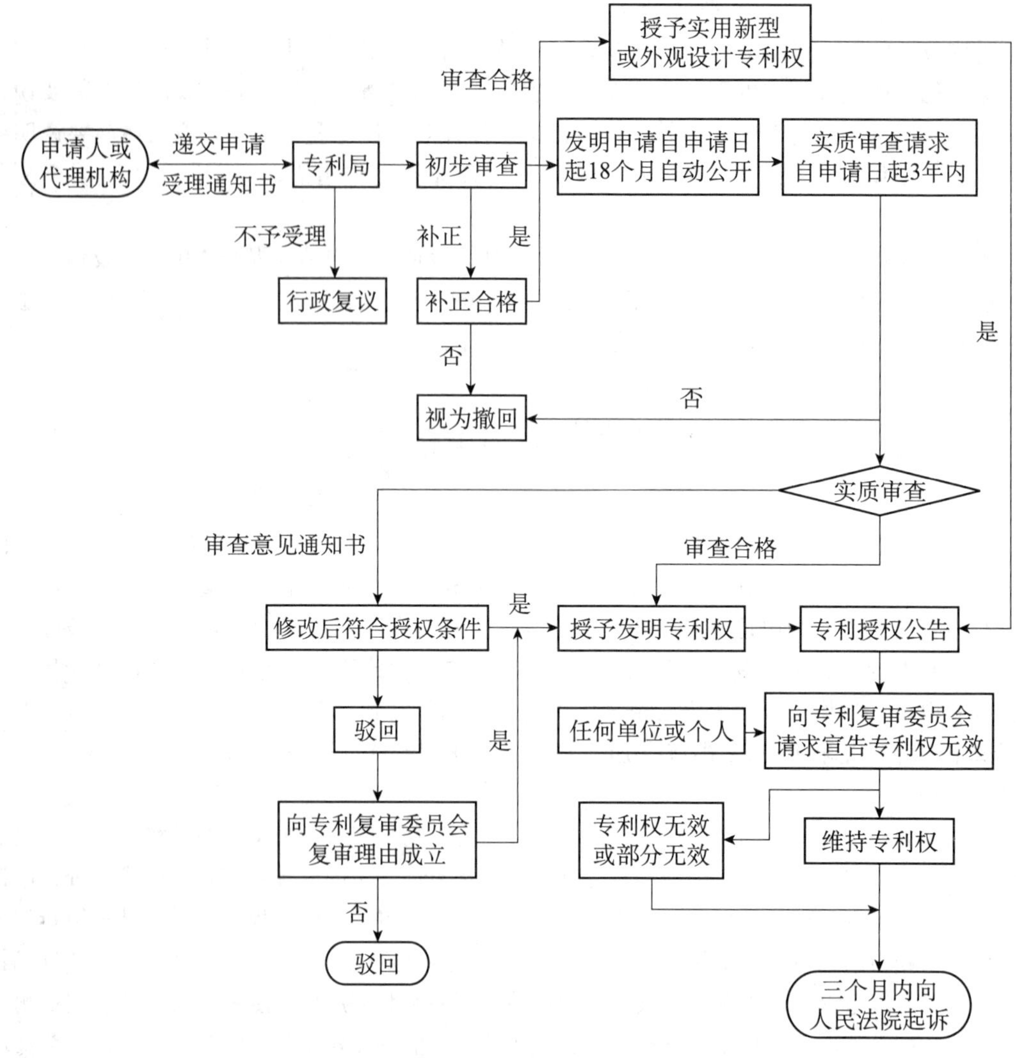


**图 2　专利申请及审查流程图**

# 第 4 节　专利权无效宣告

## 一、专利权无效宣告概述

如上所述，专利权是国家专利行政部门根据法律规定的程序，对专利申请进行审查，认为专利申请符合专利法规定授予专利权条件而授予的专有权利。专利权有三个基本特征：（1）被推定的有效，即由国家专利行政部门授予的专利权是有效的，应当受法律保护；（2）国家专利行政部门授予的专利权可以宣告无效，即自然人、法人或者其他组织认为国家专利行政部门授予的专利权不符合专利法规定授予专利权条件的，可以请求专利复审委员会宣告该专利权无效；（3）被宣告无效的专利权视为自始无效，即不论专利权何时被宣告无效，宣告无效的决定具有溯及力。由此可见，专利权无效宣告制度具有三项基本功能：

1. 矫正功能，即国家专利行政部门依照法律规定的审查程序所授予的专利权，并不是绝对正确的，可能给某些不符合专利法规定条件的发明创造授予了专利权。那么，这样的专利权是有瑕疵的，应当予以矫正。因此，专利权无效宣告制度具有矫正功能。

2. 抗辩功能，即因为专利权是一种垄断权，在专利权有效期内，未经专利权人许可，任何人不得以经营目的实施其专利。一旦发生专利侵权纠纷，专利侵权行为人就可以借助专利权无效宣告制度维护自己的合法权益。这种维护其合法权益的方式就是请求专利复审委员会宣告专利权无效。一旦专利权被宣告无效，且因为被宣告无效的决定具有溯及力，从而使专利侵权行为人的实施行为合法化。

3. 调整功能。即专利权人当初提出专利申请时，可能受各种因素的影响，导致其专利权效力范围过于宽泛，影响其专利权的正常实施。那么，专利权人可以借助专利权无效宣告制度，对其专利权的效力范围进行调整，使之回复到应然状态。

总之，专利权无效制度是一项很有实际效用的制度，但是，我国现行的专利权无效制度存在许多不足，有必要加以完善。

## 二、专利权无效宣告的理由

关于请求宣告专利权无效的理由，我国专利法作出了原则性规定，即“该专利权的授予不符合本法有关规定”。我国《专利法实施细则》（2010 年）第 65 条第 1 款规定，依照《专利法》第 45 条规定，请求宣告专利权无效或者部分无效的，应当向专利复审委员会提交专利权无效宣告请求书和必要的证据一式两份。无效宣告请求书应当结合提交的所有证据，具体说明无效宣告请求的理由，并指明每项理由所依据的证据。

此处所指的“请求宣告专利权无效的理由”，是指被授予专利的发明创造不符合我国《专利法》（2008 年）第 2 条，第 20 条第 1 款，第 22 条，第 23 条，第 26 条第 3 款、第 4 款，第 27 条第 2 款，第 33 条或者《专利法实施细则》（2010 年）第 20 条第 2 款、第 43 条第 1 款的规定，或者属于《专利法》第 5 条、第 25 条的规定，或者依照《专利法》第 9 条规定不能取得专利权。具体包括：

1. 授予专利权的发明和实用新型，不具备新颖性、创造性和实用性；或者授予专利权的外观设计不具备新颖性、独创性，即不符合《专利法》第 22 条、第 23 条的规定。

2. 获得专利权的发明创造，不是《专利法》第 2 条所称的发明、实用新型和外观设计。

3. 授予专利权的发明创造是违反国家法律、社会公德或者妨害公共利益的，或者是违反法律、行政法规的规定获取或者利用遗传资源，并依赖该遗传资源完成的发明创造，即违反《专利法》（2008 年）第 5 条的规定。

4. 授予专利权的发明创造属于不授予专利权的主题，包括：科学发现，智力活动的规则和方法，疾病的诊断和治疗方法，动物和植物品种，用原子核变换方法获得的物质或者对平面印刷品的图案、色彩或者两者的结合作出的主要起标识作用的设计。即违反《专利法》第 25 条的规定。

5. 同样的发明创造授予两项以上的专利，或者对同样的发明创造，后一申请人取得专利权。

6. 说明书对发明或者实用新型未作出清楚、完整的说明，或者权利要求书请求保护的范围超出说明书的内容。

7. 对发明和实用新型专利申请文件的修改超出原说明书和权利要求书记载的范围，对外观设计专利申请文件的修改超出原图片或者照片表示的范围。

## 三、专利权无效宣告的程序

关于专利权无效宣告的请求人，国际上有两种不同的立法例：一是限制主义，即直接通过专利法或间接通过其他有关法律规定，只有利害关系人才能请求宣告专利权无效；二是自由主义，即任何人均可请求宣告专利权无效。我国《专利法》（2008 年）第 45 条规定，任何单位或者个人都可以请求宣告专利权无效，属于自由主义立法例。根据该条规定以及专利权无效宣告制度所具有的矫正功能，专利权人自己可以在发布专利权授权公告后向专利复审委员会请求宣告其专利权部分无效，使其专利权保护范围调整到合理状态。

专利权终止后，如有必要，也可以提出专利权无效宣告的请求，因为专利权即使在终止后如果被宣告无效，仍可引起一定的法律后果。例如，甲公司的某发明专利权保护期于 2014 年 6 月 8 日届满。乙公司自 2010 年起，未经专利权人甲公司许可，擅自实施了甲公司的该发明专利，一直持续到现在。2014 年 5 月 1 日，甲公司指控公司乙公司侵犯其该发明专利权，并向法院提起专利侵权诉讼。面对甲公司的侵权诉讼，2014 年 7 月 21 日，乙公司向专利复审委员会提出宣告甲公司的该发明专利权无效的请求。此时，甲公司的该发明专利权虽然已经因保护期届满而终止，但是，乙公司提出的无效宣告请求仍然具有作用。如果甲公司的该发明专利权不是被宣告无效，只是因保护期届满而终止，那么，甲公司的该发明专利权在其保护期届满之前是有效的。乙公司实施甲公司之发明专利权的行为发生在 2010 年，且持续至今。在 2010 年至 2014 年 6 月 8 日这段时间内，甲公司的该发明专利权是有效的，乙公司实施甲公司该发明专利的行为就构成了专利侵权，应当依法承担相应的法律责任。但是，如果甲公司的该发明专利权被宣告无效，该发明专利权就被视为自始不存在，那么，甲公司的该发明专利权在 2010 年至 2014 年 6 月 8 日这段时间当然也是不存在的。既然在这段时间内甲公司的发明专利权不存在，那么，乙公司实施甲公司该发明的行为就是合法的，不会侵犯甲公司的发明专利权。

请求宣告专利权无效或者部分无效的，应当向专利复审委员会提交专利权无效宣告请求书和有关文件一式两份，说明所依据的事实和理由。在专利复审委员会对无效宣告的请求作出决定前，无效宣告请求人可以撤回其请求。专利权无效宣告请求书不符合规定格式的，无效宣告请求人应当在专利复审委员会指定的期限内补正；期满未补正的，该无效宣告请求被视为未提出。

专利权无效宣告请求书中未说明所依据的事实和理由，或者所提出的理由不符合专利法的规定，或者在已提出的撤销专利请求尚未作出决定前又请求无效宣告的，或者就撤销专利权的请求、无效宣告请求已作出的决定，又以同一事实和理由请求无效宣告的，专利复审委员会不予受理。

专利复审委员会受理无效宣告请求后，应当将请求书的副本和有关文件的副本送交专利权人，要求其在指定的期限内陈述意见。专利权人可以修改专利文件，但是不得扩大原专利保护范围。指定的陈述期限届满，专利权人仍未答复的，不影响专利复审委员会审理。

专利复审委员会对宣告专利权无效的请求进行审查后，确认该专利权确有无效理由的，应当作出决定，宣告该专利权全部或部分无效。认为请求宣告专利权无效的理由不能成立的。应当作出维持该专利权的决定。宣告专利权无效的决定，由国务院专利行政部门登记和公告。

对专利复审委员会宣告专利权无效或者维持发明专利权的决定不服的，当事人可以在收到通知之日起 3 个月内向人民法院起诉，由人民法院按审判程序依法裁判。

## 四、专利权无效宣告的法律效果

专利权无效宣告的法律效果，主要表现在无效宣告的对世效力和溯及效力两个方面。

专利权无效宣告的对世效力，是指专利权一旦被宣告无效，不仅对双方当事人具有约束力，而且对所有不特定的人均发生法律效力。任何人均可以自由实施该项发明创造，不会再发生专利侵权纠纷。

专利权无效宣告的溯及效力，是指被宣告无效的专利权，视为自始即不存在。即专利权无效宣告具有溯及既往的效力，溯及到专利权授予之日。

根据我国《专利法》（2008 年）第 47 条第 1 款的规定，专利权被宣告无效或者部分无效的，具有溯及既往的效力，但有例外。我国《专利法》（2008 年）第 47 条第 2 款规定，宣告专利权无效的决定，对以下情况原则上不发生溯及力：（1）对在宣告专利权无效前人民法院作出并已执行的专利侵权的判决、裁定，原则上不具有追溯力；（2）对在宣告专利权无效前管理机关作出并已执行的专利侵权处理决定，原则上不具有追溯力；（3）对在宣告专利权无效前已经履行的专利实施许可合同、专利权转让合同，原则上不具有追溯力。应当注意的是，对专利侵权的判决、裁定、处理决定或专利实施许可合同、专利权转让合同，必须是“已执行”或“已经履行”的部分原则上不具有追溯力，对未执行或尚未履行的上述处理决定和合同，则仍有追溯力。

根据《专利法》（2008 年）第 47 条第 2 款末句和第 3 款的规定，上述例外又有以下两种特殊情况：第一，因专利权人恶意给他人造成损失的，应当给予赔偿。所谓“恶意给他人造成损失”，是指专利权人明知其专利权无效，并且其行为必然会给他人造成损失，而希望或放任这种损害后果的发生，以致给他人造成损失的。第二，如果依照上述例外规定，专利权人或者专利权转让人不向被许可实施专利的人或者专利权受让人返还专利使用费或者专利权转让费，明显违反公平原则，专利权人或者专利权转让人应当向被许可实施专利的人或者专利权受让人返还全部或者部分专利使用费或者专利权转让费。

专利复审委员会关于维持专利权的决定，具有一事不再理的效力。即任何人不得就同一事实和理由，再次请求宣告该专利权无效，否则，专利复审委员会将不予受理。

## 本章小结

根据我国专利法的规定，专利申请人办理《专利法》及其《专利法实施细则》规定的各种手续，应当遵循书面原则、中文原则、先申请原则和单一性原则。申请发明专利和实用新型专利的，应当提交请求书、说明书及其摘要和权利要求书；申请外观设计专利的，应当提交请求书、该外观设计的图片或者照片以及对该外观设计的简要说明等文件。我国对发明专利申请采用形式审查加实质审查制，对实用新型和外观设计采用形式审查登记制。申请人在申请阶段可以修改和撤回自己的申请文件。

专利权授权公告后，任何人认为国务院专利行政部门授予的专利权不符合专利法规定授予专利权条件的，可以向专利复审委员会提出无效宣告请求，请求宣告该专利权无效。专利权被宣告无效或者部分无效的，视为自始即不存在。

## 【资料链接】

1. 胡佐超主编．专利基础知识．北京：知识产权出版社，2004

2. 卞耀武主编．中华人民共和国专利法释义．北京：知识产权出版社，2009

3. http：//www. sipo. gov. cn/sipo/default. htm（国家知识产权局网站）

4. http：//www. chinaiprlaw. cn/（中国知识产权司法网）

5. http：//www. iprcn. com/new2005/index. asp（知识产权研究网）

# 第25章
# 专利权及其限制

## 导　语

专利权是一种垄断权，包括对专利产品的独占制造权、使用权、许诺销售权、销售权和进口权；对专利方法的独占使用权，以及对依据专利方法直接获得的产品的独占使用权、许诺销售权、销售权和进口权等；对外观设计专利产品的使用、销售和进口权。专利权人在享有这些独占权利的同时，还承担着为维持专利权而缴纳专利维持费的义务。与著作权、商标权等知识产权一样，法律对专利权作了许多方面的限制性规定，以平衡专利权人、专利使用人与社会公众三者之间的利益关系。专利法对专利权作出了三个方面的限制：强制许可、不视为侵权的行为以及国家计划许可。

请思考：

1. 专利权的内容；
2. 独占实施权；
3. 强制许可。

## 第1节　专利权的内容

专利权是一种垄断权，是自然人、法人或者其他组织对其发明创造依法享有的专有权利。这种权利就是一项财产权，不具有人身权的内容。但是，我国专利法为发明人或者设计人规定了一项与专利权平行的身份权，即发明人或者设计人有在专利文件中写明自己是发明人或者设计人的权利。[①] 这项权利随发明创造的完成而自动产生，既不需国务院专利行政部门审批，也不必进行登记。发明人或者设计人身份权是与专利权平行的权利，而不是专利权的内容。当发明人或者设计人就是专利权人时，发明人或者设计人身份权与专利权归属于同一个主体；当发明人或者设计人不是专利权人时，发明人或者设计人身份权与专利权分属于不同的主体。

根据我国《专利法》第11条的规定，专利权包含以下具体内容：就产品专利而言，专利权人享有对专利产品的独占制造权、使用权、许诺销售权、销售权和进口权；就方法专利而言，专利权人享有对专利方法的独占使用权，以及对依据专利方法直接获得的产品的独占使用权、许诺销售权、销售权和进口权等。外观设计专利权被授予后，任何单位或者个人未经专利权人许可，都不得实施其专利，即不得为生产经营目的制造、许诺销售、销售、进口其外观设计专利产品。

另一方面，专利权人还须依法履行相应的义务。

---

① 参见《专利法》（2008年）第17条。

**关键词：独占实施权**

独占实施权，是指专利权人对其专利依法享有独占权，包括对专利产品的独占制造权、使用权、许诺销售权、销售权和进口权；对专利方法的独占使用权，以及对依据专利方法获得的产品的独占使用权、许诺销售权、销售权和进口权等；对外观设计专利产品的使用权、销售权和进口权。换言之，除法律另有规定外，未经专利权人许可，任何人不得以经营目的擅自实施其专利。

**关键词：独占制造权**

独占制造权，是指专利权人依法享有的对专利产品进行生产、加工的专有权利，或者许可他人进行生产、加工的权利，以及禁止他人进行生产、加工的权利。除法律另有规定外，未经专利权人许可，任何自然人、法人或者其他组织以经营目的制造其专利产品的，都可能构成侵权。

此处所称的“法律另有规定”，是指专利法对专利权的限制情形，例如，强制许可、不视为侵权的情形以及国家计划许可等。

**关键词：独占使用权**

独占使用权，是指专利权人依法享有的对专利产品或专利方法在产业上应用的专有权利。除法律另有规定外，未经专利权人许可，任何自然人、法人或者其他组织不得以经营目的使用其专利产品或专利方法。

此处所称的“专利产品”，包括专利产品、依据专利方法直接获得的产品以及外观设计专利产品。此处所称的“法律另有规定”，是指专利法对专利权的限制情形，例如，强制许可、不视为侵权的情形以及国家计划许可等。

**关键词：许诺销售权**

许诺销售权，是指专利权人依法享有的以做广告、在商店橱窗中陈列或者在展销会上展出等方式作出销售专利产品的意思表示的权利。除法律另有规定外，未经专利权人许可，任何自然人、法人或者其他组织不得以经营目的许诺销售其专利产品。

此处所称的“专利产品”“法律另有规定”之指向同上。

**关键词：独占销售权**

独占销售权，是指专利权人依法享有的以经营目的转让专利产品所有权的专有权利。除法律另有规定外，未经专利权人许可，任何自然人、法人或者其他组织不得以经营目的销售其专利产品。

此处所称的“专利产品”“法律另有规定”之指向同上。

**关键词：独占进口权**

独占进口权，是指专利权人依法享有的进口其专利产品的专有权利。进口权是目前大多数发达国家专利法规定的一项权利，并作为一种保护技术贸易的有效手段。《知识产权协定》也规定了这项权利。我国 1992 年《专利法》增设了进口权：专利权被授予后，除法律另有规定外，专利权人有权阻止他人未经许可，为生产经营目的进口其专利产品或者进口依照该专利方法直接获得的产品，以及进口使用或体现了专利外观设计的产品。

根据专利法的规定，只要进口的产品或者包含在进口物品中的产品是在中国享有专利权的发明或者实用新型产品，或该产品是依据我国授予的专利方法直接得到的，或该产品的使用体现了或者在中国享有专利权的外观设计，都属于进口权效力涉及的范围。除法律另有规定外，未经专利权人许可，任何自然人、法人或者其他组织都不得以经营目的进口上述产品。

**关键词：使用标记权**

使用标记权，是指专利权人有权在其专利产品或该产品的包装上标明专利标记和专利号的权利。专利权人还有权要求其他被许可人在销售专利产品时使用专利标记。专利权人使用专利标记的目的，是告知第三人该产品属专利产品，并可以作为第三人应当知道该产品受专利保护的证明。在这种情况下，第三人擅自实施该专利，则构成侵权。

我国专利法规定了专利权人的使用标记权，但专利权人也可以不使用专利标记和专利号。不过有些国家的专利法规定，在专利产品中标明专利标记是专利权人的义务，不标明这种标记，则专利权人不能追究侵权人的法律责任。加拿大、荷兰等国家甚至规定，专利权人不标明专利标记，应处以罚款。但《巴黎公约》约定，不应要求在产品上表示或载明专利，以此作为承认和保护专利权的一个条件。

**关键词：专利维持费**

缴纳专利维持费，是专利权人应当履行的义务，几乎所有国家或地区的专利法都作了这样的规定。所谓专利维持费，也称专利年费，是指专利权人为维持专利权的效力，逐年向国务院专利行政部门缴纳的费用。专利维持费的征收起源于中世纪英国国王授予专利特权时所征收的金钱，它作为专利制度的一项重要内容被沿用至今。我国专利法规定，专利权人应当自被授予专利权的当年开始缴纳年费。

实行专利权人缴纳年费的制度的目的，一是作为管理专利工作的部门为专利权人提供服务的费用，为国家维持管理专利工作的部门负担一部分开支；二是把专利维持费作为专利权人衡量利弊的一种经济杠杆，专利权人可以通过不按规定缴纳年费的方式提前终止专利权，淘汰一些经济价值不大或长期不能充分实施的专利。

年费的数额一般是按专利的类别规定的。在我国，发明专利的年费最高，实用新型专利的年费次之，外观设计专利的年费最低。同一类别专利的维持费之数额是统一的，而不论专利的经济效益大小。专利维持费采用递进制。年费数额之所以累进增加，是因为专利权人随专利权有效时间的增长，其经济收益也增大，故应承担较高的年费。年费一般是预先缴纳，第一次年费应当在领取专利证书时缴纳，以后每年末预交下一年度的年费。不按期交纳年费的，专利局通知专利权人在缴纳年费期限届满之日起 6 个月内补缴，并缴纳滞纳金。这 6 个月为宽限期，在此期限内，专利权仍被认为有效。如宽限期内仍不缴纳的，专利权才告终止，并追溯至缴纳年费期限届满之日。

年费应当由专利权人缴纳，如果专利权人由于各种原因不缴纳年费时，一般应允许与专利权有利害关系的人代为缴纳，如强制许可的受益人、专利的被使用许可方等。日本专利法明确规定，利害关系人可以违背专利权人的意愿而缴纳年费。我国专利法对此没有规定。

## 第 2 节　专利权的限制

国家建立专利制度的目的，不仅在于保护专利权人的合法权益，同时还应当维护国家和社会的利益。为防止专利权的滥用，各国专利法对专利权都作了必要的限制。《巴黎公约》以及其他专利国际条约也允许对专利权作适当限制。关于专利权的限制措施主要有不视为侵犯专利权的行为、强制许可以及国家征用等。

## 一、专利权的期限

专利权保护具有时间限制。我国专利法规定，发明专利权的期限为20年，实用新型专利权和外观设计专利权的期限为10年，均自申请日起计算。

## 二、不视为侵犯专利权的行为

不视为侵犯专利权的行为，是指专利法规定，自然人、法人或者其他组织可以不经专利权人许可，不必向专利权人支付使用费实施其专利且不构成专利侵权的行为。我国专利法规定了五种不视为侵犯专利权的行为：(1) 专利产品或者依照专利方法直接获得的产品，由专利权人或者经其许可的单位、个人售出后，使用、许诺销售、销售、进口该产品的；(2) 在专利申请日前已经制造相同产品、使用相同方法或者已经做好制造、使用的必要准备，并且仅在原有范围内继续制造、使用的；(3) 临时通过中国领陆、领水、领空的外国运输工具，依照其所属国同中国签订的协议或者共同参加的国际条约，或者依照互惠原则，为运输工具自身需要而在其装置和设备中使用有关专利的；(4) 专为科学研究和实验而使用有关专利的；(5) 为提供行政审批所需要的信息，制造、使用、进口专利药品或者专利医疗器械的，以及专门为其制造、进口专利药品或者专利医疗器械的。

**关键词：先用权**

在专利申请日前已经制造相同产品、使用相同方法或者已经做好制造、使用的必要准备，并且仅在原有范围内继续制造、使用的，该行为人依法享有的权利就是先用权。除美国、加拿大等少数国家外，大多数国家的专利法都确认了先用权。

法律规定先用权的依据是“一发明一专利”原则和公平原则。有时相同的发明创造为几个不同的发明人分别完成，而专利权只能授予其中一人。依据专利法规定，其他发明人未经专利权人许可，不得以经营目的实施该发明创造专利。基于此，其他发明人用于该发明的投资将无法收回，由此而造成损失。这种结果违背了法律的公平原则。为了解决这样的问题，法律设定先用权，使无专利权的发明人享有不经专利权人同意继续实施发明创造的特殊权利，使其正当的利益受到保护。享有先用权的人称先用权人。我国专利法明确规定，先用权人依照法律规定实施该发明创造专利不视为侵权行为。

先用权的行使应符合以下条件：(1) 先用权人必须证明其发明创造是自己研究完成的或者从其他正当途径获得的；(2) 先用权人在该项专利的申请日前已经在实施该发明创造，或者已经做好实施的必要准备的；(3) 先用权人只能在原有的范围内实施该发明创造，包括原有的实施方式和范围、原有的生产规模，不得自行扩大适用范围和实施规模；(4) 先用权不是受专利法保护的独立权利，先用权人只能自己实施，不能转让或许可他人实施。先用权只能与先用权人的企业或车间等有形财产一起转让或者继承。另外，先用权人在专利申请日前的实施，应是不公开进行的，如属公开实施发明创造，则该发明创造就丧失新颖性，专利申请人也就无法获得专利权。

**关键词：科学研究**

各国专利法都规定，在不以营利为目的、非商业性的科学研究中利用发明创造专利，属于合理使用行为。该项规定的目的是便于科研机构对发明制造进行研究，以促进科学技术的不断进步。

我国专利法规定，专为科学研究和实验而使用有关专利的，不视为侵犯专利权。在适用该项规定时应注意：（1）“专为科学研究和实验”是指把专利发明创造作为科研和实验的对象，科研和实验工作中涉及的对发明创造的使用不在此列。（2）对专利发明创造的利用方式仅限于“使用”，包括对专利产品的使用和专利方法的使用，不涉及专利产品的制造、销售、进口等利用方式。

**关键词：专利权穷竭**

专利权穷竭，也称专利权用尽，或称首次销售原则。它是指合法制造的专利产品被合法地投入市场后，其他人对该产品的使用或销售，不再受专利权的约束。具而言之，当合法制造的专利产品合法投放市场后，专利权人对该产品的后续交易和使用就不能再加以控制，其他人可任意转售、批发、零售或使用，无须再得到专利权人的许可。

我国专利法规定，专利产品或者依照专利方法直接获得的产品，由专利权人或者经其许可的单位、个人售出后，使用、许诺销售、销售、进口该产品的，不视为侵犯专利权。需要注意的是，该项规定只适用于合法地投入市场的专利产品，包括专利权人自己制造或许可他人制造并售出的专利产品，也包括先用权人或强制许可受益人投入市场的专利产品。

**关键词：临时过境**

临时过境，是指在暂时进入或通过一国领土、领水、领空的外国交通工具上，未经许可而使用该国专利的，不视为侵权。临时过境权是《巴黎公约》规定的一项专利权限制性规定，各成员国必须实行，其目的在于为国际交通自由提供方便。我国专利法规定，临时通过中国领土、领水、领空的外国运输工具，依其所属国同中国的协议或者共同参加的国际公约，或依据互惠原则，为运输工具自身需要而在其装置和设备中使用有关专利的，不视为侵犯专利权。理解该项规定时，应注意以下三点：（1）临时过境仅限于运输工具自身的运行装置和设备中使用我国的专利产品或专利方法，不属于运输工具自身运行需要而对专利的使用不在此列。另外，仅限于以使用的方式利用发明创造，不包括制造、销售或进口专利产品。（2）临时过境权只适用于与我国有条约或互惠关系的国家的运输工具。（3）只适用于临时进入我国领土、领空、领水的运输工具，包括定期的和不定期的，长期在我国境内的外国运输工具不适用此规定。

**关键词：Bolar 例外**

Bolar 例外（Bolar exception）又称为 Bolar 豁免（Bolar exemption），是指在药品专利或者医疗器械专利保护期届满前，未经专利权人许可，他人因进口、制造、使用专利药品或者医疗器械进行试验，以获取药品管理部门所要求的数据等信息的行为，视为不侵犯专利权的例外规定。

Bolar 例外源于美国，是由“Bolar v. Roche”案催生的专利侵权例外规定，也被称为安全港（safe Harbor）条款。

1983 年，Bolar 公司为能尽早上市 Roche 公司的安眠药盐酸氟西泮仿制品，在该产品专利届满前，从国外进口 5kg 原料，就制剂学、稳定性和生物等效性等向美国 FDA 申请上市许可所需的研究，进而被 Roche 起诉侵犯专利权。该起专利侵权纠纷由联邦巡回法院最终判定 Bolar 公司侵权。但法院同时认识到，获得一个药品的上市许可需要多年时间，如果专利期届满后才允许开始仿制药相关试验，专利权人实际上将获得超过专利期的排他权。联邦巡回法院认为这是联邦食品、药品和化妆品法与专利法之间的冲突，法院不是解决该问题的合适机构，该问题应交由国会解决。

美国国会于 1984 年修改了《专利法》，其中规定，“目的在于仅仅为获得和提交 FDA 要求信息的有关行为不侵犯专利权”，修改后的《专利法》认为，前述Bolar公司的行为不侵犯专利权，也就是说，在专利期内进行临床试验等药品注册审批要求的试验研究，不侵犯专利权。

继美国之后，Bolar例外在很多国家和地区通过立法或判例被广泛认可。例如，日本《专利法》第69（1）条规定了试验用例外：“专利权的效力不应延伸到以试验和研究为目的的对专利的使用。”日本最高法院依据该条款作出过Bolar例外不侵权的判例。1993年，加拿大在其《专利法》第55.2（1）条规定了一种“Bolar”类型的条款。阿根廷、以色列、澳大利亚以及马来西亚等国家也纷纷引入“Bolar例外”原则。[①]

我国2008年《专利法》第69条第5项规定，为提供行政审批所需要的信息，制造、使用、进口专利药品或者专利医疗器械的，以及专门为其制造、进口专利药品或者专利医疗器械的行为，不视为侵犯专利权。该项规定类似于Bolar例外。

**关键词：第三人的使用和销售的特殊规定**

我国1984年《专利法》规定，使用或销售不知道是未经专利权人许可而制造并售出的专利产品，不视为侵犯专利权。2000年《专利法》对此作了修改。为生产经营目的使用或者销售不知道是未经专利权人许可而制造并售出的专利产品或者依照专利方法直接获得的产品，能证明其产品合法来源的，不承担赔偿责任，但其行为本身却是侵权的。

## 三、强制许可

强制许可，是指国家专利主管机关依照法定条件和程序颁发的利用专利的许可。其特点是违背专利权人意志，强制授权申请使用专利的人利用专利。强制许可是对专利权的一种有力的限制措施。《巴黎公约》和大多数国家的专利法都有关于强制许可的规定，其目的是防止专利权滥用，维护国家或社会公众的利益。各国对强制许可的适用条件、强制许可的方式等规定不一。发展中国家为防止发达国家的技术垄断，促进本国经济和科技的发展，把不在本国实施专利作为强制许可的重要条件，即不实施的强制许可。而发达国家为控制市场，反对把不在当地实施作为强制许可的条件，强调进口专利产品也是一种实施。在有关《巴黎公约》的修订以及1986年在关贸总协定乌拉圭第8回合关于“与贸易有关的知识产权”议题谈判中，强制许可问题是发展中国家与发达国家争议的焦点。

我国1984年《专利法》规定了两种强制许可：一种是不实施的强制许可，即专利权人负有在中国境内实施专利的义务，如授权之日起满3年无正当理由不实施的，国务院专利行政部门可根据具备实施条件的单位的申请，颁发强制许可。另一种是从属专利的强制许可。为顺应有关强制许可制度的国际趋势，符合关贸总协定有关知识产权谈判的精神，我国1992年《专利法》删除了不在当地实施作为强制许可的条件，强调申请实施强制许可方在合理的条件下和合理的时间内未获得实施专利许可时才可申请强制许可，增设了在国家出现紧急状态或非常情况时，或者为了公共利益的目的而颁发的强制许可。2008年修订通过的《专利法》对强制许可作了进一步完善。总共规定了六种强制许可：（1）普通强制许可；（2）为防止垄断的强制许可；（3）为公共利益的强制许可；（4）为公共健康的强制许可；（5）交叉强制许可；（6）涉及半导体技术的强制许可。

**关键词：普通强制许可**

我国2008年《专利法》第48条第1项规定，专利权人自专利权被授予之日起满3年，且

---

① 参见《Bolar例外》，资料来源：http：//baike.haosou.com/doc/6949562-7171963.html。

自提出专利申请之日起满 4 年，无正当理由未实施或者未充分实施其专利的，国务院专利行政部门根据具备实施条件的单位或者个人的申请，可以给予实施发明专利或者实用新型专利的强制许可。这种强制许可即为普通强制许可。

普通强制许可成立的条件：(1) 时间条件。自专利权被授予之日起满 3 年，且自提出专利申请之日起满 4 年。(2) 实施条件。无正当理由未实施或者未充分实施其专利。此处所指的“未充分实施其专利”，是指专利权人及其被许可人实施其专利的方式或者规模不能满足国内对专利产品或者专利方法的需求。(3) 申请人条件：申请强制许可的单位必须符合两个条件：一是具备实施该专利的条件，包括技术上、经济上的各项条件，申请人应向专利局出具有实施能力的证明。二是申请人必须曾与专利权人进行过专利实施许可的谈判，且未能以合理的条件在合理长的时间内与专利权人达成协议，申请人也应向专利局出具这方面的证明。(4) 实施对象。包括发明专利和实用新型专利，不包括外观设计专利。

**关键词：为防止垄断的强制许可**

我国 2008 年《专利法》第 49 条第 2 项规定，专利权人行使专利权的行为被依法认定为垄断行为，为消除或者减少该行为对竞争产生的不利影响，国务院专利行政部门根据具备实施条件的单位或者个人的申请，可以给予实施发明专利或者实用新型专利的强制许可。

专利权是一种合法垄断权。在市场经营活动中，专利权人在相关市场上具有垄断地位。但是，专利权人不得滥用其市场优势妨碍他人正当的市场竞争。专利权人行使其专利权被依法认定为垄断行为，国务院专利行政部门就可以根据具备实施条件的单位或者个人的申请，可以给予实施发明专利或者实用新型专利的强制许可，以消除或者减少由专利权人对市场竞争产生的不良影响。

**关键词：为公共利益的强制许可**

我国 2008 年《专利法》第 49 条规定：“在国家出现紧急状态或者非常情况时，或者为了公共利益的目的，国务院专利行政部门可以给予实施发明专利或者实用新型专利的强制许可。”这类强制许可即为公共利益的强制许可。

为公共利益的强制许可，是在法律规定的特定情况发生时，国务院专利行政部门主动颁发的一种强制许可。根据专利法的规定，这种强制许可在三种情况下颁发：一是国家出现紧急状态，如爆发战争、政治动乱等；二是出现非常情况时，如发生自然灾害、特殊的事件等；三是为了公共利益，如国家安全、公众健康等。当某一项专利的实施在这种特定情况下具有特别重要的意义时，国务院专利行政部门就可以颁发该专利的强制许可。这种对专利的强制许可的实施，一般都是非商业性的。为公共利益的强制许可的受益人是由国务院专利行政部门根据需要确定的，既可以是法人或者其他组织，也可以是个人。当为公共利益的强制许可的理由消除或者不再发生时，国务院专利行政部门可以根据专利权人的请求，对这种情况进行审查，终止实施强制许可。

**关键词：为公共健康的强制许可**

我国 2008 年《专利法》第 50 条规定，为了公共健康目的，对取得专利权的药品，国务院专利行政部门可以给予制造并将其出口到符合中华人民共和国参加的有关国际条约规定的国家或者地区的强制许可。

此处所指的“取得专利权的药品”，是指解决公共健康问题所需的医药领域中的任何专利产品或者依照专利方法直接获得的产品，包括取得专利权的制造该产品所需的活性成分以及使用该产品所需的诊断用品。

在紧急情况下颁发药品专利强制许可之理由在于：（1）从国家和社会利益角度看，药品专利强制许可的目的是促进获得专利的发明创造得以实施，防止专利权人滥用专利权，维护国家利益和社会公共利益。（2）从人权保护角度看，获得药品在性质上是人权，是健康权、生命权的一部分。在联合国人权框架内，药品专利的强制许可是国家履行人权义务的一项措施。（3）从人权实现角度看，药品专利强制许可措施作为国家确保患者实现获得药品治疗权利的一项措施。其他国家及医药企业负有合作或尊重的义务。

药品专利强制许可是解决公众健康与药品专利保护冲突问题的一种平衡机制，药品专利的强制许可措施是实现这种平衡机制的一种措施。需要注意的是，强制许可是对专利权的限制，因此，对药品专利强制许可予以认可的前提是各国授予药品本身或药品生产过程专利，而并没有剥夺该药品专利权人的专利资格，即药品专利权人仍然有权制造已取得专利的产品和进口该专利产品，发明专利权人仍然有权利与强制许可的受益人以外的其他单位和个人签订许可协议。

**关键词：交叉强制许可**

从属专利是指前后两项专利之间在技术上存在从属关系，不实施前一个专利所保护的发明创造，后一个专利所保护的发明创造就无法实施。为促进先进技术的实施，防止专利权人滥用其独占权阻碍新技术的应用，各国专利法都规定了从属专利的强制许可，即经从属专利中后一专利的专利权人申请，国务院专利行政部门可向其颁发实施前一专利的强制许可，使后一专利得以实施。基于公平原则，在这种强制许可颁发后，前一专利的专利权人也有权请求颁发实施后一专利的强制许可。这两个强制许可相互为交叉强制许可。

我国2008年《专利法》第51条第1款规定。一项取得专利权的发明或者实用新型比前一已经取得专利权的发明或者实用新型在技术上先进，其实施又有赖于前一专利的实施的，国务院专利行政部门根据后一专利权人的申请，可以给予实施前一专利的强制许可。在给予这种强制许可的情形下，国务院专利行政部门根据前一专利权人的申请，也可以给予实施后一专利的强制许可。理解该项规定时应注意以下问题：（1）构成从属专利的两项发明创造必须存在依存关系，后一发明在技术上优于前一发明；（2）前一专利的专利权人申请后一专利的强制许可必须以后一专利的专利权人已经获得前一专利的强制许可为条件；（3）从属专利强制许可的申请、颁发，不受任何期限的限制。后一发明创造取得专利权后，专利权人即可提出强制许可的申请。

**关键词：涉及半导体技术的强制许可**

根据我国2008年《专利法》第52条的规定，强制许可涉及的发明创造为半导体技术的，其实施限于以下两种情况：（1）限于公共利益的目的；（2）专利权人行使专利权的行为被依法认定为垄断行为，为消除或者减少该行为对竞争产生的不利影响。

根据本条规定，如果某一项专利涉及的发明创造为半导体技术，对此专利给予强制许可的理由只能是为了公共利益的目的，或者是专利权人行使专利权的行为被依法认定为垄断行为，为消除或者减少该行为对竞争产生的不利影响。换句话说，对涉及半导体技术的专利，不能依据《专利法》第48条第1项，即以专利权人未在规定期限内实施或者充分实施其专利为理由给予强制许可。

根据《知识产权协定》第31条（c）的规定，未经权利人许可而实施该专利的范围和期限应当受到实施目的的限制，在涉及半导体技术的情形下，只能限于为公共的非商业性使用，或者用于经司法或行政程序确定为反竞争行为而给予的补救。

## 四、关于强制许可的诸问题

（一）强制许可的审批

强制许可的审批机构，各国专利法有两种规定：一是把审批强制许可的权限授予国家专利主管部门行使；二是把审批强制许可的权限交给法院行使。我国专利法规定，国务院专利行政部门受理强制许可的有关事项。国务院专利行政部门在收到普通强制许可或从属专利的强制许可申请后，应将强制许可请求书的副本送交专利权人，并通知其在指定的期限内陈述意见。国务院专利行政部门对申请和陈述意见审查后，对符合条件的申请，应作出给予申请人实施强制许可的决定。对于为公共利益的强制许可，国务院专利行政部门根据规定的条件，也应作出给予指定的单位或个人实施强制许可的决定。

（二）强制许可的实施范围

强制许可的决定应明确实施专利的方式，对产品专利，强制许可的实施方式可以是制造、使用、销售、进口专利产品中的一项或多项；对方法专利，强制许可的实施方式可以是使用专利方法，也可以是使用、销售或进口该专利方法直接获得的产品。另外，强制许可的决定还必须规定实施专利的地域范围，由于强制许可仅在本国产生效力，因而，规定的地域范围限于本国，并且实施强制许可的目的主要是供应国内市场的需要。

（三）强制许可的实施时间

强制许可的决定必须规定强制许可的期限，该期限既可以是专利权的整个有效期间，也可以短于专利权的有效期。在该期限内，专利权人如不按规定缴纳年费，强制许可的受益人可以缴纳，专利权人放弃其专利权，应得到受益人的同意。此外，强制许可决定应规定受益人必须开始实施专利的时间。

（四）强制许可的使用费

与专利权的一般许可一样，取得实施强制许可的单位或者个人应当向专利权人支付使用费。其数额可参照一般实施许可的标准，也可以由专利权人和强制许可的受益人协商确定。

如果不能达成协议，则由国务院专利行政部门裁决，并载入强制许可的决定中。

（五）强制许可的效力

国务院专利行政部门有关强制许可的决定登记和公告后，对专利权人及强制许可的受益人即产生法律效力。其效力主要体现在以下三个方面：

1. 强制许可受益人取得了实施专利的许可，有权在规定的时间和地域内，以规定的方式实施该专利。但受益人一般不享有独占的实施权，他无权禁止专利权人转让或许可第三人实施，受益人也无权允许他人实施或转让强制许可实施权。

2. 专利权人不因其专利被强制许可而丧失专利权，他仍有权行使其专利权，包括转让、许可他人实施或自己实施专利。同样，强制许可的效力也不因专利权人实施专利或转让、许可他人实施而产生影响。

3. 专利权人对国务院专利行政部门关于实施强制许可的决定或者关于实施强制许可的使用费的裁决不服的，可以向法院提起行政诉讼。我国专利法规定的诉讼时效为自收到通知之日起 3 个月内。

（六）强制许可的适用范围

我国专利法规定的三种强制许可仅适用于发明和实用新型专利，不适用外观设计专利，因为外观设计涉及的主要是美学问题，外观设计专利是否在产业上实施，不影响社会公共利益。

## 五、国家征用和计划许可

所谓国家征用，是指国家根据公共利益的需要，可以不经专利权人同意，以国家的名义征用专利。许多国家的专利法都规定了国家征用原则，征用对象一般是涉及国家安全、国防需要以及涉及重大社会公共利益的发明创造。对于专利的国家征用，专利权人一般无权提出异议，但可以要求支付使用费。个别国家允许专利权人向有关机关提出申诉。为防止国家征用的滥用，各国专利法都规定了严格的条件和批准手续。

我国专利法没有规定国家征用制度，但规定了对中国单位或者个人的发明创造专利类似于国家征用的"计划许可证"制度，即国家主管部门根据国家计划或基于国家利益或公共利益的需要，对于全民所有制单位、集体所有制单位和个人的重要发明创造，可以不经专利权人同意，决定该发明创造的推广使用，实施单位则应向专利权人支付使用费。这项规定不适用于外国自然人、法人在中国的专利，这样规定的目的是充分保障外国人的专利权，以利于吸引外资和引进外国的先进技术。

## 本章小结

专利权是一种私权。专利权人对其发明创造专利依法享有独占实施权。在一般情况下，专利权人是否实施其专利，如何实施其专利，授权他人实施其专利，应当根据意思自治原则、自愿原则、等价有偿原则和诚实信用原则进行，国家公权力不必介入干涉。但是，由于专利权是一种垄断权，发明创造专利不仅关乎专利权人的私益，更可能关乎国家和社会公益。在某些特殊情况下，为了防止专利权人滥用其专利权，造成对国家利益、社会利益或者公共利益的损害，法律规定了对专利权的适当限制。

我国专利法对专利权的限制包括三大类：合理使用限制（不视为侵犯专利权的例外）、强制许可限制和计划许可限制。

## 【资料链接】

1. 胡佐超主编．专利基础知识．北京：知识产权出版社，2004
2. 卞耀武主编．中华人民共和国专利法释义．北京：法律出版社，2009
3. 史敏，张建华主编．中华人民共和国专利法实施细则释义．北京：法律出版社，2002
4. http：//www. sipo. gov. cn/sipo/default. htm（国家知识产权局网站）
5. http：//www. chinaiprlaw. cn/（中国知识产权司法网）
6. http：//www. iprcn. com/new2005/index. asp（知识产权研究）

# 第26章 专利权保护

**导　语**

专利权保护是专利制度中的重要部分，是专利制度发挥推动技术进步作用的保证。没有有效、可靠的法律保护，专利权就没有存在的价值。专利权保护包括司法保护措施、行政保护措施和自我保护措施等。

请思考：

1. 专利权的保护范围；
2. 专利侵权行为；
3. 专利侵权责任。

## 第1节　专利权保护及其范围

### 一、专利权保护的概念

专利权是一种无形财产权，与有形财产一样，受我国法律保护。专利权保护，是指国家通过法律保障专利权人依法独立实施其权利，制止和制裁他人侵犯其专利权的制度，包括在专利申请、专利申请审批、专利实施和专利权转让等方面，给予专利申请人和专利权人保护的制度。

### 二、专利权保护范围

专利权的保护范围，是指发明、实用新型或者外观设计专利权效力所及的范围。我国专利法对发明、实用新型和外观设计专利权明确规定了不同的保护范围。

（一）发明和实用新型专利权的保护范围

我国专利法对发明专利权的保护范围，基本上采纳了欧洲专利公约所体现的以折中原则解释权利要求的原则。我国《专利法》（2008年）第59条规定，发明或者实用新型专利权的保护范围以其权利要求的内容为准，说明书及其附图可以用于解释权利要求。该项规定明确了权利要求书是确定发明或者实用新型专利保护范围的重要依据。权利要求书是由反映发明或者实用新型内容技术特征组成的，确定了技术特征，也就随之确定了专利权的保护范围。由于权利要求书是用准确的文字和精炼的法律语言对发明或者实用新型的技术内容作出概括的表述，有时人们难以一目了然地了解到它的含义，故必须用说明书及其附图进一步解释权利要求，以易于帮助有关人员全面了解权利要求的内容，正确判断某些人的行为是否侵犯了专利权。但是，说明书及其附图不能作为专利权保护范围的基本依据。

（二）外观设计专利权的保护范围

外观设计是一种图形设计，与一般艺术作品具有同样的性质，难以用文字准确地描述其内容。因此，外观设计专利就不需要权利要求书，也没有说明书，只要用该外观设计的图片或者照片即可达到确认其权利内容的要求。根据这一特性，我国《专利法》（2008 年）第 59 条第 2 款规定，外观设计专利权的保护范围以表示在图片或者照片中的该产品的外观设计为准，简要说明可以用于解释图片或者照片所表示的该产品的外观设计。从该项规定可以看出，外观设计专利权的保护范围有两项：(1) 表示在图片或者照片中的该外观设计；(2) 在申请专利时指定的产品上使用该外观设计。简要说明可以用于解释图片或者照片所表示的该产品的外观设计。任何单位和个人一旦仿制外观设计生产同类产品，就构成侵犯外观设计专利权行为。

在实践中，下列三种情况不能视为侵犯外观设计专利权：(1) 不是为商业上的目的而摹仿一项外观设计；(2) 将用于二维产品的平面设计应用于三维产品，或者相反；(3) 将一项外观设计的图片、照片编入一本著作或教材之中。

## 第 2 节　专利侵权行为及其法律责任

### 一、专利侵权行为及其构成条件

专利权是一种无形财产权，不像有形财产那样极易被所有人支配和管领，所以容易遭受他人的侵犯，而且受侵害后，既难以发现侵权行为，也难以确定侵权范围。这是专利侵权行为与一般侵权行为的不同之处。

专利侵权行为，是指未经专利权人许可，也没有其他法定事由的情况下，擅自以经营目的实施他人专利的行为。专利侵权行为须具备下列条件：

（一）被实施对象必须是中国专利

中国专利，是指由中国国务院专利行政部门依照法律规定程序审查授予专利权发明创造。根据专利权地域性特征，除中国专利之外，其他国家或者地区的专利，在中国境内不受保护。任何人在中国境内实施其他国家或者地区授予专利权的发明创造，都是合法行为，不受法律追究。但是，在中国境内实施他人的中国专利，可能构成对他人专利权的侵害。

（二）被实施对象必须是合法、有效的中国专利

根据我国专利法的规定，发明专利权的保护期是自专利申请日起的 20 年，实用新型专利权和外观设计专利权的保护期是 10 年。专利权超过专利法规定的保护期，就不再受法律保护，任何人都可以自由实施相应的发明创造。因此，只有处于法律规定保护期内的中国专利才能受保护，其他人未经专利权人许可，不得以经营目的实施该专利；否则，可能构成对专利权的侵犯。

但是，即使处于法律规定保护期内的专利，也可能因为被放弃、被视为放弃、被宣告无效或者因没有按时交纳专利维持费而导致专利权提前终止或者专利权被视为自始不存在。对于这种类型的专利，其他人可以自由实施而不构成专利侵权。

（三）实施专利的行为未经专利权人许可

根据我国专利法规定，专利权人对其依法取得的专利享有独占权。除法律另有规定外，未经其许可，不得以经营目的实施其专利，否则，行为人实施专利的行为即构成对专利权的侵犯，称为侵犯专利权的行为，简称为专利侵权行为。

专利权人的许可一般应当采用书面形式，不宜采用口头形式，否则，一旦发生纠纷，不仅不易取证，也会增加新的矛盾，使专利权人的合法权益难以得到有力的保障。

因此，专利侵权行为是没有经过专利权人许可擅自实施他人专利的行为。

（四）行为人针对有效专利实施了具体行为

专利侵权行为往往是指在专利权有效期限内，行为人未经专利权人许可，针对其有效专利进行具体的实施行为。例如，针对产品发明专利，行为人未经专利权人许可，以经营目的擅自制造该专利产品，或者使用该专利产品，或者销售该专利产品，或者许诺销售该专利产品，或者进口该专利产品。除非法律另有规定，行为人实施上述行为中的一种或者多种，就是对发明专利权的侵犯。再如，针对方法发明专利，行为人未经专利权人许可，擅自以经营目的使用该专利方法，或者使用、许诺销售、销售或者进口依据该专利方法直接获得的产品，就是侵犯该方法发明专利权的行为。

除了上述四个条件以外，不必考虑行为人是否具有主观过错，也不必考虑其行为是否给专利权人造成实际损失。这两点只是确定侵权行为人承担损害赔偿责任的要件。

## 二、专利侵权行为的行政责任和民事责任

（一）专利侵权行为的行政责任

根据法律规定，管理专利工作的部门有权对一般的专利侵权行为人给予行政处理。管理专利工作的部门根据专利权人的请求，通过调查核实，对专利侵权行为人有权作出相应的行政处理决定，责令侵权人停止侵权，并赔偿被侵权人的一切经济损失。另外，管理专利工作的部门还可以对侵权人个人或者侵权单位的直接责任人员，建议有关部门给予侵权人以降职、降级、记过等行政处分，建议侵权人的上级管理部门对侵权人所在企业进行整顿。

（二）专利侵权行为的民事责任

专利权是一种财产权，因此，侵犯专利权与侵犯财产权一样都可以适用我国《民法通则》的有关规定，采用民事制裁的方法处理。责令侵权人承担民事责任的方式主要有：

1. 停止侵权。专利权人和利害关系人对侵犯专利的行为，可以请求人民法院责令侵权人停止侵权。停止侵权的具体做法如停止继续生产的侵权产品等；采用停止侵权的责任，最能有效、直接、尽快地防止侵权，也是请求人的愿望所在，还可避免造成更大的损失。

2. 赔偿损失，即责令侵权人赔偿被侵权人所遭受的经济损失。根据我国《专利法》（2008年）第65条的规定，损害赔偿数额按照以下顺序依次确定：（1）按照专利权人因被侵权所受到的实际损失确定；（2）专利权人因被侵权所受到的实际损失难以确定的，按照侵权人因侵权所获得的利益确定；（3）上述两者都难以确定的，参照该专利许可使用费的倍数合理确定；（4）上述三者都难以确定的，人民法院可以根据专利权的类型、侵权行为的性质和情节等因素，确定给予1万元以上1100万元以下的赔偿。

为生产经营目的使用、许诺销售或者销售不知道是未经专利权人许可而制造并售出的专利侵权产品，行为人能证明该产品合法来源的，不承担赔偿责任。

3. 消除影响。专利权受到侵害的，专利权人有权要求侵权人消除影响，以消除由于侵权人所生产的低劣的假冒专利产品给被侵权人所造成的破坏性影响。消除影响应当采用公开的方法，如在报纸上、电视上刊登道歉广告等。

## 三、专利侵权诉讼中的举证责任

在确定侵犯专利权的行为时，专利权人作为原告，应对他人侵犯其专利权的行为负举证责任，即证明被告制造、使用或者销售的产品是他的专利产品。但是，当专利是一项新产品的制

造方法时，根据专利法的有关规定，举证责任由原告转移到被告，即由制造同样产品的单位或者个人提供其产品制造方法的证明；若提不出证明，就推定为该产品是使用该专利方法制造的。

### 四、诉讼时效

《专利法》第 68 条规定，“侵犯专利权的诉讼时效为二年，自专利权人或者利害关系人得知或者应当得知侵权行为之日起计算。发明专利申请公布后至专利权授予前使用该发明未支付适当使用费的，专利权人要求支付使用费的诉讼时效为二年，自专利权人得知或者应当得知他人使用其发明之日起计算，但是，专利权人于专利权授予之日前即已得知或者应当得知的，自专利权授予之日起计算。”这就是说，专利权人和利害关系人要请求人民法院（也包括管理专利工作的部门）责令侵权人停止侵权、赔偿损失和消除影响，应当在这一诉讼时效期间内，超出这一诉讼时效期间，即使提起了诉讼，也无法得到保护。这里所指的“得知”侵权行为，是指专利权人或利害关系人知道有侵犯专利权的事实发生。它所反映的是专利权人或利害关系人主观上的认识因素，他人较难证明。这里所指的“应当得知”侵权行为，是指客观上专利权人或利害关系人应当知道有侵犯专利权的事实发生。这是以客观现实存在着的侵犯专利权事实推定专利权人或利害关系人“应当知道”，这种情况他人较易证明。专利诉讼时效制度有利于促使专利权人或者利害关系人及时维护自己的专利权，建立良好的社会经济秩序；有利于人民法院和管理专利工作的部门及时取证，正确处理专利侵权纠纷案件，保证办案质量。

### 五、刑事责任

根据《专利法》第 64 条、第 67 条和《刑法》有关的规定，假冒专利、泄露重要发明创造和徇私舞弊情节严重的，都可能构成犯罪。刑事责任主要有拘役、有期徒刑、罚金。

## 第 3 节　受理专利侵权案件的机关

我国专利法规定，当专利权受到不法侵害时，可以请求管理专利工作的部门进行处理，也可以直接向人民法院起诉。

### 一、请求管理专利工作的部门处理

管理专利工作的部门，是指国务院有关主管部门和各省、自治区、直辖市、开放城市、计划单列市和经济特区人民政府设立的管理专利工作的部门。在发生专利纠纷时，专利权人或者利害关系人可以请求侵权行为地区或侵权单位的上级主管部门的管理专利工作的部门处理。对管理专利工作的部门作出的处理决定不服时，可以在收到通知之日起 15 日内向人民法院起诉。期满不起诉的，该处理决定即具有法律效力，如不履行，管理专利工作的部门可以请求人民法院强制执行。

### 二、向人民法院起诉

根据我国专利法的规定，专利权受到他人侵犯后，专利权人或者利害关系人可以直接向人民法院起诉，也可以在管理专利工作的部门作出处理决定后，对其不服再向人民法院起诉。

由于这类纠纷案件涉及复杂的科学技术专业知识，为保证审判质量，2014 年，我国相继成立北京知识产权法院、上海知识产权法院和广州知识产权法院三个专门法院，主要受理全国各地的专利侵权纠纷案件。除此之外，对专利侵权纠纷案件具有管辖权的法院还有：最高人民法院、各省、自治区、直辖市高级人民法院、省级人民政府所在地的中级人民法院和经济特区的中级人民法院等，其他法院没有专利侵权纠纷案件管辖权。

在专利侵权民事案件审理过程中，针对原告方提起的专利侵权指控，被告可以采用多种抗辩措施以维护其合法权益。一般而言，被告可以采用的抗辩措施包括：(1) 原告诉讼主体资格存在瑕疵；(2) 被侵害对象权利存在瑕疵；(3) 被告实施专利有合法依据；(4) 被告实施专利行为属于不视为侵犯专利权的行为；(5) 现有技术或者现有设计抗辩。

被告可以单独采用上述抗辩措施的任何一种，也可以同时采用上述抗辩措施中的几种。抗辩成立的，其实施专利的行为就不构成对专利权的侵犯，不必承担侵权责任。

## 本章小结

专利权保护，首先，需要确定专利权的保护范围。发明或者实用新型专利权的保护范围以其权利要求书的内容为准，说明书及附图可以用于解释权利要求书的内容。外观设计专利权的保护范围以表示在图片或者照片中的该产品的外观设计为准，简要说明可以用于解释图片或者照片所表示的该产品的外观设计。其次，需要判断实施他人专利的行为是否构成侵权。判断专利侵权有四个条件：(1) 被实施对象必须是中国专利；(2) 被实施对象必须是处于保护期内的中国专利；(3) 实施行为没有获得专利权人许可；(4) 针对他人专利实施了具体行为。在判断专利侵权时，不必考虑行为人是否存在主观过错，是否给专利权人造成实际损失。专利权人受到他人侵害后，可以寻求行政保护和司法保护，也可以自力救济。

民事损害赔偿数额的确定依次按照专利权人受损害利益、侵权行为人获益、专利许可费倍数以及法定损害赔偿。

## 【资料链接】


1. 胡佐超主编．专利基础知识．北京：知识产权出版社，2004
2. 国家知识产权局条法司．新专利法详解．北京：知识产权出版社，2001
3. 尹新天．专利权的保护．北京：知识产权出版社，2005
4. 程永顺．中国专利诉讼．北京：知识产权出版社，2005
5. 史敏，张建华主编．中华人民共和国专利法实施细则释义．北京：法律出版社，2002
6. http：//www. sipo. gov. cn/sipo/default. htm（国家知识产权局网站）
7. http：//www. chinaiprlaw. cn/（中国知识产权司法网）
8. http：//www. iprcn. com/new2005/index. asp（知识产权研究网）

第5编

# 其他知识产权

# 第 27 章 植物新品种权

**导　语**

对植物新品种提供知识产权保护，是 20 世纪以来知识产权法的新发展，是农业领域科学技术进步和商品化的必然结果。植物新品种是指经过人工培育的或者对发现的野生植物予以开发，具备新颖性、特异性、一致性和稳定性并有适当命名的植物品种。植物品种权（简称品种权或育种权，英文缩写 PBR）的出现，是植物新品种知识产权保护的定型与深化。它是一种独立的、自成一类的、专门用于保护植物新品种的保护形式，既具有与一般知识产权相同的特点，也有一些个性化特征。1961 年签订的《保护植物新品种国际公约》是专门保护植物新品种的国际公约，以此为基础成立的国际植物新品种保护联盟（UPOV）是保护植物新品种的政府间国际组织。我国于 1997 年发布的《植物新品种保护条例》为植物新品种提供专门保护，初步实现了与国际立法的接轨。

请思考：

1. 植物新品种权的概念和特征；
2. 植物新品种权的取得条件；
3. 植物新品种权的取得程序；
4. 侵犯植物新品种权的法律责任。

## 第 1 节　植物新品种权概述

### 一、植物新品种及其特征

植物新品种，是指经过人工培育的或者对发现的野生植物予以开发，具备新颖性、特异性、一致性和稳定性并有适当命名的植物品种。如某植物品种具有抗旱性、对土地条件的适应性、高产性、花叶或果实有特殊的颜色或味道等。植物新品种具有以下特点：

1. 植物新品种，是通过人工培育或者对野生植物进行开发而产生出来的。对现有植物品种进行改良开发，使之具有提高质量的特性，可以提高作物的价值和市场能力；或者开展观赏植物的育种计划，增加植物品种的出口；此外，为某些濒危物种制订育种计划，可以消除其所面临的从自然界灭绝的威胁，例如，药用植物就属于这种情况。

2. 高产优质的植物新品种，既可提高农业、园艺和林业的质量和生产能力，又能降低对环境的压力。世界各地农业生产能力方面的巨大进步，在很大程度上应归功于对植物品种的改良。植物育种所带来的利益也远远超出了增加粮食产量本身，对于促进国民经济的健康发展和社会稳定具有极为重要的意义。

3. 保护植物新品种，有助于植物新品种的开发和培育。植物育种需要智慧、资金、时间和精力的投入，而培育出来的植物新品种，却易于被别人繁殖，使育种人没有机会收回自己的投资。因此，如果没有相应的制度对育种人给予保护，人们就会失去对植物育种进行投资和研发的动力。世界农业发达国家发展农业的成功经验之一就是十分重视植物新品种保护。美国的先锋种子公司、法国的丽玛种子公司、澳大利亚的太平洋种子公司都把品种资源研究和新品种选育视为公司的生命线，将销售利润的绝大多数用于育种科研，促进快出品种，出好品种。

### 二、植物新品种权及其特征

植物新品种权，简称为品种权，是植物新品种育种人对其培育出来的植物新品种依法享有的一种专有权利。

品种权起源于20世纪30年代，由德国创立。现在，国际上对植物新品种的保护主要有三种模式：(1) 品种权模式，以德国为代表。1934年，德国专利局首先对人工培育的新植物品种授予专利权，但该做法引起了人们的质疑；1953年制定《种子材料法》，以品种权保护植物新品种，放弃了原来的专利权模式。(2) 专利权模式，以意大利和匈牙利为代表。(3) 品种权与专利权两者兼用模式，以美国为代表。现在，多数国家以品种权模式保护植物新品种，少数国家采专利权模式，两者兼用者更少。我国以品种权给植物新品种提供保护，专利法明确将植物品种排除于保护范围之外。

品种权的客体是植物新品种。品种权是育种者对于植物新品种所享有的独占权。任何单位或者个人未经品种权人许可，不得为商业目的生产或者销售该授权品种的繁殖材料，不得为商业目的将该授权品种的繁殖材料重复使用于生产另一品种的繁殖材料。

## 第2节　品种权的取得、终止和无效

### 一、取得条件

根据我国《植物新品种保护条例》的规定，一项植物新品种要获得品种权，必须同时具备5个条件：新颖性、特异性、一致性、稳定性，并有适当的命名。植物新品种的新颖性，是指申请品种权的植物新品种在申请日前该品种繁殖材料未被销售，或者经育种者许可，在中国境内销售该品种繁殖材料未超过1年；在中国境外销售藤本植物、林木、果树和观赏树木品种繁殖材料未超过6年，销售其他植物品种繁殖材料未超过4年。特异性是指申请品种权的植物新品种应当明显区别于在递交申请以前已知的植物品种。一致性是指申请品种权的植物新品种经过繁殖，除可以预见的变异外，其相关的特征或者特性一致。稳定性是指申请品种权的植物新品种经过反复繁殖后或者在特定繁殖周期结束时，其相关的特征或者特性保持不变。

授予品种权的植物新品种还应当具备适当的名称，并与相同或者相近的植物属或种中已知品种的名称相区别。该名称经注册登记后即为该植物新品种的通用名称。此外，下列名称不得用于品种命名：(1) 仅以数字组成的；(2) 违反社会公德的；(3) 对植物新品种的特征、特性或者育种者的身份等容易引起误解的。

### 二、取得程序

植物新品种培育完成后，虽然具备新颖性、特异性、一致性和稳定性，但并不能自动取得品种权。在我国，取得品种权要经过申请，经由国家农业部和林业局受理审查后才能取得。截至 2004 年年底，农业部共受理品种权申请 2 046 件，国家林业局受理品种权申请 305 件。经审查合格，共授予品种权 575 件。根据规定，取得品种权应经过以下程序：

（一）申请

品种权申请，是指对植物新品种享有品种权申请权的人（以下简称品种权申请人）就某项植物新品种向国务院农业、林业行政部门（以下简称品种权审批机关）提出的请求对其植物新品种授予品种权的申请。中国品种权申请人，可以直接向品种权审批机关提出申请，也可以委托有关代理机构代理申请。外国品种权申请人在中国申请品种权的，应当依照其所属国与中华人民共和国共同参加的国际条约、签订的双边协议办理，或者依照互惠原则办理。申请人自在外国第一次提出品种权申请之日起 12 个月内，又在中国就该植物新品种提出品种权申请的，依照该外国同中华人民共和国签订的协议或者共同参加的国际条约，或者根据相互承认优先权的原则，可以享有优先权。两个以上的申请人分别就同一个植物新品种申请品种权的，品种权授予最先申请的人；同时申请的，品种权授予最先完成该植物新品种育种的人。

（二）受理

品种权申请的受理，是指品种权审批机关对符合规定的品种权申请的接受，并且给予其申请相应的申请号、申请日的程序。品种权审批机关，在收到品种权申请之日起 1 个月内通知申请人交纳申请费。对不符合或者经修改后仍不符合法律规定条件的申请，品种权审批机关不予受理，并通知申请人。在我国，品种权审批机关有两个：一个是农业部；另一个是国家林业局。农业部为农业植物新品种权的审批机关，对粮食、棉花、油料、麻类、糖料、蔬菜（含西甜瓜）、烟草、桑树、茶树、果树（干果除外）、观赏植物（木本除外）、草类、绿肥、草本药材等植物以及橡胶等热带作物的新品种，以及食用菌的新品种等进行审查。国家林业局为林业植物新品种权的审批机关，对林木、竹、木质藤本、木本观赏植物（包括木本花卉）、果树（干果部分）及木本油料、饮料、调料、木本药材等植物品种进行审查。

（三）审批

品种权申请的审批，是指品种权审批机关依法对品种权申请进行的初审、实质审查以及授予品种权的过程。初步审查的内容主要包括：(1) 申请品种权的对象是否属于植物品种保护名录中列举的植物属或者种的范围；(2) 申请品种权的对象是否属于有资格申请品种权的外国人；(3) 申请品种权的对象是否符合新颖性的规定，是否有适当的命名。品种权审批机关对品种权申请进行的实质审查，就是对申请品种权的对象所具有的特异性、一致性和稳定性进行审查。品种权审批机关主要依据申请文件等书面材料进行审查。必要时，品种权审批机关可以委托指定的测试机构进行测试或者考察业已完成的种植或者其他试验结果。经实质审查符合《植物新品种保护条例》规定的申请，品种权审批机关应当作出授予品种权的决定，颁发品种权证书，并予以登记和公告。对不符合规定的申请，予以驳回，并通知申请人。

品种权申请人对品种权审批机关驳回申请的决定不服的，可以自收到通知之日起 3 个月内，向植物新品种复审委员会请求复审。该复审委员会自收到复审请求书之日起 6 个月内作出决定，并通知申请人。申请人对复审决定不服的，可以自收到复审决定通知之日起 15 日内向人民法院提起诉讼。

## 三、期限、终止和无效

（一）植物新品种权的期限

在我国，植物新品种权的保护期，自授权之日起，藤本植物、林木、果树和观赏树木为

20 年，其他植物为 15 年。

（二）植物新品种权的终止

在品种权的保护期限内，如出现以下情形之一，则品种权在其保护期届满前终止：（1）品种权人以书面声明放弃品种权的；（2）品种权人未按规定交纳品种权维持费的；（3）品种权人未按审批机关的要求提供检测所需要的该授权品种的繁殖材料的；（4）经检测，该授权品种不再符合被授予品种权的特征和特性的。

品种权的终止，由审批机关登记和公告。

（三）植物新品种权的无效

自审批机关登记授予品种权之日起，植物新品种复审委员会可以依据职权或依据任何单位或者个人的书面请求，对不符合《植物新品种保护条例》所规定的新颖性、特异性、一致性和稳定性条件的植物新品种，宣告品种权无效。对不符合名称规定的可以更名。宣告品种权无效或者更名的决定，由审批机关登记和公告，并通知当事人。品种权人或者无效宣告请求人对植物新品种复审委员会的决定不服的，可以自收到通知之日起 3 个月内向人民法院提起诉讼。

被宣告无效的品种权视为自始不存在。宣告品种权无效的决定，对在宣告前人民法院作出并已执行的植物新品种侵权决定、裁定，省级以上人民政府农业、林业行政部门作出并已执行的植物新品种侵权处理决定，以及已经履行的新品种实施许可合同和品种权转让合同，不具有追溯力；但是因品种权人恶意给他人造成损失的，应当给予合理赔偿。依前款规定品种权人或者品种权转让人不向被许可实施人或受让人返还使用费，明显违反公平原则的，品种权人或者品种权转让人应当向被许可实施人或者受让人返还全部或者部分使用费或者转让费。

## 第 3 节　植物新品种权的限制和保护

### 一、植物新品种权的限制

1. 合理使用。合理使用是指在某些情况下利用植物新品种，可以不经品种权人许可，不向其支付使用费，但不得侵犯品种权人的其他权利的权利限制制度。在我国，合理使用的情况主要是指有关单位或个人利用授权品种进行育种或者其他科研活动，农民自繁自用授权品种的繁殖材料等情形。

2. 强制使用许可。强制使用许可是指为了国家利益或者公共利益，可以不经品种权人许可，对授权品种进行推广使用的权利限制制度。在我国，农业、林业行政主管部门可以作出实施植物新品种强制许可的决定。取得实施强制许可的单位或者个人应当付给品种权人合理的使用费，其数额由双方商定；双方不能达成协议的，由审批机关裁决。品种权人对强制许可决定或者强制使用许可费的裁决不服的，可以自收到通知之日起 3 个月内向人民法院提起诉讼。

### 二、植物新品种权的保护

（一）植物新品种的国际保护

1961 年 12 月 2 日，比利时、丹麦、法国等国家在巴黎签订了《保护植物新品种国际公约》。该公约于 1968 年开始生效，并在 1972 年、1978 年及 1991 年作过修订。根据该公约的规定，成员国可以自由选择专门法或专利法或两者并用的方式对植物新品种给予保护。以《保护植物新品种国际公约》为基础，成立了国际植物新品种保护联盟（UPOV①），它是一个政府间组织，总部设在瑞士日内瓦。1994 年通过的《知识产权协定》第 27 条第 3 款规定，缔约方应以专利方式或者一种专门的制度或者两者的结合对植物新品种给予保护。其所确立的保护模式与《保护植物新品种国际公约》基本一致，该协议的缔结表明国际范围内对植物新品种提供保护的法律体系已基本形成。

（二）我国植物新品种保护状况

我国现行《专利法》第 25 条规定，植物品种不是可专利的对象，但植物品种的生产方法则可授予专利权。1997 年 3 月 20 日，国务院发布了《植物新品种保护条例》，规定对符合条件的植物新品种授予植物新品种权，由完成育种的单位和个人对其授权品种享有独占的权利。1999 年 3 月，我国正式加入《保护植物新品种国际公约》（1978 年文本）。1999 年，我国又分别由农业部和林业局制定了《植物新品种保护条例实施细则》农业部分和林业部分，初步做到了使我国的植物新品种保护有法可依，并与国际接轨。国务院新闻办公室于 2005 年 4 月 21 日发表的《中国知识产权保护的新进展》白皮书中指出，中国政府近年来不断加强植物新品种保护，从 2001 年开始，中国选择 12 个省市开展植物新品种保护执法试点，并逐步在全国展开。到 2004 年年底，全国有 17 个省（自治区、直辖市）查处农业植物新品种侵权和假冒案件 863 件。

我国分别在农业部和国家林业局成立了植物新品种保护办公室、植物新品种复审委员会，形成了以审批机关、执法机关、中介服务机构和其他维权组织相结合的保护组织体系。同时，建立了由农业植物新品种繁殖材料保藏中心、植物新品种测试中心和 14 个测试分中心，以及林业植物新品种测试中心、5 个测试分中心和 2 个分子测定实验室组成的技术支撑体系。

为保证品种权审查的科学性和权威性，在借鉴国际植物新品种测试技术规范的基础上，结合中国实际，有关部门组织制定了玉米、水稻、杨树、牡丹等 57 种植物新品种测试指南，其中 18 种已以国家或行业标准予以公布实施。中国先后发布并实施了 5 批农业植物新品种保护名录和 4 批林业植物新品种保护名录，使受保护植物属和种的数量达到 119 个，其中农业植物品种 41 个、林业植物品种 78 个，远远高于《保护植物新品种国际公约》规定的最低数量。

（三）侵犯植物新品种权的法律责任

侵犯植物品种权的行为，是指未经品种权人许可，以商业目的生产或销售授权品种的繁殖材料以及将该授权品种的繁殖材料重复使用于生产另一品种的繁殖材料的行为。

侵犯植物新品种权的，行为人应当根据具体情况，分别承担民事责任、行政责任或者刑事责任。（1）民事责任。侵权行为人应停止侵权行为，赔偿损失。侵犯品种权的赔偿数额，按照权利人因被侵权所受到的损失或者侵权人因侵权所获得的利益确定。权利人的损失或者侵权人获得的利益难以确定的，按照品种权使用许可费的 1 倍以上 5 倍以下酌情确定。②（2）行政责任。省级以上人民政府农业、林业行政部门依据各自的职权处理品种权侵权案时，为维护社会公共利益，可以责令侵权行为人停止侵权行为，没收违法所得，封存或扣押与案件有关的植物品种的繁殖材料，查阅、复制或者封存与案件有关的合同、账册及有关文件等，并处违法所得 5 倍以下的罚款。

---

① 首字母缩略词“UPOV”是由该组织的法语名称 Union Internationale pour la Protection des Obtentions Végétales 派生出来的。

② 参见《农业植物新品种权侵权案件处理规定》（2003 年）第 14 条。

## 本章小结

植物新品种是指经过人工培育的或者对发现的野生植物予以开发，具备新颖性、特异性、一致性和稳定性并有适当命名的植物品种。植物新品种权是一种授予植物新品种育种人的知识产权。依据这种权利，与利用受保护的品种有关的某些行为，必须事先得到育种人的许可。植物新品种培育完成后，不能自动取得品种权，必须经过申请、受理和审批的程序。植物新品种保护最终目的是鼓励更多的组织和个人向植物育种领域投资，从而有利于育成和推广更多的植物新品种，推动我国的种子工程建设，促进农林业生产的不断发展。

## 【资料链接】

1. 王汝锋，崔野韩．国际植物新品种保护的起源、现状与发展趋势．中国种业，2003（1）
2. 保护植物新品种国际公约（1961 年 12 月 2 日制定，1972 年 11 月 10 日、1978 年 10 月 23 日、1991 年 3 月 19 日修订）
3. 中华人民共和国植物新品种保护条例（1997 年 3 月 20 日国务院第 213 号令）
4. 詹映，朱雪忠．转基因作物新品种知识产权的技术措施保护初探．http：//www.iprcn.com/new2005/view.asp？idname=567
5. 昆明植物所．昆明植物所培育出 5 个花卉新品种．http：//www.cas.cn/html/Dir/2005/03/21/12/64/21.htm

# 第28章
# 集成电路布图设计权

## 导　语

集成电路产业是现代化工业的基础，是国家安全和信息产业发展的基础，也是信息强国的基础。所谓强国则要“强芯”。芯片技术作为信息时代的核心技术，使经济的发展以及综合国力的提升呈几何级数增长，良好的知识产权保护是促进集成电路布图设计产业发展的重要手段。在知识产权领域，集成电路布图设计权是一种新类型权利。它赋予设计人对自己创作完成的半导体集成电路布图设计享有复制权和商业利用权。集成电路布图设计权的取得方式各国规定不同，大多数国家采取登记取得的原则。在我国，集成电路布图设计权的取得，须向国家知识产权局申请并经审查批准。1989年于美国华盛顿缔结的《关于集成电路布图设计的知识产权条约》以及1994年通过的《知识产权协定》均规定了对集成电路布图设计的保护，在国际范围形成对集成电路布图设计的法律保护架构。我国于2001年3月颁布《集成电路布图设计保护条例》，实现了与国际条约立法保护的国际接轨。

请思考：

1. 集成电路布图设计权的概念和特征；
2. 集成电路布图设计权的取得条件；
3. 集成电路布图设计权的取得程序；
4. 侵犯集成电路布图设计权的法律责任。

## 第1节　集成电路布图设计权概述

### 一、集成电路布图设计及其特征

集成电路（Integrated Circuits），英文简称IC，也有人习惯将之称为芯片。它是以半导体材料为基片，将至少有一个是有源元件的两个以上元件和部分或者全部互连线路集成在基片之中或者基片之上，以执行某种电子功能的中间产品或者最终产品。这种电路高度集成地组合和联结若干电子元件，缩小电路的尺寸，加速电路的工作速度，降低电路成本和功耗，体积小，速度快，能耗低，被广泛应用于各种电子产品之中。

集成电路是微电子技术的核心，是现代电子信息技术的基础。集成电路的应用极为广泛，计算机、通信设备、家用电器等几乎所有的电子产品都离不开集成电路。集成电路作为一种综合性技术成果，它包括布图设计和工艺技术。集成电路布图设计，简称布图设计（Layout Design），是指集成电路中多个元件，其中至少有一个是有源元件和其部分或全部集成电路互连的三维配置，或者是为集成电路的制造而准备的这样的三维配置。通俗地说，布图设计就是确定用以制造集成电路的电子元件在一个传导材料中的几何图形排列和连接的布局设计。

集成电路布图设计产品，是指集成电路生产过程中的布图设计这一中间产品。现在的集成电路产品，由于工艺水平的提高，集成度越来越高，其体积和外形越来越小，基本表现在不断地提高集成度、节约材料、降低能耗上。布图设计是制造集成电路产品中非常重要的一个环节，它的开发费用一般要占集成电路产品总投资的一半以上，对于设计者来说，将几十万甚至上亿个元件布置在一小片半导体硅晶片上，要花费不少心血。不法厂商抄袭他人的布图设计，就能仿造出相同的集成电路产品，而其成本却比原开发者的少得多。运用知识产权法律手段保护集成电路布图设计产品设计人的智慧创作物，不仅可行，而且必要。

## 二、集成电路布图设计权及其特征

在知识产权领域，集成电路布图设计权是一种新型权利。它赋予设计人对自己创作完成的半导体集成电路布图设计享有复制权和商业利用权。

集成电路布图设计权，源自于对集成电路布图设计的专门保护。起初，世界知识产权组织要求各成员国自由制定保护布图设计的专门法律或通过其著作权法、专利法、反不正当竞争法或其他法律保护布图设计。美国开专门立法之先河，于 1983 年通过《半导体芯片保护法》（Protection of Semiconductor Chip Products Act）。这部法律虽然作为《美国法典》第 17 编（版权法）的最后一章，即第 9 章，但它实际上是一个独立的体系，既不属于版权法体系，也不属于专利法体系。布图设计权被作为与版权近似的一项独立的权利受特殊保护，从而推动产生了异于版权与专利权的集成电路布图设计权。继美国之后，日本、瑞典、英国、德国等国家也相继制定了自己的布图设计法，由此而形成集成电路布图设计权制度。

集成电路布图设计权的主体是依法对布图设计享有专有权的自然人、法人或者其他组织。中国自然人、法人或者其他组织创作的布图设计，以及外国人创作的布图设计首先在中国境内投入商业利用的，创作者依法享有布图设计专有权。外国人创作的布图设计，其创作者所属国同中国签订有关布图设计保护协议或者与中国共同参加有关布图设计保护国际条约的，也可享有布图设计专有权。由法人或者其他组织主持，依据法人或者其他组织的意志而创作，并由法人或者其他组织承担责任的布图设计，该法人或者其他组织是创作者。由自然人创作的布图设计，该自然人是创作者。两个以上自然人、法人或者其他组织合作创作的布图设计，其专有权的归属由合作者约定；未作约定或者约定不明的，其专有权由合作者共同享有。受委托创作的布图设计，其专有权的归属由委托人和受托人双方约定；未作约定或者约定不明的，其专有权由受托人享有。

集成电路布图设计权的客体是集成电路布图设计。作为一种智慧创作物形态，集成电路布图设计不同于专利权的客体和著作权的客体。第一，集成电路布图设计不同于著作权法保护的作品。集成电路布图设计虽然是一种三维配置的图形设计，由电子元件及其连线所组成的，执行着某种电子功能的形式，不表现任何思想，或者说其所表达的思想不具有任何意义；同时也不以其艺术性作为法律保护的条件，因此不是著作权意义上的图形作品或者模型作品。第二，集成电路布图设计与专利法保护的技术方案也有很大的差异。集成电路中具有电子功能的每一元件的实际位置决定布图设计的功能，其主要目的在于提高集成度、节约材料、降低能耗；并且对集成电路产品而言，取得专利的条件过于严格，只有极少数的集成电路产品能获得专利，而绝大部分集成电路产品缺乏作为专利保护的技术方案所必需的创造性和新颖性。因此，它与专利法上的发明、实用新型和工业品外观设计也不同。

集成电路布图设计权的内容包括复制权和商业化利用权。这两项内容在原有的知识产权种类中，分别属于著作权和专利权中的权能。复制，是指重复制作布图设计或者含有该布图设计的集成电路的行为。商业利用，是指为商业目的进口、销售或者以其他方式提供受保护的布图设计、含有该布图设计的集成电路或者含有该集成电路的物品的行为。布图设计权人可以自己对布图设计进行复制或者商业利用，或者将布图设计权进行转让，或者许可他人对布图设计进行复制或者商业利用。

## 第 2 节　集成电路布图设计权的取得和撤销

### 一、集成电路布图设计权的取得条件

根据我国《集成电路布图设计保护条例》的规定，受保护的布图设计应当具有独创性，即布图设计是创作者独立创作的智慧创作物，并且在其创作时该布图设计在布图设计创作者和集成电路制作者中不是公认的常规设计。

应该注意的是，布图设计专有权中的"独创性"与《著作权法》中对作品所要求的"独创性"具有不同的含义。它实际上是著作权法的创作性和专利法的创造性的结合。首先，受法律保护的布图设计，须是设计人独立创作的，且有其独特之处，近似于著作权法的独创性要求。其次，布图设计还需具备一定的先进性，不是常用的，是非显而易见的。但是这样的先进性又不必达到专利法要求的创造性高度，只需不同于以往的布图设计且有一定的进步性，就可以得到法律保护。其原因在于集成电路产品的更新换代表现为集成度的不断提高，在同样体积的芯片上布局更多的元件以增强功能、降低能耗。新的集成电路产品，只是比现有产品的集成度高，不可能是前所未有的，也不大可能达到突出的实质性特点和显著的进步。

### 二、集成电路布图设计权的取得程序

布图设计权的取得方式主要有以下几种：自然取得、登记取得以及使用与登记取得。大多数国家采用的是登记取得制，我国也是如此。在我国，办理布图设计登记手续的机关是国家知识产权局。根据《集成电路布图设计保护条例》的规定，布图设计专有权应当按照下列程序登记取得：

（一）申请

向国家知识产权局申请布图设计登记的，申请人应当提交布图设计登记申请表和该布图设计的复制件或者图样；布图设计在申请日前已投入商业利用的，还应当提交含有该布图设计的集成电路样品。国家知识产权局收到布图设计申请文件之日为申请日。如果申请文件是邮寄的，以寄出的邮戳日为申请日。布图设计自其在世界任何地方首次商业利用之日起 2 年内，未向国家知识产权局提出登记申请的，不再予以登记。

（二）初审

国家知识产权局收到布图设计登记申请后，对申请进行初步审查，而且主要是形式审查，基本不涉及其实质内容。

（三）登记并公告

布图设计登记申请经初步审查，未发现驳回理由的，由国家知识产权局予以登记，发给登记证明文件，并予以公告。布图设计登记申请经初步审查，不符合法定要求的，国家知识产权局予以驳回。布图设计登记申请人对国家知识产权局驳回其登记申请的决定不服的，可以自收到通知之日起 3 个月内，向国家知识产权局专利复审委员会申请复审。专利复审委员会进行复审后，认为布图设计登记申请的复审请求不符合规定的，应当通知复审请求人，要求其在指定

期限内陈述意见。期满未答复的，该复审请求视为撤回；经陈述意见或者进行修改后，专利复审委员会认为该申请仍不符规定的，应当作出维持原驳回决定的复审决定。专利复审委员会进行复审后，认为原驳回决定不符合规定的，或者认为经过修改后的申请文件消除了原驳回决定指出的缺陷的，应当撤销原驳回决定，通知原审查部门对该申请进行登记和公告。专利复审委员会的复审决定，应当写明复审决定的理由，并通知布图设计登记申请人。布图设计登记申请人对国家知识产权局专利复审委员会复审决定仍不服的，可以自收到通知之日起 3 个月内向人民法院起诉。

### 三、集成电路布图设计权的期限和撤销

（一）集成电路布图设计权的期限

关于布图设计权的保护期限，各国法律一般都规定为 10 年。根据《关于集成电路布图设计的知识产权条约》的要求，布图设计权的保护期至少为 8 年。《知识产权协定》所规定的保护期则为 10 年。我国《集成电路布图设计保护条例》规定，布图设计专有权的保护期为 10 年，自布图设计登记申请之日或者在世界任何地方首次投入商业利用之日起计算，以较前日期为准。但是，无论是否登记或者投入商业利用，布图设计自创作完成之日起 15 年后，不再受保护。

（二）集成电路布图设计权的撤销

在布图设计获准登记后，国家知识产权局发现该登记不符合规定的，由专利复审委员会予以撤销，通知布图设计权利人，并予以公告。这些情形主要包括：（1）不属于集成电路或者集成电路布图设计；（2）不具备权利主体资格；（3）不具有独创性；（4）该布图设计自创作完成之日起已满 15 年；（5）该布图设计自其在世界任何地方首次商业利用之日起 2 年内，未向国家知识产权局提出申请。

撤销布图设计专有权的，应当首先通知布图设计权利人，要求其在指定的期限内陈述意见。期满未答复的，不影响专利复审委员会作出撤销布图设计专有权的决定。专利复审委员会撤销布图设计专有权的决定应当写明所依据的理由，并通知该布图设计权利人。布图设计权利人对国家知识产权局撤销布图设计登记的决定不服的，可以自收到通知之日起 3 个月内向人民法院起诉。

被撤销的布图设计专有权视为自始即不存在。

## 第 3 节　集成电路布图设计权的限制和保护

### 一、集成电路布图设计权的限制

我国《集成电路布图设计保护条例》对布图设计权的限制主要有：合理使用、反向工程、独立创作、权利穷竭、善意买主和强制许可。

（一）合理使用

对于布图设计权，各个国家或地区一般都借鉴了著作权合理使用原则，规定为个人学习目的或为教学研究所进行的复制或利用他人的布图设计的行为，不视为侵权。我国《集成电路布图设计保护条例》亦规定，为个人目的或者单纯为评价、分析、研究、教学等目的而复制受保护的布图设计，可以不经布图设计权利人许可，不向其支付报酬。

（二）反向工程

反向工程，是指对他人的布图设计进行分析、评价，然后根据这种分析、评价的结果创作出具有独创性的布图设计。许多先进的布图设计就是在分析他人已有布图设计的基础上创作出来的。如果将这样的行为视为侵权，必将阻碍布图设计技术的进步，影响集成电路产业的发展。

（三）独立创作

独立创作，是指第三人通过自主创作行为所创作的与他人受保护之布图设计相同的布图设计的行为。这种独创行为也称“巧合”。在集成电路布图设计领域，法律仍然允许巧合之布图设计者，自由使用自己的布图设计，而不必经布图设计权利人许可，也不必向其支付报酬。

（四）权利穷竭

此处所指的权利穷竭，是指布图设计权人或经其授权的人，将受保护的布图设计或含有其布图设计的半导体集成电路产品投入市场后，对与其布图设计或者半导体集成电路产品有关的任何商业利用行为，不再享有权利。换言之，布图设计权人对该具体产品的商业利用权利已穷竭，任何人均可以不经权利人或者其授权的人同意，而进口、分销或以其他任何方式进行转让，而不侵犯他人的权利。

（五）善意买主

善意买主，是指在获得含有受保护的布图设计的集成电路或者含有该集成电路的物品时，不知道也没有合理理由知道其中含有非法复制的布图设计，而将其投入商业利用的自然人、法人或者其他组织。由于布图设计是一项技术性很强的智慧创作物，没有专门的设备是无法辨认的。另一方面，各国的集成电路布图设计法又没有要求权利人必须在布图设计上做上相应的权利标记，所以，即使具有专门知识的人也难以辨认自己所购买的集成电路产品中是否含有受保护的布图设计，更不用说普通的消费者。如果对一个不知道集成电路产品中含有非法复制的受保护的布图设计而出售的行为或者其他商业利用，一律视为侵权，追究其侵权责任，很可能造成市场秩序混乱，严重挫伤集成电路产品经销商的积极性，影响集成电路贸易的正常进行。因此，当善意购买方因“不知”而实施与布图设计权人的权利相冲突的行为时，各国法律都给予豁免。但是，如果善意买主得到其中含有非法复制布图设计的明确通告后，可以将现有的存货或者此前的定货投入商业利用，但应当向布图设计权人支付合理报酬。

（六）强制许可

强制许可，又称“非自愿许可”，是指在不经权利人同意的情况下，由有关主管部门直接发放的使用许可。这种制度是对布图设计权的一项重要限制。根据我国《集成电路布图设计保护条例》的规定，在国家出现紧急状态或者非常情况时，或者为了公共利益的目的，或者经有关部门依法认定布图设计权利人有不正当竞争行为而需要给予补救时，国家知识产权局可以给予使用其布图设计的强制许可。国家知识产权局作出给予使用布图设计强制许可的决定，应当及时通知布图设计权利人。强制许可的理由消除并不再发生时，国家知识产权局应当根据布图设计权利人的请求，经审查后作出终止使用布图设计强制许可的决定。

## 二、集成电路布图设计权的保护

（一）国际保护

当各国开始制定本国的布图设计保护法时，国际社会也开始了有关布图设计国际条约的拟定工作，用以协调各国间的相关立法活动。1989 年，世界知识产权组织在美国华盛顿召开专门会议，并通过《关于集成电路布图设计的知识产权条约》。该条约对布图设计的客体条件、保护的法律形式、缔约国之间的国民待遇、专有权保护范围、获权程序以及保护期限等作了具体规定。1994 年的《知识产权协定》专门规定了集成电路布图设计的保护，并要求各成员国确认按照有关规定对布图设计给予保护，至此，对集成电路布图设计提供保护，已经成为世界贸易组织所有成员的义务。

（二）我国集成电路布图设计保护概况

为了配合加入 WTO，我国先后制定了《鼓励软件产业和集成电路产业发展的若干政策》《集成电路布图设计保护条例》《集成电路布图设计保护条例实施细则》等相关政策和法规。其中，2001 年 3 月 28 日通过的《集成电路布图设计保护条例》，是保护集成电路布图设计的基本法律规范。

（三）侵权行为及救济措施

侵犯集成电路布图设计权的行为分为两种：(1) 未经布图设计权人许可，复制受保护的布图设计的全部或者其中任何具有独创性部分的行为；(2) 未经布图设计权人许可，为商业目的进口、销售或者以其他方式提供的受保护的布图设计、含有该布图设计的集成电路或者含有该集成电路的物品的行为。

侵犯布图设计权应承担民事责任和行政责任。民事责任主要有停止侵权行为和赔偿责任。侵犯布图设计权的赔偿额为侵权人所获得的利益或者被侵权人所受到的损失，包括被侵权人为制止侵权行为所支付的合理开支。行政责任主要包括责令侵权人立即停止侵权行为，没收、销毁侵权产品或物品。此外，布图设计权人或者利害关系人有证据证明他人正在实施或者即将实施侵犯其布图设计权的行为，如不及时制止，将会使其合法权利受到难以弥补的损害的，可以在起诉前依法向人民法院申请采取责令停止有关行为和财产保全的措施。

## 本章小结

在知识产权领域，集成电路布图设计权是一种新权利。它赋予设计人对其集成电路布图设计享有复制权和商业利用权。与其他知识产权制度的架构相近似，本章的学习主要是围绕权利范畴、权利取得、权利限制和权利保护展开。集成电路布图设计权的权利范畴由其主体、客体和内容的特征表现出来，权利取得则需要经过申请、初审、登记和公告，权利限制的方式包括合理使用、反向工程、独立创作、权利穷竭、善意买主和强制许可等，权利保护包括国际保护和我国国内法保护。

## 【资料链接】

1. 郭禾．中国集成电路布图设计权保护评述．知识产权，2005 (1)

2. Christie Andrew, *Integrated Circuits and Their Contents: International Protection*, London: Sweet and Maxwell, 1996

3. 中国专利局条法部编．集成电路和植物品种知识产权保护专辑．北京：专利文献出版社，1996

4. 刘文．集成电路布图设计的知识产权性质和特点．http://www.nipso.cn/gnwzscqxx/jcdlbtse/t20051019_54925

5. 集成电路布图设计专题．http://www.nipso.cn/

# 第29章 商业秘密保护

## 导 语

人们常说，商场如战场。那么，商业秘密就好比是军事秘密，泄露了军事秘密，将导致泄露方在战争中一败涂地。同样的道理，在激烈的市场竞争中，一个企业如果不能保护好自己的商业秘密，就很难保证在商战中立于不败之地。商业秘密，也称为“未公开信息”，是指不为公众所知悉、能为权利人带来经济利益、具有实用性并经权利人采取保密措施的技术信息和经营信息。商业秘密具有以下特征，即秘密性、价值性和保密性。在我国，目前尚无商业秘密保护法，而是通过《反不正当竞争法》给予保护。近几年来，全国法院受理的涉及侵害商业秘密的侵权案件每年以150%的速度增长。与维权行动相呼应的是，越来越多的企业认识到商业秘密在形成企业竞争力中的作用，越来越多的老百姓意识到商业秘密与自己的切身联系。总之，商业秘密法律制度的变革值得共同关注。

请思考：

1. 商业秘密的概念；
2. 商业秘密的特征；
3. 保护商业秘密的措施；
4. 侵犯商业秘密的行为及其法律责任。

## 第1节 商业秘密概述

### 一、商业秘密的概念

《知识产权协定》将商业秘密界定为“未公开信息”，只要求“其在某种意义上属于秘密，即其整体或者要素的确切体现或组合，未被通常涉及该信息有关范围的人普遍所知或者容易获得；由于是秘密而具有商业价值；是在特定情势下合法控制该信息之人的合理保密措施的对象”[①]。美国《侵权法重述》第757条规定，某项信息是否为商业秘密应考虑以下六个方面的因素：(1) 在商业秘密所有人的企业之外，该信息被知晓的程度；(2) 企业内部的雇员和其他相关企业知晓该信息的程度；(3) 为保密而采取的措施；(4) 信息对他及其竞争者具有的价值；(5) 在开发信息中所花费的努力和金钱；(6) 其他人为正当取得该信息的难易程度。

我国《反不正当竞争法》第10条概括了商业秘密的定义：“本条所称的商业秘密，是指不为公众所知悉、能为权利人带来经济利益、具有实用性并经权利人采取保密措施的技术信息和经营信息。”具而言之，商业秘密具体包括：企业现有的以及正在开发或构想之中的产品设计、

① 《知识产权协定》第39条第2款。

工具模具、设计程序、产品配方、制作工艺、制作方法、经验公式、试验数据、管理诀窍、企业的业务计划、产品开发计划、财务情况、内部业务规程、定价方法、销售方法、客户名单、货源情报、产销策略、招投标中的标底及标书内容等。

## 二、商业秘密的特征

商业秘密的特征，也称为商业秘密的构成要件。根据《知识产权协定》的规定，商业秘密具有以下三个基本特征：秘密性、价值性和保密性。

（一）秘密性

商业秘密的秘密性，是指作为商业秘密的信息是不为公众所知悉的。商业秘密的这一特征所反映的是某种信息的一种客观性状。如果一种技术信息或者经营信息，是相关领域的技术人员或者经营者能够在公共渠道以普通方式获得，且任何人都可以自由使用，那么，这样的技术信息或者经营信息就是公共信息，不属于商业秘密的范围。商业秘密则不然，它是处于保密状态的，相关领域的技术人员或经营者只能以某种法律方式与商业秘密持有人签订使用许可协议获取，不可能在公共渠道以普通方式获得。

应该注意的是，即使某种技术信息或者经营信息（例如某种数据）处于公知状态，任何人都可以自由获得，这样的信息一旦被某个商业主体采集，融合进入其整体信息库，并对其采取合理的保密措施，也可能成为其商业秘密。例如，某经营企业所整理的客户名单，实际上就是由那些处于公知状态下每一个客户的名单所集合而成的，只要该企业对该客户名单采取了合理的保密措施，使之处于保密状态，就属于其商业秘密。

对技术开发性企业而言，其拥有的技术信息可能是不为他人所知的，这样的技术信息肯定属于商业秘密。

为使商业秘密的利益发挥出来，持有人在可以不破坏保密状态的前提下，以某种方式利用其商业秘密。当然，对商业秘密的利用可能导致其他人以合理的手段获取该秘密，例如，反向工程。此外，商业秘密被申请专利、含有商业秘密的作品出版或登记等，都可能导致商业秘密的披露，从而使之进入公知公用领域。

（二）价值性

商业秘密的价值性，是指作为商业秘密的信息能够为权利人带来经济利益。商业秘密是一种相对独立的、完整的、具体针对现实问题的可操作性方案，其本身就包含着商业价值，可以为持有者带来无限商机，包括现实的和潜在的竞争优势。一方面，如果一项技术信息能使企业节省开支、降低成本、提高产品质量或能够实现保护环境、安全生产的功效，并能为企业创造利润，增强企业的竞争优势，那么该项技术信息就是具有价值性的。另一方面，如果企业所拥有的技术信息为其竞争对手所期待，对方愿意投资获取，那么也应该认为该项技术信息具有价值。从反面观之，那些已经为公众所周知、没有任何保密价值的信息不能被认定为商业秘密。例如，不能把相对简单的烤鸡、通心粉和干酪的配方作为商业秘密。同时，一项商业秘密如果不能给企业带来经济价值，也就失去保护的意义。曾有一个日本火腿肠公司，发明了一种火腿染色技术，自我感觉良好，后被一位跳槽的员工窃走并自立门户，该公司就把此员工告上法庭。后经法庭调查，顾客在购买此种火腿肠时根本没把颜色考虑在内，所以，法庭判定此项技术不是商业秘密，这就是关于商业秘密应该蕴含价值的一个典型案例。

商业秘密区别于理论成果，具有现实的或潜在的使用价值。有时，我们可能忽视这样的问题：如一些失败的实验，夭折的计划等，这也可能是商业秘密，失败的经验可以使你少走弯路。如果你的竞争对手和你都在研制开发同一种新产品或新工艺，你失败的经验就完全可以列为商业秘密，因为一旦你的对手知悉了这种信息，就无异于你给他排除了地雷，把他送上了光明大道，所以，这方面尤其需要引起我们的注意。

（三）保密性

商业秘密的保密性，是指商业秘密持有人对其技术信息或经营信息所采取合理的保密措施。商业秘密的生命在于它的“秘密性”，而要维持商业秘密的秘密性，就需要采用适当的保密措施。保密是商业秘密持有人的一种主观行为。如果某种商业秘密的开发投入大量的精力和金钱，而且该信息对于他及其竞争对手又具有重大的价值，则持有人保守秘密的主观愿望也就越强烈。保密的行动是保密人采取了措施防止第三人得知，而且该措施对已掌握商业秘密的人有一定的拘束力。采取保密措施是商业秘密蕴涵利益的客观体现，它既包括各种物质措施，例如，地下保险库的保密措施、电子眼监控措施，还包括各种软环境建设，例如，建立保密制度、与员工签订图纸保密协议等。

## 第 2 节　商业秘密保护及其特征

### 一、商业秘密保护的概念

保护自己的秘密或者商业秘密是人类的天性。早期的手工业者一旦掌握了某种技术诀窍，为避免因被他人获得诀窍而丧失竞争和盈利优势，就自然会产生保密的意识，以便维持对这种技术诀窍的垄断性占有。这样的自我保护对于信息不流畅、竞争不激烈的社会可能尚有作用，但是在信息社会中就显得捉襟见肘。自 20 世纪 50 年代以来，以信息的生产、储存、加工和传播为主要内容的信息技术革命方兴未艾，技术的力量使信息的传播超越语言、国界、时间与空间的障碍，信息就是财富的观念已经深入人心，围绕信息、人才和市场的争夺将商业秘密的保护提上日程。在这样的背景下，商业秘密在市场竞争的浪潮中被商品化、价值化，逐渐走出个体经济的狭小圈子，其保护不再是简单秘密地进行嫡系转让。①

商业秘密保护，是指商业秘密持有人依法对其商业秘密享有的禁止他人非法盗窃、盗用、披露或者不当使用的权利，是法律赋予商业秘密持有人的一项特殊权利。

### 二、商业秘密保护的特征

商业秘密保护的本质特征，是对法律给商业秘密持有人赋予的特殊利益形态。与其他知识产权相比，商业秘密具有以下的基本特征：

1. 商业秘密持有人的多重性，即同样的技术信息或者经营信息可能同时为多个不同主体所掌握，并且各自均采取了保密措施。同一商业秘密的多个权利主体都可以对其持有的商业秘密进行合法利用，并有权禁止他人的非法侵犯。

2. 客体——技术信息和经营信息——本身也具有其个性特征。一般的智慧创作物均具有一定的创造性，而在商业秘密中，技术秘密的创造性有高有低，经营信息通常无明显的创造性，在确定一项信息是否属于商业秘密时，其秘密性和价值性成为关键。

3. 保护期限的不确定性。商业秘密的保护期限在法律上没有规定，保护期限的长短取决

① 参见吴汉东等：《知识产权基本问题研究》，717 页，北京，中国人民大学出版社，2005。

于持有人所采取的保密措施是否得力及商业秘密是否被公开，只要商业秘密不被泄露出去，商业秘密就一直受到法律的保护。与此不同的是，专利权、集成电路布图设计权、植物新品种权等创造性成果权往往有时间限制，当法定的保护期限届满，该权利即不再受法律保护。

4. 商业秘密保护的自动性，即自商业秘密产生之日自动获得保护。与此不同的是，专利权、集成电路布图设计权、植物新品种权等创造性成果权的取得，往往需要经过国家机关的审批并公告。之所以出现这样的差异，主要因为商业秘密具有秘密性，不可能由国家审批。

### 三、商业秘密保护和专利保护

商业秘密保护和专利保护在保护技术信息时各有利弊。对于商业秘密保护来说，由于法律允许多个主体同时拥有相同的信息作为商业秘密，因而，在决定采用商业秘密保护一项技术成果时，可能存在以下风险：一是他人独立地研制开发出相同的技术时，并不构成对商业秘密的侵害，而一旦他人将相同的技术申请专利并获得专利权之后，可能导致商业秘密持有人的商业秘密被连带性的公开，失去其商业价值，甚至不能继续使用该项技术成果。二是商业秘密保护依赖于保密措施，且不能够防止他人以正当手段如反向工程等破解该秘密，因此，商业秘密保护可能处于不稳定状态。当然，选择以专利权的方式保护某一技术成果也有弊端，一方面，其原因在于并非所有的技术都能满足法律规定的专利性；另一方面，即使获得了专利权，其保护期限也是有限的。此外，专利必须公开，这使得专利技术更容易被仿造或模仿，专利权人在寻求法律保护时要付出很高的代价，甚至有“赢了官司输了钱”的现象。

一般来说，经营者在决定是采用专利保护还是商业秘密保护时要考虑多个方面的因素，主要包括：（1）技术信息是否易于研发。如果产品的技术不是很复杂，很容易被破解，或通过反向工程获取，则应酌情考虑采用专利保护。（2）技术信息能否达到申请专利所要求的条件。如果无法达到专利所要求的新颖性、创造性和实用性，则应采用商业秘密保护。（3）技术信息的寿命长短。如果一项技术信息的“寿命”比较短，需要随着市场的发展及时调整和改进，则采用商业秘密保护可以避免申请专利烦琐的登记程序。（4）技术信息的效益程度。如果一项技术信息所能带来的经济效益有限，则较适宜采用商业秘密保护，因为维持专利有效需要缴纳年费，而且专利维持费是逐年增加的。

## 第3节　商业秘密保护的限制以及方式

### 一、商业秘密保护的限制

与其他知识产权一样，商业秘密保护也受限制。

（一）反向工程

所谓反向工程，是指通过对终端产品的分析研究，破解该产品的原始配方或者生产方法的过程。商业秘密持有人投放到市场上流通的产品中所蕴含的商业秘密，一旦被竞争对手通过反向工程获取（法律限制的某些特殊产品除外），则其秘密性相对丧失，原拥有者也就丧失了相应的权利。

（二）善意使用或披露

善意第三人的使用。如果第三人不知道所涉信息为他人商业秘密而加以使用或者披露，则因其无过错而不构成我国《反不正当竞争法》第10条第2款针对第三人所规定的侵犯商业秘密的行为。

（三）自行研发

由于商业秘密保护具有相对性，并且法律也并不排除在同一商业秘密之上有两个或两个以上的利益主体。因而，商业秘密保护不能禁止他人自行研究出相同的技术信息或者经营信息，也不能禁止他人对自行研制出来的技术信息或者经营信息获得应有权利。相反，一旦其他人就相同的技术信息或者经营信息获得专利权，与该专利技术相同的商业秘密就转变成公知技术而丧失秘密性，不能再作为商业秘密保护。

## 二、商业秘密保护的方式

（一）国际保护

商业秘密保护在 1978 年美国《统一商业秘密法》和 1981 年英国《保护秘密权利法草案》中得到确认。20 世纪 60 年代，国际商会（ICC）首先把商业秘密视为知识产权，此后，《建立世界知识产权组织公约》亦暗示商业秘密可以包含在知识产权之内。至 20 世纪 70 年代末，世界知识产权组织草拟的各种知识产权示范法皆规定商业秘密法律制度，《知识产权协定》更是明确规定“未披露信息”应当成为知识产权的保护对象。至此，商业秘密作为权利形态受到了法律的保护，得到国际社会的承认。

（二）我国对商业秘密的保护

在我国，商业秘密保护取得长足进步。从立法上看，《反不正当竞争法》《合同法》和《刑法》均明确规定对商业秘密给予保护。1993 年通过的《反不正当竞争法》是我国规范商业秘密的一部重要法律，它不仅在第 10 条界定商业秘密的概念，而且规定了侵犯商业秘密的主要不正当竞争行为，从而填补了商业秘密保护上的空白。1999 年通过的《合同法》明确规定签约中的商业秘密保护，同时对技术开发、技术转让等合同中的技术秘密保护作出规范。1997 年修订的《刑法》规定了侵犯商业秘密罪的刑事责任。此外，《公司法》《合伙企业法》《个人独资企业法》对竞业禁止进行了规定。2007 年 6 月 29 日，第十届全国人民代表大会常务委员会第二十八次会议通过的《劳动合同法》也就竞业限制的有关问题作出了更为详细的规定。由此可以看出，我国已基本建立了商业秘密保护体系，基本做到了有法可依，初步形成整体框架，从民事、行政、刑事等各个角度为商业秘密提供法律保护。

（三）侵犯商业秘密的行为及其法律责任

由于商业秘密包含着巨大的经济价值，因而它日益成为不正当竞争行为所侵害的对象。常见的侵犯商业秘密的行为有两种：通过不正当手段获取商业秘密或违反保密义务而擅自披露商业秘密。[①]

通过不正当手段侵犯商业秘密主要有三种表现形式：

1. 以盗窃、利诱、胁迫或者其他不正当手段获取权利人的商业秘密。“盗窃”是指以非法占有为目的，以秘密窃取的方式获取权利人的商业秘密。这类行为人既可能是内部知情人员，也可能是外部人员。“利诱”是指行为人以财物、高薪或其他利益引诱商业秘密权利人的雇员、技术人员等，并获得商业秘密。“胁迫”是指行为人通过对商业秘密权利人、知情人本人或其亲属的生命健康、名誉、财产等造成损害相要挟，强迫有关人员透露信息，从而获得商业秘密。“其他不正当手段”是指除上述三种手段以外获取商业秘密的行为，如通过行贿、女色勾

① 参见［美］罗伯特·P·墨杰斯、彼特·S·迈乃尔、马克·A·莱姆利、托马斯·M·乔德等：《新技术时代的知识产权法》，51 页，北京，中国政法大学出版社，2004。

引等手段套取权利人的商业秘密。

2. 披露、使用或者允许他人使用以前项手段获取权利人的商业秘密。所谓“披露”，是指公开散布不当获取的商业秘密；“使用”是行为人将非法获取的商业秘密直接用于生产经营中；“允许他人使用”是指行为人将非法获取的商业秘密以有偿或无偿的方式提供或转让给他人使用。

3. 第三人明知或者应知侵犯商业秘密是违法行为，仍从那里获取、使用或者披露权利人的商业秘密。这是一种间接侵权行为。行为人知悉其为他人的商业秘密，并明知或应知系侵犯商业秘密的情形，依然获取、使用、披露该信息，所以，法律将这种行为也作为侵犯商业秘密行为对待。

关于违反保密协议或者违反一般合同而侵犯商业秘密的行为，主要包括：（1）与权利人有业务关系的单位和个人违反合同约定或者违反权利人保守商业秘密的要求，披露、使用或者允许他人使用其所掌握的权利人的商业秘密；（2）权利人的职工违反合同约定或者违反权利人保守商业秘密的要求，披露、使用或者允许他人使用其所掌握的权利人的商业秘密；（3）当事人在订立合同过程中、订立合同以后，以及合同履行过程中知悉商业秘密，泄露或者不正当使用该商业秘密给对方造成损失的，应当承担损害赔偿责任。

根据我国《刑法》《民法通则》和《反不正当竞争法》等法律规定，侵权人应当承担以下法律责任：（1）侵权人应停止侵害、消除影响、赔礼道歉；（2）给权利人造成损害的，应当承担损害赔偿责任；（3）侵权人应承担受害人因调查侵权行为所支付的合理费用；（4）监督检查部门，可根据情节轻重处以侵权人1万元以上20万元以下的罚款；（5）我国《刑法》规定，违反约定或者违反权利人有关保守商业秘密的要求，披露、使用或者允许他人使用其所掌握的商业秘密的，给商业秘密的权利人造成重大损失的，处3年以下有期徒刑或者拘役，并处或者单处罚金；造成特别严重后果的，处3年以上7年以下有期徒刑，并处罚金。

### （四）商业秘密管理

虽然法律赋予受害人的救济途径很充分，但这种被动防御的策略并非上策。因为在商业秘密法律救济中存在一些弊端：

1. 举证责任的分担。虽然法律要求侵害人在侵权行为发生后，应提供使用信息的合法获得途径的证据，但是权利人仍需要证明商业秘密和被使用信息的一致性或相同性，以及获取该商业秘密的条件，这就难免要披露商业秘密，特别是在刑事诉讼中，在一定范围公开商业秘密存在风险。

2. 损失挽回困难。在商业秘密侵害发生后，权利人很难就实际的损失提供依据；如果商业秘密还未披露，权利人的实际损失可能为零；如果商业秘密已经披露或由善意第三人申请专利，则权利人的损失可能无穷大。由于商业秘密已经成为不少企业竞争生存的重要利器，并且因为其特殊性质使然，其一旦曝光就有秘密流失、竞争价值不再的危险。因此，借助主动对商业秘密的管理保护商业秘密，就成为企业的战略选择。[①] 商业秘密管理包括针对商业秘密本身的管理、对具有接触商业秘密可能的人员管理和各种物理措施的采行。主要措施包括：

（1）针对商业秘密本身进行控制。首先，要确定保密的范围，对于企业内部构成商业秘密的种类、分布加以罗列，并对机密材料区分为机密级、密级、限阅级等，然后公布应保密的文件及管制方式让所有的员工知悉。其次，应制订管理办法及部门控制。设计机密材料的制作、流传、保存、借阅及销毁等程序。

---

① 参见谢铭洋、丁中原等：《营业秘密法解读》，176～200页，台北，月旦出版社，1996。

(2) 对有接触秘密可能的人员加强管理。首先，企业应与员工签订保密协议或者相关的合同。一般来说，这样的合同包括保密合同、发明转让合同以及竞业禁止合同。保密合同一般规定雇员在工作中会接触到的秘密信息，并规定他应对此保密。发明转让合同规定雇主享有其雇员在聘期内创造的智慧创作物的归属，以及相应的保密要求。竞业禁止合同要求雇员离职后在一定期限内不得从事与雇主相同的行业与之竞争。其次，开展教育培训。企业应针对新进员工和在职员工开展保密教育活动，使员工了解企业文化伦理、企业保密的范围以及工作规则和违约后果。可以采取一定的处罚方式，例如，离开座位未将机密资料收妥、下班未将机密文件保管好等列为违规事件，记入考评事项。最后，加强对离职员工的管理。除要求其办理有关材料的交接手续，点清该员工处理的机密文件外，还应再次告诫该员工的保密责任。能够弄清该员工离职的原因以及去向，并与新雇主联系，告知其新进员工对原公司的保密义务，也是防止公司机密外泄的重要措施之一。另外，建立基本人事资料、撰写工作日志等，均可同时用来作为商业秘密管理的手段。

(3) 采取相关的物理措施。例如，门卫、设备管理、电脑管理以及废弃物处理等。特别是针对试验室、电脑、传真机、影印机、废弃物等要设置专门的防范措施。有报道称，一位留学博士通过收购某大公司的垃圾，取得了该公司制造合成钻石的文件，然后卖给另一家公司，获得三百多万美元。由此可见物理措施防范的重要性。

(五) 竞业禁止

竞业禁止也称竞业限制，是指企业的职工（尤其是高级职工）在其任职期间以及在任职关系终止或者解除后的一定期限内，不得到生产与原单位同类产品或者经营同类业务的有竞争关系的其他用人单位任职，也不得自己开业生产或者经营与原用人单位有竞争关系的同类产品或者业务。竞业禁止制度的一个重要目的就是保护雇主或企业的商业秘密不为雇员所侵犯。竞业禁止一般可分为两种，即法定竞业禁止和约定竞业禁止。法定竞业禁止是主体承担竞业禁止义务源于法律的直接规定。法定竞业禁止是以规范性法律文件的形式体现，具有强制性，当事人不能以合同约定排除适用。我国《公司法》《合伙企业法》《个人独资企业法》规定了董事、经理、国有独资公司的董事长、副董事长、董事、经理，合伙企业的合伙人、个人独资企业的投资人委托或者聘用的管理个人独资企业事务的人员具有法定竞业禁止义务。约定竞业禁止是指主体承担竞业禁止义务源于双方的约定。这种约定一般是通过双方签订竞业禁止合同表现出来的。2007 年 6 月 29 日，第十届全国人大常委会第二十八次会议审议的《劳动合同法》就在劳动合同中约定竞业限制的有关问题作出了 明确规定。

如《劳动合同法》第 23 条规定："用人单位与劳动者可以在劳动合同中约定保守用人单位的商业秘密和与知识产权相关的保密事项。对负有保密义务的劳动者，用人单位可以在劳动合同或者保密协议中与劳动者约定竞业限制条款，并约定在解除或者终止劳动合同后，在竞业限制期限内按月给予劳动者经济补偿。劳动者违反竞业限制约定的，应当按照约定向用人单位支付违约金。"同时，该法第 24 条规定："竞业限制的人员限于用人单位的高级管理人员、高级技术人员和其他负有保密义务的人员。竞业限制的范围、地域、期限由用人单位与劳动者约定，竞业限制的约定不得违反法律、法规的规定。在解除或者终止劳动合同后，前款规定的人员到与本单位生产或者经营同类产品、从事同类业务的有竞争关系的其他用人单位，或者自己开业生产或者经营同类产品、从事同类业务的竞业限制期限，不得超过二年。"

从《劳动合同法》的规定可知，为保证员工的择业自由，竞业限制不得滥用，应有一定的限制条件，这些限制条件主要包括：(1) 竞业限制的人员：限于用人单位的高级管理人员、高级技术人员和其他负有保密义务的人员；(2) 竞业限制的期限：竞业限制的期限不得超过 2 年；

(3) 竞业限制的补偿：竞业限制限制了劳动者的劳动权利，由于受到协议的限制，劳动者的就业范围大幅缩小，甚至于失业，因此，对劳动者进行补偿成为必要。根据《劳动合同法》第23条第2款之规定，用人单位应当按月向劳动者支付经济补偿，具体补偿数额可以由双方协议约定。

如果劳动者违反竞业限制义务，应当按照约定向用人单位支付违约金，违约金数额由双方协商确定；劳动者违反竞业限制义务给用人单位造成损失的，应当承担赔偿责任。

## 本章小结

商业秘密，是指不为公众所知悉、能为权利人带来经济利益、具有实用性并经权利人采取保密措施的技术信息和经营信息。商业秘密保护，就是商业秘密持有人依法禁止他人非法盗窃、盗用、披露其商业秘密的特殊权利。自商业秘密保护勃兴以来，针对商业秘密的不正当竞争行为基本形态无外乎径行侵权和违反契约。但社会的发展使侵权和违反契约行为的具体表现形式日新月异，面对纷繁复杂的不正当竞争行为，企业除应在侵害行为发生后采取法律救济措施外，还应积极加强商业秘密管理，对竞业禁止及其限制作出规定，尽量做到防患于未然，主动防止各种不正当竞争行为的发生。

## 【资料链接】

1. [美] 罗伯特·P·墨杰斯，彼特·S·迈乃尔，马克·A·莱姆利，托马斯·M·乔德. 新技术时代的知识产权法. 北京：中国政法大学出版社，2004

2. 谢铭洋，丁中原等. 营业秘密法解读. 台北：月旦出版社，1996

3. 刘春田，郑璇玉. 商业秘密的法理分析. http://www.iprcn.com/new2005/view.asp?idname=636

4. 崔明霞，彭学龙. 商业秘密法律保护世纪回顾. http://www.iprcn.com/new2005/view.asp?idname=173

5. 蒋志培. 论网络环境下的商业秘密保护. http://www.chinaiprlaw.com/fgrt/fgrt29.htm

# 第30章 地理标志保护

**导　语**

中华大地幅员辽阔，资源丰富，气候多样，历史悠久，物华天宝，名物特产数不胜数，这些地理标志产品构成了中华民族的经济精品。地理标志，是指标示某商品来源于某地区，该商品的特定质量、信誉或者其他特征，主要由该地区的自然因素或者人文因素所决定的标志。地理标志权的取得不需要经过特定的注册程序，但地理标志权的效力需要通过一定的程序公示。在我国，地理标志可以作为集体商标或证明商标的组成部分注册，但若在地理标志产品上使用地理标志，还必须经国家质检总局审查批准。地理标志权受到一定的限制，主要包括：善意或在先使用的例外、善意注册的例外、通常用语的例外、名称权的例外、来源国不保护或已停用的例外以及其他例外。地理标志保护既是知识产权国际保护中的热点问题，也是国内知识产权保护中的热点问题，受到社会的普遍关心和重视。

请思考：

1. 地理标志的概念；
2. 地理标志保护的特征；
3. 地理标志保护条件；
4. 地理标志保护措施。

## 第1节　地理标志保护概述

### 一、地理标志解读

地理标志（Geographic Indications），包括货源标记和原产地名称。我国学者一般认为，“货源标记”是指表示一种产品来源于某个国家、地区或地方的说明标记，通常由名称、标记或符号组成。如“上海制造”“Made in China”等都属于产品的货源标记。原产地名称，是指一个国家、地区或地方的地理名称，用于指示一项产品来源于该地，其质量或特征完全或主要取决于该地的地理环境，包括自然和人为的因素。[①] 在我国实践中曾区分原产地域标记和原产地标记，但现在一般以地理标志概括统称。[②] 需要说明的是，立法所保护的地理标志主要指的是原产地名称。对此，我国《商标法》（2008年）第16条第2款规定，地理标志，是指标示某商品来源于某地区，该商品的特定质量、信誉或者其他特征，主要由该地区的自然因素或者人

① 参见张今：《知识产权新视野》，267页，北京，中国政法大学出版社，2000。

② 2005年7月15日，国家质量监督检验检疫总局发布生效的《地理标志产品保护规定》，将《原产地域产品保护规定》和《原产地标记管理规定》的地理标志管理工作合二为　。

文因素所决定的标志。国家质量监督检验检疫总局（以下简称国家质检总局）于 2005 年 5 月 16 日通过的《地理标志产品保护规定》第 2 条规定，地理标志产品，是指产自特定地域，所具有的质量、声誉或其他特性本质取决于该产地的自然因素和人文因素，经审核批准以地理名称进行命名的产品。地理标志产品包括：(1) 来自本地区的种植、养殖产品；(2) 原材料全部来自本地区或部分来自其他地区，并在本地区按照特定工艺生产和加工的产品。具体说来，地理标志有以下基本特征：

1. 地理标志是一种指示性标志，标示着特定的地域、地区或者地点。地理标志表明了某项商品或者服务的来源地，既包括一个国家，例如“中国丝绸”“中国制造”等，也包括省、市、县、乡、镇、村，如孝感麻糖、西湖龙井、京山大米等。地理标志就是这一特定地域内某种产品的生产、制造、加工者共同使用的一种商业标志，能够让消费者从市场上识别商品或服务的来源，这一点与商标的功能近似。地理标志指示的地理名称应该具有真实性，所谓“虚幻标志”不能被视为地理来源标志。此类标志或许含有地理名称，但公众显然明白，该地理名称并非原产地，它仅仅揭示了产品的某些特性。例如，“南极洲”电冰箱或者“珠穆朗玛峰”自来水笔，当属此类情形。

2. 地理标志的价值在于它与商品特定的质量、信誉或者其他特征相关联。地理标志的经济意义就在于它指向一定的产品，即地理标志上凝聚着某种或者某些商品特定的质量、信誉或者其他特征。一旦在某类产品上使用一定的地理标志，就可能带来巨大的经济效益。例如，山东蓬莱鑫圆工贸有限公司实施地理标志保护制度以来，烟台苹果的出口量连年增加，已由原来的 1 万多吨增加到 2 万多吨。市场也由原来的东南亚扩大到中东市场和欧洲市场，而且欧洲市场的出口量已占该公司苹果出口量的 60%以上。

3. 地理标志依附于特定地理区域的自然因素或者人文因素。不具有这种特定的自然因素或者人文因素之地理区域，如无特殊情况，不得使用相同之地理标志。例如，“从江瑶浴”是当地瑶族群众经过数百年的实践积累而保存至今的传统医药知识。特殊的地理环境，使瑶族聚居区域具有生物多样性特征，地道中药材蕴藏丰富。采集数十味中草药配制沐浴药方，达到防病治病和保健的效果，构成了当地独特的瑶族沐浴文化。可见，“从江瑶浴”的特征主要与从江瑶族聚居区域的自然因素和人文因素相关联，符合地理标志的该项特征。①

## 二、地理标志保护及其特征

地理标志保护，是指法律授权地理标志所指示之特定地域范围内的市场经营者，将该地理标志与特定商品或者服务相联系进行经营活动，而禁止其他人在经营活动中擅自使用地理标志的特殊权利。这样的权利，只能为特定地域范围内的若干经营者共同享有，不能为某一单独的个体所独占。地理标志虽然属于工业产权范畴，但并不完全具备该类权利的基本特征。

1. 地理标志的使用者是在某一特定地域范围内的经营者。我国现行《商标法》第 10 条第 2 款规定：“县级以上行政区划的地名或者公众知晓的外国地名，不得作为商标。但是，地名具有其他含义或者作为集体商标、证明商标组成部分的除外……”这表明，个人不能将地理标志独自注册。《巴黎公约》规定，在虚假产地标志所标示的国家、地区或地方生产经营该项商品的任何人都应视为有关当事人，均有权起诉。这些条款均说明，地理标志权是一种集体性的共有权利，产地内的所有企业和个人只要其产品符合真实、稳定的传统条件，具有一定的质量

---

① 参见《从江对传统医药知识实施地理标志保护》，资料来源：http：//www.nipso.cn/gnwzscqxx/dlbz/t20051215 _ 62386.asp。

和特点，都可以使用该地理标志。例如，“龙口”是长期使用在粉丝商品上的带有产地名称性的称谓，不宜由某一企业作商标注册专用，而只要是“龙口”地区内的所有符合该粉丝产品特质的企业和个人都可以使用该地理标志。

2. 地理标志保护的内容包括使用权和禁止权，但不包括转让权。禁止以任何方式将地理标志作为商品名称、商品表达使用，禁止对包含有未能表明商品真实原产地的地理标志的商标注册或使其注册失效，禁止字面上真实但实际上却能产生误导效果的地理标志的使用（商品名称上、表达上），注册。同时，地理标志保护不包括转让权，这是由地理标志的本源性所决定的。如果允许任意转让地理标志使用权，就会造成商品地域来源的混淆，导致地理标志的本来功能与作用丧失。

3. 地理标志保护不受时间限制。具而言之，法律对地理标志给予的保护具有永久性。对此，法国《原产地标记保护法》第 7—4 条第 2 款规定：“原产地名称永远不能被认为有通用性并且永远不能成为公产。”爱沙尼亚《地理标志保护法》第 7 条的规定更为明确：“地理标志的法律保护不受时间限制。”

## 第 2 节　地理标志保护的方式

地理标志是一种自然财产，其产生基于产品的独特品质与地理环境相联结的自然事实。例如，德国《商标法》规定，对地理标志的保护无须任何登记。这种保护从使用这一标志之时起即自动产生。地理标志保护不需要任何程序，其效力依赖于对地理标志的确认，所以，通过一定的程序将地理标志转化为得到国家认可的标记，是地理标志保护的保障。因此，许多国家采取了地理标志注册登记制度，用公示形式作为地理标志保护的证据。在地理标志的公示注册上，有两种形式：第一种属于地理标志注册制，例如，法国于 1919 年 5 月 6 日颁布的《原产地标记保护法》确立了原产地命名制度，明确规定原产地名称的注册登记。第二种属于商标注册制，把地理标志作为一种特殊的商标，采用证明商标或集体商标的注册程序。例如，德国《商标法》规定，地理标志可以作为集体商标获准注册。具有权利能力的协会在申请注册集体商标时必须提供商标使用与管理规章。该规章不仅要明确规定协会成员的必备条件，还要确定使用集体商标的条件，从而使一定的品质标准得以适用。集体商标若由地理来源标志组成，那么规章中必须规定，如果某种商品或服务来自该有关地域，并且符合该规章中规定的使用条件，则提供该商品或服务的任何人都应当被接纳为该协会的成员。我国目前采取的是双轨制，地理标志权利人可以向国家工商行政管理局提交申请，将地理标志作为证明商标或集体商标的一部分注册，同时还需要将地理标志产品向国家质检总局申请，经过审查批准后，方可在地理标志产品上使用该地理标志。

### 一、申请集体商标或证明商标

在我国，地理标志可申请集体商标或证明商标。《商标法实施条例》第 6 条规定，地理标志可以依照商标法和该条例的规定，作为证明商标或者集体商标申请注册。申请的地理标志能否获得注册，主要取决于该商品是否具备地理标志所规定的条件，即该商品的特色，源于该地理区域，是由该地理区域所决定的。其唯一标准是要看公众是否认为使用该标记的商品只来源于标志所指的地区。例如，“库尔勒”香梨只来源于库尔勒，如果其他地方的香梨具有与“库尔勒”香梨同样的品质、特色，“库尔勒”则不能作为地理标志注册。如果一个标记只使用于符合地理标志标准的产品，并且消费者明白该标志只用来表示在该地区生产而并非其他地区生产的产品，那么该标志就具有地理标志的作用。[①] 2003 年 4 月 17 日，国家工商行政管理局颁布的《集体商标、证明商标注册和管理办法》，其中有许多针对地理标志作为证明商标或者集体商标申请注册的条款。

将地理标志申请注册为集体商标或证明商标，是对地理标志权的效力公示，权利人将因此享有与商标权人相同的专有权和禁止权。但由于地理标志的特征，权利人并不能阻止符合使用该地理标志的自然人、法人或者其他组织使用该地理标志。对此，《商标法实施条例》第 6 条规定，以地理标志作为证明商标注册的，其商品符合使用该地理标志条件的自然人、法人或者其他组织，可以要求使用该证明商标，控制该证明商标的组织应当允许。以地理标志作为集体商标注册的，其商品符合使用该地理标志条件的自然人、法人或者其他组织，可以要求参加以该地理标志作为集体商标注册的团体、协会或者其他组织，该团体、协会或者其他组织应当依据其章程接纳为会员；不要求参加该地理标志作为集体商标注册的团体、协会或者其他组织的，也可以正当使用该地理标志，该团体、协会或者其他组织无权禁止。

## 二、地理标志产品的申请、受理、审核及批准

保护地理标志最本质和最核心的内容应该是地理标志的管理者和使用者要保证使用地理标志产品的特色和质量。国家质检总局统一管理全国的地理标志产品保护工作。使用地理标志产品专用标记，必须依照规定经注册登记，并接受监督管理。

### （一）申请及受理

地理标志产品保护申请，由当地县级以上人民政府指定的地理标志产品保护申请机构或人民政府认定的协会和企业（以下简称申请人）提出，并征求相关部门意见。申请保护的产品在县域范围内的，由县级人民政府提出产地范围的建议；跨县域范围的，由地市级人民政府提出产地范围的建议；跨地市范围的，由省级人民政府提出产地范围的建议。出口企业的地理标志产品的保护申请向本辖区内出入境检验检疫部门提出；按地域提出的地理标志产品的保护申请和其他地理标志产品的保护申请向当地（县级或县级以上）质量技术监督部门提出。省级质量技术监督局和直属出入境检验检疫局，按照分工，分别负责对拟申报的地理标志产品的保护申请提出初审意见，并将相关文件、资料上报国家质检总局。

### （二）审核及批准

国家质检总局按照地理标志产品的特点设立相应的专家审查委员会，负责地理标志产品保护申请的技术审查工作。国家质检总局对收到的申请进行形式审查。审查合格的，由国家质检总局在国家质检总局公报、政府网站等媒体上向社会发布受理公告；审查不合格的，应书面告知申请人。有关单位和个人对申请有异议的，可在公告后的 2 个月内向国家质检总局提出。国家质检总局组织专家审查委员会对没有异议或者有异议但被驳回的申请进行技术审查，审查合格的，由国家质检总局发布批准该产品获得地理标志产品保护的公告。

### （三）标准制订及专用标记使用

拟保护的地理标志产品，应根据产品的类别、范围、知名度、产品的生产销售等方面的因素，分别制订相应的国家标准、地方标准或管理规范。国家标准化行政主管部门组织草拟并发

---

① 参见范汉云：《地理标志保护需要注意的问题》，资料来源：http：//www.nipso.cn/gnwzscqxx/dlbz/t20050822_52718.asp。

布地理标志保护产品的国家标准；省级地方人民政府标准化行政主管部门组织草拟并发布地理标志保护产品的地方标准。地理标志保护产品的质量检验由省级质量技术监督部门、直属出入境检验检疫部门指定的检验机构承担。必要时，国家质检总局将组织予以复检。

地理标志产品产地范围内的生产者使用地理标志产品专用标记，应向当地质量技术监督局或出入境检验检疫局提出申请，并提交以下资料：（1）地理标志产品专用标记使用申请书；（2）由当地政府主管部门出具的产品产自特定地域的证明；（3）有关产品质量检验机构出具的检验报告。该申请经省级质量技术监督局或直属出入境检验检疫局审核，并经国家质检总局审查合格注册登记后，发布公告，生产者即可在其产品上使用地理标志产品专用标记，获得地理标志产品保护。

应该指出的是，双轨制存在很多弊端。[①] 首先，出现部门管理上的冲突。在我国，国家工商总局商标局多年来一直承担着原产地证明商标的注册和管理工作，而国家质检总局作为产品保护工作的主管部门，负责组织对地理标志产品保护申请进行审核、确认保护地域范围、产品品种注册登记等管理工作。双方之间的职责划分不够明确，既会出现无人问津的灰色领域，也会发生职权的交叉和碰撞。其次，地理标志权的权利人行使权利时出现不必要的麻烦。按照现行规定，地理标志作为证明商标或集体商标公示后，其公信力已经很强，提起申请的协会可享有商标权，地理标志的权利人只要向商标权人申请该证明商标或集体商标，就足以公示其作为地理标志权利人的身份，却不能保障地理标志的产品的质量，为此，又必须向国家质检总局提出产品质量标准的申请，才可以在地理标志产品上使用该地理标志，程序比较烦琐。因此，有必要对现有地理标志申请注册及产品审查程序进行改革。

## 第 3 节　地理标志保护及其限制

### 一、地理标志保护的限制

（一）善意或在先使用的例外

《知识产权协定》第 24 条之四规定了这一例外。此处所说的“在先使用”，是指 1993 年 12 月 15 日之前，已使用了某个其他成员的地理标志，且至少使用 10 年以上。此处所说的“善意使用”，是指在 1993 年 12 月 15 日（部长级会议结束乌拉圭回合谈判之日）之前非恶意的已进行使用。善意使用或者在先使用只要具备其中的任何一个，就可以享有这种例外。

（二）善意注册的例外

《商标法》第 16 条规定，商标中有商品的地理标志，而该商品并非来源于该标志所标示地区，误导公众的，不予注册并禁止使用；但是，已经善意取得注册的继续有效。《知识产权协定》第 24 条之五规定，在协议第六部分规定的三种不同类型的成员（发达、发展中、最不发达）适用此协议的过渡期之前，或某个地理标志的来源地开始保护该标志之前，已善意地获得某个商标的注册，而该商标与上述地理标志相同或近似。对此，协议不妨碍权利人行使其商标权。该条例外还适用于在上述日期之前已善意申请注册的人，以及通过善意使用获得了商标权的人（采取使用主义的国家），行使他们应有的权利。

① 参见王连峰：《商标法》，232 页，北京，法律出版社，2003。

（三）通常用语的例外

《知识产权协定》第 4 条之六规定，如果通常用语只因与某个受保护的地理标志相同，就禁止一般人使用它，会显得不合理。例如，小写的 china，在许多英语国家是称呼“瓷器”的通用语，不能因其又是“中国”的意思，就不允许一般人在瓷器商品上使用了。固然“瓷器”也可以用 porcelain 表示，但如仅仅因为地理标志的关系而限制 china 的用法，显然是行不通的。还有一些商品，其原有的地理标志可能是专指的（仅指来源于该地并在特点上与该地有关的商品），但人们用久了，也会进入通常用语的领域，例如“武昌鱼”，现在许多人都将其用来泛指一种鳊鱼，即使那鱼并不产于“武昌”。同理，“汉堡包”（Hamburger）也只是刻画了一种夹肉的面包，并不意味着该产品出自德国北部著名的城市汉堡。

（四）名称权例外

这种例外是指人们有权在贸易活动中使用自己的姓名或者自己企业或公司的名称。在这种情况下，即使它们与某个受保护的地理标志相冲突，仍可继续使用。但如果地理标志受保护在前，命名或更名在后，则不适用这一例外。此项例外以不导致公众的误认为限。

（五）来源国不保护或已停用的例外

如果某个成员国对它原来保护的某个地理标志停止保护了，这说明该国已将它从专有领域释放到公有领域之中；如果某个国家对在其国内的地理名称从来就不给予保护，则说明其自始处于公有领域；如果某个成员国原有的地理标志，后来本国都不用了，再要求他人不使用这些名称，仍将其作为地理标志保护，就不合理了。

（六）其他合理限制

除了上述五个方面的例外之外，可能还有其他例外，例如，我国《商标法》第 10 条第 2 款规定：“县级以上行政区划的地名或者公众知晓的外国地名，不得作为商标。但是，地名具有其他含义……的除外。”该项规定的前半部分，显然是防止任何人将地理名称作为商标注册后独占该地理标志，然而“但书”部分就是一种例外。如“黄山”首先是一座名山的名称，然后才是安徽省黄山市的行政区划名称，也就是“黄山”具有行政区划名称之外的含义，因此，“黄山”可以被注册为商标使用。

## 二、地理标志保护的方式

（一）国际保护

地理标志保护是知识产权国际保护中的一个热点问题。《巴黎公约》是最早保护地理标志的国际公约。它要求各成员国对于直接或间接使用虚假地理标志的行为采取相应的制裁措施，即在进口时扣押、禁止进口这样的商品或者在国内扣押该商品，或由该国国民采取诉讼等救济手段。《关于制止产品虚假或欺骗性产地名称马德里协定》作为《巴黎公约》的一项特别协定，对成员国之间制止虚假地理标志作了具体规定，其禁止对象为：（1）将适用该协定的国家或其某一地区假冒为原产国或原产地，或在产品上使用对原产地产生误认的标记；（2）在销售或展出产品时所用的招牌、广告等上面使用带有宣传性质的、欺骗公众的原产地标记。《知识产权协定》第 22 条要求各成员必须以法律手段，防止商品说明或标记中，以并非商品真实原产地的地理名称作为其原产地标记使用，防止采取其他违反《巴黎公约》规定的不正当竞争方式使用原产地标记，防止因使用地理名称不当造成欺骗性后果。

（二）我国地理标志保护概况

地理标志保护在我国受到社会的普遍关心和重视。截至 2004 年年底，我国已经公开批准注册的地理标志有 323 个。已注册的地理标志的市场销售额达到 1 000 亿元。地理标志已成为促进地方经济发展的强有力的助推器。目前，我国为地理标志提供保护的有商标法、反不正当竞争法、产品质量法以及消费者权益保护法等多部法律，各部法律保护的角度和层次不同。2004 年 12 月 7 日，国家工商行政管理局和农业部联合制发了《关于加强农产品地理标志保护与商标注册工作的通知》。2005 年 7 月 15 日，国家质检总局发布了《地理标志产品保护规定》。在第十届全国人民代表大会第三次会议上，有代表提出研究制定《中华人民共和国地理标志保护法》。

（三）侵权行为及其法律救济

我国《反不正当竞争法》第 5 条第 4 款禁止经营者伪造产地；第 9 条禁止经营者利用广告或其他方式对产地作引人误解的虚假宣传。违者即构成不正当竞争，应承担相应的法律责任。现行《商标法》也对地理标志给予保护。它在第 16 条规定："商标中有商品的地理标志，而该商品并非来源于该标记所标示的地区，误导公众的，不予注册并禁止使用；但是，已经善意取得注册的继续有效。"

对地理标志造成损害的行为包括：（1）擅自使用或伪造地理标志名称及专用标记的；（2）不符合地理标志产品标准和管理规范要求而使用该地理标志产品的名称的；（3）使用与专用标记相近、易产生误解的名称或标志及可能误导消费者的文字或图案标记，使消费者将该产品误认为地理标志保护产品的行为。损害地理标志行为人将承当民事责任和行政责任。行为人承担的民事责任包括停止侵害、赔礼道歉并赔偿经济损失。地理标志行政管理部门也可依法查处，依照《商标法》和《产品质量法》的规定追究侵害人的行政责任。

（四）地理标志管理

地理标志作为一个无形资产，要加强管理，避免资产流失，并要实现资产的保值、增值。地理标志管理是一个系统工程，从保护层次上讲，要有全国层面上的法律规章完善和管理部门的到位，要有企业层面的现代企业管理，要有社会层面上的协会等市场中介服务，要有专家学者层面的研究咨询；从保护系列上讲，对地理标志的各个领域，如注册、认证、标准管理、国际协调等进行管理。地理标志的管理将是政府监管、同业监督和企业自律的统一管理。国家有关部门（主要是中央政府）管理全国地理标志的保护、认证、备案，地方政府只是协助市场中介和企业工作；市场中介负责本地理标志的市场准入标准和协调管理；企业要搞好生产经营。

## 本章小结

地理标志既是产地标记，也是质量标记，地理标志保护是世界贸易组织新一轮多边贸易谈判的三大议题之一，也是目前我国知识产权领域中关注的一个热点。地理标志保护涉及的产品主要是农产品和食品。地理标志保护不受时间限制。地理标志保护虽不需要任何登记程序，但应通过一定的程序公示其效力。我国采取的是双轨制，一方面，地理标志可申请注册集体商标或证明商标；另一方面，地理标志产品上使用地理标志也需要经过申请和审批。地理标志保护有利于促进农村的经济发展，有利于农民增收，有利于农村经济结构的调整。因此，要积极推动地理标志的保护工作，对于推广民族精品、提升国际竞争力，具有重要的意义。

## 【资料链接】

1. 王连峰．商标法．北京：法律出版社，2003

2.《中国地理标志》课题组．第一次全国地理标志调研报告（2005 年 7 月）

3. 奥拉夫，索斯尼查．德国及欧盟法律对地理标志的保护．http：//www. nipso. cn/gnwzscqxx/dlbz/t200 五十 822 _ 52715. asp

4. 李忠．法国原产地名称保护制度及借鉴．http：//www. nipso. cn/gnwzscqxx/dlbz/t20051121 _ 61179. asp

# 第31章 商号权

## 导 语

人生在世，必有其姓名，姓与名乃人们表明其人格存在的一种载体，也是人与人之间进行交往的一种媒介。所谓“名正则言顺，言顺则事成”。商号，是法人和其他组织进行民商事活动用于标志自己并区别于他人的标记。法人和其他组织从事商品的生产、交换、服务等活动，需以商号的名义对外交往。法人或者其他组织使用商号从事经营活动能让公众区分同种类服务的不同提供者，或者同种类商品的不同生产者或经营者。对商号权，有民事法律规范、商事法律规范、商标法、反不正当竞争法以及专门法的保护。

请思考：

1. 商号的概念；
2. 商号权的特征；
3. 商号权与有关权利的区别；
4. 商号权的取得条件和程序；
5. 商号权的保护模式。

## 第1节 商号权概述

### 一、商号的概念

商号，是法人或者其他组织进行民商事活动用于标志自己并区别于他人的标记。最早的商号产生于中世纪的意大利和地中海沿岸诸城市，那里的商业比较繁荣，当时的公司组织往往将各股东的姓名结合在一起，作为本公司的商号。在我国，古时就有“字号”的称谓，现行立法对个体工商户和个人合伙的名称，仍沿用“字号”，表明某个体工商户或个人合伙与其他人相区别的标记。对于法人，现行立法使用“企业名称”一词，法人对已经登记注册的名称享有专有权。商号作为一种经营性标记，具有以下特征：

1. 商号可以采用不同的表示方法。在商业实务中，商号的表示方法大体有如下三种[①]：(1) 以个人的姓名表示商号，即以自然人的姓名作为商号。在我国商务实践中，以自然人的姓名表示商号，通常应当使用中文，包括民族自治地区的民族文字。例如，我国于1991年颁布的《企业名称登记管理规定》第10条规定，“私营企业可以使用投资人姓名作字号”。(2) 以企业名称表示商号。这是最常见的商号表示方法。商号是企业永久使用并具有实际上表示企业营业本身的作用，所以，大量的商号都采用这种方法表示。《企业名称登记管理规定》要求企

① 参见王保树主编：《中国商事法》，64～65页，北京，人民法院出版社，1996。

业名称应由四个部分组成：行政区划名称、字号、所属行业以及组织形式。例如，“武汉泰和服饰股份有限公司”中，“武汉”是行政区划名称，“泰和”是字号，“服饰”是所属行业，“股份有限公司”是组织形式。(3) 专门的商号。商人既不使用自然人的姓名，也不使用企业的名称，而是专门登记一个为了对外营业而使用的商号。一个企业只允许使用一个名称。未经核准登记的企业名称不得使用。

2. 商号是一切法人和其他组织用以代表自己的名称，是企业的重要无形资产。在商业经营过程中，商号密切依附于法人和其他组织，是商人在营业活动中与他人进行交易时用以签署或者让其代理人使用的名称，并承担由此产生的法律责任。同时，商号区别于法人或者其他组织中负责人、管理人等自然人的姓名，它是生产经营者的营业标记，体现着特定企业的商业信誉和服务质量。信誉良好的企业，其商号对消费者或者用户具有巨大的吸引力，是企业重要的无形财产。参与商号营业的经营者的活动可以分为两个部分①：一部分是为他自己及其家庭而进行的一般民事活动（可称为家计）；另一部分是其追求利润的营业活动（可称为营业）。前者使用自然人的姓名，后者使用的正是商号。由于采用商号，法人或者其他组织的经营活动得以保持统一和延续，并不以负责人、管理人的更替而发生实质性的变更。

3. 商号具有特殊的区别功能和表示功能，“被广泛使用于商品或其包装材料以及多种广告宣传媒介上，发挥着区别商品生产者及其商品或服务，承载商主体享有的商业信誉的职能”②。

## 二、商号权的概念和特征

商号权，是法人和其他组织对自己使用或者注册的商号依法享有的专有权。法人或者其他组织使用商号从事经营活动能让公众区分同种类服务的不同提供者，或者同种类商品的不同生产者或经营者。激励法人或者其他组织在宣传自己的商号上进行投资，并力图获得公众的认同，而公众也会对商业信用较好的商号产生信赖，并成为维系市场秩序和良性竞争的组成部分，由此构成一种需要法律上保护的利益，形成商号权。

1. 商号权的主体是依法取得商事主体资格的独立商品生产者或经营者。商号是商事主体资格的表征，由其主体识别功能所决定，同一商号在核准注册范围内只能为一个商品生产经营者所拥有，而不存在多个商事主体共有一个商号权的情况。一个总公司的商号可为其数个子公司共同使用，但只有总公司才有权转让该商号，总公司是该商号的唯一所有者。同时由于商号与企业共存亡，而企业的存续在各国立法及实践中多无时间限制，所以，商号权是没有确定时限的一类权利。

2. 商号权的内容包括设定权、独占使用权和转让权。所谓设定权，是权利主体享有决定采用何样商号的权利。独占使用权是权利主体有权独占性地使用商号，并禁止他人在核准登记的行政区域范围内使用相同的商号。经相应的工商行政管理部门核准后，凡冠以市名、县名的商号，在同一市县范围内，同行业企业不得同名；凡冠以省名、直辖市名或者自治区名而不冠市、县名的，在相应的省、直辖市或者自治区范围内，同行企业不得同名；凡使用“中国”“中华”字样为企业名称的，同行企业不得同名。转让权是权利主体可将商号作为转让的对象，由其他人继受获得的权利。但该转让权受到一定的限制。《瑞士债法典》和《德国商法典》均规定商号权的转让必须连同其营业一起转让，而《日本商法典》则原则上要求商号权必须连同营业一起转让，但在营业终止的情况下，商号权可以单独转让。我国《企业名称登记管理规

① 参见王小能主编：《商法学》，44页，北京，高等教育出版社，2000。

② 张今：《知识产权新视野》，222页，北京，中国政法大学出版社，2000。

定》采取国际上通行的做法，第 23 条规定，企业名称可以随企业或者企业的一部分一并转让。企业名称只能转让给一户企业。企业名称的转让方与受让方应当签订书面合同或者协议，报原登记主管机关核准。企业名称转让后，转让方不得继续使用已转让的企业名称。

3. 商号权的效力一般仅及于登记主管机关的行政管理范围内。如“武汉泰和服饰股份有限公司”的效力仅及于武汉市范围，在其他地域范围不受保护。在外国法上，曾经有法院判决认可商号在全国受同等保护，例如，1988 年法国里昂法院曾判决认为，商号权可以在全国领土内得到保护，不问它的知名度有多大和使用的范围。同年，法国最高法院也判决认为，对商号的保护不限于本国领土的一部分。

## 第 2 节　商号权的取得

### 一、商号权的取得方式

商号权的取得方式通常有以下三种[①]：(1) 使用取得主义。使用取得主义是指商号一经使用，使用者即可取得商号权，无须履行法定申请手续。目前在少数国家采用该制度。例如，在法国，只要商号面向社会，与公众接触，即构成使用行为，使用者可取得商号权。这种立法与商号登记中的任意主义相对应。《巴黎公约》第 8 条要求各成员国对商号予以保护，而不论其是否申请或注册。(2) 登记对抗主义。登记对抗主义是指商号权的取得不需要经过登记，但不经登记不足以产生对抗第三人的效力。该制度主要体现在日本法律中。《日本商法典》第 20 条第 1 款规定：“已登记商号者，对于以不正当竞争为目的使用同一或类似商号者，可以请求其停止使用该商号。”第 2 款规定：“商号的转让，非经登记，不得以之对抗善意第三人。”可是，未经登记的商号权尽管可以使用，但不具有排他性，其在使用效力和转让效力上受到限制。(3) 登记生效主义。所谓登记生效主义，是指商号只有经过登记才可以使用，才具有排他性专用权。目前，有些国家采用该制度。例如，《德国商法典》第 29 条规定，每一位商人都负有义务将他的商号向其营业所在地商事登记法院申报登记，且必须向法院标明其商号以作保存。因此，只有履行登记手续，经营主体才能取得商号权。同样，如果商号、商号所有人变更、营业所迁址、商号废除，经营主体应向登记法院申报。

我国目前在有关商号权的法律中均采用登记生效主义。例如，《民法通则》第 33 条规定，个人合伙可以起字号，依法经核准登记，在核准登记的经营范围内从事经营。《企业名称登记管理规定》规定企业名称经工商行政管理机关依法核准登记注册后使用。各级工商行政管理机关通过对每一个商号和企业名称的严格审核后准予登记，同时承担相应的法律责任。

### 二、商号权的取得条件

商号一经登记就产生新的法律关系，受法律保护。取得商号权应具备以下条件：

1. 法人或者其他组织原则上只能核准使用一个商号。确有特殊需要的，经省级以上登记主管机关核准。企业可以在规定的范围内使用一个从属名称。企业使用外文名称的，其外文名称应当与中文名称相一致，并报登记主管机关登记注册。

2. 在登记主管机关管辖范围内，申请登记的商号不得与他人在先登记的同行业企业名称

① 参见吴汉东主编：《知识产权法》，335 页，北京，中国政法大学出版社，2004。

相同或近似，即同一地区、相同行业的商号不能相同或近似、混同。所谓商号相同，是指申请人申请的商号与已在登记机关登记注册的商号完全一致。所谓商号近似，是指申请人申请的商号与已在登记机关登记注册的商号存在下列情形：（1）商号均含行业表述，字号相同，行业表述文字相同，但组织形式不同的；（2）商号均含行业表述，字号相同，行业表述文字不同，但含义相同的；（3）商号均含行业表述，字号的字音相同且字形相似，行业表述文字相同或者含义相同的；（4）商号均不含行业表述，字号相同，但组织形式不同的；（5）商号均不含行业表述，字号的字音相同且字形相似的。

3. 商号须合法。申请登记的商号不得违反法律规定的禁用条款，即禁止使用下列内容和文字：（1）有损于国家、社会公共利益的；（2）可能对公众造成欺骗或者误解的；（3）外国国家（地区）名称、国际组织名称；（4）政党名称、党政军机关名称、群众组织名称、社会团体名称及部队番号；（5）汉语拼音字母（外文名称中使用的除外）；（6）法律、行政法规规定禁止的。

## 三、商号权的取得程序

法人或者其他组织要取得商号权，须向相应的国家机关提起申请。在我国负责商号登记的国家机关是国家工商行政管理局和地方各级工商行政管理局。登记主管机关负责核准或者驳回企业名称登记申请，监督管理企业名称的使用，保护企业名称专用权。登记主管机关依法对企业名称实行分级登记管理，外商投资企业名称由国家工商行政管理局核定。登记主管机关有权纠正已登记的不适宜的企业名称，上级登记主管机关有权纠正下级登记主管机关已登记的不适宜的企业名称。对已登记的不适宜的企业名称，任何单位和个人可以要求登记主管机关予以纠正。

在我国，商号权的取得实行先申请原则。该原则是指两个以上企业向同一登记主管机关申请企业名称登记的，登记主管机关依照申请在先原则核定。属于同一天申请的，应当由企业协商解决；协商不成的，由登记主管机关裁决。两个以上企业向不同登记主管机关申请相同企业名称登记的，登记主管机关依照受理在先原则核实。属于同一天受理的，应当由企业协商解决；协商不成的，由各该登记主管机关报共同的上级登记主管机关作出裁决。两个以上的企业因已登记的企业名称相同或者近似而发生争议的，登记主管机关依照登记在先原则处理。

法人或者其他组织一般应在进行开业登记时同时进行商号登记，但有特殊原因的可在开业登记以前预先单独申请商号登记。预先单独申请企业名称登记时，应当提交企业组建负责人签署的申请书、章程草案和主管部门或者审批机关的批准文件。外商投资企业应当在项目建议书和可行性研究报告批准后，合同、章程批准之前，预先单独申请企业名称登记注册。外商投资企业预先单独申请企业名称登记注册时，应当提交企业组建负责人签署的申请书、项目建议书、可行性研究报告的批准文件，以及投资者所在国（地区）主管当局出具的合法开业证明。预先单独申请登记的企业名称经核准后，发放《企业名称登记书》，保留期为 1 年，经批准有筹建期的，企业名称保留到筹建期终止。

登记主管机关对申请人提起的申请要进行审查。申请登记注册的商号符合商号权授予条件的，登记机关应当予以核准。企业的印章、银行账户、牌匾、信笺所使用的名称应当与登记注册的企业名称相同。从事商业、公共饮食、服务等行业的企业名称牌匾可适当简化，但应当报登记主管机关备案。对登记主管机关作出的登记行为不服的，当事人可以在收到通知之日起 15 日内向上一级登记主管机关申请复议。上级登记主管机关应当在收到复议申请之日起 30 日内作出复议决定，对复议决定不服的，可以依法向人民法院起诉。

企业名称经核准登记后，无特殊原因在 1 年内不得申请变更。

# 第 3 节　商号权的法律保护

对于商号权的法律保护，立法例上主要有四种做法：(1) 适用民商法保护，即把商号权作为一种民商事权利予以保护。在《民法典》《商法典》《公司法》《合伙企业法》以及相关的配套行政法规中规定商号权。(2) 适用商标法保护，将商标和商号等同规定在商标法中，将驰名商号等同于驰名商标的保护。(3) 适用反不正当竞争法保护。在反不正当竞争法中将侵犯商号权的行为作为一种不正当竞争行为予以规制。(4) 制定专门法予以保护，即以《商号法》或者在经营性标记的专门法中规定商号权及其保护措施。

## 一、民商法的保护

商号权是一种民事权利，将盗用、假冒他人的商号就是一种民事侵权行为，适用民事侵权制度的有关规定，进而在《民法典》《商法典》《公司法》《合伙企业法》以及相关的配套行政法规中规定商号权。《日本商法典》、《德国商法典》中都有对商号权取得、转让等方面的规定。我国 1986 年的《民法通则》明文规定保护合伙、个体工商户和企业的商号；1993 年公布的《产品质量法》规定，生产者、销售者伪造或假冒他人厂名、厂址的，应当责令其公开更正、没收违法所得，可以并处罚款。1991 年国家工商行政管理局颁布的《企业名称登记管理规定》等行政法规也对商号的构成、专用权的范围、核准登记的程序、使用和转让的规则、纠纷和争议的处理等作了具体规定。

## 二、商标法的保护

商号与商标虽然有许多不同，但两者所具有的功能有诸多共同之处，特别是同为知识产权法律体系中的经营性标记，两者的法律规则不乏互相沟通参照的地方，因此，在商标法中也可包括对商号权进行保护的内容。例如，《美国商标法》第 44 条 G 款规定，不论商号注册与否，他人若采用或行使相同或近似于商号权人之商号或标章者，应认为权利之侵害；对于内、外国人，均予以同等之保护。1964 年出台的《州模范商标法》也对商号予以规定。它在给商号下定义时采取了与《美国商标法》相似的定义，但除了“名称”以外，又加上“词、记号、图案或这些东西的配合”。出于统一标记保护立法目的，德国通过《商标及其他标记保护法》，将商事名称保护与商标保护融合在一起。

## 三、反不正当竞争法的保护

适用反不正当竞争法保护商号权，是将侵犯商号权的行为作为不正当竞争行为予以制裁。擅自使用他人商号、致使消费者误认的，属于商业假冒行为的范围，应依照反不正当竞争法处理。例如，德国《反不正当竞争法》第 16 条规定对营业标记的保护，在营业中使用一种名称、商号或某营利事业、工商企业或一种印刷品的专门标记，由此可能与另一种已经有权使用的名称、商号或专门标记引起混淆者，可请求制止其使用。我国的《反不正当竞争法》第 5 条第 3 项、第 21 条等也对围绕商号进行的不正当竞争作出了规定，但在法律责任上作出了援用《商标法》和《产品质量法》的规定。

## 四、专门法的保护

制定专门法保护商号权成为当前商号权保护的最新趋势。1966 年 11 月 11 日，世界知识产权组织拟订的《发展中国家商标、商号和不公平竞争行为示范法》第 4 编集中规定商号、不正当竞争行为、产地标记、原产地名称。涉及禁用的商号、商号的保护、商号的转让和移转，认为商号即使在登记前或者未登记，仍然受到保护，而可以对抗第三者的非法行为。第三者在后来使用该商号，不论是作为商号使用，还是作为商标、服务标记或集体商标使用，并且类似商号或商标的这种使用可能使公众误解，即视为非法。由于我国现在的相关法律、法规对商号的规定零散、笼统、不统一，因而也有学者建议专门制定“商号保护法”，或者参照《发展中国家商标、商号和不公平竞争行为示范法》，将商号权法律制度与相关知识产权制度进行合并立法。对商号的申请、注册登记、变更、废止、专用权、转让、使用许可、管理、纠纷解决、处罚等以单行法的形式作出具体规定。

## 本章小结

商号，是法人或者其他组织进行民商事活动用于标志自己并区别于他人的标记。商号权，是法人或者其他组织对自己使用或者注册的商号依法享有的专有权。商号权的主体是依法取得商事主体资格的独立商品生产者或经营者，商号权的内容包括设定权、独占使用权和转让权。我国商号权的取得采用登记主义，法人或者其他组织要取得商号权，须向相应的国家机关提起申请。对于商号权的法律保护，立法例上主要有四种做法：(1) 适用民商法保护，即把商号权作为一种民商事权利予以保护；(2) 适用商标法保护，将商标和商号等同规定在商标法中；(3) 适用反不正当竞争法保护。在反不正当竞争法中将侵犯商号权的行为作为一种不正当竞争行为予以规制；(4) 制定专门法予以保护，即以“商号法”或者在经营性标记的专门法中规定商号权及其保护措施。

## 【资料链接】

1. 沈达明编著．知识产权法．北京：对外经济贸易大学出版社，1998

2. 吴汉东主编．知识产权法．北京：中国政法大学出版社，2004

3. 程合红．商事人格权论．北京：中国人民大学出版社，2002

4. 丁宇翔．商号权的性质辨析及法律定位．http：//www.chinalawedu.com

5. 胡成中．关于加强企业名称权管理和法律适用的建议．http：//past.people.com.cn

6. 北京兰台律师事务所．商标权与商号权的冲突探析．http：//www.cnipr.com/zsyd/xslw/shangbiao/t20051128_61391.htm

# 第32章 域名权

**导　语**

域名是指国际互联网数字地址的字母数字串，它与网络环境下商标、商号等相似，具有区别域名使用人及方便消费者识别的功能。域名的注册、使用等行为，域名的标志性功能产生和得到发展，域名的经济价值得以实现。域名权是一种新型的知识产权。取得域名权要经过申请和审批，并且可以根据需要由权利人变更或注销域名。最高人民法院《关于审理涉及计算机网络域名民事纠纷案件适用法律若干问题的解释》明确规定行为人注册、使用域名行为构成侵权与不正当竞争的构成条件，为我国司法机关处理相关争端提供了法律依据。

请思考：

1. 域名的概念和特征；
2. 域名权的概念和特征；
3. 域名权与有关权利的区别。

## 第1节　域名权概述

### 一、域名的概念和特征

在由若干计算机互联而形成的互联网上，每个主机（Host）或局域网（Intranet）都被分配一个独一无二的地址，该地址依据互联网协议（Internet Protocol）分配，因而被称为互联网协议地址（简称IP地址）。IP地址由四组用圆点隔开的阿拉伯数字组成，如世界知识产权组织（WIPO）的IP地址为192.91.247.53。然而IP地址难以记忆，不利于互联网的应用和推广，域名（Domain Name）则是此类地址的便于记忆的替代品。根据1999年9月《WIPO保护驰名商标联合建议》对计算机域名所作的解释，域名是指国际互联网数字地址的字母数字串。域名由文字、数字和连接符（-）等字符符号组成，与IP地址相对应，例如，世界知识产权组织域名为http://www.wipo.int。域名具有以下特征：

1. 域名只能由文字、数字组成，包括中文、拼音、外文域名，至少包括顶级域名和二级域名两个部分构成。顶级域名是用以识别域名所属类别、应用范围、注册国等公用信息的代码。例如“.cn”“.com”等。二级域名是指域名使用者自己设计的，能够体现其特殊性，并据以同他人的域名相区别的字符串。根据互联网的发展需要，各国还可以设计三级域名、四级域名等，以分别代表不同的地域和行业。一个完整的域名应当包括上述各级域名，如http://www.yahoo.com.cn。在这个域名中，“.cn”是顶级域名，“.com”是二级域名，“Yahoo”是三级域名；而在http://www.Yahoo.com中，“.com”是顶级域名，“Yahoo”是二级域名。

2. 域名从整体上看具有唯一性，而且是全球范围的唯一性，这一特点使之与商标截然不同。例如，“lawyer”注册为电子产品的商标，并不能禁止其他人在服装、日用品等类别的商品上同样注册该商标，但是以 http：//www. lawyer. com 申请注册为域名以后，其他人将无法以此域名再进行注册。当然域名的唯一性是就每一个域名整体而言的，如果仅就其真正起到标志作用的中心域名而言，则是可以多重注册的，仍以“lawyer”为例，注册者还有多重选择，可以注册 lawyer. net、lawyer. org 等，此外还可以在不同的国家、地区代码顶级域名下注册。

3. 域名与商标一样，它是互联网上区别经营者的标记，有表达作用，也代表商品或服务，具有识别功能。“互联网域名就像网络空间的商标，潜藏着巨大的商业价值和广告效应。”[①] 但是域名和商标也有很大的不同，除上述关于域名的构成、域名的效力等与商标有明显区别外，域名和商标的差异还表现在：（1）域名可以是行业名称或商品通用名称，而且有一种倾向，即越是不显著、通用的域名，其市场价格就越高。如 VCD 产品，人们在不知道特定商标、企业名称的情况下，在互联网上直接输入 vcd. com 进行搜索，就会找到生产 VCD 且使用 vcd. com 域名的企业。相反，注册商标的一个基本要求就是要有显著性。（2）商标适用于商品和服务，而域名则是为方便人们使用互联网而创立的，是网络地址及电子邮件地址的识别标记。（3）域名要取得法律保护，亦即持有人要享有相应的专有权利，就必须申请域名注册。而商标则保护注册商标和未注册商标，对于未注册商标，持有人的权益也会得到一定程度的保护。

## 二、域名权的概念和特征

域名权，是指域名持有人对其注册的域名依法享有的专有权。这样的权利主要是专有使用权。域名权具有以下特征：

1. 域名权的主体是符合法定条件的组织，个人不能成为域名权的主体。《中国互联网络域名注册实施细则》第 3 条规定，域名注册申请人，必须是依法登记并且能够独立承担民事责任的组织。申请在 CN 的二级域名下注册域名的外国企业或者机构，必须在中国境内设有分支机构或者办事处，并且其主域名服务器设在中国境内。由此可见，我国的企业法人、事业法人、社会团体、政府部门以及符合条件的外国组织可成为域名权的主体，在实践中，个体工商户凭营业执照，也可以享有域名权。

2. 域名权的内容主要是指权利人对域名的专有使用权，也就是域名持有人将域名进行技术意义上的使用，并排除他人干扰的权利。例如，在电子商务活动中，网络用户进入电子商务网站，就是对域名的使用。但是，域名持有人在传统媒体或互联网上将域名（只有顶级域名和二级域名中的二级域名，有顶级域名、二级域名和三级域名中的三级域名）用于广告宣传、或作为服务标记等商业标记使用的，不是真正意义上的域名使用。

3. 域名权的效力范围具有特殊性。与商标权的效力范围相比，域名权的效力并不以在相同或类似的商品使用相同或近似的商标为限，域名系统要求域名在全球范围内都是唯一的，不可能存在完全相同的域名。正因如此，域名权纠纷的一个重要类型就是抢注域名。有的动机不纯的人专营抢注域名，被称为“劫持”或“囤积”。因此，应当制定专门的法律规范为域名权提供保护。

---

① 蒋志培：《入世后我国知识产权法律保护研究》，217 页，北京，中国人民大学出版社，2002。

# 第 2 节　域名权的取得、变更与注销

## 一、域名权的取得

（一）申请

要取得域名权必须由申请人提起申请。在我国受理.CN 级域名申请的组织是国务院信息化工作领导小组办公室以及中国互联网络信息服务中心（CNNIC）工作委员会。其他级别域名受理机构则根据逐级授权的方式确定相应的管理单位。各级域名管理单位负责其下级域名的注册。域名注册实行“先申请先注册”原则。这一项原则是国际上关于域名注册的普遍原则。判断域名注册申请先后，以有关注册单位第一次收到域名注册申请之日为准。

申请人可以用电子邮件、传真、邮寄等方式提出注册申请，随后在 30 日内以其他方式提交全部申请文件。如在 30 日内未收到这些申请文件的，则该次申请自动失效。依照规定，这些申请文件主要包括：(1) 域名注册申请表；(2) 本单位介绍信；(3) 承办人身份证复印件；(4) 本单位依法登记文件的复印件。申请注册三级域名的，申请人除了应当提交上述申请文件外，还要注意：(1) 在 COM 下申请域名注册的企业，必须提交在我国注册的营业执照复印件；(2) 在 GOV 下申请域名注册的政府部门，必须提交相应的主管部门的批准文件复印件；(3) 在 ORG 下申请域名注册的组织，必须提交相应主管部门的批准文件复印件。

（二）审批

若申请注册的域名和提交的申请文件符合《中国互联网络域名注册暂行管理办法》的规定，域名管理单位应当在收到完整申请文件之日起的 10 个工作日内，完成批准注册和开通运行，并发放域名注册证。若申请注册的域名或提交的申请文件不符合《中国互联网络域名注册暂行管理办法》的规定，域名管理单位应当在收到完整申请文件之日起的 10 个工作日内，通知申请人。申请人应当在 30 日内对其申请文件进行修改。如果逾期不答复或者提交的文件仍然不符合《中国互联网络域名注册暂行管理办法》的规定，则该次申请自动失效。

各级域名管理单位对申请注册的域名，不负责向国家工商行政管理部门及商标管理部门进行合法性的查询，即该申请注册的域名是否与他人的注册商标或者企业名称等相冲突，是否侵害了第三人的合法权益，由申请人自己承担法律责任。当某个三级域名与在我国境内注册的商标或者企业名称等相同，并且注册域名不为注册商标或者企业名称持有人拥有时，注册商标或者企业名称所有人若未提出异议，则域名持有人可以继续使用其域名；否则，在确认注册商标或者企业名称所有人拥有注册商标或者企业名称权之日起，各级域名管理单位为域名持有人保留 30 日域名服务。30 日后域名服务自动终止，期间一切法律责任和经济纠纷均与各级域名管理单位无关。

在中国境内接入中国互联网络，而其注册的顶级域名不是.“CN”的，必须在 CNNIC 登记备案。

## 二、域名权的变更和注销

（一）域名权的变更

注册域名可以变更。注册域名持有人申请变更注册域名或者其他注册事项的，应提交域名注册申请表和本单位介绍信、承办人身份证复印件以及本单位依法登记文件的复印件，并且交

回原域名注册证。经域名管理单位核准后，将原域名注册证加注发还，并且在10个工作日内予以开通。

（二）域名权的注销

注册域名可以注销。申请注销注册域名的，应当提交域名注册申请表和本单位介绍信、承办人身份证复印件以及本单位依法登记文件的复印件，并且交回原域名注册证。经域名管理单位核准后，停止该域名的运行，并且收回域名注册证。

## 第3节　域名权的法律保护

### 一、域名权的法律保护概况

（一）国际保护

在互联网发展早期，并无特定的组织管理域名注册体系。1992年，美国网络方案公司（即NSI，Network Solutions，Inc.）获准管理域名体系及域名注册，由此掌管了A根服务器，并成为域名注册垄断机构。随着互联网在全球的发展以及互联网上商业活动的激增，各国对NSI垄断域名注册和美国政府管理互联网的做法日益不满。1998年，美国筹组了“互联网名址分配公司”（即ICANN，Internet Corporation for Assigned Names and Numbers）接管美国政府对互联网的管理权，包括IP地址空间分配、互联网通信协议参数分配、域名体系管理以及根服务器系统管理。所有域名注册商均根据ICANN的《统一域名争端解决政策》的规定与域名注册人签订合同，确认因恶意注册而引起的域名与商标的权利冲突可提交ICANN确认的域名争端裁决机构裁决。这样，ICANN这个所谓的“私有”美国公司就成为域名系统的管理机构，以美国为中心的域名管理体系就这样建立起来。同时也还应看到，世界各国和国际组织尤其是世界知识产权组织在域名管理体系建构中的作用也日益重要。早在1996年，世界知识产权组织就参与了因特网国际特别协会（IAHC，Internet International Ad Hoc Committee）建立新的域名管理体系的活动，后来还被准许作为ICANN的咨询机构，就域名磋商等问题提出建议供ICANN参考。

（二）我国对域名权的保护概况

1997年6月，国务院信息化工作领导小组办公室制定了《中国互联网络域名注册暂行管理办法》，成为我国域名管理的重要的法律规范。依照该规定，国务院信息办是我国互联网域名系统的管理机构，中国互联网络信息中心（即CNNIC）协助国务院信息办管理域名系统。此后，CNNIC根据国务院的授权，制定了《中国互联网络域名注册实施细则》，具体负责“.CN”顶级域名下的域名的注册、管理和运行，并采用逐级授权的方式确定三级以下（含三级）域名的管理单位。CNNIC对注册域名施行年度检查制度，以保证域名系统的准确、规范及有效运行。年检时，域名注册人应当利用CNNIC的WWW联机填写并提交年检表。对违反有关规定，转让或者买卖注册域名的，由CNNIC撤销该域名，并暂停其所有注册域名的运行6个月。

与网络域名行政保护相呼应的是人民法院在司法保护上的探索。2001年7月17日公布实施的最高人民法院《关于审理涉及计算机网络域名民事纠纷案件适用法律若干问题的解释》对域名纠纷的案由、受理条件和管辖，域名注册、使用等行为构成侵权的要件，对行为人恶意以及对案件中商标驰名事实的认定，对法律的适用及行为人应承担的民事责任等作出规定，标志着我国在计算机网络域名领域司法调整机制的建立。

## 二、侵犯域名权及其法律责任

《最高人民法院关于审理涉及计算机网络域名民事纠纷案件适用法律若干问题的解释》明确规定行为人注册、使用域名行为构成侵权与不正当竞争的四项条件：(1) 原告请求保护的民事权益合法、有效；(2) 被告域名同原告要求保护的权利客体之间具有相似性；(3) 被告无注册、使用的正当理由；(4) 被告具有恶意。由于对恶意的认定，是审理域名纠纷案件的关键，因而，该司法解释列举了四种最为常见的恶意情形：

第一，为商业目的将原告驰名商标注册为自己的域名。驰名商标一般为相关公众所知晓，使其所代表的商品或服务明显区别于其他商品或服务。但行为人为商业目的，将他人驰名商标注册为域名，搭乘驰名商标便车的主观故意明显，是一种违反诚实信用原则的行为。该司法解释的规定体现了对驰名商标给予特殊保护的精神。

第二，为商业目的注册、使用与原告的注册商标、域名等相同或近似的域名，故意造成与原告提供的产品、服务或者原告网站相混淆，误导网络用户访问其网站或其他在线站点。被告的上述行为也明确地体现了被告违反诚实信用、公平竞争市场经济规则的主观状态，这也是对驰名商标以外的其他注册商标、域名等民事权益以及民事主体在市场中正当经营行为的一种保护。

第三，要约以高价出售、出租或者以其他方式转让该域名获取不正当利益。善意与恶意的一个重要区别点，是行为人行为的目的是否为获取不正当的利益。有的行为人，以正常注册费将与他人权利相关的大量域名予以注册，然后向权利人邀约高价出售这些域名，以牟取非法收益。此种明显违反诚实信用原则的行为，显然不为国家法律所支持。有此种行为的，可以认定为被告主观上具有恶意。至于何谓高价，应当由人民法院在原告举证、陈述理由和被告答辩的基础上根据具体案情确定。

第四，域名注册后自己不联机使用，也未准备作联机地址使用，而囤积域名是有意阻止相关权利人注册该域名。网络域名具有唯一性的特征，也属于一种“稀缺的资源”。如果注册域名不用，也无迹象准备使用，又阻止与该域名有某种联系的权利人合法注册使用，则从另外一个角度体现了行为人的主观恶意。当然并不是所有不使用行为都具有恶意，例如，域名持有人为了防止他人注册与自己相近似域名造成混淆而注册域名的，就不能认定为恶意。

侵犯域名权的法律责任主要是民事责任。在人民法院作出侵权或不正当竞争认定后，可以判令被告停止侵权、注销域名，或者依原告的请求判令由原告注册使用该域名；被告的行为给权利人造成实际损害的，可以判令被告赔偿损失。

## 本章小结

域名权的出现是在国际互联网发展的背景之下产生的一种新类型知识产权。域名首先是一个指示互联网的地址，是一种通信方式，俗称“网址”。同时，由于域名能够将此持有者与彼持有者区别开来，且不能重复，因而，它对于权利人开展市场竞争就具有重要的意义。在当前国际范围，域名的管理和分布权力基本由美国控制，美国在整个域名权体系建构中发挥着一国独大的作用。我国已经基本建立起计算机网络域名的司法和行政保护体系，在计算机域名管理上，确立了域名权取得、变更和撤销的机制；在计算机司法管理体制上，我国已对计算机网络域名注册、使用等行为的民事纠纷案件如何适用法律作出了司法解释。但是在理论上，有关域名权的法律性质、域名权和其他民事权利的冲突及其解决等问题仍在继续探讨之中。

## 【资料链接】

1. 董皓．域名权及相关权利研究——域名的法律性质之辩．载张平主编．网络法律评论．第四卷．北京：法律出版社，2004

2. 蒋志培．入世后我国知识产权法律保护研究．北京：中国人民大学出版社，2002

3. 常延彬．辨析域名与商标之间的冲突．http：//www. 51ip. com. cn

4. 杨春宝．域名及其管理若干法律问题研究．http：//www. law-bridge. net/2004/12-19/20 50 2237779-7. html

# 第33章 反不正当竞争

**导　语**

竞争是经济生活的常态。正当竞争是人类进步、社会发展、经济繁荣的动力。但是，与正当竞争相伴相生的不正当竞争总是在市场徘徊。因此，制止不正当竞争就是一项十分重要的制度。反不正当竞争法是将制止不正当竞争制度法律化的表现，它在当前仍处在发展之中。特别是我国的反不正当竞争法在立法模式、立法内容上均有进一步完善的空间，因此，笼统地将反不正当竞争法归入知识产权法体系中可能还过于绝对，但是，反不正当竞争法与知识产权法的组成部分之间关系紧密，反不正当竞争法规制的对象与知识产权的客体相互联结，与知识产权有关的不正当竞争行为大量存在。在知识产权领域，常见的不正当竞争行为有：商业假冒行为、虚假宣传行为、侵犯商业秘密的行为和商业诽谤行为等。对此，我国《反不正当竞争法》都作了明确的规定。

请思考：

1. 不正当竞争的概念和特征；
2. 不正当竞争行为。

## 第1节　反不正当竞争法概述

### 一、不正当竞争的概念和特征

竞争是市场经济的基本特征。竞争意味着利益的多元化，同时也显现出利益的争夺和流动格局。正当的竞争是竞争的常态，它表明市场主体的利益在“一只看不见的手”的作用下合理地流动。关于“不正当竞争”，《巴黎公约》第10条规定，凡在工商业事务中违反诚实的习惯做法的竞争行为构成不正当竞争行为。我国《反不正当竞争法》第2条第2款规定：“本法所称的不正当竞争，是指经营者违反本法规定，损害其他经营者的合法权益，扰乱社会经济秩序的行为。”该项规定是我们判定不正当竞争行为的法律依据。具体说来，不正当竞争具有以下特征：

首先，不正当竞争同样具有竞争性，它发生在竞争活动之中。换言之，不正当竞争行为本身是一种竞争行为，而不同于垄断。垄断，通常是指经营者所为之经营活动处于没有竞争或者几乎没有竞争的状态。人们常说的“电信垄断”“行业垄断”，也就是指在电信业或者某些行业中不存在竞争或者几乎没有竞争，因此也就没有不正当竞争。

其次，不正当竞争具有非诚实性，违反了诚实信用原则和基本的商业伦理。诚实信用原则和基本商业伦理，是一切经营者从事经营活动须遵循的基本准则和道德规范。从事生产、经营活动的法人、其他组织或者自然人应严格遵守诚实、公正原则进行的竞争，如若背弃信义，不遵守基本的道德准则，就构成不正当竞争。

最后，不正当竞争具有危害性，会扰乱社会经济秩序。不正当竞争的危害性主要有以下表现形态：(1) 对正当竞争秩序的危害。如“混淆商业标记行为”，所造成的结果是导致消费者对商品来源、商品品质、商品性能等的误认、误购。(2) 对经营者商业形象的危害。如“诋毁竞争对手行为”，所造成的后果是导致被诋毁者在消费者心目中的良好形象、声誉的丧失等。(3) 对社会伦理道德风尚的危害。如“虚假标示行为”，所造成的结果是导致人们对社会善良风尚、伦理道德规范的沦丧，对公正和正义丧失判断力。

### 二、反不正当竞争法

反不正当竞争法，是指调整在制止不正当竞争行为过程中发生的各种社会关系的法律规范的总和。在狭义上，它仅涉及反不正当竞争；在广义上，它则包括狭义的反不正当竞争以及反垄断和限制竞争的内容。由于各国政治状况、经济发展水平及法律传统的差异，其相关立法的法律名称与法律内容等方面存在较大的差异。归纳起来，各国关于此类立法主要有两种体例：一是分立式，即采取分别立法的模式，制定反垄断法、限制竞争法和反不正当竞争法，如德国和日本。二是合并式，即采取统一立法的模式，将反垄断法、禁止限制竞争和反不正当竞争合并立法，如美国等。

我国于 1993 年 9 月 2 日由第八届全国人民代表大会常务委员会第三次会议通过《反不正当竞争法》，该法于同年 12 月 1 日起施行。《反不正当竞争法》在立法中着重规制了两种行为，不仅规定了一般公认的经营者的不正当竞争行为，而且规定了政府及其所属部门滥用行政权力，限制和妨碍竞争的行为，借鉴了合并式模式。它的诞生，无疑会对鼓励和保护公平竞争，制止社会经济交往中的不正当竞争行为，保护经营者和消费者的合法权益起到积极的作用。此后，国务院制定了《关于禁止在市场经济活动中实行地方封锁的规定》；国家工商行政管理局制定了《关于禁止有奖销售活动中不正当竞争行为的若干规定》《关于禁止公用企业限制竞争行为的若干规定》《关于禁止仿冒知名商品特有的名称、包装、装潢的不正当竞争行为的若干规定》《关于禁止侵犯商业秘密行为的若干规定》《关于禁止商业贿赂行为的暂行规定》和《关于禁止串通招标投标行为的暂行规定》，初步形成了以《反不正当竞争法》为基本法律，有关行政法规、地方法规和行政规章为配套的我国反不正当竞争法律体系。

## 第 2 节　与知识产权法的关系

### 一、与知识产权法的一般关系

关于反不正当竞争法与知识产权法的关系，学术界有不同的认识，主要有以下三种代表性观点：(1) 功能独立说。认为反不正当竞争法虽然与知识产权法紧密联系，但两者并没有因此融为一体，知识产权法不能涵盖反不正当竞争法的全部，反不正当竞争法也不可囊括知识产权法的所有内容。① 有学者进一步指出，知识产权法和反不正当竞争法在价值取向、作用机制、法技术特点等方面各具特色。反不正当竞争法属于经济法，知识产权法属于民商法。② (2) 归

① 参见马文耀主编：《知识产权法评述和展望》，156 页，北京，专利文献出版社，1997。

② 参见孙颖：《论反不正当竞争法对知识产权的保护》，载《政法论坛》，2004 (6)。

入说。有学者认为反不正当竞争法应该纳入知识产权法律体系[①]，反不正当竞争法是与专利法、商标法平行的“第三工业产权法”[②]。（3）互相涵盖说。认为反不正当竞争法与知识产权法的关系极为密切，两者形成了相辅相成的互动关系，即在某种意义上，反不正当竞争法是知识产权法的组成部门；反过来讲，知识产权法也是竞争法律制度的重要组成部分。[③]

我们认为，反不正当竞争法在当前仍处在发展之中，特别是我国的反不正当竞争法在立法模式、立法内容上均有进一步完善的空间，因此，笼统地将反不正当竞争法《归入知识产权法》体系中可能还过于绝对，但是，与知识产权有关的不正当竞争行为大量存在，反不正当竞争法与知识产权法的联系日益紧密，主要体现在：（1）反不正当竞争法以其他知识产权法的调整对象作为自己的保护对象，因此，在某些情况下出现法条竞合及优先适用何种法律的问题。（2）反不正当竞争法对与各类知识产权法有关，但相关法律又不能管辖的范围给予保护，以弥补其空白地带。（3）反不正当竞争法对各类知识产权客体的交叉部分给予“兜底保护”，使知识产权的保护对象结合起来形成一个整体。对此本书在下面将作进一步的分析。（4）知识产权国际条约已开始关注与知识产权有关的不正当竞争。《巴黎公约》1967 年斯德哥尔摩文本将专利、实用新型、外观设计、商标、服务标记、厂商名称、货源标记或原产地名称与制止不正当竞争行为列入工业产权的对象。1967 年签订的《建立世界知识产权组织公约》也将不正当竞争行为纳入知识产权的调整范围。

## 二、与各单行法的关系

### （一）与商标法的关系

关于反不正当竞争法与商标法的关系，主要有两种观点：（1）商标法是反不正当竞争法的一个分支。（2）商标法与反不正当竞争法有区别，但具有密切联系。首先，两者的立法宗旨不同。反不正当竞争法旨在维护市场秩序，保障市场机制有效运行；而商标法的立法目的则是保护商标专用权。其次，两者的立法原则不同。反不正当竞争法的基本原则是诚实信用原则；而商标法则是以平等、等价有偿和诚实信用等为基本原则。最后，两者的立法内容不同。反不正当竞争法具有普遍性，不仅包括假冒商标行为，而且包括擅自使用知名商品的特有名称、包装、装潢以及与其相类似的标记，商标法所调整的仅仅是与商标的注册、使用、管理等有关的社会关系。

### （二）与专利法的关系

反不正当竞争法与专利法也有明显的区别，主要包括：（1）适用顺序不同。在司法实践中一般先适用专利法，在专利法未作规定时才考虑适用反不正当竞争法。（2）内容不同。专利法对技术成果授予专利权；反不正当竞争法则对技术成果提供商业秘密保护。

### （三）与著作权法的关系

反不正当竞争法与著作权法的关系没有它与商标法的关系那么紧密，我国的反不正当竞争法对此也未有反映。实际上，在实践中，冒用他人书目、刊名的行为，侵犯作品中的形象的行为，在法律未有明确规范之前，这些均可认定为与著作权有关的不正当竞争行为。

---

① 参见吴汉东主编：《知识产权法学》，426 页，北京，北京大学出版社，2000。

② 李顺德：《试论反不正当竞争法的客体和法律属性》，载《知识产权研究》，第八卷，北京，中国方正出版社，1999。

③ 参见孙颖：《论反不正当竞争法对知识产权的保护》，载《政法论坛》，2004（6）。

### 三、反不正当竞争法的规制对象与知识产权客体的关系

反不正当竞争法的规制对象与知识产权客体的关系，具体说来有四种情形：

1. 不正当竞争行为所涉及的客体是智慧创作物的，包括假冒他人注册商标、恶意抢注他人的未注册商标以及侵犯商业秘密的行为。

2. 不正当竞争行为有损知识产权主体权益的，包括擅自使用他人的企业名称或姓名、损害他人商业信誉或商品声誉的行为。

3. 不正当竞争行为可导致对商品来源、品质、质量等误解的，包括在商品上伪造或冒用认证标记、名优标记等质量标记；伪造产地；对商品质量作引人误解的表示；虚假宣传行为等。

4. 当出现新的与智慧创作物有关的民事利益需要法律保护时，往往可对相关的侵害行为作为不正当竞争行为进行认定，待条件成熟后上升为新的知识产权类型，例如，侵害知名人物形象、声音利益的行为等。

## 第 3 节　与知识产权有关的不正当竞争行为

我国《反不正当竞争法》所列举的 11 种不正当竞争行为中，与知识产权有关的不正当竞争行为主要包括：

### 一、商业假冒行为

商业假冒行为，是指经营者为了获取不当利益，故意在自己生产、经营的商品上或者提供的服务上做上与他人之商业标记相同或者相似的商业标记，使其生产、经营的商品或者提供的服务与被假冒之经营者的商品或者服务混同，或者明示或者暗示自己生产、经营的商品或者提供的服务与被假冒之经营者存在某种联系，欺骗消费者，误导消费者购买。

这种不正当竞争行为可分为商业主体混同行为和商品虚假标示行为。商业主体混同行为，就是经营者不正当地利用他人的商业信誉或商品声誉，致使其商品与他人的商品相混淆，使消费者无法辨别商品的真正生产者或者经营者、或者服务的提供者。商品虚假标示行为，就是在表示商品的质量、荣誉、产地或来源以及商品的其他成分等方面作不真实的标示，致使其他经营者或者消费者发生误认的行为。

与商业主体混同行为不同，商品虚假标示行为并不一定与特定的商业主体相混淆，也可能并不直接损害某一特定竞争者的利益，但这种行为构成对同行业其他竞争对手整体利益的损害，对广大消费者利益的损害。

根据我国《反不正当竞争法》第 5 条的规定，商业主体混同行为有三种表现形式：（1）假冒他人的注册商标；（2）擅自使用知名商品特有的名称、包装、装潢，或者使用与知名商品近似的名称、包装、装潢，造成与他人的知名商品相混淆，使购买者误认为是该知名商品；（3）擅自使用他人的企业名称或者姓名，引人误认为是他人的商品。

根据我国《反不正当竞争法》第 5 条第 4 项的规定，商品虚假标示行为也可以分为三类：（1）在商品上伪造或者冒用认证标记、名优标记等质量标记；（2）伪造产地，对商品原产地、商品来源或出处进行虚假标示；（3）对商品质量作引人误解的虚假表示。

## 二、虚假宣传行为

虚假宣传行为，是指经营者利用广告或其他方法对商品作与实际情况不符的虚假宣传，导致用户和消费者误认的行为。我国《反不正当竞争法》第 9 条对此作了规定。

虚假宣传所采用的宣传手段主要是广告形式，诸如报纸、杂志、广播、电视、广告牌、商品宣传栏以及 Internet 等各种媒体；此外还有商品信息发布会、商品展销会、产品说明书等推销商品和介绍商品的宣传形式。

虚假宣传的内容涉及商品的质量、制作成分、性能、用途、生产者、有效期、产地等。其表现形式有：(1) 与实际情况不符的虚假宣传。例如，将一般产品夸大为名牌产品，将国产商品宣称为进口商品，将人工合成材料冒充为天然材料等；(2) 引人误解的宣传，即通过宣传上的渲染手段导致用户或者消费者对商品的真实情况产生错误联想，从而影响其对商品的选择。

## 三、商业诽谤行为

商业诽谤行为，是指经营者采用捏造、散布虚伪事实等不正当手段，对竞争对手的商业信誉、商品声誉进行诋毁、贬低，以削弱其竞争实力的行为。我国《反不正当竞争法》第 14 条对商业诽谤行为作了明确规定。

商业诽谤行为表现为捏造、散布虚伪事实。所谓捏造虚伪事实，是指行为人描述竞争对手的情况与客观事实完全不符。散布虚伪事实既包括向不特定的人散布，也包括向特定的用户或同行业经营者散布。捏造、散布虚伪事实的常用手法有：刊登对比性广告或声明性公告等，贬低竞争对手声誉；唆使或者收买某些人，以客户或者消费者的名义进行投诉，败坏竞争对手声誉；通过商业会议或者商业信息的方式，对竞争对手的商品质量进行诋毁等。

商业诽谤行为侵害的客体是竞争对手的商业信誉。商业信誉，包括商品声誉，是对经营者的积极社会评价，是经营者赖以生存和发展的保证。这种信誉或者声誉，在民法中属于法人的名誉权和荣誉权，应该受到保护。

我国《反不正当竞争法》规定，对商业假冒行为、虚假宣传行为、商业诽谤行为应当给予责令停止违法行为、没收违法所得、罚款以至于吊销营业执照等行政处罚；给被侵害的经营者造成损害的，还应当承担赔偿责任。我国《刑法》规定，实施商业假冒行为、虚假广告行为构成犯罪的，对行为人处以有期徒刑或者拘役，并处或者单处罚金。

除上述与知识产权有关的不正当竞争行为之外，《反不正当竞争法》还规定了侵犯商业秘密的行为等不正当竞争行为，由于商业秘密权本书已有专节介绍，在此不再赘述。

行为人实施不正当竞争行为，应当依法承担相应的法律责任。《反不正当竞争法》第 20 条规定："经营者违反本法规定，给被侵害的经营者造成损害的，应当承担损害赔偿责任，……"根据《反不正当竞争法》的规定，不正当竞争行为人可能要依法承担相应的行政责任，包括责令停止侵权行为、没收违法所得、行政罚款以及吊销营业执照等。行为人所实施之不正当竞争行为，情节特别严重，构成犯罪的，应当依法承担相应的刑事责任。我国《反不正当竞争法》所规定的应当追究行为人刑事责任的情形只有一种，即经营者擅自使用知名商品特有的名称、包装、装潢，或者使用与知名商品近似的名称、包装、装潢，造成和他人的知名商品相混淆，使购买者误认为是该知名商品的，监督检查部门应当责令停止违法行为，没收违法所得，可以根据情节轻重处以违法所得 1 倍以上 3 倍以下的罚款；情节严重的，可以吊销营业执照；销售伪劣商品，构成犯罪的，依法追究刑事责任。此外，我国刑法中还规定了侵犯商业秘密罪。

## 本章小结

反不正当竞争法被称为市场经济的“经济宪法”，它对整个市场经济的运作具有宏观调控和指导作用。本章从不正当竞争和反不正当竞争法的概念入手，分析了反不正当竞争法与知识产权法的一般关系、知识产权法的组成部分与反不正当竞争法的关系、反不正当竞争法规制的对象与知识产权客体的关系以及我国反不正当竞争法中规定的与知识产权有关的不正当竞争行为，力图从不同视角展现知识产权法与反不正当竞争法的紧密联系。

## 【资料链接】

1. 孙颖．论反不正当竞争法对知识产权的保护．政法论坛，2004（6）

2. 李顺德．试论反不正当竞争法的客体和法律属性．知识产权研究，第八卷．北京：中国方正出版社，1999

3. 刘春田．我国反不正当竞争法在实践中的几个问题，http：//www.jcrb.com/zyw/n561/ca359535.htm

4. 郑成思．必要与不必要的界定——我国《反不正当竞争法》与《商标法》的交叉与重叠．http://www.jcrb.com/zyw/n239/ca242506.htm

# 《　　　　　　　　》※任课教师调查问卷

为了能更好地为您提供优秀的教材及良好的服务，也为了进一步提高我社法学教材出版的质量，希望您能协助我们完成本次小问卷，完成后您可以在我社网站中选择与您教学相关的1本教材作为今后的备选教材，我们会及时为您邮寄送达！如果您不方便邮寄，也可以申请加入我社的**法学教师QQ群：83961183（申请时请注明法学教师）**，然后下载本问卷填写，并发往我们指定的邮箱（cruplaw@163.com）。

邮寄地址：北京市海淀区中关村大街31号中国人民大学出版社411室收

邮　　编：100080

再次感谢您在百忙中抽出时间为我们填写这份调查问卷，您的举手之劳，将使我们获益匪浅！

**基本信息及联系方式：**※

姓名：＿＿＿＿＿＿　性别：＿＿＿＿＿＿　课程：＿＿＿＿＿＿＿＿＿＿

任教学校：＿＿＿＿＿＿＿＿＿＿＿＿＿＿　院系（所）：＿＿＿＿＿＿＿＿＿

邮寄地址：＿＿＿＿＿＿＿＿＿＿＿＿＿＿　邮编：＿＿＿＿＿＿＿＿＿＿＿

电话（办公）：＿＿＿＿＿＿　手机：＿＿＿＿＿＿　电子邮件：＿＿＿＿＿＿＿

**调查问卷：**※

1. 您认为图书的哪类特性对您使用教材最有影响力？（　　）（可多选，按重要性排序）

   A. 各级规划教材、获奖教材　　B. 知名作者教材

   C. 完善的配套资源　　D. 自编教材

   E. 行政命令

2. 在教材配套资源中，您最需要哪些？（　　）（可多选，按重要性排序）

   A. 电子教案　　B. 教学案例

   C. 教学视频　　D. 配套习题、模拟试卷

3. 您对于本书的评价如何？（　　）

   A. 该书目前仍符合教学要求，表现不错将继续采用。

   B. 该书的配套资源需要改进，才会继续使用。

   C. 该书需要在内容或实例更新再版后才能满足我的教学，才会继续使用。

   D. 该书与同类教材差距很大，不准备继续采用了。

4. 从您的教学出发，谈谈对本书的改进建议：＿＿＿＿＿＿＿＿＿＿＿＿＿＿

＿＿＿＿＿＿＿＿＿＿＿＿＿＿＿＿＿＿＿＿＿＿＿＿＿＿＿＿＿＿＿＿＿＿＿

＿＿＿＿＿＿＿＿＿＿＿＿＿＿＿＿＿＿＿＿＿＿＿＿＿＿＿＿＿＿＿＿＿＿＿

**选题征集：**如果您有好的选题或出版需求，欢迎您联系我们：

联系人：黄　强　联系电话：010-62515955

**索取样书：**书名：＿＿＿＿＿＿＿＿＿＿＿＿＿＿＿＿＿＿＿＿＿＿＿＿＿＿

书号：＿＿＿＿＿＿＿＿＿＿＿＿＿＿＿＿＿＿＿＿＿＿＿＿＿＿＿＿＿＿＿＿

---

**备注：※为必填项。**